合格するための

本試験問題集

よくわかる**簿記**シリーズ

Exercises in the Exam

日商簿記 **3** 級

JN247675

ネット試験用

模擬試験
プログラムに
チャレンジ
しよう！

本書掲載の「第2部本試験演習編」の問題のうち5回分には、本番とまったくおなじ環境でネット試験の演習ができる、模擬試験プログラムが付属しています。
実際にパソコンで解いてみると、下書用紙の使い方や、日本語入力への切り替えなど、ペーパー試験とは違った工夫が必要なことに気づかれると思います。
ネット試験を受験されるかたは、ぜひこの模擬試験プログラムをダウンロードして、ネット試験用の対策をすすめてください。

※本サービスの提供期間は、本書の改訂版刊行月末日までです。

模擬試験プログラムへのアクセス方法

STEP 1　　TAC 出版　　検索

STEP 2　　書籍連動ダウンロードサービス　　にアクセス

STEP 3　　パスワードを入力
21037991

＼ Start! ／

はしがき

　本書は、日本商工会議所および各地商工会議所が主催する簿記検定試験で出題された本試験の問題およびＴＡＣオリジナル問題と、これらの解答・解説を収録し、編纂したものです。

　日商簿記検定は2021年度より新形式で実施されていますが、ＴＡＣ出版では、本試験問題の分析をそのつど行い、問題を改題して、新試験形式で対策ができるようになっておりますので、安心してご利用ください。

　学習にあたっては、第1部（巻頭）の「ＴＡＣ式　出題別攻略テクニック編」で、本試験の出題傾向とその攻略テクニックを理解したうえで、第2部の「本試験演習編」にチャレンジしてください。そのために次のような工夫がしてあります。

◎ **第1部「ＴＡＣ式　出題別攻略テクニック編」では、過去に出題された問題や新出題区分に対応した仕訳問題を、第1問対策として取り上げています。また、第2問・第3問対策として、出題頻度の高い問題の攻略テクニックについて解説をしています。**

◎ **第2部「本試験演習編」では、過去に出題された問題を中心に構成したものを回数別に掲載し、その解答と解説（解答への道）を収録してあります。本試験形式の3問構成の問題を解く手順を練習するとともに、論点ごとの知識を確認してください。また、巻末には、答案用紙を抜き取り式で収録してあります。なお、答案用紙の最初にチェック・リスト（回数別得点一覧表）がありますので、これを活用し、本試験演習を繰り返すことで、知識を確かなものにしてください。**

　本書の解説（解答への道）には、ＴＡＣ簿記検定講座が教室講座および通信講座の運営を通じて培ったノウハウが随所に生かされていますので、きっとご満足いただけるものと思います。

　読者のみなさんが合格され、新たな一歩を歩まれますよう、心よりお祈り申し上げます。

　2021年2月

ＴＡＣ簿記検定講座

学習の進め方

本書の使い方

第1部 TAC式 出題別攻略テクニック編

■ 第1問対策

　巻頭にある「TAC式　出題別攻略テクニック編」は、第1問対策として仕訳問題を出題内容別に取り上げています。さらにその内容の難易度は易しいものから順に整理されています。

> **各仕訳のポイント、別解などをのせています。解答を理解するうえで役立ててください。**

> **会計基準や試験範囲が変更されている問題についても、現行の会計基準、試験範囲に準拠するように改題してありますので、安心して問題演習が行えます。**

> **必要に応じて「計算式」を入れています。**

> **●手付金（内金）と仕入諸掛り（当方負担）**
> 　仕入先静岡商店に注文していた商品￥200,000が到着した。商品代金のうち20％は手付金としてあらかじめ支払済みであるため相殺し、残額は掛けとした。なお、商品の引取運賃￥3,000は着払い（当社負担）となっているため運送業者に現金で支払った。〈143回改〉
>
> | （仕 入）*3 | 203,000 | （前 払 金）*1 | 40,000 |
> |---|---|---|---|
> | | | （買 掛 金）*2 | 160,000 |
> | | | （現 金） | 3,000 |
>
> ＊1　200,000円×20％＝40,000円
> ＊2　200,000円－40,000円＝160,000円
> ＊3　200,000円＋3,000円＝203,000円

> **商品の引き渡しを受ける前に支払った手付金（または内金）は「前払金」としています。**
> **手付金（または内金）は、商品を受け取ったときに代金の一部として充当します。**

■ 第2問・第3問対策

　第2問・第3問の内容は、確実に解答したい既出問題を示してあります。

> **必要に応じて典型的な問題の「出題パターン」を示しています。**

> 　第3問では、主に精算表または財務諸表の作成問題が出題されています。ここでは、過去の本試験における出題パターンを整理するための「パターン整理編」と、出題区分の改定による追加論点を含めた「実践問題編」とに分けて見ていきます。
>
> **Ⅰ パターン整理編**
>
> | 出題パターン | その1 | 精算表の作成 | 問題1 | 文章題の順進問題 |
> |---|---|---|---|---|
> | | | | 問題2 | 全体推定問題 |
> | | その2 | 財務諸表の作成 | 問題3 | 決算整理後残高試算表より |
> | | | | 問題4 | 決算整理前残高試算表より |
>
> **Ⅱ 実践問題編**
>
> | 問題5 | 問1 | 決算整理後残高試算表の作成 |
> |---|---|---|
> | | 問2 | 財務諸表の作成（決算整理前残高試算表より） |

Ⅰ パターン整理編

　まずは、精算表または財務諸表の作成のような決算問題で、過去の本試験において繰り返し出題されている決算整理事項を確認しておきましょう。

精算表の作成（文章題の順進問題）

次の決算整理事項等にもとづいて、答案用紙の精算表を作成しなさい。ただし、会計期間は×1年4月1日から×2年3月31日までの1年である。

> 会計期間は必ずチェックしましょう！

> 残高試算表上の金額は帳簿残高です。実際有高に合わせるためにはどうすればよい？

1．現金の実際有高が¥200不足していたが、原因不明のため雑損として処理することにした。
2．仮受金は、全額得意先に対する売掛金の回収額であることが判明した。
3．受取手形と売掛金の期末残高に対し、2％の貸倒引当金を差額補充法により設定する。

> 期末残高とは、貸借対照表欄に記載する金額のこと！ 慌てて残高試算表欄の金額で計算しないようにしましょう。売上債権の修正はない？

4．期末商品棚卸高は¥19,000であった。なお、売上原価は「仕入」の行で計算すること。
5．建物および備品について、定額法で減価償却を行う。
　(1)　建　物：耐用年数30年、残存価額は取得原価の10％
　(2)　備品A：取得原価¥15,000、耐用年数5年、残存価額はゼロ
　　　　備品B：取得原価¥ 6,000、耐用年数3年、残存価額はゼロ
　　　　なお、備品Bは×1年10月1日に取得したものである。減価償却は月割計算による。

> 「なお、～」から始まる文章は慎重に読みましょう。重要な指示である場合が多いですよ！

> 月数は指折り数えるとよいです。原始的ですが正確ですよ。

> 問題文中に……

問題

「出題パターン」のアドバイスに従って、問題を解いていきましょう。

解　答

精　算　表

（単位：円）

勘 定 科 目	残高試算表 借方	残高試算表 貸方	修 正 記 入 借方	修 正 記 入 貸方	損益計算書 借方	損益計算書 貸方	貸借対照表 借方	貸借対照表 貸方
現　　　　金	17,000			200			16,800	
当 座 預 金	52,100						52,100	
受 取 手 形	35,000						35,000	
売 　 掛 　 金	42,000			2,000			40,000	
繰 越 商 品	18,500		19,000	18,500			19,000	
建　　　　物	80,000						80,000	
備　　　　品	21,000						21,000	
支 払 手 形		17,400						17,400
買 　 掛 　 金		30,500						30,500
仮 　 受 　 金		2,000	2,000					
借 　 入 　 金		40,000						40,000
貸 倒 引 当 金		700		800				1,500
建物減価償却累計額		36,000		2,400				38,400
備品減価償却累計額		6,000		4,000				10,000
		100,000						

解答

答えとなる部分は、一目でわかるよう色文字となっています。

解答への道

決算整理仕訳は以下のとおりです。

1．現金の過不足

決算において過不足が生じた場合は現金過不足勘定は設けずに、原因判明分については該当する勘定科目で処理し、原因不明分については雑損または雑益として処理します。本問は、帳簿残高よりも実際有高が200円不足しているため、実際有高に合わせるために現金勘定から200円減らしますが、その原因は不明のため仕訳の相手勘定科目は雑損とします。

（雑　　　損）	200	（現　　　　金）	200

2．売掛金の回収〈未処理事項〉

（仮　受　金）	2,000	（売　掛　金）	2,000

……金の設定

解答への道

この解説をしっかりと理解して、第2部への準備としましょう。

第2部 本試験演習編

　問題は回数別に収録してありますので、時間配分を考えながら本試験タイプの問題の演習を行ってください。解答にあたっては巻末に収録されている「答案用紙」を抜き取ってご利用ください。

各問の点数は、別冊の最初にある「チェック・リスト」に記録し、2回解くことを目標に頑張りましょう。まちがいなく合格に近づきます！
「解答時間はどれくらいだったのか」、時間を意識することは大事です。時間を測ってくださいね！
チェック・リストの最後にある出来具合（〇△×）に印をつけ、自己分析をしましょう。
大幅に時間をオーバーしたときは、何がいけなかったのか分析してくださいね。場合によっては、どの問いに重点をおくべきか取捨選択も必要です。

チェック・リスト

問題	回数	第1問	第2問	第3問	合　計	解答時間	出来具合
1回	1回目	点	点	点	点	分	〇 △ ×
	2回目	点	点	点	点	分	〇 △ ×
2回	1回目	点	点	点	点	分	〇 △ ×
	2回目	点	点	点	点	分	〇 △ ×
3回	1回目	点	点	点	点	分	〇 △ ×
	2回目	点	点	点	点	分	〇 △ ×
4回	1回目	点	点	点	点	分	〇 △ ×
	2回目	点	点	点	点	分	〇 △ ×
5回	1回目	点	点	点	点	分	〇 △ ×
	2回目	点	点	点	点	分	〇 △ ×

　x〜xiページに「出題論点一覧表」がありますので、得意な論点や苦手な論点の分析にお役立てください。

■ 問題

制限時間を示しています。時間を計って解いてみましょう。

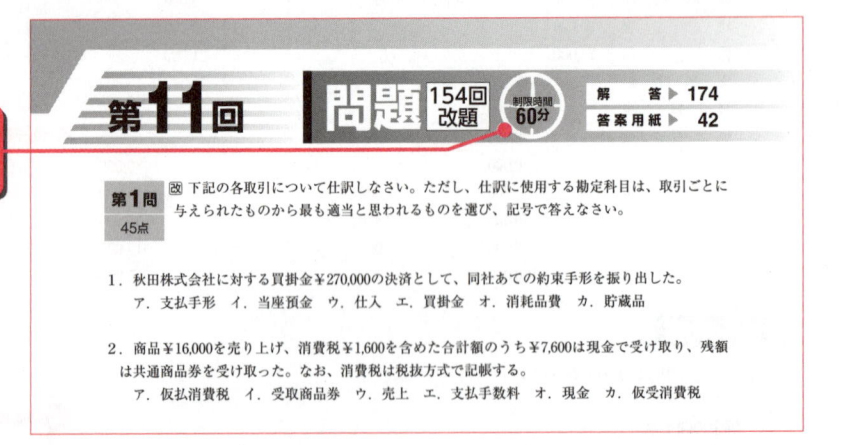

第11回　問題 154回改題　制限時間60分

解　答 ▶ 174
答案用紙 ▶ 42

第1問 45点　図 下記の各取引について仕訳しなさい。ただし、仕訳に使用する勘定科目は、取引ごとに与えられたものから最も適当と思われるものを選び、記号で答えなさい。

1．秋田株式会社に対する買掛金¥270,000の決済として、同社あての約束手形を振り出した。
　ア．支払手形　イ．当座預金　ウ．仕入　エ．買掛金　オ．消耗品費　カ．貯蔵品

2．商品¥16,000を売り上げ、消費税¥1,600を含めた合計額のうち¥7,600は現金で受け取り、残額は共通商品券を受け取った。なお、消費税は税抜方式で記帳する。
　ア．仮払消費税　イ．受取商品券　ウ．売上　エ．支払手数料　オ．現金　カ．仮受消費税

■ 解答

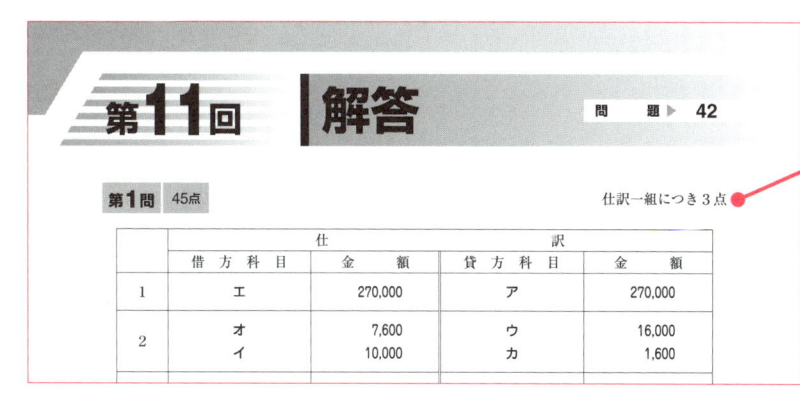

問　題 ▶ 42

第11回　解答

予想採点基準を示しています。解き終わったら採点をしてみましょう。

第1問　45点

仕訳一組につき3点

	仕		訳	
	借方科目	金　額	貸方科目	金　額
1	エ	270,000	ア	270,000
2	オ	7,600	ウ	16,000
	イ	10,000	カ	1,600

■ 解答への道

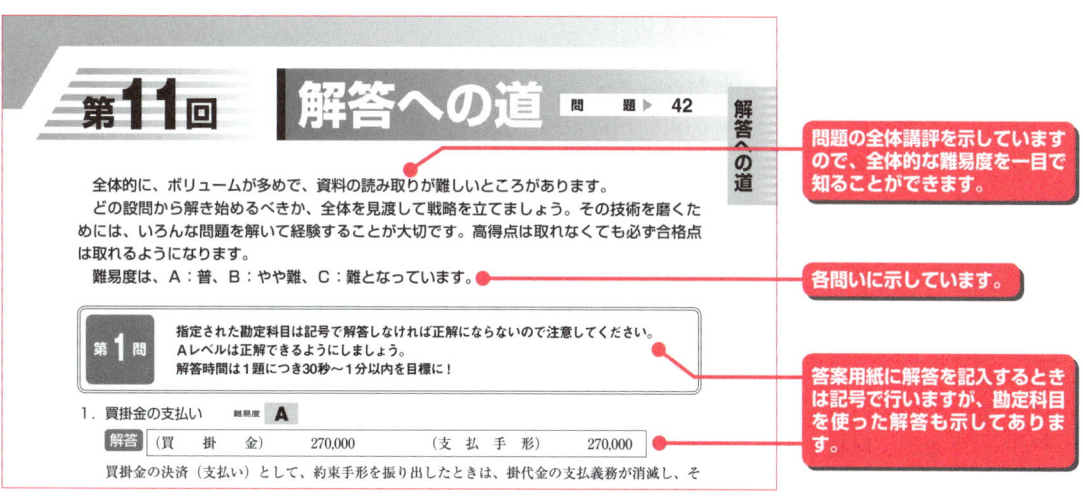

第11回　解答への道　問　題 ▶ 42

解答への道

全体的に、ボリュームが多めで、資料の読み取りが難しいところがあります。

どの設問から解き始めるべきか、全体を見渡して戦略を立てましょう。その技術を磨くためには、いろんな問題を解いて経験することが大切です。高得点は取れなくても必ず合格点は取れるようになります。

難易度は、A：普、B：やや難、C：難となっています。

問題の全体講評を示していますので、全体的な難易度を一目で知ることができます。

各問いに示しています。

第1問　指定された勘定科目は記号で解答しなければ正解にならないので注意してください。
Aレベルは正解できるようにしましょう。
解答時間は1題につき30秒〜1分以内を目標に！

1．買掛金の支払い　難易度 A

解答　（買　掛　金）　270,000　　（支払手形）　270,000

買掛金の決済（支払い）として、約束手形を振り出したときは、掛代金の支払義務が消滅し、そ

答案用紙に解答を記入するときは記号で行いますが、勘定科目を使った解答も示してあります。

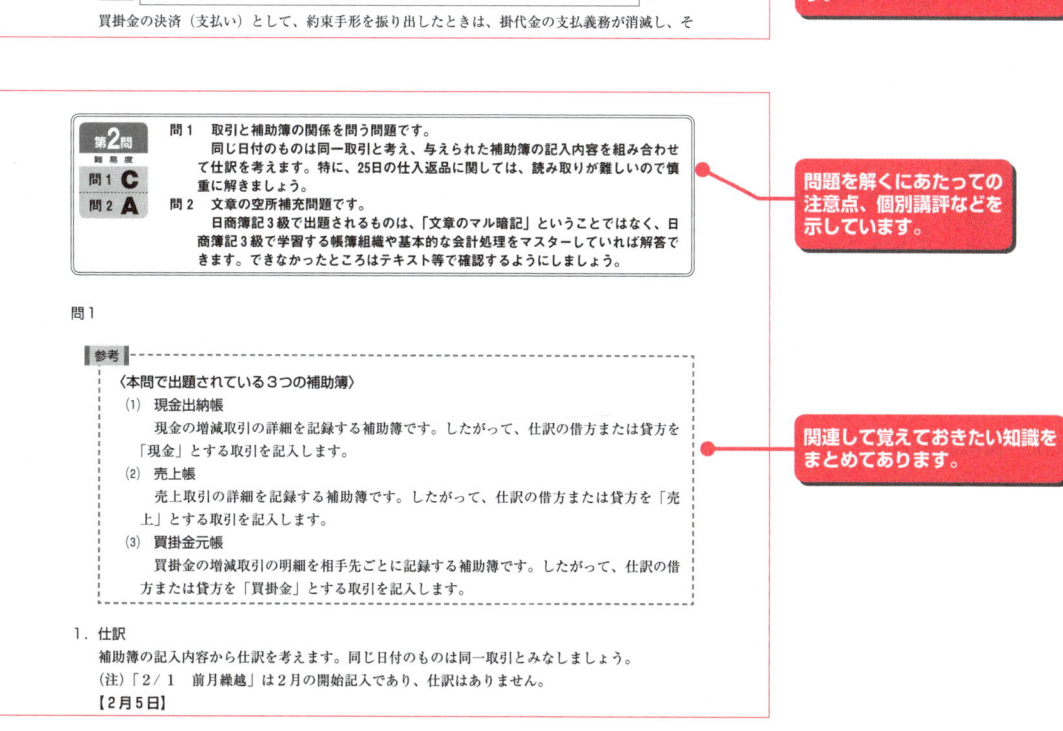

第2問　問1　取引と補助簿の関係を問う問題です。
難易度
問1 C　同じ日付のものは同一取引と考え、与えられた補助簿の記入内容を組み合わせて仕訳を考えます。特に、25日の仕入返品に関しては、読み取りが難しいので慎重に解きましょう。
問2 A　問2　文章の空所補充問題です。
日商簿記3級で出題されるものは、「文章のマル暗記」ということではなく、日商簿記3級で学習する帳簿組織や基本的な会計処理をマスターしていれば解答できます。できなかったところはテキスト等で確認するようにしましょう。

問題を解くにあたっての注意点、個別講評などを示しています。

問1

参考
〈本問で出題されている3つの補助簿〉
(1) 現金出納帳
　現金の増減取引の詳細を記録する補助簿です。したがって、仕訳の借方または貸方を「現金」とする取引を記入します。
(2) 売上帳
　売上取引の詳細を記録する補助簿です。したがって、仕訳の借方または貸方を「売上」とする取引を記入します。
(3) 買掛金元帳
　買掛金の増減取引の明細を相手先ごとに記録する補助簿です。したがって、仕訳の借方または貸方を「買掛金」とする取引を記入します。

関連して覚えておきたい知識をまとめてあります。

1．仕訳
補助簿の記入内容から仕訳を考えます。同じ日付のものは同一取引とみなしましょう。
(注)「2/1　前月繰越」は2月の開始記入であり、仕訳はありません。
【2月5日】

合格するための3ステップ

はじめて簿記を学習する方は、簿記検定試験の受験にあたって、次の3つのステップ（段階）を踏まえて学習を進めるとよいでしょう。

		内　　容	使　用　教　材
①	インプット	学習すべき項目の一つ一つの論点について、正確に知識を身に付けることが大切です。 このとき1日にまとめて学習するよりは毎日1〜2時間ずつ学習することをお勧めします。 簿記は「慣れる」ことが大切です。	◆ 日商簿記3級合格テキスト ◆ 日商簿記3級合格トレーニング
アウトプット	② 本試験問題研究	本書の「TAC式　出題別攻略テクニック編」を理解することで、その出題傾向をつかんでください。出題傾向を知ることで、より効果的な学習が可能となります。 続いて、「本試験演習編」で問題演習をしていきましょう。過去に出題された問題をベースに2021年度からの新試験形式に完全にアジャストしていますので、本試験に一番近い問題で演習が可能です。 なお、回数ごとに第1問から順に解く方法もありますが、第2問だけ、第3問だけ…というように設問別に解くことも効果的です。	◆ 日商簿記3級 　合格するための本試験問題集 　（TAC式　出題別攻略テクニック編 　付き）
	③ 予想問題演習	予想問題を解くことで、最後の総仕上げをします。 ここでは時間配分はもちろん、苦手な問題をつくらないようにしましょう。	◆ 日商簿記3級 　第158回（6月）をあてるTAC直前 　予想模試 ◎さらに通信講座「直前対策パック」を利用すれば、質問電話、質問カードにより適切なアドバイスを受けられます。

（注）使用教材は発行時期によりバージョン（改訂版）が変更されていますので、ご注意ください。

出題論点を知ろう！

　日商簿記検定3級は全部で3題の問題が出題され、100点満点中の70点以上が合格となります。はじめから100点満点をねらうのではなく、時間内に正確に解答できるようペース配分を身に付けることが重要です。過去における出題傾向は次に示すとおりですが、**出題区分の改定にともなう新しい出題傾向も予想されるので、本書の第1部で、しっかりと対策してください。**

	出　題　傾　向	配　　点	解答時間
第1問	仕訳形式で解答を求められる問題15題が出題されます。具体的な出題内容は、「TAC式　出題別攻略テクニック編」と「出題論点一覧表」に示してありますので、まずは出題頻度の高いものから優先的に理解していくようにしましょう。	45点	15〜20分
第2問	補助簿に関連する問題、伝票に関する問題、文章の空所補充問題や勘定記入の問題が出題されています。補助簿では、商品有高帳や掛元帳からの出題が多く、伝票の問題はパターン化されているので対策は踏みやすいといえます。勘定記入の問題では、特に決算仕訳（決算整理仕訳・決算振替仕訳）が関係するものが多く出題されます。	20点	15〜20分
第3問	精算表、決算整理後残高試算表や財務諸表（損益計算書、貸借対照表）の作成問題が出題されます。それぞれの作成目的は異なりますが、すべて決算整理後の金額を載せるものなので、問題資料に与えられた決算修正事項等を正確に処理できるかどうかが勝負の分かれ目となります。第3問は、答案用紙を作成することに慣れてしまえば高得点がねらえますので、繰り返し練習しましょう。	35点	25〜30分

（注）解答時間は目安ですので、実施回ごとに時間配分を考えながら解いていきましょう。

3級のレベル

　業種・職種にかかわらずビジネスパーソンが身に付けておくべき「必須の基本知識」として、多くの企業から評価される資格。

　基本的な商業簿記を修得し、小規模企業における企業活動や会計実務を踏まえ、経理関連書類の適切な処理を行うために求められるレベル。

出題論点一覧表

本書における論点別の出題回は以下のとおりです。苦手な論点を中心に繰り返し演習し、弱点強化に役立ててください。

第1問 （①〜⑮は問題番号）

論点		1	2	3	4	5	6	7	8	9	10	11	12
商品売買	返　　　　品	①			⑪				①	⑮		⑮	
	諸　掛　り		⑥⑭		③⑦	①	②			⑩⑫*	③⑩	⑥*	⑦⑪
	手付金（内金）		⑥⑪⑭	⑤⑪	③⑦	①⑭		⑭		⑩⑭	③⑩		⑪
現金預金	現金過不足	⑪			①			③			⑥	⑨	⑮
	預金口座	②⑭			⑨		⑩		⑭		⑨		⑥
債権・債務	貸　付　け		③				①	⑬		⑦		⑪	
	借　入　れ			⑦		⑤			⑤	②	④		③
	手　　　形	⑤⑫		⑧		①	⑧⑭	⑦⑫	⑩⑮	⑬	⑩⑮	①	⑪
	クレジット売掛金	⑦		⑫		⑪	⑬		⑬				⑨
	電子記録債権・債務		⑦	⑥		⑩	⑫			⑪	⑪		
	未収入金・未払金		④⑩*	②		③⑮	⑤	①⑧	④	③	⑤		⑤⑩
	立替金・預り金	⑧	⑤⑥	⑩⑮			⑦⑥		⑦⑨		②	⑧	
	受取商品券							⑨		⑧			②
有形固定資産	購　　　入	⑥*	④			④		①⑧	③	⑤	⑤*⑦		
	売　　　却			②			⑤		⑫		⑭	④	⑩
	賃　　　借	⑩	⑮						⑪				④
	改良と修繕		②			⑮		④					①
費用の支払	租税公課	⑫	③		⑮	⑦		⑤		①		⑭	
	通信費	⑤	⑫	⑬	⑮					⑬		⑭	
	旅費交通費		⑬	⑤	①⑫*	⑬			④	③		③	⑤*
	給　　　料	⑧		⑩			⑥		⑨		⑧		⑫
	そ　の　他	③	⑩*	⑬	⑤⑬		④			⑤			
資本（純資産）	株式の発行	⑨				⑫				④		⑫	
	剰余金の配当と処分		①						⑥			⑩	
会社の税金	消　費　税	⑬		⑧⑨*		⑥		⑥*⑮			⑫	②	
	法人税等				⑥⑭	⑧*	⑪*	⑪					⑧
仮払金・仮受金		⑥*	⑪⑬	⑤	⑩⑬*	⑭		⑭			⑭	③	
訂正仕訳				①		⑨				⑨		⑦	⑭
貸倒れ		④		④	②		③		⑧		⑬		
決算整理仕訳					⑮					⑥	①		
決算振替仕訳		⑮	⑨				⑨	②				⑬	②
再振替仕訳			⑧		④		⑮						
その他の内容				⑭⑮	⑧	②		⑩	②			⑤	⑬

*　証ひょう

第2問 （★：出題箇所、売：売掛金元帳、買：買掛金元帳）
問1

論　点	1	2	3	4	5	6	7	8	9	10	11	12
売掛金・買掛金元帳							売	買			買	
商 品 有 高 帳					★							
当 座 預 金 出 納 帳												
売 　 上 　 帳											★	
補 助 簿 の 選 択			★				★		★			
勘 　 定 　 記 　 入	★	★				★				★		★
そ の 他 の 内 容					★				★			

問2 （★：出題箇所）

論　点	1	2	3	4	5	6	7	8	9	10	11	12
伝 　 　 票	★*		★		★*		★		★			★
勘 　 定 　 記 　 入				★								
商 品 有 高 帳								★		★		
補 助 簿 の 選 択												★
文 章 の 空 所 補 充 問 題		★				★					★	
そ の 他 の 内 容												★

* 仕訳日計表

第3問 （★：出題箇所、☆：通常とは異なるパターンでの出題箇所）

論　点	1	2	3	4	5	6	7	8	9	10	11	12
精 算 表 作 成 問 題		★		★			★		★			
前T/Bから財務諸表	★		★		★	★		★	★		★	
前T/Bから後T/B作成												★
現 金 の 過 不 足	★		★						★			
〃（現金過不足の行あり）		★				★		★		★		
借 越 残 高 の 振 替										★		
貸 倒 引 当 金 の 設 定	☆	☆	☆	☆	★	★	★	☆	☆	☆	☆	★
売 上 原 価 の 計 算	★	★	★	★	★	★	★	★	★	★	★	★
固 定 資 産 の 減 価 償 却	★	★	☆	★	☆	☆	★	☆	★	☆	★	★
未 払 法 人 税 等 の 計 上											★	★
未 払 消 費 税 の 計 上									★		★	★
前 払 費 用 の 計 上	★		★		★	★					★	
前 受 収 益 の 計 上		★	★	★	★	★			★			★
未 払 費 用 の 計 上	★				★	★			★			
未 収 収 益 の 計 上	★	★	★									
未 処 理 事 項 等	★	★	★	★	★	★	★	★	★	★	★	★

（注）　貸倒引当金の設定　　☆：売上債権の増減あり　　　　前払費用の計上　　☆：再振替あり
　　　　売上原価の計算　　　☆：「売上原価」の行あり　　　前受収益の計上　　☆：再振替あり
　　　　固定資産の減価償却　☆：月割計算あり

勘定科目（3級）一覧表

1．貸借対照表の勘定科目

〔企業が所有するもの・権利・債権〕	資　産	負　債	〔将来返済しなければならない義務・債務〕
通貨および換金可能な通貨代用証券	現　　金	支 払 手 形	手形金額を後日支払う義務
少額な支払時に必要な手許資金	小 口 現 金	買 　掛　 金	掛仕入代金を後日支払う義務
銀行への現金預入額（引出しは自由）	★普 通 預 金	電子記録債務	電子的に記録・管理されている債務
預金の一種で引出しに「小切手」を用いる	★当 座 預 金	前 　受　 金	手付金等の商品代金の前受額
銀行への現金預入額（満期まで預入れ）	★定 期 預 金	★預 り 金	源泉税等、取引内容に応じた一時預り額
手形金額を後日受け取る権利	受 取 手 形	★借 入 金	借入れを行ったときの後日返済の義務
掛売上代金を後日受け取る権利	売 　掛　 金	手 形 借 入 金	手形を用いた場合の資金の返済額
クレジットカード提示による掛売上代金	クレジット売掛金	当 座 借 越	当座預金残高を超過している資金借入額
電子的に記録・管理されている債権	電子記録債権	未 　払　 金	商品以外の代金等を後日支払う義務
期末（または期首）の商品在庫額（三分法）	繰 越 商 品	未 払 配 当 金	株主配当金の未払額
期末（または期首）の商品在庫額（分記法）	商 　　　 品	未 払 法 人 税 等	確定申告時に納付する法人税額
手付金等の商品代金の前渡額	前 　払　 金	未 払 消 費 税	納付する消費税額
誰かの代わりに支払ったときの請求の権利	★立 替 金	仮 　受　 金	内容・金額が不明な場合の受取額
他社発行の商品券代金を受け取る権利	受 取 商 品 券	仮 受 消 費 税	商品販売時等に受け取った消費税
郵便切手・収入印紙等の期末保有額	貯 　蔵　 品	★未 払 費 用	当期の費用のうちの未払分
貸付けを行ったときの返済請求の権利	★貸 付 金	★前 受 収 益	当期に受け取った収益のうち次期以降の分
手形を用いた場合の資金の貸付額	手 形 貸 付 金		
商品以外の代金等を後日受け取る権利	未 収 入 金		
不動産賃借時に差し入れた敷金・保証金等	差 入 保 証 金		
内容・金額が不明な場合の支払額	仮 　払　 金	●資産の評価勘定	
中間申告時に納付する法人税額	仮 払 法 人 税 等	貸 倒 引 当 金	金銭債権の貸倒見積額（債権から控除）
商品仕入れ時等に支払った消費税	仮 払 消 費 税	★減価償却累計額	固定資産の価値減少の記録（資産から控除）
当期に支払った費用のうち次期以降の分	★前 払 費 用		
当期の収益のうちの未収分	★未 収 収 益		
営業用の事務所・店舗・倉庫等	建 　　　 物	資本（純資産）	〔企業のもとでともうけ〕
営業用に使用する物品全般（OA機器等）	備 　　　 品	資 　本　 金	会社のもとで
営業用の運搬車両（トラックなど）	車 両 運 搬 具	利 益 準 備 金	社内に積み立てられる留保利益
事務所・店舗等の敷地	土 　　　 地	繰越利益剰余金	次期に繰り越される留保利益

2．損益計算書の勘定科目

〔収益を獲得するために使われたものおよび労働力〕	費　　　用	収　　　益	〔ものおよび労働力を提供して得た対価〕
販売したさいに引き渡した商品の取得原価	売上原価（仕入）	売　　　　　上	商品を販売して受け取った対価（売価）
従業員の労働力提供契約に対する対価	給　　　料	受 取 手 数 料	仲介等、役務の提供に対する対価
チラシ・看板等、宣伝活動の支払額	広 告 宣 伝 費	受 取 利 息	貸付金に対する利息の受取額
電話代・切手代等の支払額	通 信 費	受 取 地 代	土地の貸付けによる地代の受取額
バス代他、移動・出張宿泊のための支払額	旅 費 交 通 費	受 取 家 賃	建物（部屋等）の貸付けによる家賃の受取額
事務用品等、少額物品の消費額	消 耗 品 費	雑益（雑収入）	少額またはその他の収益
電気・ガス・水道代の支払額	水 道 光 熱 費	★固定資産売却益	固定資産の売却によって得た差益
固定資産税・印紙税等、費用となる税金	租 税 公 課	償却債権取立益	前期以前に貸倒処理した債権の回収額
土地の借用による地代の支払額	支 払 地 代	商 品 売 買 益	商品販売時の利益（分記法）
建物（部屋等）の借用による家賃の支払額	支 払 家 賃	貸倒引当金戻入	貸倒引当金の設定超過額
売掛金等の債権の回収不能額	貸 倒 損 失		
少額またはその他の費用	雑 費		
貸倒引当金の設定不足額	貸倒引当金繰入		
固定資産の使用等による価値減少額	減 価 償 却 費		
生命保険や損害保険などの保険会社への支払額	保 険 料		
商品発送時の費用（当社負担）	発 送 費		
建物等の修繕に係る費用	修 繕 費		
預金の振り込みや引き出しに係る手数料	支 払 手 数 料		
社会保険料の会社負担部分	法 定 福 利 費		
商品等の保管に係る費用	保 管 費		
借入金に対する利息の支払額	支 払 利 息		
活動とは無関係に生じた少額の損失	雑損（雑損失）		
固定資産の売却によって生じた損失	★固定資産売却損		
会社の利益に対して課される税額	★ 法 人 税 等		

●：「資産勘定から控除する勘定」としての性格を有しています。

★：より具体的な勘定科目を用いる場合もあります。

日商簿記検定はこんな試験

現在、実施されている簿記検定試験の中で最も規模が大きく、また歴史も古い検定試験が、日本商工会議所および各地商工会議所が主催する簿記検定試験です（略して日商検定といいます）。

日商検定は知名度も高く、企業の人事労務担当者にも広く知れ渡っている資格の一つです。一般に履歴書に書ける資格といわれているのは同検定3級からですが、社会的な要請からも今は2級合格が一つの目安になっています。なお、同検定1級合格者には税理士試験の受験資格を付与するという特典があり、職業会計人への登竜門となっています。

主 催 団 体	日本商工会議所、各地商工会議所	
受 験 資 格	特に制限なし	
試 験 日	●統一試験（ペーパー試験） 年3回 6月（第2日曜日）、11月（第3日曜日）、 2月（第4日曜日） ※1級は6月・11月のみ	●ネット試験 随時（テストセンターが定める日時。ただし、統一試験前後10日間は休止。）
試 験 級	1級・2級・3級・初級・原価計算初級	
申込手続き	●統一試験（ペーパー試験） 試験の2か月前から開始 申込期間は各商工会議所によって異なる	●ネット試験 テストセンターの申し込みサイトより随時
受験料（税込）	1級 ¥7,850　2級 ¥4,720　3級 ¥2,850　初級・原価計算初級 ¥2,200 （一部の商工会議所およびネット試験では受験料のほかに要事務手数料）	
試 験 科 目	1級：商業簿記・会計学・工業簿記・原価計算 2級：商業簿記・工業簿記、3級：商業簿記	
試 験 時 間	1級商会・工原：各90分、2級：90分、3級：60分 簿記初級：40分、原価計算初級：40分	
合 格 基 準	70点以上 ※1級は上記に加えて、各科目10点以上	
問 い 合 せ 先	最寄りの各地商工会議所　検定試験ホームページ：https://www.kentei.ne.jp/	

（注1）刊行時のデータです。最新の情報は検定試験ホームページをご確認ください。
（注2）統一試験において、使用できる筆記用具は次のとおりに限定されています。(1)HBまたはBの黒鉛筆／(2)シャープペンシル／(3)消しゴム。なお、ラインマーカーや色鉛筆、定規等の使用は認められていません。
　　　また、ネット試験では、筆記用具が貸与されます。
（注3）商工会議所で施行するすべての検定試験（認定試験）について本人確認のため、身分証明書（運転免許証、旅券〈パスポート〉、社員証、学生証など）の携帯が義務付けられました。詳しくは受験地の商工会議所へお問い合わせください。

合格率

回　　数	第144回 （16年11月）	第145回 （17年2月）	第146回 （17年6月）	第147回 （17年11月）	第148回 （18年2月）	第149回 （18年6月）
受験者数	94,411人	80,832人	80,227人	88,970人	78,243人	79,421人
合格者数	42,558人	38,289人	40,880人	35,868人	38,246人	35,189人
合 格 率	45.1%	47.4%	50.9%	40.3%	48.9%	44.3%
回　　数	第150回 （18年11月）	第151回 （19年2月）	第152回 （19年6月）	第153回 （19年11月）	第154回 （20年2月）	第156回 （20年11月）
受験者数	88,774人	80,360人	72,435人	80,130人	76,896人	64,655人
合格者数	38,884人	44,302人	40,624人	34,519人	37,744人	30,654人
合 格 率	43.8%	55.1%	56.1%	43.1%	49.1%	47.4%

目次

第1部／TAC式　出題別攻略テクニック編

第2部／本試験演習編

第1部

第1問対策

　第1問では、仕訳問題が5つ出題されています。過去の本試験において実際に出題された問題だけでなく、出題区分の改定により、出題が予想される問題を含めて整理すると、次のようになります。

● 商品売買	1．仕入取引
	2．売上取引
● 現金預金	1．預金口座への預け入れ
	2．現金過不足の処理
● 債権債務	1．金銭の貸付け
	2．金銭の借入れ
	3．売掛金の貸倒れ
	4．貸倒れ処理した売掛金の回収
	5．売掛金の回収と買掛金の支払い
	6．その他の債権債務
● 費用の支払い	1．給料の支払い
	2．その他の費用
● 仮払金・仮受金	1．旅費交通費の概算払い
	2．内容不明の入金
● 有形固定資産	1．購　入
	2．売　却
	3．賃貸借と差入保証金
	4．修繕と改良
● 資本（純資産）	1．株式の発行
	2．繰越利益剰余金
● 株式会社の税金	1．消費税
	2．法人税、住民税及び事業税
● その他の内容	1．決算整理仕訳と再振替仕訳
	2．決算振替仕訳

　次ページ以降で、上の表に示した種類の仕訳問題を見ていきます。**出題区分の改定により新しく追加されるものを含め、出題可能性のある問題をひと通り網羅しているので、すべてをマスターすれば、確実に高得点が狙える**でしょう。なお、〈　　〉内に過去の本試験の出題回が示してあります。また、新しく追加されるものには〈新傾向対策〉と明示してあるので、参考にしてください。

> （注）本試験では、その実施回で指定された勘定科目を用いて解答しないと不正解となるので、注意しましょう。なお、次ページ以降の解答の仕訳は、その実施回で実際に指定された勘定科目を用いて示してあります。

● 商品売買

以下に示す商品売買取引の処理は、3分法によっています。

1 仕入取引

販売用の中古車を¥850,000で購入し、代金は掛けとした。なお、当社は中古車販売業を営んでいる。　〈151回改〉

（仕	入）	850,000	（買	掛	金）	850,000

中古車販売業における「販売用の中古車」の購入は、「商品の仕入れ」となります。

● 仕入諸掛り（当方負担）

販売目的の中古自動車を¥1,200,000で購入し、代金は後日支払うこととした。また、その引取運送費として¥10,000を現金で支払った。なお、当社は自動車販売業を営んでいる。　〈141回改〉

（仕	入）*	1,210,000	（買	掛	金）	1,200,000
			（現		金）	10,000

*　1,200,000円＋10,000円＝1,210,000円

自動車販売業における「販売目的の自動車」の購入は、「商品の仕入れ」となります。また、仕入時に支払った引取運送費は、仕入諸掛りとなりますので仕入原価に含めます。

● 手付金（内金）と仕入諸掛り（当方負担）

仕入先静岡商店に注文していた商品¥200,000が到着した。商品代金のうち20％は手付金としてあらかじめ支払済みであるため相殺し、残額は掛けとした。なお、商品の引取運賃¥3,000は着払い（当社負担）となっているため運送業者に現金で支払った。　〈143回改〉

（仕	入）*3	203,000	（前	払	金）*1	40,000
			（買	掛	金）*2	160,000
			（現		金）	3,000

*1　200,000円×20％＝40,000円
*2　200,000円－40,000円＝160,000円
*3　200,000円＋3,000円＝203,000円

商品の引き渡しを受ける前に支払った手付金（または内金）は「前払金」としています。
手付金（または内金）は、商品を受け取ったときに代金の一部として充当します。

● 約束手形の振り出しと仕入諸掛り（当方負担）

商品¥90,000を大宮商店より仕入れ、代金のうち¥30,000は注文時に支払っていた手付金を充当し、残額については、大宮商店を名宛人とする約束手形を振り出して支払った。なお、商品の引取運賃¥5,000は現金で支払った。　〈136回改〉

（仕	入）*2	95,000	（前	払	金）	30,000
			（支	払 手 形）*1		60,000
			（現		金）	5,000

*1　90,000円－30,000円＝60,000円
*2　90,000円＋5,000円＝95,000円

● 売上戻り（返品）

かねて販売した商品¥350,000の返品を受けたため、掛代金から差し引くこととした。 〈151回〉

（売 上）	350,000	（売 掛 金）	350,000

売上戻りは、売上取引の取り消しです。
具体的には売上時の仕訳の逆仕訳を行います。

● 商品券の受け取り

商品を¥100,000で販売し、代金は信販会社発行の商品券で受け取った。 〈138回改〉

（受 取 商 品 券）	100,000	（売 上）	100,000

他社発行の商品券は、あとで発行会社に買い取ってもらえるので、受け取ったときは、借方を「受取商品券」とし、資産の増加として処理します。

● クレジット取引

商品¥100,000をクレジットカードにより販売した。なお、信販会社へのクレジット手数料は販売代金の4％であり、販売時に計上する。 〈新傾向対策〉

（クレジット売掛金）*	96,000	（売 上）	100,000
（支 払 手 数 料）	4,000		

* 100,000円〈売上〉−4,000円〈手数料〉＝96,000円

商品をクレジットカードにより販売した場合には、「クレジット売掛金」を使用し、その他の売掛金とは区別して記録します。また、クレジット手数料を支払ったときは、借方を「支払手数料」とし、費用の増加として処理します。

● 手付金（内金）と売上諸掛り（当方負担）

得意先北海道商店に商品¥428,000を売り上げ、代金については注文時に同店から受け取った手付金¥40,000と相殺し、残額を掛とした。なお、当社負担の発送費¥5,000は現金で支払った。 〈147回改〉

当社負担の売上諸掛りは当社の費用（発送費）とします。

【指定勘定科目】

現 金	売 掛 金	前 払 金	買 掛 金
仮 受 金	前 受 金	売 上	発 送 費

（前 受 金）	40,000	（売 上）	428,000
（売 掛 金）*	388,000		
（発 送 費）	5,000	（現 金）	5,000

* 428,000円−40,000円＝388,000円

● 売上諸掛り（先方負担）

青森商店に商品¥480,000を売り上げ、代金は掛とした。なお、商品の発送費（青森商店負担）¥10,000を現金で支払ったので、この分は掛代金に含めることとした。 〈149回〉

（売 掛 金）*	490,000	（売 上）	480,000
		（現 金）	10,000

* 480,000円＋10,000円＝490,000円

先方負担の売上諸掛り（本問では発送費）は、①立替金勘定で処理する方法と②売掛金に含めて処理する方法がありますが、問題文の指示により②の方法となります。

● 手付金（内金）と売上諸掛り（先方負担）

以前注文をうけていた商品¥3,000,000を引き渡し、受注したとき
に手付金として受け取っていた¥600,000を差し引いた金額を掛け
とした。また、先方負担の発送費¥20,000を現金で支払い、これを
掛代金に含めることとした。　　　　　　　　　　　　　　〈153回〉

（前 受 金）	600,000	（売 上）	3,000,000
（売 掛 金）*	2,420,000	（現 金）	20,000

＊　3,000,000円 − 600,000円 + 20,000円 = 2,420,000円

商品を売り渡す前に受け取った
手付金（または内金）は「前受
金」としています。
手付金（または内金）は商品を
引き渡したときに代金の一部と
して充当します。
先方負担の売上諸掛り（本問で
は発送費）は、①立替金勘定で
処理する方法と②売掛金に含め
て処理する方法がありますが、
問題文の指示により②の方法と
なります。

得意先新潟商店に商品¥162,000（原価¥97,200）を売り上げ、代
金のうち¥30,000は注文時に受け取った手付金と相殺し、残額は月
末の受取りとした。なお、商品の発送費用（先方負担）¥5,000を
運送会社に現金で立替払いし、掛代金とは区別して計上した。

〈140回〉

（前 受 金）	30,000	（売 上）	162,000
（売 掛 金）*	132,000		
（立 替 金）	5,000	（現 金）	5,000

＊　162,000円 − 30,000円 = 132,000円

商品を売り渡す前に受け取った
手付金（または内金）は「前受
金」としています。
手付金（または内金）は商品を
売り渡したときに代金の一部と
して充当します。
先方負担の売上諸掛り（本問で
は発送費用）は、①立替金勘定
で処理する方法と②売掛金に含
めて処理する方法があります
が、問題文の指示により①の方
法となります。

● 手形の受け取りと売上諸掛り（先方負担・当方負担）

長崎商店に商品¥350,000を売り渡し、代金のうち¥150,000は長
崎商店振出し、当社を名宛人とする約束手形を受け取り、残額につ
いては掛けとした。なお、運送会社に運賃¥12,000を小切手を振出
して支払ったが、当社と長崎商店とで半額ずつ負担することになっ
ており、長崎商店の負担分は売掛金勘定で処理する。　〈138回 改〉

【指定勘定科目】
現 金　受 取 手 形　売 掛 金　当 座 預 金
仮 受 金　前 受 金　売 上　発 送 費

（受 取 手 形）	150,000	（売 上）	350,000
（売 掛 金）*1	206,000	（当 座 預 金）	12,000
（発 送 費）*2	6,000		

＊1　350,000円 − 150,000円 = 200,000円
　　　12,000円 × $\frac{1}{2}$ = 6,000円〈先方負担分〉 ｝計206,000円

＊2　12,000円 × $\frac{1}{2}$ = 6,000円〈当方負担分〉

先方負担の売上諸掛り（本問で
は運賃）は、①立替金勘定で処
理する方法と②売掛金に含めて
処理する方法がありますが、問
題文の指示により②の方法とな
ります。

● 現金預金

1 預金口座への預け入れ

甲銀行と乙信用金庫にそれぞれ当座預金口座を開設し、各口座に現金を¥100,000ずつ預け入れた。なお、当社は口座ごとに勘定を設定している。　　　　　　　　　　　　　　　　　〈新傾向対策〉

【指定勘定科目】

現　　　　　金	当　座　預　金	当座預金甲銀行	当座預金乙信用金庫
普　通　預　金	普通預金甲銀行	普通預金乙信用金庫	定　期　預　金

(当座預金甲銀行)	100,000	(現　　　　　金)*	200,000
(当座預金乙信用金庫)	100,000		

＊　100,000円＋100,000円＝200,000円

口座ごとに勘定を設定している旨の指示があることから、「当座預金甲銀行」と「当座預金乙信用金庫」とに区別して記録します。

銀行で当座預金口座を開設し、¥3,000,000を普通預金口座からの振り替えにより当座預金口座に入金した。また、小切手帳の交付を受け、手数料として¥2,000を現金で支払った。　　　　　〈141回〉

(当　座　預　金)	3,000,000	(普　通　預　金)	3,000,000
(支　払　手　数　料)	2,000	(現　　　　　金)	2,000

普通預金口座の金額を1銀行口座間で振り替えて（動かして）、当座預金口座へ預け入れる取引です。

当座預金口座を開設し、普通預金口座から¥100,000を預け入れた。また、口座開設と同時に当座借越契約（限度額¥1,800,000）を締結し、その担保として普通預金口座から¥2,000,000を定期預金口座へ預け入れた。　　　　　　　　　　　　　〈144回〉

(当　座　預　金)	100,000	(普　通　預　金)	2,100,000
(定　期　預　金)	2,000,000		

「口座開設と同時に当座借越契約（限度額¥1,800,000）を締結し」という問題文は、本問を解くうえで考慮する必要のないものです。

● 利息の受け取り

普通預金口座に利息¥300が入金された。　　　　　　　〈154回〉

(普　通　預　金)	300	(受　取　利　息)	300

「利息が入金された」とは、「利息を受け取った」と読み取ります。

2　現金過不足の処理

●過不足の発生

　月末に金庫を実査したところ、紙幣￥100,000、硬貨￥5,800、得意先振出しの小切手￥10,000、約束手形￥20,000、郵便切手￥1,000が保管されていたが、現金出納帳の残高は￥116,000であった。不一致の原因を調べたが原因は判明しなかったので、現金過不足勘定で処理することにした。　　　　　　　　　　　　　　　　　　〈142回〉

（現 金 過 不 足）	200	（現　　　　金）*	200

```
*　紙幣 100,000円　　　　　　　　　　　　⎫ 金庫に保管されていたもののうち、
　硬貨　 5,800円　　　　　　　　　　　　⎬「現金」と仕訳するもの
　得意先振出しの小切手 10,000円　　　　　⎭ 合計115,800円（実際有高）

　115,800円〈実際有高〉－116,000円〈帳簿残高〉＝△200円〈不足〉
```

現金の実際有高（金庫の中身）と帳簿残高（本問では現金出納帳の残高）が一致しない場合は、実際有高に合わせるために、帳簿残高を増減させることに注意してください。

●原因の判明と雑損（または雑益）処理

　決算日において、過日借方に計上していた現金過不足￥20,000の原因を改めて調査した結果、旅費交通費￥30,000、受取手数料￥18,000の記入漏れが判明した。残額は原因が不明であったので、雑益または雑損として処理する。　　　　　　　　　　〈147回〉

【指定勘定科目】
現　　　　金　　当 座 預 金　　受 取 手 形　　現 金 過 不 足
受 取 手 数 料　　旅 費 交 通 費　　雑　　　　益　　雑　　　　損

（旅 費 交 通 費）	30,000	（現 金 過 不 足）	20,000
（雑　　　　損）	8,000	（受 取 手 数 料）	18,000

期中に、現金の過不足（不足額）20,000円が生じた際、次のように記帳していたと考えます。
（現金過不足）20,000（現　金）20,000
現金過不足 → 転記
20,000
本問は決算において、現金過不足勘定の借方残高20,000円を整理する（＝片付ける）仕訳です。「雑損」または「雑益」は仕訳の貸借差額で判断すると良いです。借方差額は「雑損」、貸方差額は「雑益」です。

　現金の帳簿残高が実際有高より￥10,000少なかったので現金過不足として処理していたが、決算日において、受取手数料￥15,000と旅費交通費￥7,000の記入漏れが判明した。残額は原因が不明であったので、雑益または雑損として処理する。　　　　　　　　〈150回〉

【指定勘定科目】
現　　　　金　　当 座 預 金　　受 取 手 形　　現 金 過 不 足
受 取 手 数 料　　旅 費 交 通 費　　雑　　　　益　　雑　　　　損

（現 金 過 不 足）	10,000	（受 取 手 数 料）	15,000
（旅 費 交 通 費）	7,000	（雑　　　　益）	2,000

期中に、現金の過不足（超過額）10,000円が生じた際、次のように記帳していたと考えます。
（現　金）10,000（現金過不足）10,000
現金過不足 → 転記
10,000
本問は決算において、現金過不足勘定の貸方残高10,000円を整理する（＝片付ける）仕訳です。原因不明分は、「雑損」または「雑益」としますが、仕訳の貸借差額で判断すると良いです。借方差額は「雑損」、貸方差額は「雑益」です。

1　金銭の貸付け

● 取締役に対する貸付け

　当社の取締役に対し、¥1,000,000を現金で貸し付けた。なお、当社では、役員に対して資金を貸し付けた場合には、貸付金勘定ではなく、役員貸付金勘定を用いることとしている。　〈新傾向対策〉

（役　員　貸　付　金）	1,000,000	（現	金）	1,000,000

当社の取締役などの役員に対して資金を貸し付けた場合には、その重要性を考慮し、本問のように役員貸付金勘定を使用し、その他の貸付金とは区別して記録することがあります。

● 手形による貸付け（利息の受け取りは貸付時）

　新田商店に¥600,000を貸し付け、同額の約束手形を受け取り、利息¥6,000を差し引いた残額を当社の普通預金口座から新田商店の普通預金口座に振り込んだ。　〈149回改〉

【指定勘定科目】

現　　　　　金　　普　通　預　金　　受　取　手　形　　手　形　貸　付　金
支　払　手　形　　手　形　借　入　金　　受　取　利　息　　支　払　利　息

（手　形　貸　付　金）	600,000	（普　通　預　金）＊	594,000
		（受　取　利　息）	6,000

＊　600,000円 − 6,000円 = 594,000円

貸付けの際、手形を受け取ったときは「手形貸付金」とします。なお、貸付額は600,000円です。実際の振込額で仕訳しないように気をつけましょう。594,000円だけを振り込んだのは、先に6,000円を利息として受け取ることにしたためです。よって「受取利息」の仕訳も忘れずに。

● 貸付金の回収と利息の計算（利息の受け取りは返済時）

　得意先大阪商店に期間9か月、年利率4.5％で¥400,000を借用証書にて貸し付けていたが、本日満期日のため利息とともに同店振出しの小切手で返済を受けたので、ただちに当座預金に預け入れた。　〈142回〉

（当　座　預　金）	413,500	（貸　　付　　金）	400,000
		（受　取　利　息）＊	13,500

＊　$400,000円 \times 4.5\% \times \dfrac{9か月}{12か月} = 13,500円$

ところで…
利息の計算は大丈夫？
年利とは年（**12か月分**）の利息のことです。したがって、貸付期間に関係なく利息の計算をする際の**分母は12か月**です。

$貸付額 \times ○\%〈年利〉 \times \dfrac{計算月数}{12か月}$

2 金銭の借入れ

● 借入金の返済と利息の計算（利息の支払いは返済時）

取引銀行から借り入れていた¥730,000の支払期日が到来したため、元利合計を当座預金口座から返済した。なお、借入れにともなう利率は年2％、借入期間は100日間であり、利息は1年を365日として日割計算する。　〈148回〉

（借　入　金）	730,000	（当　座　預　金）*2	734,000
（支　払　利　息）*1	4,000		

*1　$730{,}000円 \times 2\% \times \dfrac{100日}{365日} = 4{,}000円$

*2　$730{,}000円 + 4{,}000円 = 734{,}000円$

「元利（がんり）」とは、「元金（本問では当初の借入額730,000円）」と、「利息」のことです。
借入金を返済するとともに利息の支払いを当座預金から行った取引です。
ところで…
利息の計算は大丈夫？
利率は年単位で与えられますので、**日割計算**の場合は**365日分**ということです。したがって、借入期間に関係なく利息の計算をする際の**分母**は**365日**です。

借入額×利率年○％×$\dfrac{計算日数}{365日}$

取引銀行から借り入れていた¥2,000,000の支払期日が到来したため、元利合計を当座預金口座から返済した。なお、借入れにともなう利率は年2.19％であり、借入期間は150日であった。利息は1年を365日として日割計算する。　〈153回〉

（借　入　金）	2,000,000	（当　座　預　金）*2	2,018,000
（支　払　利　息）*1	18,000		

*1　$2{,}000{,}000円 \times 2.19\% \times \dfrac{150日}{365日} = 18{,}000円$

*2　$2{,}000{,}000円 + 18{,}000円 = 2{,}018{,}000円$

借入金（元金均等返済）の今月返済分の元本¥200,000および利息（各自計算）が普通預金口座から引き落とされた。利息の引落額は未返済の元本¥1,000,000に利率年3.65％を適用し、30日分の日割計算（1年を365日とする）した額である。　〈151回〉

（借　入　金）	200,000	（普　通　預　金）*2	203,000
（支　払　利　息）*1	3,000		

*1　$1{,}000{,}000円 \times 3.65\% \times \dfrac{30日}{365日} = 3{,}000円$

*2　$200{,}000円 + 3{,}000円 = 203{,}000円$

本問は、借入金の一部200,000円の返済と、利息の支払いを普通預金口座から行った取引ですが、利息の計算には注意が必要です。問題文の指示どおりに計算しましょう。

取引銀行から短期資金として¥1,000,000を借り入れていたが、支払期日が到来したため、元利合計を当座預金から返済した。なお、借入れにともなう利率は年1.5％、借入期間は当期中の8か月であった。　〈140回〉

（借　入　金）	1,000,000	（当　座　預　金）*2	1,010,000
（支　払　利　息）*1	10,000		

*1　$1{,}000{,}000円 \times 1.5\% \times \dfrac{8か月}{12か月} = 10{,}000円$

*2　$1{,}000{,}000円 + 10{,}000円 = 1{,}010{,}000円$

ところで…
利息の計算は大丈夫？
利率は年単位で与えられますので、**月割計算**の場合は**12か月分**ということです。したがって、借入期間に関係なく利息の計算をする際の**分母**は**12か月**です。

借入額×利率年○％×$\dfrac{計算月数}{12か月}$

● 手形による借入れ（利息の支払いは借入時）

日商銀行から¥5,000,000を借り入れ、同額の約束手形を振り出し、利息¥80,000を差し引かれた残額が当座預金口座に振り込まれた。

〈156回〉

【指定勘定科目】

| 現 金 | 当 座 預 金 | 受 取 手 形 | 手 形 貸 付 金 |
| 支 払 手 形 | 手 形 借 入 金 | 受 取 利 息 | 支 払 利 息 |

| （当 座 預 金）* | 4,920,000 | （手 形 借 入 金） | 5,000,000 |
| （支 払 利 息） | 80,000 | | |

＊ 5,000,000円 − 80,000円 ＝ 4,920,000円

借入れの際、手形を振り出したときは「手形借入金」とします。なお、借入額は5,000,000円です。実際に振り込まれた額で仕訳しないように気をつけましょう。4,920,000円だけが振り込まれたのは、先に80,000円を利息として支払うことにしたためです。よって「支払利息」の仕訳も忘れずに。

● 手形借入金の返済

かねて手形を振り出して借り入れていた¥1,000,000の返済期日をむかえ、同額が当座預金口座から引き落とされるとともに、手形の返却を受けた。

〈152回〉

【指定勘定科目】

| 現 金 | 当 座 預 金 | 受 取 手 形 | 手 形 貸 付 金 |
| 支 払 手 形 | 手 形 借 入 金 | 受 取 利 息 | 支 払 利 息 |

| （手 形 借 入 金） | 1,000,000 | （当 座 預 金） | 1,000,000 |

金銭の借入時に手形を振り出していた場合、返済時の仕訳は「手形借入金」の減少となります。その返済期日に、借入額が当座預金口座から引き落とされ、「手形の返却を受けた」ということは、手形借入金の返済義務がなくなったことを意味しています。

3 売掛金の貸倒れ

● 貸倒れと貸倒損失

得意先大阪商店の倒産により、同店に対する売掛金（前期販売分）¥130,000が貸倒れとなった。なお、貸倒引当金の残高は¥50,000である。

〈149回〉

| （貸 倒 引 当 金） | 50,000 | （売 掛 金） | 130,000 |
| （貸 倒 損 失）* | 80,000 | | |

＊ 130,000円 − 50,000円 ＝ 80,000円

貸倒引当金の残高を超える部分は「貸倒損失」とします。

● 一部回収を含む貸倒れ

徳島商店に対する売掛金¥200,000（前期販売分）について、本日、¥70,000を現金で回収し、残額については貸倒れとして処理した。なお、貸倒引当金の残高は¥300,000である。

〈146回〉

| （現 金） | 70,000 | （売 掛 金） | 200,000 |
| （貸 倒 引 当 金）* | 130,000 | | |

＊ 200,000円 − 70,000円 ＝ 130,000円

第1問対策

得意先が倒産し、売掛金￥800,000のうち￥200,000は、かねて注文を受けたさいに受け取っていた手付金と相殺し、残額は貸倒れとして処理した。 〈144回〉

| （前　受　金） | 200,000 | （売　掛　金） | 800,000 |
| （貸 倒 損 失）＊ | 600,000 | | |

＊ 800,000円－200,000円＝600,000円

得意先が倒産したため売掛金800,000円を清算します。なお、本問には2つの取引が含まれています。
① 売掛金の回収
　注文時に受け取っていた手付金が、商品代金に充当されることなく残っていたため、売掛金の回収に充てることにしたと考えて仕訳します。
（前受金）200,000（売掛金）200,000
② 貸倒れ
　本問には貸倒引当金に関する指示がないため、引当金の設定はないと考えます。
（貸倒損失）600,000（売掛金）600,000
上記①と②をあわせて解答とします。

4 貸倒れ処理した売掛金の回収

昨年度に得意先が倒産し、その際に売掛金￥1,000,000の貸倒れ処理を行っていたが、本日、得意先の清算に伴い￥50,000の分配を受け、同額が普通預金口座へ振り込まれた。 〈141回〉

| （普　通　預　金） | 50,000 | （償却債権取立益） | 50,000 |

「本日」の時点が解答要求となります。「得意先の清算に伴い￥50,000の分配を受け〜」とは、50,000円だけは回収することができたという意味です。

5 売掛金の回収と買掛金の支払い

●売掛金の回収と振込手数料（当方負担）

得意先から先月締めの掛代金￥300,000の回収として、振込手数料￥400（当社負担）を差し引かれた残額が当社の当座預金口座に振り込まれた。 〈143回改〉

| （当 座 預 金）＊ | 299,600 | （売　掛　金） | 300,000 |
| （支 払 手 数 料） | 400 | | |

＊ 300,000円－400円＝299,600円

振込手数料を当社が負担したときは、支払手数料勘定（費用）で処理します。

●買掛金の支払い

秋田株式会社に対する買掛金￥270,000の決済として、同社あての約束手形を振り出した。 〈154回〉

| （買　　掛　　金） | 270,000 | （支 払 手 形） | 270,000 |

● 買掛金の支払いと郵送代金

買掛金の支払いとして¥250,000の約束手形を振り出し、仕入先に対して郵送した。なお、郵送代金¥500は現金で支払った。

〈144回〉

（買　　掛　　金）	250,000	（支　払　手　形）	250,000
（通　　信　　費）	500	（現　　　　　金）	500

● 買掛金と売掛金の同時決済

本日、仙台商店に対する買掛金¥500,000および売掛金¥100,000の決済日につき、仙台商店の承諾を得て両者を相殺処理するとともに、買掛金の超過分¥400,000は小切手を振り出して支払った。

〈148回〉

同一の相手先に対して債務（本問では買掛金）と債権（本問では売掛金）とが同時に存在する場合には、両者を相殺処理（＝差し引きして帳消しにする）ことがあります。

（買　　掛　　金）	500,000	（売　　掛　　金）	100,000
		（当　座　預　金）	400,000

6 その他の債権債務

先月末に¥500,000の土地を¥600,000で横浜商店に売却していたが、本日、代金の全額が横浜商店より当社の普通預金口座に振り込まれた。

〈136回改〉

土地を売却する仕訳は、先月末（過去）の時点で記帳済みです。**「本日」**の時点（＝代金回収時点）が解答要求であることに気をつけてください。
商品売買以外の取引から生じた未収分は「未収入金」としています。

【指定勘定科目】

現　　　　　金	当　座　預　金	普　通　預　金	売　　掛　　金
未　収　入　金	土　　　　　地	固定資産売却益	固定資産売却損

（普　通　預　金）	600,000	（未　収　入　金）	600,000

● 商品券の精算

商品の販売時に受け取った信販会社発行の商品券を精算し、¥100,000を現金で受け取った。

〈新傾向対策〉

他社発行の商品券の精算は、発行会社による買取りを意味するので、貸方を「受取商品券」とし、資産の減少とします。

（現　　　　　金）	100,000	（受　取　商　品　券）	100,000

● 電子記録債務

仕入先に対する買掛金¥100,000の支払いを電子債権記録機関で行うため、取引銀行を通して債務の発生記録を行った。　〈新傾向対策〉

買掛金について、電子債権記録機関において債務の発生記録を行ったときは、科目を「電子記録債務」に振り替えます。

（買　　掛　　金）	100,000	（電子記録債務）	100,000

電子債権記録機関に発生記録を行った債務¥100,000の支払期日が到来し、当座預金口座から引き落とされた。　〈新傾向対策〉

銀行口座から決済資金が引き落とされたときは、借方を「電子記録債務」とし、負債の減少として処理します。

（電子記録債務）	100,000	（当　座　預　金）	100,000

● 電子記録債権

取引銀行より、得意先に対する売掛金¥100,000について、電子債権記録機関において債権の発生記録が行われた旨の通知を受けた。　〈新傾向対策〉

売掛金について、電子債権記録機関において債権の発生記録が行われたときは、科目を「電子記録債権」に振り替えます。

（電子記録債権）	100,000	（売　　掛　　金）	100,000

電子債権記録機関に発生記録が行われた債権¥100,000の支払期日が到来し、当座預金口座へ振り込まれた。　〈新傾向対策〉

銀行口座へ決済資金が振り込まれたときは、貸方を「電子記録債権」とし、資産の減少として処理します。

（当　座　預　金）	100,000	（電子記録債権）	100,000

● 費用の支払い

1 給料の支払い

● 所得税の源泉徴収と社会保険料（従業員負担分の預り）

従業員への給料の支払いにあたり、給料総額¥350,000のうち、本人負担の社会保険料¥20,000と、所得税の源泉徴収分¥14,000を差し引き、残額を当座預金口座より振り込んだ。　〈142回〉

従業員の給料に対する所得税と社会保険料はまとめて「預り金」とする場合もありますが、日商3級では、「所得税預り金」と「社会保険料預り金」とに分けて処理することが多いです。

【指定勘定科目】
現　　　　　金　　当　座　預　金　　従業員立替金　　社会保険料預り金
所得税預り金　　売　　　　　上　　仕　　　　　入　　給　　　　　料

（給　　　　　料）	350,000	（社会保険料預り金）	20,000
		（所　得　税　預　り　金）	14,000
		（当　座　預　金）*	316,000

＊　350,000円 − 20,000円 − 14,000円 ＝316,000円

従業員に対する6月分の給料総額は¥2,000,000であり、源泉所得税¥150,000および社会保険料（健康保険・厚生年金・雇用保険の保険料）¥200,000を控除した残額を、普通預金口座から振り込んだ。　〈新傾向対策〉

従業員の源泉所得税や社会保険料は、給料総額から差し引き、あとで税務署や年金事務所等に納付するので、これらを預かったときは、貸方を「所得税預り金」や「社会保険料預り金」とし、負債の増加として処理します。

【指定勘定科目】

現　　金　　普通預金　　従業員立替金　　社会保険料預り金
所得税預り金　　売　　上　　仕　　入　　給　　料

（給　　料）	2,000,000	（所得税預り金）	150,000
		（社会保険料預り金）	200,000
		（普 通 預 金）*	1,650,000

* 2,000,000円〈給料総額〉－150,000円〈源泉所得税〉－200,000円〈社会保険料〉
　＝1,650,000円〈差引支給額〉

● 社会保険料（従業員負担分と会社負担分）の納付

従業員にかかる健康保険料¥90,000を普通預金口座から納付した。このうち従業員負担分¥45,000は、社会保険料預り金からの支出であり、残額は会社負担分である。　〈153回〉

従業員にかかる健康保険料のうち会社負担分を納付したときは、その金額を「法定福利費（費用）」の増加とし、従業員負担分は「社会保険料預り金（負債）」の減少として処理します。

【指定勘定科目】

現　　金　　普通預金　　前払金　　所得税預り金
社会保険料預り金　　売　　上　　法定福利費　　租税公課

（社会保険料預り金）	45,000	（普 通 預 金）	90,000
（法 定 福 利 費）	45,000		

7月10日に雇用保険料¥216,000（年額）を現金で納付した。¥216,000のうち、¥144,000は会社負担分であり、残額は従業員負担分である。なお、従業員負担分のうち、4月から6月までの3か月分については月額相当額を毎月の給料から差し引いているが、7月以降の9か月分については会社が立替払いする。　〈新傾向対策〉

雇用保険料などの社会保険料の納付額のうち、会社負担分は当社の費用として処理するため、「法定福利費」とします。また、従業員負担分のうち、すでに給料から差し引いて預かっている分は「社会保険料預り金（負債）」の減少とし、立替払いした分は「従業員立替金（資産）」の増加として処理します。

【指定勘定科目】

現　　金　　普通預金　　従業員立替金　　社会保険料預り金
所得税預り金　　売　　上　　法定福利費　　給　　料

（法 定 福 利 費）	144,000	（現　　　金）	216,000
（社会保険料預り金）*1	18,000		
（従業員立替金）*2	54,000		

* 1　216,000円－144,000円〈会社負担分〉＝72,000円〈従業員負担分〉
　　　$72,000円 \times \dfrac{3か月}{12か月} = 18,000円$〈4月〜6月までの預り分〉

* 2　$72,000円 \times \dfrac{9か月}{12か月} = 54,000円$〈7月以降の立替分〉

● **給料の支払い（会社が立替払いした雇用保険料あり）**

　従業員に対する7月分の給料総額は¥2,000,000であり、源泉所得税¥150,000、健康保険・厚生年金の保険料¥194,000および雇用保険料の月額相当額¥6,000（会社が立替払いした分）を控除した残額を、普通預金口座から振り込んだ。　　　　　〈新傾向対策〉

【指定勘定科目】

現　　金	普 通 預 金	従業員立替金	社会保険料預り金
所得税預り金	売　　上	仕　　入	給　　料

（給　　　　料）	2,000,000	（所得税預り金）	150,000
		（社会保険料預り金）	194,000
		（従業員立替金）	6,000
		（普 通 預 金）*	1,650,000

＊　2,000,000円－150,000円－194,000円－6,000円＝1,650,000円

従業員に対する立替金を、給料から差し引いて回収したときは、貸方を「従業員立替金」とし、資産の減少として処理します。

● **所得税の納付**

　従業員の給料から源泉徴収していた所得税合計額¥2,000,000を、銀行において納付書とともに現金で納付した。　　　　　〈145回〉

【指定勘定科目】

現　　金	当 座 預 金	立　替　金	所得税預り金
未　払　金	売　　上	給　　料	租 税 公 課

（所得税預り金）	2,000,000	（現　　　　金）	2,000,000

従業員から源泉徴収した所得税の納付は「所得税預り金（負債）」の減少です。なお、この預り金は「預り金」または「従業員預り金」で処理することもあります。

　所轄税務署より納期の特例承認を受けている源泉徴収所得税の納付として1月から6月までの合計税額¥94,000を、納付書とともに銀行において現金で納付した。　　　　　〈143回〉

【指定勘定科目】

現　　金	当 座 預 金	立　替　金	所得税預り金
未　払　金	売　　上	給　　料	租 税 公 課

（所得税預り金）	94,000	（現　　　　金）	94,000

給料から源泉徴収した所得税は、原則として毎月納付しなければなりませんが、一定の要件を満たした場合に、半年分をまとめて納付することができる特例があります。これを「納期の特例」といいます。

2　その他の費用

　消耗品¥30,000を購入し、代金は後日支払うこととした。　　　　　〈144回〉

【指定勘定科目】

現　　金	普 通 預 金	売　掛　金	買　掛　金
未　払　金	売　　上	仕　　入	消 耗 品 費

（消 耗 品 費）	30,000	（未　払　金）	30,000

商品売買**以外**の取引から生じた代金の未払分は、未払金勘定で処理します。

建物および土地の固定資産税¥500,000の納付書を受け取り、未払金に計上することなく、ただちに当座預金口座から振り込んで納付した。〈152回〉

 事業で使用する建物や土地に対する固定資産税は「租税公課」とし、費用で処理します。

【指定勘定科目】

現　　　金　当　座　預　金　受　取　手　形　資　本　金
未　払　金　売　　　　　上　租　税　公　課　通　信　費

（租　税　公　課）	500,000	（当　座　預　金）	500,000

収入印紙¥7,000を購入し、代金は現金で支払った。なお、この収入印紙はただちに使用した。〈146回〉

 収入印紙は「租税公課」、郵便切手は「通信費」、どちらも費用で処理します。

【指定勘定科目】

現　　　金　当　座　預　金　受　取　手　形　資　本　金
買　掛　金　売　　　　　上　租　税　公　課　通　信　費

（租　税　公　課）	7,000	（現　　　　　金）	7,000

収入印紙¥8,000を購入し、代金は現金で支払った。なお、この収入印紙はただちに使用した。〈150回〉

（租　税　公　課）	8,000	（現　　　　　金）	8,000

領収証の発行や約束手形の振出しに用いる収入印紙¥5,000と郵便切手¥1,000をともに日商郵便局で購入し、代金は現金で支払った。〈137回〉

【指定勘定科目】

現　　　金　当　座　預　金　受　取　手　形　資　本　金
買　掛　金　売　　　　　上　租　税　公　課　通　信　費

（租　税　公　課）	5,000	（現　　　　　金）	6,000
（通　　信　　費）	1,000		

営業活動で利用する電車およびバスの料金支払用ＩＣカードに現金¥30,000を入金し、領収証の発行を受けた。なお、入金時に全額費用に計上する方法を用いている。〈140回〉

【指定勘定科目】

現　　　金　当　座　預　金　普　通　預　金　受　取　手　形
資　本　金　売　　　　　上　旅　費　交　通　費　通　信　費

（旅　費　交　通　費）	30,000	（現　　　　　金）	30,000

従業員が業務のために立て替えた1か月分の諸経費は次のとおりであった。そこで、来月の給料に含めて従業員へ支払うこととし、未払金として計上した。

　電車代　¥6,750　　タクシー代　¥4,500
　書籍代（消耗品費）　¥5,000　　　　　〈151回〉

【指定勘定科目】
　現　　　金　未収入金　買　掛　金　未　払　金
　売　　　上　旅費交通費　給　　　料　消耗品費

| （旅費交通費）* | 11,250 | （未　払　金） | 16,250 |
| （消耗品費） | 5,000 | | |

* 6,750円＋4,500円＝11,250円

当社が支払うべき業務のための諸経費を、従業員に一時的に立替払いしてもらっているときは、あとで従業員に対して返済しなければならないため、負債の増加として処理します。

従業員が出張から戻り、下記の報告書および領収書を提出したので、本日、全額を費用として処理した。旅費交通費等報告書記載の金額は、その全額を従業員が立て替えて支払っており、月末に従業員に支払うこととした。なお、電車運賃は領収書なしでも費用計上することにしている。

旅費交通費等報告書
日商太郎

移動先	手段等	領収書	金額
千葉商店	電車	無	1,400
ホテル日商	宿泊	有	9,000
帰社	電車	無	1,400
	合計		11,800

領収書
日商商事㈱
日商太郎　様

　金　9,000円
　但し、宿泊料として
　　　　　ホテル日商

〈156回〉

【指定勘定科目】
　現　　　金　未収入金　買　掛　金　未　払　金
　売　　　上　旅費交通費　給　　　料　消耗品費

| （旅費交通費） | 11,800 | （未　払　金） | 11,800 |

当社が支払うべき業務のための諸経費を、従業員に一時的に立替払いしてもらっているときは、あとで従業員に対して返済しなければならないため、負債の増加として処理します。最も適当な科目については、商品売買以外の取引から生じた代金の未払分であることや、指定勘定科目により「未払金」とします。

広告宣伝費¥35,000を普通預金口座から支払った。また、振込手数料として¥300が同口座から引き落とされた。　　〈149回〉

（広 告 宣 伝 費）	35,000	（普 通 預 金）*	35,300
（支 払 手 数 料）	300		

* 35,000円＋300円＝35,300円

仮払金・仮受金

1 旅費交通費の概算払い

● ICカードによる支払い

従業員が事業用のICカードから旅費交通費¥2,600および消耗品費¥700を支払った。なお、ICカードのチャージ（入金）については、チャージ時に仮払金勘定で処理している。　　〈154回〉

（旅 費 交 通 費）	2,600	（仮　　払　　金）	3,300
（消 耗 品 費）	700		

本問では、ICカードのチャージ時に以下の処理をしています。
（仮 払 金）××（現金など）××
したがって、ICカードを使用して支払いをしたときは、仮払金勘定から該当する勘定に振り替えます。

● 概算払いの精算

従業員が出張から帰社し、旅費の精算を行ったところ、あらかじめ概算額で仮払いしていた¥50,000では足りず、不足額¥25,000を従業員が立替払いしていた。なお、この不足額は次の給料支払時に従業員へ支払うため、未払金として計上した。　　〈152回〉

【指定勘定科目】
現 金	当 座 預 金	前 払 金	仮 払 金
立 替 金	前 受 金	未 払 金	旅 費 交 通 費

（旅 費 交 通 費）*	75,000	（仮　　払　　金）	50,000
		（未　　払　　金）	25,000

* 50,000円＋25,000円＝75,000円

本問では、概算額を仮払い（「仮払金」で処理）していた50,000円では足りず、不足額25,000円を従業員が立替払いしていたとあるため、旅費交通費は75,000円であったことがわかります。また、従業員が立替払いした不足額は、問題文の指示に従い、その金額を「未払金」とします。

● 概算払いの精算と手付金の受け取り

従業員が出張から戻り、旅費の残額¥8,000と、得意先で契約した商品販売にかかる手付金¥15,000を現金で受け取った。なお、出張にあたって、従業員には旅費の概算額¥25,000を渡していた。　　〈146回〉

【指定勘定科目】
現 金	当 座 預 金	前 払 金	仮 払 金
仮 受 金	前 受 金	売 上	旅 費 交 通 費

（現　　　　金）*1	23,000	（前　　受　　金）	15,000
（旅 費 交 通 費）*2	17,000	（仮　　払　　金）	25,000

*1 8,000円＋15,000円＝23,000円
*2 25,000円〈概算額〉－8,000円〈旅費の残額〉＝17,000円

仮払金（概算払い額）は、記入すべき勘定科目または金額が確定したときに、該当する勘定科目へ振り替えます。
本問には2つの取引が含まれています。
① 手付金の受け取り
　（現 金）15,000（前受金）15,000
② 仮払金の精算
　（現 金）8,000（仮払金）25,000
　（旅費交通費）17,000
上記①と②をあわせて解答とします。

2 内容不明の入金

● 入金内容の判明

　従業員が出張から戻り、さきの当座預金口座への￥230,000の入金は、得意先山梨商店からの売掛金￥200,000の回収および得意先甲府商店から受け取った手付金￥30,000であることが判明した。なお、入金時には内容不明の入金として処理してある。　〈137回〉

内容不明の入金は「仮受金」としています。
「手付金￥30,000」については、商品の引渡義務を表す「前受金」へ振り替える処理をします。

（仮　　受　　金）	230,000	（売　　掛　　金）	200,000
		（前　　受　　金）	30,000

● 有形固定資産

1 購入

● 備品の購入と付随費用

　業務で使用する目的でコピー複合機￥540,000を購入し、搬入設置費用￥20,000を含めた￥560,000のうち￥260,000は小切手を振り出して支払い、残額は翌月以降の分割払いとした。　〈143回〉

購入にともない発生した搬入設置費用は備品を購入するための付随費用ですから、備品の取得原価に含めます。なお、「翌月以降の分割払い」とありますが、「分けて支払う」というだけで後払いであることにかわりはありません。

（備　　　　　品）*1	560,000	（当　座　預　金）	260,000
		（未　　払　　金）*2	300,000

*1　540,000円 + 20,000円 = 560,000円
*2　560,000円 − 260,000円 = 300,000円

　オフィスのデスクセットを購入し、据付作業ののち、次の請求書を受け取り、代金は後日支払うこととした。

購入したデスクセットは、オフィス用であることから、その取得原価を「備品（資産）」の増加とします。
本問では、請求書に記載されている配送料や据付費が備品の購入にともなう付随費用であることから、取得原価に含めて処理します。なお、商品以外のものを購入した際の代金の未払額は、「未払金（負債）」の増加とします。

請　求　書

日商株式会社　御中

大門商事株式会社

品　　物	数量	単　　価	金　　額
オフィスデスクセット	1	￥ 2,000,000	￥ 2,000,000
配送料			￥ 30,000
据付費			￥ 100,000
		合　　計	￥ 2,130,000

×8年11月30日までに合計額を下記口座へお振り込み下さい。
千代田銀行千代田支店　普通　7654321　ダイモンショウジ（カ

〈153回〉

（備　　　　　品）	2,130,000	（未　　払　　金）	2,130,000

● 備品と消耗品の同時購入

事務用のオフィス機器￥550,000とコピー用紙￥5,000を購入し、代金の合計を普通預金口座から振り込んだ。　〈152回〉

事務用のオフィス機器の購入は「備品（資産）」、コピー用紙の購入は「消耗品費（費用）」の増加でそれぞれ処理します。

【指定勘定科目】

現 金	普 通 預 金	備 品	建 物
未 払 金	売 上	仕 入	消 耗 品 費

（備　　　　品）	550,000	（普 通 預 金）*	555,000
（消 耗 品 費）	5,000		

* 　550,000円 + 5,000円 = 555,000円

● 土地の購入と付随費用

営業用の土地550㎡を、1㎡あたり￥35,000で購入した。この土地の購入手数料￥400,000は現金で仲介業者に支払い、土地の代金は後日支払うこととした。　〈145回〉

土地の購入手数料は土地を購入するための付随費用ですから、土地の取得原価に含めます。

（土　　　　地）*2	19,650,000	（現　　　　金）	400,000
		（未　　払　　金）*1	19,250,000

*1　@35,000円 × 550㎡ = 19,250,000円
*2　19,250,000円 + 400,000円 = 19,650,000円

新店舗を開設する目的で、土地750㎡を、1㎡当たり￥55,000で購入した。購入手数料￥500,000は普通預金口座から仲介業者に支払い、土地代金は月末に支払うことにした。　〈150回〉

（土　　　　地）*2	41,750,000	（普 通 預 金）	500,000
		（未　　払　　金）*1	41,250,000

*1　@55,000円 × 750㎡ = 41,250,000円
*2　41,250,000円 + 500,000円 = 41,750,000円

過日、土地を￥5,000,000で購入する契約を締結した際に、手付金として￥500,000を支払い、仮払金勘定で処理していたが、本日、土地の引渡しを受けたため、残額を普通預金口座から振り込んだ。　〈新傾向対策〉

手付金を支払ったときに、「仮払金」として処理していることから、土地の引渡しを受けたときには、その金額を「土地」に振り替えます。

（土　　　　地）	5,000,000	（仮　　払　　金）	500,000
		（普 通 預 金）*	4,500,000

* 　5,000,000円〈土地の購入代金〉 − 500,000円〈手付金〉= 4,500,000円〈残額〉

出店用の土地165㎡を1㎡あたり￥20,000で購入し、購入手数料￥100,000を含む代金の全額を後日支払うこととした。また、この土地の整地費用￥50,000を現金で支払った。　〈139回〉

土地を購入するための付随費用は、土地の取得原価に含めます。なお、取得原価とは「その資産を手に入れて、使用できるまでにかかった金額」を表すものです。したがって、整地費用も土地の取得原価に含めます。

（土　　　　地）*2	3,450,000	（未　　払　　金）*1	3,400,000
		（現　　　　金）	50,000

*1　@20,000円 × 165㎡ + 100,000円 = 3,400,000円
*2　3,400,000円 + 50,000円 = 3,450,000円

店舗を建てる目的で購入した土地について建設会社に依頼していた整地作業が完了し、その代金¥150,000を現金で支払った。　　〈148回〉

（土 地）	150,000	（現 金）	150,000

●土地付き建物の購入と付随費用

土地付き建物¥4,000,000（うち建物¥1,000,000、土地¥3,000,000）を購入し、売買手数料（それぞれの代金の3%）を加えた総額を普通預金口座から振り込むとともに引渡しを受けた。　　〈151回〉

「土地」と「建物」は別の固定資産であるため、「土地付き建物を購入」とあっても分けて記録します。なお、購入にともなう売買手数料は、それぞれの固定資産の取得原価に含めます。

（建 物）*1	1,030,000	（普 通 預 金）*3	4,120,000
（土 地）*2	3,090,000		

* 1　1,000,000円×3%＝30,000円〈売買手数料〉
　　1,000,000円＋30,000円＝1,030,000円
* 2　3,000,000円×3%＝90,000円〈売買手数料〉
　　3,000,000円＋90,000円＝3,090,000円
* 3　1,030,000円＋3,090,000円＝4,120,000円

2 売却

●期首売却

不用になった備品（取得原価¥660,000、減価償却累計額¥561,000、間接法で記帳）を¥3,000で売却し、売却代金は現金で受け取った。　　〈154回〉

問題文に「売却時点」が示されていないときは、「期首に売却した」とみなして処理します。期首において固定資産を売却した場合は、当期分（1日分）の減価償却費の計上は不要です。

【指定勘定科目】

現　金	未 収 入 金	備　品	土　地
備品減価償却累計額	固定資産売却益	減 価 償 却 費	固定資産売却損

（備品減価償却累計額）	561,000	（備 品）	660,000
（現 金）	3,000		
（固定資産売却損）*	96,000		

* 　660,000円－561,000円＝99,000円〈簿価〉
　3,000円－99,000円＝△96,000円〈売却損〉

不用になった備品（取得原価¥700,000、減価償却累計額¥560,000、間接法で記帳）を期首に¥20,000で売却し、代金は月末に受け取ることとした。　　〈149回〉

商品売買以外の取引から生じた代金の未収分は「未収入金」とします。

【指定勘定科目】

売 掛 金	未 収 入 金	備　品	土　地
備品減価償却累計額	固定資産売却益	減 価 償 却 費	固定資産売却損

（備品減価償却累計額）	560,000	（備 品）	700,000
（未 収 入 金）	20,000		
（固定資産売却損）*	120,000		

* 　700,000円－560,000円＝140,000円〈簿価〉
　20,000円－140,000円＝△120,000円〈売却損〉

不用になった備品（取得原価¥400,000、減価償却累計額¥300,000、間接法で記帳）を期首に¥20,000で売却し、代金は2週間後に受け取ることとした。〈146回〉

【指定勘定科目】
売　掛　金	未　収　入　金	備　　品	土　　地
備品減価償却累計額	固定資産売却益	減価償却費	固定資産売却損

（備品減価償却累計額）	300,000	（備　　　　　品）	400,000
（未　収　入　金）	20,000		
（固定資産売却損）*	80,000		

* 　400,000円 − 300,000円 = 100,000円〈簿価〉
　20,000円 − 100,000円 = △80,000円〈売却損〉

備品（取得原価¥600,000、残存価額ゼロ、耐用年数5年）を2年間使用してきたが、3年目の期首に¥300,000で売却し、代金は翌月末に受け取ることにした。減価償却費は定額法で計算し、記帳は間接法を用いている。〈137回改〉

 残存価額はゼロです。減価償却費の計算に気をつけましょう。

【指定勘定科目】
現　　金	未　収　入　金	備　　品	土　　地
備品減価償却累計額	固定資産売却益	減価償却費	固定資産売却損

（備品減価償却累計額）*1	240,000	（備　　　　　品）	600,000
（未　収　入　金）	300,000		
（固定資産売却損）*2	60,000		

*1　600,000円 ÷ 5年 × 2年 = 240,000円
*2　600,000円 − 240,000円 = 360,000円〈簿価〉
　300,000円 − 360,000円 = △60,000円〈売却損〉

×2年12月1日に取得した業務用パソコン（取得原価¥150,000、残存価額ゼロ、耐用年数5年、減価償却費の計算は定額法、間接法で記帳）を×5年4月1日に¥20,000で売却し、売却代金は現金で受け取った。なお、当社の決算日は3月31日であり、取得年度の減価償却費については月割計算による。〈138回改〉

減価償却累計額は、$\dfrac{取得原価−残存価額}{耐用年数} ×$ 経過年数 で求めますが、計算に注意してください。
本問では、固定資産を期中に取得しているため、初年度は4か月分の月割償却になります。
$\dfrac{取得原価−残存価額}{耐用年数} × \dfrac{経過月数}{12か月}$
なお、残存価額はゼロです。減価償却費の計算に気をつけましょう。

【指定勘定科目】
現　　金	当　座　預　金	備　　品	土　　地
備品減価償却累計額	固定資産売却益	減価償却費	固定資産売却損

（備品減価償却累計額）*1	70,000	（備　　　　　品）	150,000
（現　　　　　金）	20,000		
（固定資産売却損）*2	60,000		

*1　150,000円 ÷ 5年 × $\dfrac{4か月}{12か月}$ = 10,000円〈×2.12.1〜×3.3.31〉

　150,000円 ÷ 5年 × 2年 = 60,000円〈×3.4.1〜×5.3.31〉
　10,000円 + 60,000円 = 70,000円
*2　150,000円 − 70,000円 = 80,000円〈簿価〉
　20,000円 − 80,000円 = △60,000円〈売却損〉

● 期中売却

×3年1月4日に購入した備品（取得原価¥360,000、残存価額ゼロ、耐用年数6年、定額法で計算、間接法で記帳）が不用になったので、本日（×7年3月30日）¥80,000で売却し、代金は翌月末に受け取ることにした。なお、決算日は12月31日とし、減価償却費は月割りで計算する。　　　　　　　　　　　　　　　　　　〈142回改〉

【指定勘定科目】

売　掛　金　　未　収　入　金　　備　　　品　　土　　　地
備品減価償却累計額　固定資産売却益　減価償却費　固定資産売却損

（備品減価償却累計額）*1	240,000	（備　　　　　品）	360,000
（減 価 償 却 費）*2	15,000		
（未 収 入 金）	80,000		
（固定資産売却損）*3	25,000		

*1　360,000円÷6年×4年＝240,000円〈×3.1.4～×6.12.31〉

*2　360,000円÷6年×$\dfrac{3\,か月}{12か月}$＝15,000円〈×7.1.1～×7.3.30〉

*3　360,000円－240,000円－15,000円＝105,000円〈簿価〉
　　80,000円－105,000円＝△25,000円〈売却損〉

売却する期（×7年度）も3か月分の月割償却が必要です。これを当期分の「減価償却費」として計上します。
なお、残存価額はゼロです。
$$\dfrac{取得原価－残存価額}{耐用年数}×\dfrac{経過月数}{12か月}$$
（注）日割計算は行わないため、月の途中であっても月初から月末まで使用したとみなして計算します。

---

3 賃貸借と差入保証金

● 土地の賃借

店舗の駐車場として使用している土地の本月分賃借料¥50,000が普通預金口座から引き落とされた。　　　　　　　　　　〈140回〉

【指定勘定科目】

現　　　　　金　普　通　預　金　当　座　預　金　借　入　金
売　　　　　上　受　取　地　代　仕　　　入　支　払　地　代

（支 払 地 代）	50,000	（普 通 預 金）	50,000

土地を借り、その賃借料を支払ったときは、借方を「支払地代」とし、費用の増加として処理します。

● 建物の賃借時に生じる敷金

店舗として使用する物件を賃借する契約を締結し、1か月分の家賃¥100,000と敷金¥200,000を普通預金口座から振り込んだ。

〈新傾向対策〉

【指定勘定科目】

現　　　　　金　普　通　預　金　当　座　預　金　差　入　保　証　金
前　払　金　受　取　家　賃　支　払　家　賃　支　払　手　数　料

（支 払 家 賃）	100,000	（普 通 預 金）*	300,000
（差 入 保 証 金）	200,000		

*　100,000円〈月額家賃〉＋200,000円〈敷金〉＝300,000円

建物を借り、その家賃を支払ったときは、借方を「支払家賃」とし、費用の増加として処理します。また、敷金は、特に問題がなければ解約時に返金されるので、支払ったときは、借方を「差入保証金」とし、資産の増加として処理します。

● 建物の賃借時に生じる敷金と仲介手数料

オフィスとしてビルの1部屋を1か月の家賃¥200,000で賃借する契約を結び、1か月分の家賃、敷金（家賃2か月分）、および不動産業者への仲介手数料（家賃1か月分）を現金で支払った。

〈156回〉

敷金や保証金は、解約時に問題がなければ返金されるので、これらを支払ったときは、借方を「差入保証金」とし、資産の増加として処理します。また、不動産を賃借する契約を締結した際に仲介手数料を支払ったときは、借方を「支払手数料」とし、費用の増加として処理します。

（支払家賃）	200,000	（現　　　金）*3	800,000
（差入保証金）*1	400,000		
（支払手数料）*2	200,000		

＊1　@200,000円〈月額家賃〉×2か月分＝400,000円〈敷金〉
＊2　@200,000円〈月額家賃〉×1か月分＝200,000円〈仲介手数料〉
＊3　200,000円＋400,000円＋200,000円＝800,000円

4　修繕と改良

一昨年度に購入した備品（パソコン）が故障したため、その修理費用として¥20,000を現金で支払った。　　　　　　　　〈139回〉

【指定勘定科目】
現　　　　金　　当座預金　　備　　　　品　　資　本　金
未　払　金　　修　繕　費　　租税公課　　消耗品費

（修　繕　費）	20,000	（現　　　金）	20,000

建物の改築と修繕を行い、代金¥20,000,000を普通預金口座から支払った。うち建物の資産価値を高める支出額（資本的支出）は¥16,000,000であり、建物の現状を維持するための支出額（収益的支出）は¥4,000,000である。　　　　　　　　〈150回〉

【指定勘定科目】
現　　　　金　　普通預金　　建　　　　物　　資　本　金
売　　　　上　　支払家賃　　修　繕　費　　消耗品費

固定資産にかかる支出については「修繕」の名目に関係なく、「機能向上や資産価値を高める支出額（＝資本的支出という）」と判断された分は、建物勘定（資産増加）で処理します。また、「機能回復および現状を維持するための支出額（＝収益的支出という）」については、修繕費勘定（費用増加）で処理します。

（建　　　物）	16,000,000	（普　通　預　金）	20,000,000
（修　繕　費）	4,000,000		

営業に用いている建物の改良・修繕を行い、代金¥8,000,000を、小切手を振り出して支払った。支払額のうち¥5,500,000は建物の価値を高める資本的支出であり、残額は機能維持のための収益的支出である。　　　　　　　　〈156回〉

【指定勘定科目】
現　　　　金　　当座預金　　建　　　　物　　資　本　金
売　　　　上　　支払家賃　　修　繕　費　　消耗品費

（建　　　物）	5,500,000	（当　座　預　金）	8,000,000
（修　繕　費）*	2,500,000		

＊　8,000,000円－5,500,000円＝2,500,000円

資本（純資産）

1　株式の発行

●設立時

　1株当たり¥100,000で15株の株式を発行し、合計¥1,500,000の払込みを受けて株式会社を設立した。払込金はすべて普通預金口座に預け入れられた。　　　　　　　　　　　　　　　　〈152回〉

 株式を発行したときは、原則として、払込金額の全額を「資本金」とします。

（普 通 預 金）	1,500,000	（資　　本　　金）*	1,500,000

＊　@100,000円×15株＝1,500,000円

●増資時

　A株式会社は、増資を行うこととなり、株式50株を新たに発行し、1株あたり¥60,000の払込みを受け、当座預金口座に預け入れた。なお、払込金額の全額を資本金とする。　　〈新傾向対策〉

（当 座 預 金）	3,000,000	（資　　本　　金）*	3,000,000

＊　@60,000円×50株＝3,000,000円

2　繰越利益剰余金

●当期純利益の計上

　当期の決算を行った結果、当期純利益¥820,000を計上した。

〈133回改〉

（損　　　　　益）	820,000	（繰越利益剰余金）	820,000

●剰余金の配当と処分

　繰越利益剰余金のうち、¥100,000を配当し、利益準備金として¥10,000を積み立てることが株主総会で決議された。〈新傾向対策〉

【指定勘定科目】
現　　　　　金　　仮　払　金　　未払配当金　　資　　本　　金
利　益　準　備　金　　繰越利益剰余金　　受取手数料　　支払手数料

 配当金は、株主総会の決議時ではなく、あとで株主に支払われるので、貸方を「未払配当金」とし、負債の増加として処理します。また、利益準備金の積立額は、貸方を「利益準備金」とし、資本の増加として処理します。

（繰越利益剰余金）*	110,000	（未 払 配 当 金）	100,000
		（利 益 準 備 金）	10,000

＊　100,000円＋10,000円＝110,000円

1 消費税

商品を¥100,000（税抜価格）で仕入れ、代金は掛けとした。なお、消費税率を10%とし、税抜方式で記帳する。　〈新傾向対策〉

【指定勘定科目】
現　　　金　　仮払消費税　　仮払法人税等　　買　掛　金
未　払　金　　仮受消費税　　売　　　上　　仕　　　入

> （仕　　　入）　100,000（買　掛　金）*2　110,000
> （仮 払 消 費 税）*1　10,000

* 1　100,000円〈税抜価格〉×10% = 10,000円
* 2　100,000円〈税抜価格〉+ 10,000円 = 110,000円〈税込価格〉

商品の仕入時などに支払った消費税は、「仮払消費税」とし、資産の増加で処理します。なお、仕入先に対する買掛金などは、税込金額で記録する点に注意しましょう。

商品を¥110,000（税込価格）で仕入れ、代金は掛けとした。なお、消費税率を10%とし、税抜方式で記帳する。　〈新傾向対策〉

【指定勘定科目】
現　　　金　　仮払消費税　　前　払　金　　買　掛　金
未　払　金　　仮受消費税　　売　　　上　　仕　　　入

> （仕　　　入）*1　100,000（買　掛　金）　110,000
> （仮 払 消 費 税）*2　10,000

* 1　110,000円〈税込価格〉× $\frac{100\%}{100\% + 10\%}$ = 100,000円〈税抜価格〉

* 2　100,000円〈税抜価格〉×10% = 10,000円

本問のように、商品の仕入代金などが税込価格で与えられる場合もあるので、注意が必要です。

商品を¥150,000（税抜価格）で販売し、代金は掛けとした。なお、消費税率を10%とし、税抜方式で記帳する。　〈新傾向対策〉

【指定勘定科目】
現　　　金　　仮払消費税　　売　掛　金　　未　収　入　金
仮受消費税　　前　受　金　　売　　　上　　仕　　　入

> （売　掛　金）*2　165,000（売　　　上）　150,000
> 　　　　　　　　　　（仮 受 消 費 税）*1　15,000

* 1　150,000円〈税抜価格〉×10% = 15,000円
* 2　150,000円〈税抜価格〉+ 15,000円 = 165,000円〈税込価格〉

受け取った消費税は、消費者に代わって納付するために預かったものなので、貸方を「仮受消費税」とし、負債の増加として処理します。なお、顧客に対する売掛金などは、税込金額で記録する点に注意しましょう。

商品¥16,000を売り上げ、消費税¥1,600を含めた合計額のうち¥7,600は現金で受け取り、残額は共通商品券を受け取った。なお、消費税は税抜方式で記帳する。　〈154回〉

【指定勘定科目】
現　　　金　　仮払消費税　　売　掛　金　　受取商品券
仮受消費税　　前　受　金　　売　　　上　　仕　　　入

> （現　　　金）　7,600（売　　　上）　16,000
> （受 取 商 品 券）*　10,000（仮 受 消 費 税）　1,600

* 　16,000円 + 1,600円 = 17,600円〈消費税を含めた合計額〉
　17,600円 − 7,600円 = 10,000円

2 法人税、住民税及び事業税

●中間納付

中間申告を行い、法人税、住民税及び事業税￥100,000を現金で納付した。　　　　　　　　　　　　　　　　　　〈新傾向対策〉

【指定勘定科目】

現　　　　金　普　通　預　金　仮　払　消　費　税　仮　払　法　人　税　等
前　払　金　仮　受　消　費　税　売　　　　上　仕　　　　入

（仮 払 法 人 税 等）	100,000	（現　　　　金）	100,000

中間申告時に納付した法人税等は、「仮払法人税等」としておきます。

●法人税等の計上

決算の結果、確定した税引前当期純利益について法人税、住民税及び事業税が￥250,000と計算された。なお、￥100,000については、すでに中間納付をしている。　　　　　　　　　　　　〈新傾向対策〉

【指定勘定科目】

現　　　　金　普　通　預　金　仮　払　消　費　税　仮　払　法　人　税　等
未　払　法　人　税　等　繰越利益剰余金　法人税,住民税及び事業税　租　税　公　課

（法人税,住民税及び事業税）	250,000	（仮 払 法 人 税 等）	100,000
		（未 払 法 人 税 等）*	150,000

＊　250,000円 − 100,000円 = 150,000円

中間納付額は、「仮払法人税等」としています。法人税等の金額が確定ときに充当し、残額を「未払法人税等」とします。

● その他の内容

1 決算整理仕訳と再振替仕訳

●未収利息の処理

前期の決算において、未収利息￥36,000を計上していたので、本日（当期首）、再振替仕訳を行った。　　　　　　　　〈147回〉

【指定勘定科目】

現　　　　金　未　収　入　金　未　収　利　息　未　払　利　息
未　払　金　前　受　利　息　支　払　利　息　受　取　利　息

（受 取 利 息）	36,000	（未 収 利 息）	36,000

前期の決算で以下のような仕訳をしています。

（未収利息）36,000　（受取利息）36,000

再振替仕訳とは、翌期首の日付で逆仕訳することで、もとの勘定に戻すための仕訳です。

●当座借越の処理

甲銀行の当座預金口座が借越の状態となっている。決算にあたり、当座預金勘定の貸方残高￥100,000を当座借越勘定に振り替える。なお、当社は取引銀行との間に￥500,000を借越限度額とする当座借越契約を締結している。　　　　　　　　　　　　〈新傾向対策〉

（当 座 預 金）	100,000	（当 座 借 越）	100,000

決算日に当座預金勘定が貸方残高（＝借越状態）となっているときは、一時的な銀行からの借入れと考え、その残高を当座借越勘定または借入金勘定に振り替えます。

前期の決算において、当座借越額￥100,000を借入金勘定に振り替えていたので、本日（当期首）、再振替仕訳を行った。

〈新傾向対策〉

期首に再振替仕訳（前期決算において行った決算整理仕訳の逆仕訳）を行い、もとの状態に戻します。

| （借　　入　　金） | 100,000 | （当 座 預 金） | 100,000 |

●貯蔵品の処理

収入印紙￥30,000、郵便切手￥3,000を購入し、いずれも費用として処理していたが、決算日に収入印紙￥10,000、郵便切手￥820が未使用であることが判明したため、これらを貯蔵品勘定に振り替えることとした。

〈153回〉

郵便切手やはがきを購入時に費用処理する場合、借方を「通信費」としますが、決算日に未使用分があるときは、その金額を「貯蔵品」に振り替えます。同様に、収入印紙を購入時に費用処理する場合、借方を「租税公課」としますが、決算日に未使用分があるときは、その金額を「貯蔵品」に振り替えます。

| （貯　　蔵　　品） | 10,820 | （租 税 公 課） | 10,000 |
| | | （通　信　費） | 820 |

前期の決算において、収入印紙￥10,000、郵便切手￥820を貯蔵品勘定に振り替えていたので、本日（当期首）、再振替仕訳を行った。

〈新傾向対策〉

期首に再振替仕訳（前期決算において行った決算整理仕訳の逆仕訳）を行い、もとの状態に戻します。

| （租 税 公 課） | 10,000 | （貯　　蔵　　品） | 10,820 |
| （通　信　費） | 820 | | |

2 決算振替仕訳

仕入勘定において算定された売上原価￥2,800,000を損益勘定に振り替えた。

〈150回〉

| （損　　　　益） | 2,800,000 | （仕　　　　入） | 2,800,000 |

決算日に売上勘定の貸方残高￥50,000,000を損益勘定に振り替えた。

〈156回〉

| （売　　　　上） | 50,000,000 | （損　　　　益） | 50,000,000 |

証ひょう対策

　問題資料として証ひょう（取引の事実を証明する資料）が与えられる形式は、第1問だけでなく第2問での出題も考えられます。そこで、「証ひょう対策」として、証ひょうの種類や、それぞれの出題パターンなどを整理すると次のようになります。

● 証ひょうの種類

証ひょうには、主に以下のような種類があります。

1 商品の仕入時や物品の購入時に受け取る書類

種　類	記載内容
納　品　書	仕入れた商品や購入した物品の名称・数量・単価・総額等
請　求　書	商品の仕入代金や物品の購入代金の請求額
領　収　書	商品の仕入代金や物品の購入代金の支払額

2 商品の販売時に作成する書類

種　類	記載内容
納品書(控)	販売した商品の名称・数量・単価・総額等
請求書(控)	商品の販売代金の請求額
売上集計表	一定期間における商品の販売代金の集計額

3 その他の書類

種　類	記載内容
旅費交通費等報告書	旅費交通費等の精算報告
振　込　依　頼　書	振込金額とその内容、振込先の口座情報等
税　金　の　納　付　書	税金の種類、納税額、申告の種類、納税者の住所・氏名等
当　座　勘　定　照　合　表	当座預金口座の入出金明細
入　出　金　明　細　書	普通預金口座・定期預金口座の入出金明細

1 商品の仕入時や物品の購入時

● **納品書の受け取り**

T商事株式会社は、商品を仕入れ、代金は後日支払うこととした。なお、品物とともに、以下の納品書を受け取っている。また、消費税については、税抜方式で記帳する。

納 品 書
(軽減税率対象)

T商事株式会社　御中

F製菓株式会社

品　物	数　量	単　価	金　額
ミルクチョコレート（50袋入りケース）	20	7,500	¥ 150,000
ミックスチョコレート（50袋入りケース）	20	10,000	¥ 200,000
生チョコレート（20箱入りケース）	10	5,000	¥ 50,000
		消費税	¥ 32,000
		合　計	¥ 432,000

【指定勘定科目】

現　　　　金	仮 払 消 費 税	仮 払 法 人 税 等	買　　掛　　金
未　払　金	仮 受 消 費 税	売　　　　上	仕　　　　入

仕		訳	
借　方　科　目	金　額	貸　方　科　目	金　額

解　答

仕		訳	
借　方　科　目	金　額	貸　方　科　目	金　額
仕　　　　入	400,000*	買　　掛　　金	432,000
仮 払 消 費 税	32,000		

＊　150,000円＋200,000円＋50,000円＝400,000円〈税抜価格〉

解答への道

商品の仕入時に納品書を受け取ったときは、その記載内容にもとづいて「仕入（費用）」を計上します。なお、商品の仕入時に支払った消費税は、「仮払消費税（資産）」としておきます。この場合、仕入先に対する買掛金などは、税込金額で記録する点に注意しましょう。

● **請求書の受け取り**

　T商事株式会社は、事務用の物品を購入し、代金は後日支払うこととした。なお、品物とともに、以下の請求書を受け取っている。

請　求　書

T商事株式会社　御中

O商会株式会社

品　物	数　量	単　価	金　額
コピー用紙（500枚入）	5	500	¥　2,500
プリンター用インクカートリッジ（4色パック）	2	6,000	¥　12,000
油性ボールペン・黒（5本入り）	10	500	¥　5,000
送　料	―	―	¥　500
		合　計	¥　20,000

×2年7月31日までに合計額を下記口座へお振込みください。
Y銀行飯田橋支店　普通　6543210　オーシヨウカイ（カ

【指定勘定科目】

現　　　　金　普　通　預　金　売　掛　金　買　掛　金
未　払　金　売　　　　上　仕　　　　入　消　耗　品　費

仕		訳	
借　方　科　目	金　　額	貸　方　科　目	金　　額

解　答

仕		訳	
借　方　科　目	金　　額	貸　方　科　目	金　　額
消　耗　品　費	20,000	未　払　金	20,000

解答への道

　会社が事務作業などで使用する少額の物品で、すぐに使って無くなってしまうようなものを消耗品といいます。消耗品の購入時に請求書を受け取ったときは、その記載内容にもとづいて「消耗品費（費用）」を計上します。

　なお、消耗品の購入にともなう送料は、「消耗品費（費用）」に含めて処理します。また、商品以外のものを購入したときの代金の未払額は「買掛金（負債）」ではなく、「未払金（負債）」とする点に注意しましょう。

「買掛金」は「商品」のときだけ！

T商事株式会社は、事務用の物品をネット通販で購入し、代金の支払額を仮払金勘定で処理していたが、本日、品物とともに、以下の領収書を受け取ったため、適切な勘定に振り替える。

領 収 書

T商事株式会社　御中

Y電機株式会社

品　　物	数　量	単　価	金　　額
H社製ノートパソコン	3	200,000	￥ 600,000
配送料	―	―	￥ 3,000
初期設定費用	3	9,000	￥ 27,000
		合　計	￥ 630,000

上記の合計額を領収いたしました。

印　収入印紙
200円

仕		訳	
借　方　科　目	金　　額	貸　方　科　目	金　　額

解　答

仕		訳	
借　方　科　目	金　　額	貸　方　科　目	金　　額
備　　　　品	630,000	仮　払　金	630,000

解答への道

事務用に購入した物品が、領収書の記載内容からノートパソコンであることがわかるため、仮払金勘定から備品勘定に振り替えます。なお、備品の購入にともなう配送料や初期設定費用は、付随費用として取得原価に含めて処理します。

また、本問の領収書には、200円分の収入印紙が貼り付けられていますが、領収書の作成者が負担するものなので、当社側では「仕訳不要」となる点に注意しましょう。

2 商品の販売時

●納品書兼請求書（控）の作成

　T商事株式会社は、商品を掛販売し、送料（先方負担）を現金で支払った。なお、品物とともに、以下の納品書兼請求書の原本を発送している。

納品書兼請求書（控）

A商店　御中

T商事株式会社

品　物	数　量	単　価	金　額
ミルクチョコレート	30	250	¥　7,500
ミックスチョコレート	30	300	¥　9,000
生チョコレート	10	400	¥　4,000
送　料	―	―	¥　500
		合　計	¥　21,000

×2年8月31日までに合計額を下記口座へお振込みください。

M銀行神保町支店　当座　3456789　テイーシヨウジ（カ

【指定勘定科目】

現	金	当 座 預 金	売 掛 金	買 掛 金
売	上	仕 入	支 払 手 数 料	発 送 費

仕		訳	
借 方 科 目	金　額	貸 方 科 目	金　額

解　答

仕		訳	
借 方 科 目	金　額	貸 方 科 目	金　額
売　掛　金	21,000	売　　　　上	20,500*
		現　　　　金	500

＊　7,500円＋9,000円＋4,000円＝20,500円

解答への道

　商品の販売時に納品書や請求書を発行したときは、その記載内容にもとづいて「売上（収益）」を計上します。なお、先方負担の送料は、当社の費用にはなりません。販売先に対する請求額に含めて請求するので、「立替金（資産）」または「売掛金（資産）」として処理しますが、本問では、指定勘定科目に「立替金」がないため、「売掛金」に含めて処理します。

●請求書（控）の作成

　T商事株式会社は、C商店に対する1か月分の売上代金（月末締め、翌月末払い）を集計し、以下の請求書の原本を発送した。なお、C商店に対する売上は、1か月分をまとめて計上することとしているため、本日、その仕訳を行う。

請　求　書（控）

C商店　御中

T商事株式会社

品　物	数　量	単　価	金　額
ミルクチョコレート	500	250	￥ 125,000
ミックスチョコレート	350	300	￥ 105,000
生チョコレート	100	400	￥ 40,000
		合　計	￥ 270,000

×2年9月30日までに合計額を下記口座へお振込みください。
M銀行神保町支店　当座　3456789　ティーショウジ（カ

仕		訳	
借　方　科　目	金　額	貸　方　科　目	金　額

解　答

仕		訳	
借　方　科　目	金　額	貸　方　科　目	金　額
売　　掛　　金	270,000	売　　　　上	270,000

解答への道

　特定の顧客に対し、継続的に商品を掛販売している場合には、1か月分の売上代金を集計し、まとめて請求することがあります。また、一般的には、商品の引渡しのつど、売上計上の仕訳を行いますが、本問のように1か月分をまとめて行うこともあります。本試験で出題される場合には、指示が与えられるため、その指示に従って解答するようにしてください。

●売上集計表の作成

　T商事株式会社は、本日の店頭での売上を集計し、以下の売上集計表を作成した。この集計結果にもとづいて、本日分の売上計上の仕訳を行う。なお、合計額のうち、¥2,700は現金で受け取り、残額はクレジットカード決済であった。また、消費税については、税抜方式で記帳する。

証ひょう対策

売上集計表

×2年11月7日

品　物	数　量	単　価	金　額
ミルクチョコレート	10	250	¥　2,500
ミックスチョコレート	10	300	¥　3,000
生チョコレート	5	400	¥　2,000
		消費税	¥　600
		合　計	¥　8,100

【指定勘定科目】

現　金　　クレジット売掛金　　仮払消費税　　買掛金
仮受消費税　　売　上　　仕　入　　租税公課

仕		訳	
借方科目	金　額	貸方科目	金　額

解答

仕		訳	
借方科目	金　額	貸方科目	金　額
現　金	2,700	売　上	7,500[*1]
クレジット売掛金	5,400[*2]	仮受消費税	600

＊1　2,500円＋3,000円＋2,000円＝7,500円〈税抜価格〉
＊2　8,100円〈税込価格〉－2,700円＝5,400円

解答への道

　商品の販売時に受け取った消費税は、「仮受消費税（負債）」としておきます。なお、クレジット売掛金などは、税込価格で記録する点に注意しましょう。

●旅費交通費等報告書

　従業員が出張より帰社し、出発時に概算払いしていた¥15,000について、以下の報告書と領収書が提出され、残額を現金で受け取った。なお、当社では、1回あたり¥3,000以下の場合、電車賃の領収書の提出を不要としている。

旅費交通費等報告書			
			後楽園太郎
移動先	手段等	領収書	金　額
横浜駅	電車	無	550
赤レンガ商店	タクシー	有	3,250
大さん橋ホテル	宿泊	有	8,000
帰社	電車	無	550
	合　計		¥ 12,350

領収書

運賃　¥3,250
上記のとおり領収いたしました。
　　　　　　㈱本牧交通

領収書

宿泊費　シングル1名　¥8,000
またのご利用をお待ちしております。
　　　　　　大さん橋ホテル

【指定勘定科目】

現　　　　　金	普 通 預 金	前 　払　 金	仮 　払　 金
前 　受　 金	仮 　受　 金	消 耗 品 費	旅 費 交 通 費

仕		訳	
借 方 科 目	金　　額	貸 方 科 目	金　　額

解　答

仕		訳	
借 方 科 目	金　　額	貸 方 科 目	金　　額
旅 費 交 通 費	12,350	仮 　払　 金	15,000
現　　　　　金	2,650*		

＊　15,000円－12,350円＝2,650円

解答への道

　出張旅費を事前に概算払いしたときは、その金額を「仮払金」として処理しておき、帰社した従業員から報告書や領収書の提出を受け、旅費の金額が確定した時点で仮払金勘定から旅費交通費勘定などに振り替えます。なお、本問の解答要求は、旅費の金額が確定した時点の仕訳のみである点に注意しましょう。また、報告書と領収書とで内容が重複しているもの（本問では、タクシー運賃と宿泊費）があるので、二重で計上しないように気をつけましょう。

証ひょう対策

●振込依頼書の受け取り

T商事株式会社は、事務所として使用する物件の賃借契約を行い、以下の振込依頼書どおりに普通預金口座から振り込んだ。

振込依頼書

T商事株式会社 御中

株式会社 S不動産

ご契約ありがとうございます。
以下の合計金額を下記口座へお振込みください。

内容	金額
仲介手数料	¥ 100,000
敷金	¥ 800,000
初月賃料	¥ 200,000
合計	¥ 1,100,000

K銀行板橋支店 当座 7788990 カ) エスフドウサン

[指定勘定科目]

現金	普通預金	当座預金	差入保証金
建物	受取家賃	支払家賃	支払手数料

仕訳

借方科目	金額	貸方科目	金額

解答

仕訳

借方科目	金額	貸方科目	金額
支払手数料	100,000 *1	普通預金	1,100,000
差入保証金	800,000 *2		
支払家賃	200,000 *3		

*1 仲介手数料
*2 敷金
*3 初月賃料

解答への道

不動産を賃借する（賃料を支払って借りる）契約を締結した際に仲介手数料を支払ったときは、借方を「支払手数料」とし、費用の増加として処理します。なお、不動産を取得する際に支払った仲介手

数料は、<u>不動産の取得原価に含める</u>ので、混同しないように注意しましょう。

　また、敷金や保証金は、解約時に問題がなければ返金されるので、これらを支払ったときは、借方を「差入保証金」とし、資産の増加として処理します。

●税金の納付書

1．法人税の中間申告

　T商事株式会社は、以下の納付書にもとづき、普通預金口座から振り込んだ。

領 収 証 書

税　目			
法人税	本　　　　　税	300,000	納期等 　×20401
	○　○　○　税		の区分 　×30331
	△　　　△　　税		(中間申告) 確定申告
住所　東京都千代田区○○	□□税		
	××税		出納印 ×2.11.7 M銀行
氏名　T商事株式会社	合計額	￥300,000	

【指定勘定科目】

現　　　　　金　　　普　通　預　金　　　当　座　預　金　　　仮　払　法　人　税　等
仮　払　消　費　税　　　未　払　法　人　税　等　　　仮　受　消　費　税　　　租　税　公　課

仕		訳	
借　方　科　目	金　　額	貸　方　科　目	金　　額

解　答

仕		訳	
借　方　科　目	金　　額	貸　方　科　目	金　　額
仮　払　法　人　税　等	300,000	普　通　預　金	300,000

解答への道

　本問の納付書は、税目欄に『法人税』との記載があり、『中間申告』の箇所に丸印が付いていることから、法人税の中間申告時のものであることを読み取ります。中間申告時に納付した法人税は、「仮払法人税等（資産）」としておきます。

２．法人税の確定申告

T商事株式会社は、以下の納付書にもとづき、普通預金口座から振り込んだ。

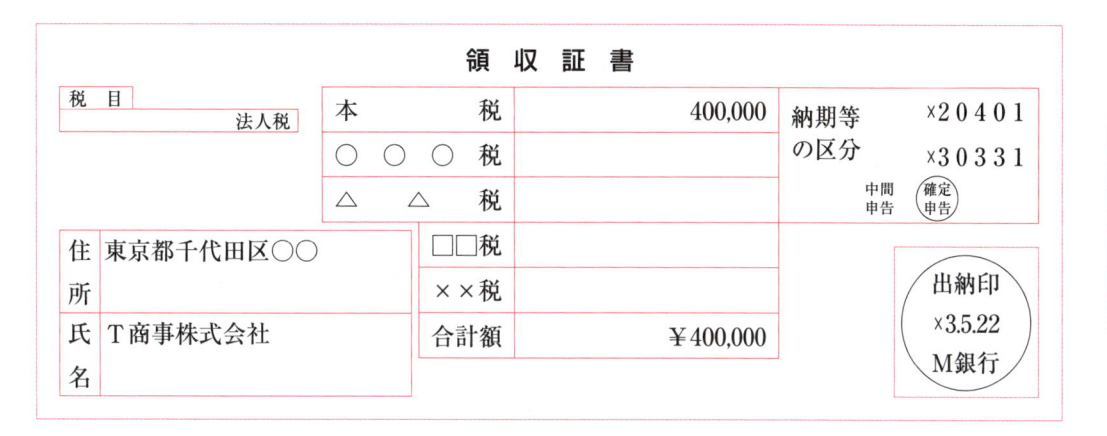

仕		訳	
借　方　科　目	金　　額	貸　方　科　目	金　　額

解　答

仕		訳	
借　方　科　目	金　　額	貸　方　科　目	金　　額
未 払 法 人 税 等	400,000	普　通　預　金	400,000

解答への道

本問の納付書は、税目欄に『法人税』との記載があり、『確定申告』の箇所に丸印が付いていることから、法人税の確定申告時のものであることを読み取ります。

本問の場合、納付書の金額が400,000円であることから、前期末の決算時に次のような仕訳をしていることがわかります。

(法人税、住民税及び事業税)	××	(仮 払 法 人 税 等)	××
		(未 払 法 人 税 等)	400,000
		負債⊕	

したがって、確定申告時に法人税を納付したときは、借方を「未払法人税等」とし、前期末の決算時に計上した負債を減らします。

3．消費税の納付

T商事株式会社は、以下の納付書にもとづき、普通預金口座から振り込んだ。

領 収 証 書

税 目	本　　　　税	100,000	納期等	×20401
消費税及び地方消費税	○ ○ ○ 税		の区分	×30331
	△ △ 税			中間申告　確定申告
住所　東京都千代田区○○	□□税			
	××税		出納印 ×3.5.22 M銀行	
氏名　T商事株式会社	合計額	¥100,000		

【指定勘定科目】

| 現　　　　　金 | 普 通 預 金 | 当 座 預 金 | 仮 払 消 費 税 |
| 仮 払 法 人 税 等 | 未 払 消 費 税 | 仮 受 消 費 税 | 租 税 公 課 |

仕		訳	
借 方 科 目	金　　額	貸 方 科 目	金　　額

解 答

仕		訳	
借 方 科 目	金　　額	貸 方 科 目	金　　額
未 払 消 費 税	100,000	普 通 預 金	100,000

解答への道

　本問の納付書は、税目欄に『消費税及び地方消費税』との記載があることから、消費税の納付時のものであることを読み取ります。

　本問の場合、納付書の金額が100,000円であることから、前期末の決算時に次のような仕訳をしていることがわかります。

（仮 受 消 費 税）	××	（仮 払 消 費 税）	××
		（未 払 消 費 税）	100,000
		負債⊕	

　したがって、消費税を納付したときは、借方を「未払消費税」とし、前期末の決算時に計上した負債を減らします。

● 当座勘定照合表

　以下の当座勘定照合表にもとづいて、Ｔ商事株式会社の各取引日における仕訳を示しなさい。なお、御茶ノ水商店と九段下商店はいずれも商品の取引先であり、取引はすべて掛けで行っている。なお、小切手（No.117）は９月20日以前に振り出したものである。

×2年10月2日

当座勘定照合表

Ｔ商事株式会社　御中

Ｍ銀行神保町支店

取引日	摘　　要	お支払金額	お預り金額	取引残高
9.21	融資ご返済	200,000		
9.21	融資お利息	1,600		省
9.22	お振込　御茶ノ水商店	100,000		
9.22	お振込手数料	200		
9.25	お振込　九段下商店		220,000	略
9.26	小切手引落（No.117）	160,000		
9.26	手形引落（No.522）	40,000		

取引日		仕　　　　　　　　　訳			
		借　方　科　目	金　　額	貸　方　科　目	金　　額
9	21				
9	22				
9	25				
9	26				

証ひょう対策

解 答

取引日		仕		訳	
		借 方 科 目	金 額	貸 方 科 目	金 額
9	21	借 入 金 支 払 利 息	200,000 1,600	当 座 預 金	201,600*1
9	22	買 掛 金 支 払 手 数 料	100,000 200	当 座 預 金	100,200*2
9	25	当 座 預 金	220,000	売 掛 金	220,000
9	26	支 払 手 形	40,000	当 座 預 金	40,000

＊1　200,000円＋1,600円＝201,600円
＊2　100,000円＋200円＝100,200円

解答への道

　当座勘定照合表にもとづいて仕訳を行う場合、お預り金額欄の記載額を当座預金勘定の借方に記入して残高を増やすとともに、お支払金額欄の記載額を貸方に記入して減らします。

　なお、同一の日付の行は、複数の行で一つの取引を示していることがあるので、摘要欄をきちんと確認しましょう。本問では、『融資ご返済』と『融資お利息』や、『お振込　御茶ノ水商店』と『お振込手数料』は、それぞれ一つの取引と判断できるので、まとめて仕訳を行う必要があります。

9 /21 『融資ご返済』と『融資お利息』

　お支払金額欄に記載があることから、借入金の返済と利息の支払いであることがわかります。

9 /22 『お振込　御茶ノ水商店』と『お振込手数料』

　御茶ノ水商店が当社と掛取引を行っている商品の取引先であり、かつ、お支払金額欄に記載があることから、買掛金の支払いであることを読み取ります。

　なお、当社負担の振込手数料は、借方を「支払手数料」とし、費用の増加として処理します。

9 /25 『お振込　九段下商店』

　九段下商店が当社と掛取引を行っている商品の取引先であり、かつ、お預り金額欄に記載があることから、売掛金の回収であることを読み取ります。

9 /26 『小切手引落 (No.117)』

　冒頭の問題文中に、9月20日以前に振り出した小切手である旨の指示があり、その振出時に当座預金勘定の残高を減らす処理が済んでいるため、9月26日時点では仕訳不要となります。

9 /26 『手形引落 (No.522)』

　お支払金額欄に記載があることから、支払手形の決済であることがわかります。

● 入出金明細書

以下の普通預金口座の入出金明細にもとづいて、Ｔ商事株式会社の各取引日における仕訳を示しなさい。なお、株式会社竹橋食品と大手町ドラッグ株式会社はいずれも商品の取引先であり、取引はすべて掛けで行っている。

入出金明細

日　付	内　容	出金金額	入金金額	取引残高
10.20	ＡＴＭ入金		50,000	省
10.22	振込　カ）タケバシシヨクヒン	300,000		
10.23	振込　オオテマチドラッグ（カ		177,500	
10.25	給与振込	926,000		略
10.25	振込手数料	1,000		

10月23日の入金金額は、当社負担の振込手数料¥500が差し引かれた残額である。

10月25日の給与振込額は、所得税の源泉徴収額¥74,000を差し引いた残額である。

【指定勘定科目】

現　　　　金	普 通 預 金	売 　掛　 金	立 　替　 金
買 　掛　 金	所 得 税 預 り 金	給 　　　 料	支 払 手 数 料

取引日	仕 訳			
	借 方 科 目	金 　　額	貸 方 科 目	金 　　額
10　20				
10　22				
10　23				
10　25				

解 答

取引日		仕		訳	
		借 方 科 目	金 額	貸 方 科 目	金 額
10	20	普 通 預 金	50,000	現　　　　金	50,000
10	22	買 掛 金	300,000	普 通 預 金	300,000
10	23	普 通 預 金 支 払 手 数 料	177,500 500	売 掛 金	178,000*1
10	25	給　　　　料 支 払 手 数 料	1,000,000*2 1,000	所 得 税 預 り 金 普 通 預 金	74,000 927,000*3

＊1　177,500円＋500円＝178,000円
＊2　926,000円〈給与振込額〉＋74,000円〈所得税の源泉徴収額〉＝1,000,000円〈給料総額〉
＊3　926,000円〈給与振込額〉＋1,000円〈振込手数料〉＝927,000円〈出金総額〉

解答への道

　普通預金の入出金明細にもとづいて仕訳を行う場合、入金金額欄の記載額を普通預金勘定の借方に記入して残高を増やすとともに、出金金額欄の記載額を貸方に記入して減らします。

　同一の日付の行は、複数の行で一つの取引を示していることがあるので、摘要欄をきちんと確認しましょう。本問では、『給与振込』と『振込手数料』は、一つの取引と判断できるので、まとめて仕訳を行う必要があります。

10/20『ATM入金』

　ATM（Automatic Teller Machine）とは、現金自動預け払い機の略語です。したがって、本問における『ATM入金』は、手許現金を普通預金口座へ預け入れた取引ということになります。

10/22『振込　カ) タケバシシヨクヒン』

　㈱竹橋食品が当社と掛取引を行っている商品の取引先であり、かつ、出金金額欄に記載があることから、買掛金の支払いであることを読み取ります。

10/23『振込　オオテマチドラツグ（カ』

　大手町ドラッグ㈱が当社と掛取引を行っている商品の取引先であり、かつ、入金金額欄に記載があることから、売掛金の回収であることを読み取ります。なお、当社負担の振込手数料が入金金額から差し引かれている旨の指示があるため、借方を「支払手数料」とし、費用の増加として処理します。また、売掛金の減少額は、振込手数料控除前の金額となる点に注意が必要です。

10/25『給与振込』と『振込手数料』

　給料として費用計上する金額は、所得税の源泉徴収額控除前の金額となります。なお、当社負担の振込手数料は、借方を「支払手数料」とし、費用の増加として処理します。

●納品書兼請求書／入出金明細

　Ｔ商事株式会社と株式会社Ｗ商店との商品売買に係る以下の証ひょうにもとづいて、下記の**問**に答えなさい。なお、入出金明細は普通預金口座に係るものである。また、Ｔ商事は商品発送時に売上を計上しており、Ｗ商店は商品受取時に仕入を計上している。

納品書 兼 請求書

株式会社Ｗ商店　御中

Ｔ商事株式会社

品物	数量	単価	金額
ミルクチョコレート	30	250	￥　7,500
ミックスチョコレート	30	300	￥　9,000
生チョコレート	10	400	￥　4,000
送　料	—	—	￥　　500
		合　計	￥ 21,000

振込期限：８月31日
振　込　先：Ｍ銀行神保町支店
　　　　　　当座 3456789 テイーシヨウジ（カ

入出金明細（抜粋）

株式会社Ｗ商店　様

Ｓ信用金庫早稲田支店

取引日	摘要	支払金額
8.31	振込テイーシヨウジ（カ	21,000
8.31	振込手数料	200

問　(1)から(4)までの各時点における仕訳を示しなさい。なお、勘定科目は次の中から最も適当と思われるものを選び、正確に記入すること。

現　　　　　金	普 通 預 金	当 座 預 金	売 掛 金	買 掛 金
売　　　　　上	受 取 手 数 料	仕　　　　　入	支 払 手 数 料	発 送 費

⑴　Ｔ商事が商品を発送した時の仕訳を示しなさい。なお、Ｔ商事は、商品発送時に送料を現金で支払っており、その全額をＷ商店に請求している。

⑵　Ｗ商店が商品を受け取った時の仕訳を示しなさい。

⑶　Ｗ商店が代金を振り込んだ時の仕訳を示しなさい。

⑷　Ｔ商事が代金の振り込みを受けた時の仕訳を示しなさい。

	仕		訳	
	借 方 科 目	金 額	貸 方 科 目	金 額
(1)				
(2)				
(3)				
(4)				

解　答

	仕		訳	
	借 方 科 目	金 額	貸 方 科 目	金 額
(1)	売　掛　金	21,000	売　　　　上 現　　　　金	20,500[*1] 500
(2)	仕　　　　入	21,000	買　掛　金	21,000
(3)	買　掛　金 支 払 手 数 料	21,000 200	普　通　預　金	21,200[*2]
(4)	当　座　預　金	21,000	売　掛　金	21,000

* 1　7,500円 + 9,000円 + 4,000円 = 20,500円
* 2　21,000円 + 200円 = 21,200円

解答への道

(1)　**T商事の商品発送時の仕訳**

　　T商事が作成した納品書兼請求書には、商品代金の振込期限や振込先が記載されていることから、商品を掛けで販売したことを読み取ります。

　　また、T商事が商品発送時に支払った送料の全額を、W商店に請求していることから、送料はW商店負担であることがわかります。なお、先方負担の送料は、当社の費用にはなりません。販売先に対する請求額に含めて請求するので、「立替金（資産）」または「売掛金（資産）」として処理しますが、本問では、指定勘定科目に「立替金」がないため、「売掛金」に含めて処理します。

⑵　W商店の商品受取時の仕訳

　T商事が送料の全額をW商店に請求していることから、送料はW商店負担であることがわかります。商品を仕入れる際にかかった当方負担の送料は、仕入諸掛りとして仕入原価に含めます。また、本問では、仕入先からの請求額に含まれているので、「買掛金（負債）」に含めて処理します。

⑶　W商店の買掛金支払時の仕訳

　⑵で「買掛金」として計上していた請求額を振り込んだので、借方を「買掛金」とし、負債の減少として処理します。また、W商店の入出金明細が、普通預金口座に係るものである旨の指示があることから、貸方は「普通預金」になります。

　入出金明細における同一の日付の行は、複数の行で一つの取引を示していることがあるので、摘要欄をきちんと確認しましょう。本問では、「振込テイーシヨウジ（カ」と「振込手数料」は、一つの取引と判断できるので、まとめて仕訳を行う必要があります。

　なお、当方負担の振込手数料は、借方を「支払手数料」とし、費用の増加として処理します。

⑷　T商事の売掛金回収時の仕訳

　⑴で「売掛金」として計上していた請求額の振り込みを受けたので、貸方を「売掛金」とし、資産の減少として処理します。また、納品書兼請求書に記載されている振込先が、T商事の当座預金口座であることから、借方が「当座預金」になることを読み取ります。

第2問対策

　第2問では、補助簿に関連する問題、伝票に関する問題、文章の空所補充問題や勘定記入の問題が出題されています。特に勘定記入の問題では、受験生が苦手としやすい決算仕訳（決算整理仕訳・決算振替仕訳）が必要となる問題が定期的に出題されますので、しっかりマスターしておきましょう。

　過去に出題された中から問題を厳選すると、次のようになります。

問題1　商品有高帳
　　　　　(1)　先入先出法　　(2)　移動平均法

問題2　売掛金元帳

問題3　買掛金元帳

問題4　固定資産台帳

問題5　取引に応じた補助簿の選択

問題6　伝票
　　　　　(1)　伝票の推定　　(2)　仕訳日計表の作成

問題7　勘定記入
　　　　　(1)　有形固定資産　　　　　　(2)　決算仕訳・再振替仕訳なし
　　　　　(3)　決算仕訳・再振替仕訳あり　(4)　決算振替

問題1(1)　商品有高帳（先入先出法）

 商品有高帳は原価を記入する補助元帳です。

次の仕入帳と売上帳の記録にもとづいて、下記の**問**に答えなさい。

仕　入　帳

×5年	摘　　要	金　額
1　7	秋田商店　　　　　　　　　掛	
	A商品　150個　@¥80	12,000
20	岩手商店　　　　　　　　　掛	
	A商品　140個　@¥70	9,800
21	岩手商店　　　　　　　掛返品	
	A商品　10個　@¥70	700

売　上　帳

×5年	摘　　要	金　額
1　15	新潟商店　　　　　　　　　掛	
	A商品　120個　@¥105	12,600
28	富山商店　　　　　　　　　掛	
	A商品　160個　@¥100	16,000

問　(1)　1月におけるA商品の商品有高帳を作成しなさい。払出単価の決定方法は先入先出法を採用し、締め切りを行う必要はない。
　　　(2)　1月におけるA商品の売上原価と売上総利益を答えなさい。

(1)

商 品 有 高 帳

A 商 品

（先入先出法）

×5年		摘　要	受　入			払　出			残　高		
			数量	単価	金額	数量	単価	金額	数量	単価	金額
1	1	前月繰越	100	90	9,000				100	90	9,000

第2問対策

(2)

売上原価の計算

月初商品棚卸高　（　　　　　　）
当月商品仕入高　（　　　　　　）
　合　　　計　（　　　　　　）
月末商品棚卸高　（　　　　　　）
売　上　原　価　（　　　　　　）

売上総利益の計算

売　　上　　高　（　　　　　　）
売　上　原　価　（　　　　　　）
売　上　総　利　益　（　　　　　　）

解　答

(1)

商 品 有 高 帳

A 商 品

（先入先出法）

×5年		摘　要	受　入			払　出			残　高		
			数量	単価	金額	数量	単価	金額	数量	単価	金額
1	1	前月繰越	100	90	9,000				100	90	9,000
	7	仕　入	150	80	12,000				100	90	9,000
									150	80	12,000
	15	売　上				100	90	9,000			
						20	80	1,600	130	80	10,400
	20	仕　入	140	70	9,800				130	80	10,400
									140	70	9,800
	21	仕入戻し				10	70	700	130	80	10,400
									130	70	9,100
	28	売　上				130	80	10,400			
						30	70	2,100	100	70	7,000

(2)

売上原価の計算

月初商品棚卸高	(	9,000)
当月商品仕入高	(	21,100)
合　　　計	(	30,100)
月末商品棚卸高	(	7,000)
売　上　原　価	(	23,100)

売上総利益の計算

売　　上　　高	(	28,600)
売　上　原　価	(	23,100)
売　上　総　利　益	(	5,500)

> 仕入返品分を差し引いた純仕入高です。

解答への道

先入先出法とは、先に取得した単価のものから先に払い出されると仮定して、払出単価を決定する方法です。したがって、単価の異なる商品を受け入れた場合は、それらを区別しておく必要があります。

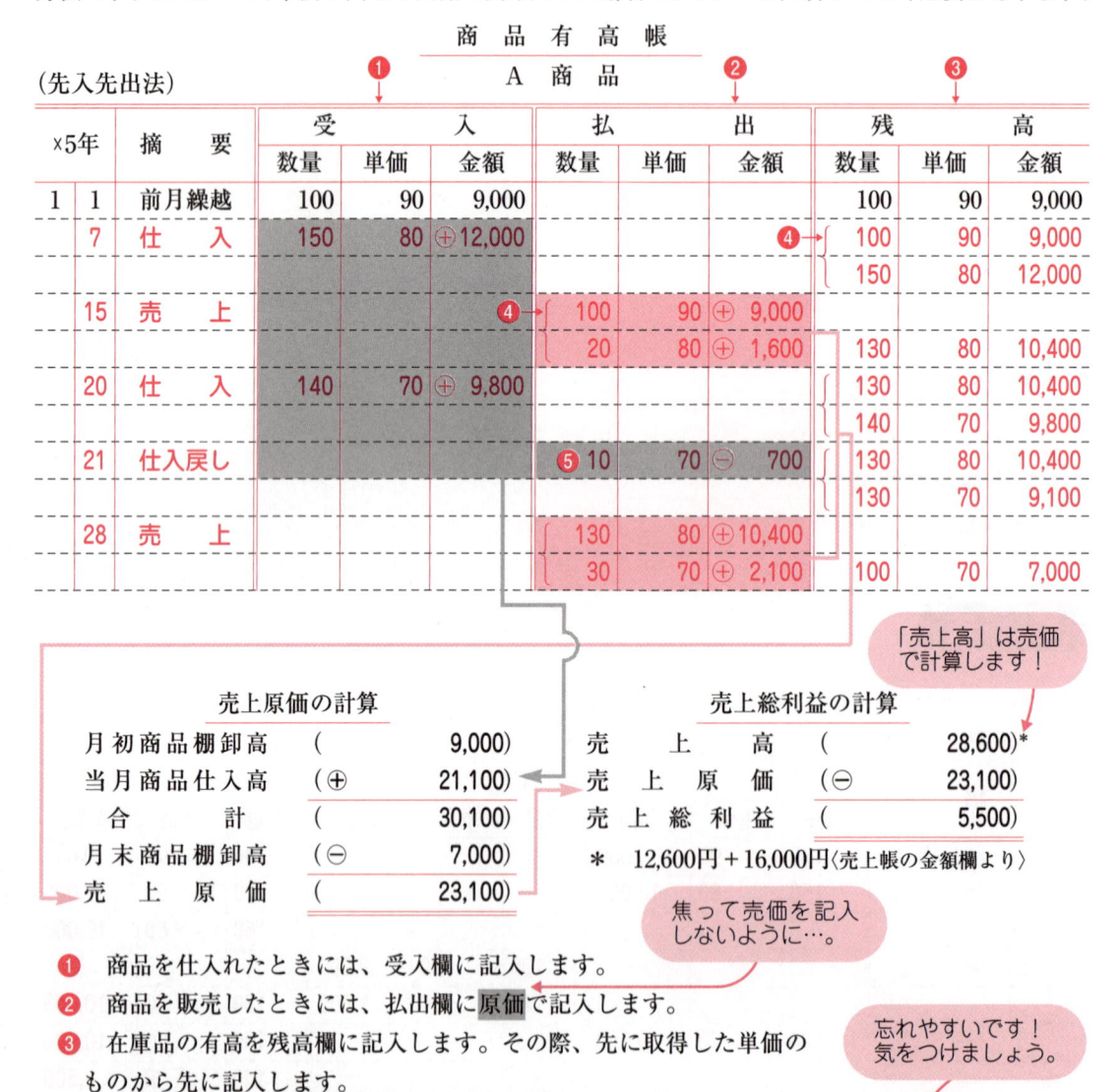

商品有高帳
（先入先出法）　　A　商　品

x5年		摘　要	受　入			払　出			残　高		
			数量	単価	金額	数量	単価	金額	数量	単価	金額
1	1	前月繰越	100	90	9,000				100	90	9,000
	7	仕　入	150	80	⊕12,000				100	90	9,000
									150	80	12,000
	15	売　上				100	90	⊕9,000			
						20	80	⊕1,600	130	80	10,400
	20	仕　入	140	70	⊕9,800				130	80	10,400
									140	70	9,800
	21	仕入戻し				10	70	⊖700	130	80	10,400
									130	70	9,100
	28	売　上				130	80	⊕10,400			
						30	70	⊕2,100	100	70	7,000

売上原価の計算

月初商品棚卸高	(	9,000)
当月商品仕入高	(⊕	21,100)
合　　　計	(	30,100)
月末商品棚卸高	(⊖	7,000)
売　上　原　価	(	23,100)

売上総利益の計算

売　　上　　高	(	28,600)*
売　上　原　価	(⊖	23,100)
売　上　総　利　益	(	5,500)

＊　12,600円＋16,000円〈売上帳の金額欄より〉

> 「売上高」は売価で計算します！

> 焦って売価を記入しないように…。

> 忘れやすいです！気をつけましょう。

❶　商品を仕入れたときには、受入欄に記入します。

❷　商品を販売したときには、払出欄に 原価 で記入します。

❸　在庫品の有高を残高欄に記入します。その際、先に取得した単価のものから先に記入します。

❹　払出欄および残高欄に単価の異なる商品を記入する場合は分けて記入し、中カッコ でくくります。払出数量は、販売数量になるまで、先に取得した単価から払い出します。

❺　仕入戻しとは、仕入先へ商品を返品することですから、帳簿上でも「在庫品とした商品を減らす」という意味で、払出欄に記入します。

問題 1(2) 商品有高帳（移動平均法）

次の6月におけるA商品に関する資料にもとづいて、下記の設問に答えなさい。

[A商品に関する資料]

6月1日	前月繰越	200個	@¥200
6日	仕 入	200個	@¥210
12日	売 上	160個	@¥480
18日	仕 入	160個	@¥215
24日	売 上	230個	@¥485

1．6月のA商品の商品有高帳を作成し締め切りなさい。なお、商品の払出単価の決定方法は移動平均法を採用している。

2．6月のA商品の売上高、売上原価および売上総利益を答えなさい。

1.
（移動平均法）

商 品 有 高 帳
A 商 品

日付		摘 要	受 入			払 出			残 高		
			数量	単価	金額	数量	単価	金額	数量	単価	金額
6	1	前月繰越									
	30	次月繰越									

2.

売 上 高	売 上 原 価	売上総利益
¥	¥	¥

解 答

1.
（移動平均法）

商 品 有 高 帳

A 商 品

日付		摘 要	受	入		払	出		残	高	
			数量	単価	金額	数量	単価	金額	数量	単価	金額
6	1	前月繰越	200	200	40,000				200	200	40,000
	6	仕　入	200	210	42,000				400	205	82,000
	12	売　上				160	205	32,800	240	205	49,200
	18	仕　入	160	215	34,400				400	209	83,600
	24	売　上				230	209	48,070	170	209	35,530
	30	次月繰越				170	209	35,530			
			560		116,400	560		116,400			

2.

売 上 高	売 上 原 価	売 上 総 利 益
¥　　188,350	¥　　80,870	¥　　107,480

解答への道

1. 払出単価の決定方法が移動平均法による場合の商品有高帳の記入

　移動平均法とは、異なる単価の商品を受け入れるごとに平均単価を計算し、それを次の払出単価とする方法です。

　6月1日：前月繰越

　　　　　受入欄と残高欄へ記入します。200個×@200円（**原価**）＝40,000円

　　6日：仕入

　　　　　仕入分を受入欄へ記入します。200個×@210円（**原価**）＝42,000円

　　　　　残高欄に記入する単価は、直前の残高（6月1日時点）と合算して算定した平均単価になります。

$$\frac{40,000円〈前月繰越〉＋42,000円〈6日仕入分〉}{200個〈前月繰越〉＋200個〈6日仕入分〉} ＝ @205円〈6日時点の平均単価〉$$

　　12日：売上

　　　　　販売分の160個を払出欄に**原価で記入**します。

　　　　　（注）問題資料の@480円は売価ですから使用しません。

　　　　　払出額および在庫となる240個分の計算は、12日時点の平均単価205円を用います。

　　　　　払出欄：160個×@205円＝32,800円

　　　　　残高欄：240個×@205円＝49,200円

　　18日：仕入

　　　　　仕入分を受入欄へ記入します。160個×@215円（**原価**）＝34,400円

　　　　　残高欄に記入する単価は、直前の残高（12日時点）と合算して算定した平均単価になります。

$$\frac{49,200円〈12日残高〉＋34,400円〈18日仕入分〉}{240個〈12日残高〉＋160個〈18日仕入分〉} ＝ @209円〈18日時点の平均単価〉$$

24日：売上

販売分の230個を払出欄に**原価で記入**します。

（注）問題資料の@485円は売価ですから使用しません。

払出額および在庫となる170個分の計算は、18日時点の平均単価209円を用います。

払出欄：230個×@209円＝48,070円

残高欄：170個×@209円＝35,530円

30日：次月繰越

残高欄の最後の在庫（170個×@209円＝35,530円）を次月繰越額として払出欄へ記入し、受入欄と払出欄の「数量」と「金額」の合計が一致することを確認して締め切ります。

２．売上高、売上原価および売上総利益の計算

売　上　高：　76,800円（12日売上分160個×売価@480円）

111,550円（24日売上分230個×売価@485円）

<u>188,350円</u>

売　上　原　価：商品有高帳は、すべて原価で記録しています。

12日に160個、24日に230個の商品を販売していますので、各日付の払出欄に記入した金額が、**売り上げた商品の原価**になります。

32,800円〈12日の払出〉＋48,070円〈24日の払出〉＝**80,870円**

売上総利益：188,350円〈売上高〉－80,870円〈売上原価〉＝**107,480円**

問題 2　　売掛金元帳

当社は、新潟商店、富山商店を販売先にしており、得意先元帳を開設している。そこで、次の得意先元帳の記入にもとづいて、売掛金勘定の空欄に語句または金額を記入しなさい。

得 意 先 元 帳

新 潟 商 店

5/1	前　月　繰　越	200,000	5/6	回収（当座振込）	158,000
12	売　　　　上	120,000	15	返　　　　品	12,000
28	売　　　　上	55,000	31	次　月　繰　越	205,000
		375,000			375,000

富 山 商 店

5/1	前　月　繰　越	210,000	5/10	回収（約手受取）	100,000
20	売　　　　上	80,000	31	次　月　繰　越	190,000
		290,000			290,000

総 勘 定 元 帳

売 掛 金

5/1	前 月 繰 越	(	)	5/6	(	)	(	)
12	売 上	(	)	10	(	)	(	)
20	(	)	(	)	15	(	)	(	)
28	(	)	(	)	31	次 月 繰 越	(	)
		(	)				(	)

解 答

総 勘 定 元 帳

売 掛 金

5/1	前 月 繰 越	(410,000)	5/6	(当 座 預 金)	(158,000)
12	売 上	(120,000)	10	(受 取 手 形)	(100,000)
20	(売 上)	(80,000)	15	(売 上)	(12,000)
28	(売 上)	(55,000)	31	次 月 繰 越	(395,000)
		(665,000)			(665,000)

解答への道

　得意先元帳（＝売掛金元帳）とは、売掛金の増減を相手取引先別（得意先別）に管理する補助簿です。したがって、本問では、得意先元帳の新潟商店分と富山商店分を合算すれば、売掛金勘定が完成することになります。

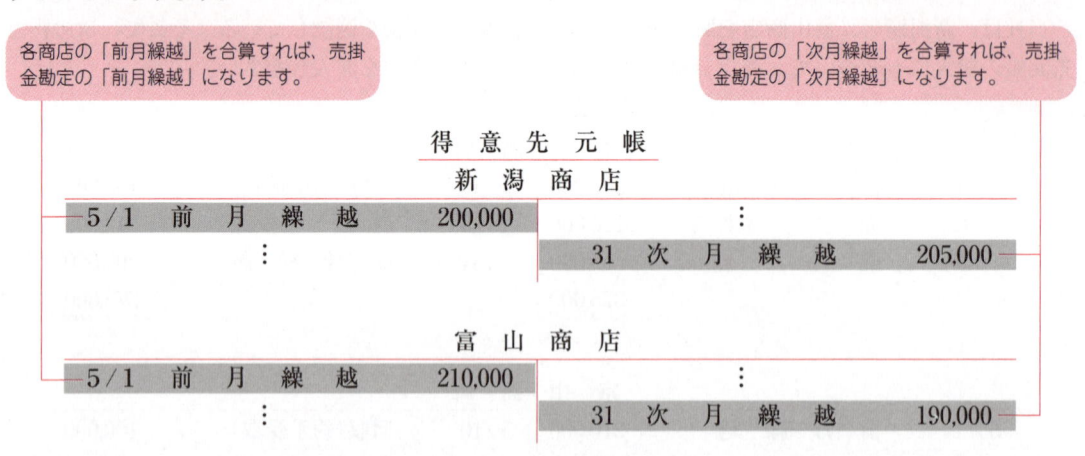

各商店の「前月繰越」を合算すれば、売掛金勘定の「前月繰越」になります。

各商店の「次月繰越」を合算すれば、売掛金勘定の「次月繰越」になります。

得 意 先 元 帳

新 潟 商 店

5/1	前 月 繰 越	200,000	⋮			
⋮			31	次 月 繰 越	205,000

富 山 商 店

5/1	前 月 繰 越	210,000	⋮			
⋮			31	次 月 繰 越	190,000

　問題資料の得意先元帳から取引を読み取り、日付順に仕訳を行って、売掛金勘定へ転記します。なお、得意先元帳には、売掛金が増減する取引のみが記入されていることから、その仕訳の借方または貸方は、必ず「**売掛金**」になります。

5/6	回収（当座振込）：	（当 座 預 金）	158,000			（売 掛 金）		158,000
10	回収（約手受取）：	（受 取 手 形）	100,000			（売 掛 金）		100,000
12	売　　　上：	（売 掛 金）	120,000			（売　　　上）		120,000
15	返　　　品：	（売　　　上）	12,000			（売 掛 金）		12,000
20	売　　　上：	（売 掛 金）	80,000			（売　　　上）		80,000
28	売　　　上：	（売 掛 金）	55,000			（売　　　上）		55,000

問題3　買掛金元帳

当社は、青森商店、秋田商店を仕入先にしており、仕入先元帳を開設している。そこで、次の仕入先元帳の記入にもとづいて、買掛金勘定の空欄に語句または金額を記入しなさい。

仕 入 先 元 帳
青 森 商 店

6/10	支払（小切手振出）	100,000	6/1	前 月 繰 越		171,000
23	返　　　品	15,000	21	仕　　　入		85,000
30	次 月 繰 越	141,000				
		256,000				256,000

秋 田 商 店

6/15	支払（約手振出）	103,000	6/1	前 月 繰 越		183,000
30	次 月 繰 越	138,000	8	仕　　　入		58,000
		241,000				241,000

総 勘 定 元 帳
買 掛 金

6/10	（　　　　　）	（　　　　　）	6/1	前 月 繰 越	（　　　　　）
15	（　　　　　）	（　　　　　）	8	仕　　　入	（　　　　　）
23	（　　　　　）	（　　　　　）	21	（　　　　　）	（　　　　　）
30	次 月 繰 越	（　　　　　）			
		（　　　　　）			（　　　　　）

解　答

総 勘 定 元 帳
買 掛 金

6/10	（当 座 預 金）	（100,000）	6/1	前 月 繰 越	（354,000）
15	（支 払 手 形）	（103,000）	8	仕　　　入	（58,000）
23	（仕　　　入）	（15,000）	21	（仕　　　入）	（85,000）
30	次 月 繰 越	（279,000）			
		（497,000）			（497,000）

仕入先元帳（＝買掛金元帳）とは、買掛金の増減を相手取引先別（仕入先別）に管理する補助簿です。したがって、本問では、仕入先元帳の青森商店分と秋田商店分を合算すれば、買掛金勘定が完成することになります。

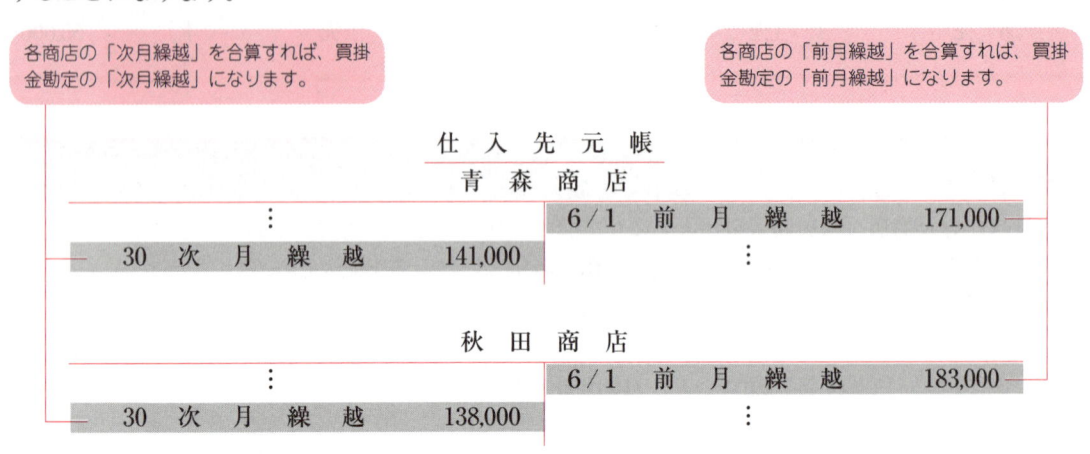

各商店の「次月繰越」を合算すれば、買掛金勘定の「次月繰越」になります。

各商店の「前月繰越」を合算すれば、買掛金勘定の「前月繰越」になります。

仕 入 先 元 帳

青 森 商 店

	⋮		6/1 前 月 繰 越	171,000
30 次 月 繰 越	141,000		⋮	

秋 田 商 店

	⋮		6/1 前 月 繰 越	183,000
30 次 月 繰 越	138,000		⋮	

問題資料の仕入先元帳から取引を読み取り、日付順に仕訳を行って、買掛金勘定へ転記します。なお、仕入先元帳には、買掛金が増減する取引のみが記入されていることから、その仕訳の借方または貸方は、必ず「買掛金」になります。

6/8	仕 入：（仕 入)	58,000	（買 掛 金)	58,000
10	支払(小切手振出)：（買 掛 金)	100,000	（当 座 預 金)	100,000
15	支払(約手振出)：（買 掛 金)	103,000	（支 払 手 形)	103,000
21	仕 入：（仕 入)	85,000	（買 掛 金)	85,000
23	返 品：（買 掛 金)	15,000	（仕 入)	15,000

問題4　固定資産台帳

当社（決算年1回、3月末）における次の[資料]にもとづいて、備品勘定と備品減価償却累計額勘定の空欄①から⑤にあてはまる語句または金額を答案用紙に記入しなさい。なお、減価償却費は残存価額をゼロとする定額法により月割計算で計上する。

正しく読み取れることが大事！

[資料]

固 定 資 産 台 帳

×9年3月31日現在

種 類	用 途	取得年月日	期末数量	耐用年数	期首(期中取得)取得原価	期 首減価償却累計額	差引期首(期中取得)帳簿価額	当 期減価償却費
備 品	備品A	×5年4月1日	3	15年	90,000	18,000	72,000	6,000
	備品B	×7年3月2日	2	4年	300,000	81,250	218,750	75,000
	備品C	×8年11月7日	1	6年	144,000	0	144,000	10,000
	小 計				534,000	99,250	434,750	91,000

備　　　品

年	月	日	摘　要	借　方	年	月	日	摘　要	貸　方
×8	4	1	前 期 繰 越	（　①　）	×9	3	31	次 期 繰 越	（　　）
	11	7	普 通 預 金	（　②　）					
				（　　）					（　　）

備品減価償却累計額

年	月	日	摘　要	借　方	年	月	日	摘　要	貸　方
×9	3	31	次 期 繰 越	（　　）	×8	4	1	前 期 繰 越	（　③　）
					×9	3	31	（　④　）	（　⑤　）
				（　　）					（　　）

①	②	③	④	⑤

第2問対策

解　答

①	②	③	④	⑤
390,000	144,000	99,250	減価償却費	91,000

解答への道

　答案用紙の各勘定の日付より、本問は、×8年4月1日から×9年3月31日までの1年を当期とする問題であることがわかります。よって、当期に行われた処理を【資料】の固定資産台帳から読み取り、解答していくことになります。

×8年4月1日　開始記入

　×8年3月31日（前期末）までに取得した備品の取得原価が、備品勘定の前期繰越額となります。よって、備品Aの『期首取得原価』90,000円と備品Bの『期首取得原価』300,000円の合計額390,000円を、備品勘定の前期繰越額として記入します。なお、備品Cは当期中の×8年11月7日に取得しているため、その取得原価144,000円を含めない点に注意してください。

　また、備品減価償却累計額勘定の前期繰越額として、『期首減価償却累計額』の小計額99,250円を記入します。

×8年11月7日　備品Cの取得

　備品Cの取得年月日が当期中の×8年11月7日であるため、その取得時の仕訳・転記を行います。なお、備品勘定の×8年11月7日の摘要欄に「普通預金」と記入されていることから、代金は普通預金口座から支払われたことがわかります。

（備　　　品）	144,000*	（普 通 預 金）	144,000

　＊　備品Cの取得原価

×9年3月31日　減価償却費の計上

　決算にあたり、減価償却費の計上の仕訳・転記を行います。なお、本問では、**[資料]** の固定資産台帳に『当期減価償却費』の小計額91,000円が示されているため、自ら減価償却費の計算をする必要はありません。

（減 価 償 却 費）	91,000*	（備品減価償却累計額）	91,000

　　＊　当期減価償却費の小計額

×9年3月31日　繰越記入

　備品勘定の借方残高534,000円を次期繰越額として貸方に記入し、貸借の合計金額を一致させて締め切ります。なお、備品勘定の次期繰越額が、固定資産台帳の『期首（期中取得）取得原価』の小計額534,000円と一致していることを確認しましょう。

　また、備品減価償却累計額勘定の貸方残高190,250円を次期繰越額として借方に記入し、貸借の合計金額を一致させて締め切ります。なお、備品減価償却累計額勘定の次期繰越額が、『期首減価償却累計額』の小計額99,250円と『当期減価償却費』の小計額91,000円とを、合わせた金額190,250円と一致していることを確認しましょう。

問題 5 — 取引に応じた補助簿の選択

　長野株式会社は、記帳にあたって答案用紙に記載してあるような補助簿を用いている。下記の取引が、答案用紙に示したどの補助簿に記入されるか、該当する補助簿の欄に○印を付して答えなさい。

⑴　大阪商店より商品￥100,000を仕入れ、代金のうち￥60,000は約束手形を振り出して支払い、残額は掛とした。

⑵　四国商店に対する買掛金￥200,000の支払いのため、同店あての約束手形を振り出した。

⑶　東北商店に商品￥150,000を売り上げ、代金のうち￥100,000は先方振出の約束手形で受け取り、残額は小切手で受け取った。

⑷　京都商店に対する売掛金￥40,000を、同店振出の小切手で回収した。

⑸　先月、土地を￥1,000,000で購入する契約をした際に、手付金として￥600,000を支払い、仮払金勘定で処理していたが、本日、土地の引渡しを受けたため、残額を現金で支払った。

帳簿＼取引	現金出納帳	仕 入 帳	売 上 帳	商品有高帳	売掛金元帳（得意先元帳）	買掛金元帳（仕入先元帳）	受取手形記 入 帳	支払手形記 入 帳	固定資産台 帳
⑴									
⑵									
⑶									
⑷									
⑸									

解　答

取引＼帳簿	現金出納帳	仕 入 帳	売 上 帳	商品有高帳	売掛金元帳（得意先元帳）	買掛金元帳（仕入先元帳）	受取手形記入帳	支払手形記入帳	固定資産台帳
(1)		○		○		○		○	
(2)						○		○	
(3)	○		○	○			○		
(4)	○				○				
(5)	○								○

第2問対策

解答への道

　はじめに取引の仕訳を行い、そこから1つ1つ考えていくと、記帳される補助簿をスムーズに選択することができます。

(1) **仕 入 帳** ◄─── （仕　　入）100,000 （支払手形）60,000 ──► **支払手形**記入帳
　　商 品 有 高 帳 ◄─ 　　　　　　　　　　　（買 掛 金）40,000 ──► **買 掛 金** 元 帳

> 商品を仕入れると在庫は増えますよね！
> よって、商品有高帳の受入欄にも記入することになります。

(2) **買 掛 金** 元 帳 ◄─── （買 掛 金）200,000 （支払手形）200,000 ──► **支払手形**記入帳

(3) **受取手形**記入帳 ◄─── （受取手形）100,000 （売　　上）150,000 ──► **売　　上** 帳
　　現 金 出 納 帳 ◄─── （現　　金）50,000 　　　　　　　　　　 ──► 商 品 有 高 帳

> 他人振出の小切手を受け取ったので、借方は現金です。

> 商品を販売すると在庫は減りますよね！
> よって、商品有高帳の払出欄にも記入することになります。

(4) **現 金** 出 納 帳 ◄─── （現　　金）40,000 （売 掛 金）40,000 ──► **売 掛 金** 元 帳
(5) **固 定 資 産** 台 帳 ◄─── （土　　地）1,000,000 （仮 払 金）600,000
　　　　　　　　　　　　　　　　　　　　　　　　　　（現　　金）400,000 ──► **現 金** 出 納 帳

伝票（伝票の推定）

次の各取引について、下記のように入金伝票または出金伝票を作成した場合、答案用紙の振替伝票の記入を示しなさい。なお、商品売買取引の処理は3分法によること。

(1) 商品¥700,000を販売し、代金のうち¥300,000を現金で受け取り、残額を掛けとした。

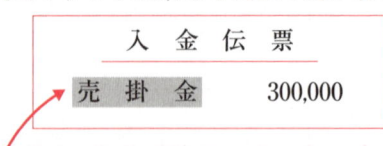

入　金　伝　票	
売　掛　金	300,000

> いったん全額を掛取引として起票する方法か、取引を分解して起票する方法か？
> 相手勘定科目がポイントです。

(2) 商品¥500,000を仕入れ、代金のうち¥200,000を現金で支払い、残額は掛けとした。

出　金　伝　票	
仕　　　入	200,000

(1)

振　替　伝　票			
借　方　科　目	金　　額	貸　方　科　目	金　　額

(2)

振　替　伝　票			
借　方　科　目	金　　額	貸　方　科　目	金　　額

解　答

(1)

振　替　伝　票			
借　方　科　目	金　　額	貸　方　科　目	金　　額
売　掛　金	700,000	売　上	700,000

(2)

振　替　伝　票			
借　方　科　目	金　　額	貸　方　科　目	金　　額
仕　入	300,000	買　掛　金	300,000

解答への道

(1) 取引を仕訳すると次のようになります。

| （売　掛　金） | 400,000 | （売　　　上） | 700,000 |
| （現　　　金） | 300,000 | | |

　入金伝票に「売掛金」の記入があることから、いったん取引の全額を掛けで売り上げたとみなして起票していると判断できます。

　取引を2つの仕訳に分けると次のようになります。

| （売　掛　金） | 700,000 | （売　　　上） | 700,000…振替伝票 |
| （現　　　金） | 300,000 | （売　掛　金） | 300,000…入金伝票 |

> **参考**
>
> 　取引を分解して起票した場合、入金伝票には「売上」と記入されます。取引を2つの仕訳に分けると次のようになります。
>
> | （売　掛　金） | 400,000 | （売　　　上） | 400,000…振替伝票 |
> | （現　　　金） | 300,000 | （売　　　上） | 300,000…入金伝票 |

(2) 取引を仕訳すると次のようになります。

| （仕　　　入） | 500,000 | （買　掛　金） | 300,000 |
| | | （現　　　金） | 200,000 |

　出金伝票に「仕入」の記入があることから、取引を現金仕入と掛け仕入に分けて起票していると判断できます。

　取引を2つの仕訳に分けると次のようになります。

| （仕　　　入） | 300,000 | （買　掛　金） | 300,000…振替伝票 |
| （仕　　　入） | 200,000 | （現　　　金） | 200,000…出金伝票 |

> **参考**
>
> 　いったん全額を掛け取引として起票した場合、出金伝票には「買掛金」と記入されます。取引を2つの仕訳に分けると次のようになります。
>
> | （仕　　　入） | 500,000 | （買　掛　金） | 500,000…振替伝票 |
> | （買　掛　金） | 200,000 | （現　　　金） | 200,000…出金伝票 |

問題 6（2）　伝票（仕訳日計表の作成）

　石川商事株式会社は、毎日の取引を入金伝票、出金伝票、および振替伝票に記入し、これを1日分ずつ集計して仕訳日計表を作成し、この仕訳日計表から総勘定元帳に転記している。同社の×1年9月1日の取引について作成された次の各伝票（略式）にもとづいて、以下の問に答えなさい。

問1　仕訳日計表を作成し、総勘定元帳に転記しなさい。

問2　伝票の記録から得意先元帳の横浜商店勘定に転記しなさい。

問3　9月1日現在の埼玉商店に対する買掛金の残高を求めなさい。なお、8月31日現在の同店に対する買掛金の残高は¥1,200であった。

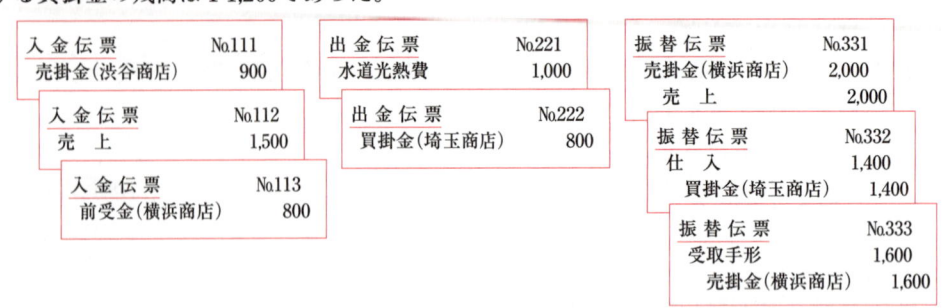

入 金 伝 票	No.111
売掛金(渋谷商店)	900

入 金 伝 票	No.112
売 上	1,500

入 金 伝 票	No.113
前受金(横浜商店)	800

出 金 伝 票	No.221
水道光熱費	1,000

出 金 伝 票	No.222
買掛金(埼玉商店)	800

振 替 伝 票	No.331
売掛金(横浜商店)	2,000
売 上	2,000

振 替 伝 票	No.332
仕 入	1,400
買掛金(埼玉商店)	1,400

振 替 伝 票	No.333
受取手形	1,600
売掛金(横浜商店)	1,600

問1

仕 訳 日 計 表
×1年9月1日

借　方	勘 定 科 目	貸　方
	現　　　金	
	受 取 手 形	
	売　掛　金	
	買　掛　金	
	前　受　金	
	売　　　上	
	仕　　　入	
	水 道 光 熱 費	

※元丁欄と仕丁欄は省略している。

総 勘 定 元 帳
現　　　金

日付	摘　要	借 方 金 額	日付	摘　要	貸 方 金 額
9／1	前 月 繰 越	2,600	9／1	(　　　　)	(　　　　)
〃	(　　　　)	(　　　　)			

問2

得 意 先 元 帳
横 浜 商 店

日付	摘　要	借 方 金 額	日付	摘　要	貸 方 金 額
9／1	前 月 繰 越	1,100	9／1	(　　　　)	(　　　　)
〃	(　　　　)	(　　　　)			

問3

9月1日現在の埼玉商店に対する買掛金残高　　　（¥　　　　　　　　）

解　答

問1

仕 訳 日 計 表
x1年9月1日

借　方	勘定科目	貸　方
3,200	現　　　　金	1,800
1,600	受　取　手　形	
2,000	売　　掛　　金	2,500
800	買　　掛　　金	1,400
	前　　受　　金	800
	売　　　　上	3,500
1,400	仕　　　　入	
1,000	水　道　光　熱　費	
10,000		10,000

※元丁欄と仕丁欄は省略している。

第2問対策

総 勘 定 元 帳
現　　　金

日付	摘　　要	借方金額	日付	摘　　要	貸方金額
9/1	前　月　繰　越	2,600	9/1	（仕 訳 日 計 表）	（　1,800）
〃	（仕 訳 日 計 表）	（　3,200）			

どこから転記してきたかを記入します。

問2

=売掛金！

得 意 先 元 帳
横 浜 商 店

日付	摘　　要	借方金額	日付	摘　　要	貸方金額
9/1	前　月　繰　越	1,100	9/1	（振 替 伝 票）	（　1,600）
〃	（振 替 伝 票）	（　2,000）			

どこから転記してきたかを記入します。

問3

9月1日現在の埼玉商店に対する買掛金残高　　　（¥　　　　　1,800　）

解答への道

I 仕訳日計表の作成と総勘定元帳への転記

手順1：伝票を仕訳の形に直します。

入金伝票……（現 金）	×××	（○ ○ ○）	×××
入金伝票には、借方の勘定科目がすべて「現金」となる取引を記入しています。			
No.111 （現 金）	900	（売掛金・渋谷）	900
No.112 （現 金）	1,500	（売 上）	1,500
No.113 （現 金）	800	（前 受 金）	800

出金伝票……（○ ○ ○）	×××	（現 金）	×××
出金伝票には、貸方の勘定科目がすべて「現金」となる取引を記入しています。			
No.221 （水 道 光 熱 費）	1,000	（現 金）	1,000
No.222 （買掛金・埼玉）	800	（現 金）	800

振替伝票……（○ ○ ○）	×××	（○ ○ ○）	×××
振替伝票には、「現金」の増減とならない取引を記入しています。			
No.331 （売掛金・**横浜**）	2,000	（売 上）	2,000
No.332 （仕 入）	1,400	（買掛金・埼玉）	1,400
No.333 （受 取 手 形）	1,600	（売掛金・**横浜**）	1,600

手順2：仕訳日計表に集計します。

> 伝票の情報（1日分の取引）だけで合計試算表を作るというイメージで、仕訳日計表に集計してみましょう！

手順3：仕訳日計表から総勘定元帳へ合計転記（仕訳日計表に集計した金額を転記）します。その際、摘要欄には相手科目に代えて「仕訳日計表」と記入します。

II 得意先元帳の横浜商店勘定への転記

得意先元帳（＝売掛金元帳）とは、**売掛金**の増減を取引先別に管理する補助簿です。

したがって、伝票に記入された「売掛金（横浜商店）」の情報を拾って横浜商店勘定に転記します。その際、摘要欄には相手科目に代えて「伝票名」を記入します。

（注）横浜商店に関わるすべての取引を記帳するものではありません。

入 金 伝 票	No.113
前受金（横浜商店）	800

←「横浜商店」とありますが、横浜商店から受け取った手付金の処理であり、**売掛金**に関わる取引ではないため、得意先元帳には記帳しません。

III 埼玉商店に対する買掛金の集計

手順1で仕訳するときに取引先名を付記しておくと集計しやすいです。

埼 玉 商 店

9/1 伝票No.222より	800	8/31 現在の残高	1,200
9/1 現在の残高	1,800	9/1 伝票No.332より	1,400

問題 **7**(1)　勘定記入（有形固定資産）

次の資料にもとづいて、備品勘定と備品減価償却累計額勘定の空欄（ア）～（オ）には適切な語句を、（a）～（e）には適切な金額を答案用紙に記入しなさい。当社の決算日は毎年3月31日である。

> 減価償却費の計算と勘定の締切（繰越記入と開始記入）を正確に行えるかが問われています。帳簿記入においては基礎的なことになりますので、この問題をとおしてしっかりマスターしたいところです。

×2年4月1日　備品¥300,000を小切手を振り出して購入した。

×3年3月31日　定額法によって減価償却費を計上する。耐用年数は5年、残存価額ゼロとする。

　　　10月1日　備品¥200,000を小切手を振り出して購入した。

×4年3月31日　定額法によって減価償却費を計上する。なお、10月1日に購入した備品についても、耐用年数と残存価額は同様とし、減価償却費は月割計算によって計上する。

備　　　品

×2/ 4/ 1	当 座 預 金	300,000	×3/ 3/31	次 期 繰 越	(a)	
×3/ 4/ 1	(ア)	( )	×4/ 3/31	( )	( )	
10/ 1	(イ)	(b)				
		( )			( )	
×4/ 4/ 1	( )	( )				

備品減価償却累計額

×3/ 3/31	(ウ)	(c)	×3/ 3/31	(エ)	( )	
×4/ 3/31	( )	( )	4/ 1	( )	( )	
			×4/ 3/31	(オ)	(d)	
	( )	( )			( )	
			4/ 1	( )	(e)	

（ア）	（イ）	（ウ）	（エ）	（オ）

（a）	（b）	（c）	（d）	（e）
¥	¥	¥	¥	¥

解　答

（ア）	（イ）	（ウ）	（エ）	（オ）
前期繰越	当座預金	次期繰越	減価償却費	減価償却費

（a）	（b）	（c）	（d）	（e）
¥　300,000	¥　200,000	¥　60,000	¥　80,000	¥　140,000

解答への道

日付順に仕訳して転記します。

×2年

4/ 1　（備　　　　品）　300,000　（当 座 預 金）　300,000

×3年

3/31　（減 価 償 却 費）　60,000*　（備品減価償却累計額）　60,000
　　　　　　（エ）

*　減価償却費の計算には注意してください。

300,000円÷5年＝60,000円　←　問題文に「残存価額ゼロとする」とあります。

備　品

×2/ 4/ 1 当 座 預 金　300,000	×3/ 3/31 次 期 繰 越　（a）300,000
×3/ 4/ 1 （ア）前 期 繰 越　300,000	

手順2：翌期首の日付で借方に「前期繰越　300,000」と記入（**開始記入**）し、残高を借方に戻します。

手順1：貸借の合計金額を一致させて締め切るため、借方残高の勘定は、当期末の日付で貸方に「次期繰越 300,000」と記入（**繰越記入**）します。

備品減価償却累計額

×3/ 3/31 （ウ）次 期 繰 越　（c）60,000	×3/ 3/31 （エ）減 価 償 却 費　60,000
	4/ 1 前 期 繰 越　60,000

手順1：貸借の合計金額を一致させて締め切るため、貸方残高の勘定は、当期末の日付で借方に「次期繰越 60,000」と記入（**繰越記入**）します。

手順2：翌期首の日付で貸方に「前期繰越　60,000」と記入（**開始記入**）し、残高を貸方に戻します。

×3年

| 10/ 1 | （備　　　　品） | 200,000 | （当　座　預　金） | 200,000 |
| | （b） | | （イ） | |

×4年

| 3/31 | （減価償却費） | 80,000*1 | （備品減価償却累計額） | 80,000 |
| | （オ） | | | （d） |

* 1　×2年4月取得分：300,000円 ÷ 5年 ＝ 60,000円

×3年10月取得分：$200{,}000円 \div 5年 \times \dfrac{6か月^{*2}}{12か月} = 20{,}000円$ ｝計80,000円

* 2　×3.10.1〜×4.3.31

備　　品

×2/ 4/ 1	当 座 預 金	300,000		×3/ 3/31	次 期 繰 越	（a） 300,000
×3/ 4/ 1	（ア）前 期 繰 越	300,000		×4/ 3/31	次 期 繰 越	500,000
10/ 1	（イ）当 座 預 金	（b） 200,000				
		500,000				500,000
×4/ 4/ 1	前 期 繰 越	500,000				

手順2：翌期首の日付で借方に「前期繰越　500,000」と記入（**開始記入**）し、残高を借方に戻します。

手順1：貸借の合計金額を一致させて締め切るため、借方残高の勘定は、当期末の日付で貸方に「次期繰越 500,000」と記入（**繰越記入**）します。

備品減価償却累計額

×3/ 3/31	（ウ）次 期 繰 越	（c） 60,000		×3/ 3/31	（エ）減 価 償 却 費	60,000
×4/ 3/31	次 期 繰 越	140,000		4/ 1	前 期 繰 越	60,000
				×4/ 3/31	（オ）減 価 償 却 費	（d） 80,000
		140,000				140,000
				4/ 1	前 期 繰 越	（e） 140,000

手順1：貸借の合計金額を一致させて締め切るため、貸方残高の勘定は、当期末の日付で借方に「次期繰越 140,000」と記入（**繰越記入**）します。

手順2：翌期首の日付で貸方に「前期繰越　140,000」と記入（**開始記入**）し、残高を貸方に戻します。

第2問対策

東京商事株式会社（決算年1回、3月31日）は、当期の6月1日に、店舗として使用する目的で契約期間を3年とする建物の賃借契約（年額￥480,000）を結んだ。この契約で、家賃は6月1日と12月1日に、向こう半年分￥240,000をそれぞれ現金で前払いすることとしている。よって、次の勘定記入の手順にもとづいて、答案用紙に示す当期（×3年）の支払家賃勘定と前払家賃勘定の記入（転記または繰越記入および開始記入）を行いなさい。

費用の前払いに関する一連の手続きを問う問題です。
当期より支払いが始まったケースですので、期首の再振替仕訳を考慮する必要もなく解きやすい問題です。

勘定記入の手順
1．6月および12月に家賃支払いの仕訳を行い、支払家賃勘定に転記した。（勘定への転記は、相手勘定科目および金額の記入により行う。以下同様）
2．決算日に、家賃の前払高が￥80,000ある。必要な決算整理仕訳を行い、各勘定に転記した。
3．決算日に、支払家賃勘定の残高を損益勘定に振り替える決算振替仕訳を行い、支払家賃勘定に転記して締め切った。
4．決算日に、前払家賃勘定を締め切った。

支　払　家　賃

6/1	(	) (	)	3/31	(	) (	)
12/1	(	) (	)	〃	(	) (	)
		(	)			(	)

前　払　家　賃

| 3/31 | (|) (|) | 3/31 | (|) (|) |
| 4/1 | (|) (|) | | | | |

解　答

支　払　家　賃

6/1	（現　　　金）	(240,000)	3/31	（前 払 家 賃）	(80,000)
12/1	（現　　　金）	(240,000)	〃	（損　　　益）	(400,000)
		(480,000)			(480,000)

前　払　家　賃

| 3/31 | （支 払 家 賃） | (80,000) | 3/31 | （次 期 繰 越） | (80,000) |
| 4/1 | （前 期 繰 越） | (80,000) | | | |

解答への道

　問題資料にある「勘定記入の手順」にもとづいて仕訳してみましょう。

1．家賃の支払い〈期中処理〉

　問題文に「家賃は6月1日と12月1日に、向こう**半年分¥240,000**をそれぞれ**現金で**前払いすることとしている」とあります。

6月1日	（支 払 家 賃）	240,000		（現	金）	240,000		
12月1日	（支 払 家 賃）	240,000		（現	金）	240,000		

2．前払家賃の計上〈決算整理仕訳〉

　当期に支払った家賃のうち、80,000円は次期に係る費用の前払い分であるため、支払家賃勘定（費用）から差し引き、前払家賃勘定（資産）として次期に繰り越します。

　3月31日（前 払 家 賃）　　80,000　　（支 払 家 賃）　　80,000

これまでの仕訳を答案用紙の各勘定へ転記すると次のようになります。

第2問対策

支 払 家 賃

6/1	（現	金）（	240,000 ）	3/31	（前 払 家 賃）（	80,000 ）
12/1	（現	金）（	240,000 ）	〃	（ ）（	）

> 転記すると、損益勘定への振替高は400,000円と判明しますね。

前 払 家 賃

3/31	（支 払 家 賃）（	80,000 ）	3/31	（ ）（	）
4/1	（ ）（	）			

3．損益勘定への振り替え〈決算振替仕訳〉

　決算整理後の支払家賃勘定の借方残高400,000円を損益勘定へ振り替えます。

　3月31日（損　　　益）　　400,000　　（支 払 家 賃）　　400,000

この振り替えにより、支払家賃勘定の残高はゼロとなるため締め切ります。

4．資産の勘定の締め切り

　決算整理後の前払家賃勘定の借方残高80,000円を、貸方に「次期繰越」と記入（＝繰越記入）し、借方と貸方の合計金額を一致させて締め切ります。次に、翌期首の日付で借方に「前期繰越」と記入（＝開始記入）し、残高を借方に戻します。

繰越記入と開始記入には仕訳はありません。

　取引先に対して、前期の12月1日に¥800,000を、期間2年、年利率6％、利払日5月および11月末日の条件で貸し付けた。当期中の受取利息に関する諸勘定の記入は、次のとおりであった。各勘定に記入された取引等を推定し、イ〜ホには適切な語句を、a〜eには適切な金額を記入しなさい。なお、利息は利払日にすべて現金で支払われている。

　会計期間は、4月1日から3月31日までの1年間とする。未収利息は、月割計算によって求めなさい。

> 未収収益に関する一連の手続きを問う問題です。
> 期首の再振替仕訳も考慮しなければならないため易しい問題ではありませんが良問です。

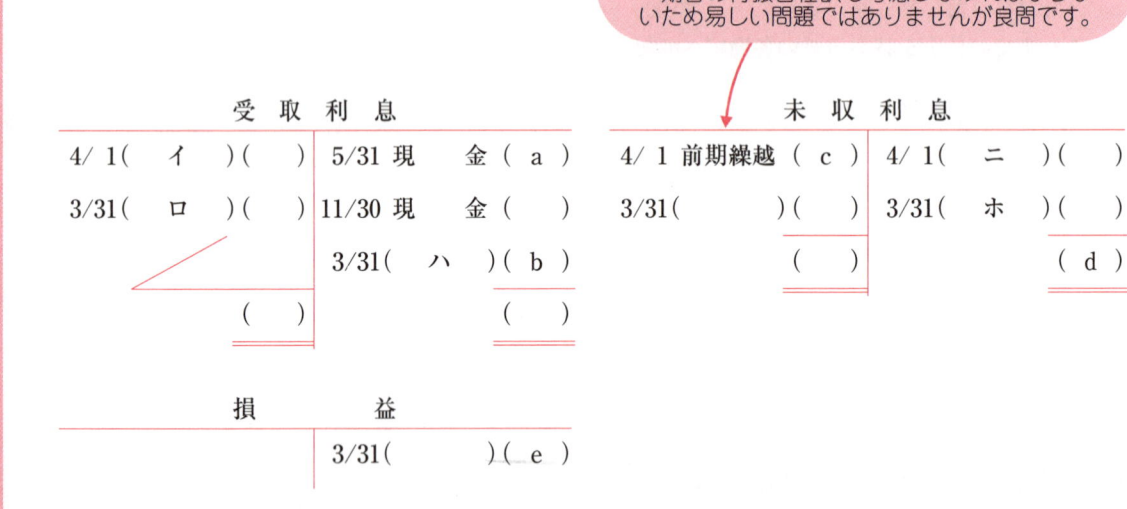

```
          受　取　利　息
4/ 1（ イ ）（　　）｜ 5/31 現　　金（ a ）
3/31（ ロ ）（　　）｜11/30 現　　金（　　）
                    ｜ 3/31（ ハ ）（ b ）
        （　　）    ｜        （　　）

          未　収　利　息
4/ 1 前期繰越（ c ）｜ 4/ 1（ ニ ）（　　）
3/31（　　）（　　）｜ 3/31（ ホ ）（　　）
            （　　）｜        （ d ）

          損　　　益
                    ｜ 3/31（　　）（ e ）
```

記　号	語　句
イ	
ロ	
ハ	
ニ	
ホ	

記　号	金　額
a	¥
b	¥
c	¥
d	¥
e	¥

解　答

記　号	語　句
イ	未 収 利 息
ロ	損　　益
ハ	未 収 利 息
ニ	受 取 利 息
ホ	次 期 繰 越

記　号	金　額
a	¥　24,000
b	¥　16,000
c	¥　16,000
d	¥　32,000
e	¥　48,000

解答への道

各勘定に記された日付けの早い順に、各時点で行う仕訳を考えてみましょう。

1．開始記入

未収利息勘定に「4/1前期繰越」と記入されています。

問題文には「昨年の12月1日に800,000円を…年利率6％、利払日5月および11月末日の条件で貸し付けた。」とあります。これにより、前期末時点において受取利息4か月分（前期の12月1日～3月31日）を前期の収益としていることがわかります。

[前　期]

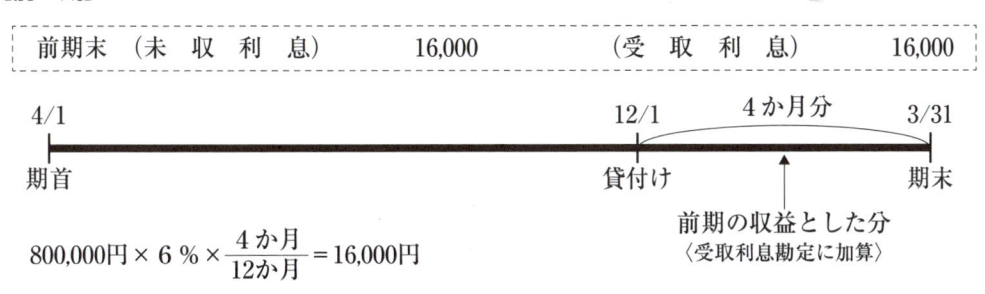

前期末　（未 収 利 息）　　　16,000　　　（受 取 利 息）　　　16,000

$$800,000円 × 6\% × \frac{4か月}{12か月} = 16,000円$$

なお、開始記入を示すと次のようになります。

未 収 利 息

4/1　前期繰越（**16,000**）

2．期首の再振替仕訳

前期末に行った未収利息に関する決算整理仕訳を、翌期首には再振替仕訳（前期末に行った決算整理仕訳の逆仕訳）をすることで、もとの収益の勘定に戻します。

4/1　（受 取 利 息）　　　16,000　　　（未 収 利 息）　　　16,000

↓転記する！

受 取 利 息

4/1（**未収利息**）（16,000）

未 収 利 息

4/1　前期繰越（**16,000**）｜4/1（**受取利息**）（16,000）

3. 利息の受け取り〈期中処理〉

5月末日と11月末日に半年分の利息を受け取ります。

$$800,000円 × 6\% × \frac{6か月}{12か月} = 24,000円$$

5/31	（現	金）	24,000	（受 取 利 息）	24,000
11/30	（現	金）	24,000	（受 取 利 息）	24,000

↓転記する！

受 取 利 息		未 収 利 息	
4/ 1（**未収利息**）（16,000）	5/31 現 金（**24,000**）	4/ 1 前期繰越（**16,000**）	4/ 1（**受取利息**）（16,000）
	11/30 現 金（**24,000**）		

4. 未収利息の計上〈決算整理仕訳〉

当期の12月1日から期末までの4か月分の利息は、当期中に受け取っていないので未計上です。しかし、当期に係る収益であるため、受取利息勘定の増加とするとともに、同額を未収利息勘定（資産）とします。

［当 期］

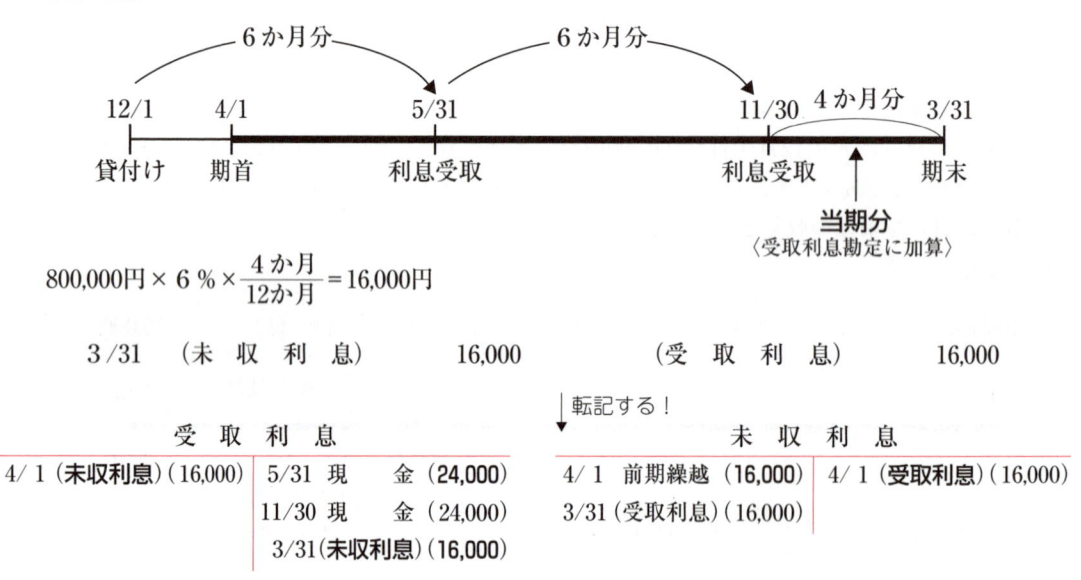

$$800,000円 × 6\% × \frac{4か月}{12か月} = 16,000円$$

3/31	（未 収 利 息）	16,000	（受 取 利 息）	16,000

↓転記する！

受 取 利 息		未 収 利 息	
4/ 1（**未収利息**）（16,000）	5/31 現 金（**24,000**）	4/ 1 前期繰越（**16,000**）	4/ 1（**受取利息**）（16,000）
	11/30 現 金（**24,000**）	3/31（受取利息）（**16,000**）	
	3/31（**未収利息**）（**16,000**）		

5. 勘定の締め切り

① 損益勘定への振り替え〈決算振替仕訳〉

決算整理後の受取利息勘定の貸方残高48,000円を損益勘定へ振り替えます。

3/31	（受 取 利 息）	48,000	（損 益）	48,000

この振り替えにより、受取利息勘定の残高はゼロとなるため締め切ります。

↓転記する！

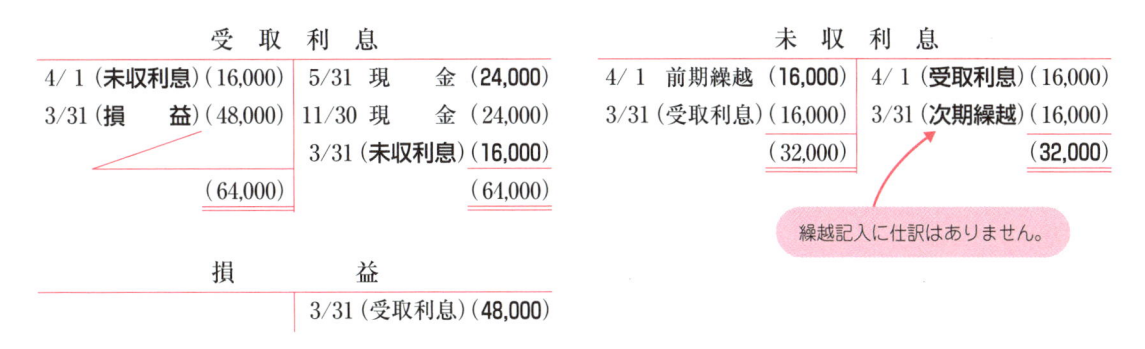

	受　取　利　息		
4/ 1 (**未収利息**) (16,000)	5/31 現　　金 (**24,000**)
3/31 (**損　　益**) (48,000)	11/30 現　　金 (24,000)
	3/31 (**未収利息**) (16,000)
(64,000)	(64,000)

	未　収　利　息		
4/ 1 前期繰越 (**16,000**)	4/ 1 (**受取利息**) (16,000)
3/31 (受取利息) (16,000)	3/31 (**次期繰越**) (16,000)
(32,000)	(32,000)

> 繰越記入に仕訳はありません。

	損　　益		
	3/31 (受取利息) (**48,000**)

② 資産の勘定の締め切り

　　決算整理後の未収利息勘定の借方残高16,000円を、貸方に「次期繰越」と記入し、借方と貸方の合計金額を一致させて締め切ります。

下記の **[資料]** から、損益勘定と繰越利益剰余金勘定の空欄①から⑤にあてはまる適切な語句または金額を答案用紙に記入しなさい。決算は年1回、3月末である。なお、税金の計算は考慮外とする。

[資料]

1．総売上高　¥11,000,000
2．売上戻り高　¥135,000
3．仕入勘定の決算整理前残高　借方¥7,200,000
4．期首商品棚卸高　¥450,000
5．期末商品棚卸高　¥500,000
6．売上原価は仕入勘定で算定する。
7．保険料勘定の決算整理前残高　借方¥70,000
8．保険料勘定の決算整理後残高　借方¥66,000

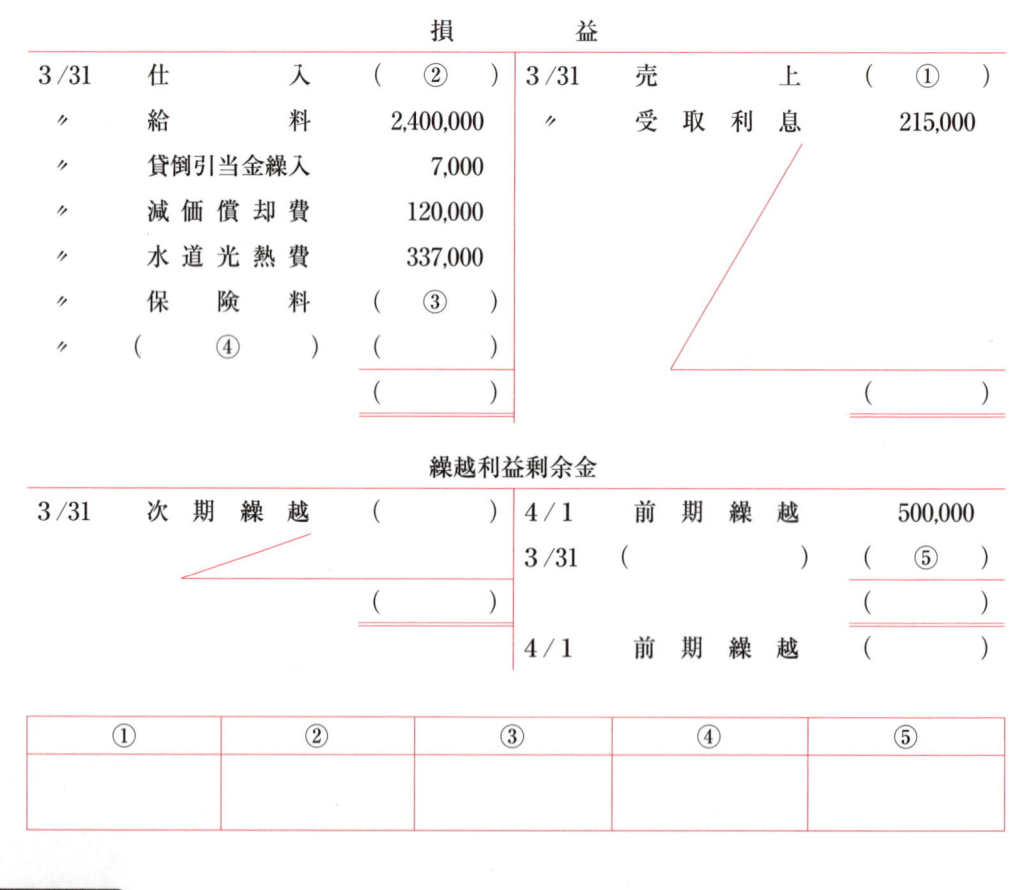

損　益

3/31	仕　　入	(②)	3/31	売　　上	(①)
	〃	給　料	2,400,000	〃	受取利息	215,000
	〃	貸倒引当金繰入	7,000			
	〃	減価償却費	120,000			
	〃	水道光熱費	337,000			
	〃	保険料	(③)			
	〃	(④)	( )			
			( )			( )

繰越利益剰余金

3/31	次期繰越	( )	4/1	前期繰越	500,000
			3/31	( )	(⑤)
		( )			( )
			4/1	前期繰越	( )

①	②	③	④	⑤

解　答

①	②	③	④	⑤
10,865,000	7,150,000	66,000	繰越利益剰余金	1,000,000

解答への道

　収益・費用の諸勘定残高の損益勘定への振り替えと、当期純利益の計上（これを決算振替という）に関する問題です。本問をとおして、決算振替の流れを確認しておきましょう。

参考

★　**収益・費用の勘定の締め切り**

　　決算振替仕訳を行います。

①　決算整理**後**の収益・費用の各勘定残高を損益勘定へ振り替えます。この振り替えにより、収益・費用の各勘定の残高はゼロとなるため締め切ります。

↓

　　損益勘定の貸借差額により、当期純利益（または当期純損失）を計算します。

↓

②　当期純利益（または当期純損失）を損益勘定から繰越利益剰余金勘定へ振り替えます。この振り替えにより、損益勘定の残高もゼロとなるため締め切ります。

↓

★　**資産・負債・資本（純資産）の勘定の締め切り**

　　決算振替後の資産・負債・資本（純資産）の各勘定の残高を「次期繰越」と記入し、借方と貸方の合計金額を一致させて締め切ります。次に、翌期首の日付で「前期繰越」と記入し、残高を戻します。

1．決算整理後の収益・費用の各勘定残高を損益勘定へ振り替えます。

(1)　①の金額は、純売上高です。

　　　売上戻り（＝売上返品）分は総売上高から差し引きます。

　　　11,000,000円〈総売上高〉－135,000円〈売上戻り高〉＝**10,865,000円**

決算振替仕訳：　（売　　　　上）	10,865,000	（損　　　　益）①	10,865,000

(2)　②の金額は、売上原価です。

　　　仕入勘定で売上原価を計算するための決算整理仕訳は次のとおりです。

（仕　　　　入）	450,000	（繰　越　商　品）	450,000
（繰　越　商　品）	500,000	（仕　　　　入）	500,000

仕　　　入

決算整理前の残高		3/31　繰　越　商　品　　500,000	←期末商品
〈当期純仕入高〉	7,200,000	売上原価の金額　　②　7,150,000	
期首商品→ 3/31　繰　越　商　品	450,000		

　　　決算整理仕訳転記後の仕入勘定の残高が売上原価を示します。

決算振替仕訳：　（損　　　　益）②	**7,150,000**	（仕　　　　入）	7,150,000

(3)　③の金額は、決算整理後の残高です。

　　したがって、問題資料8．を選択します。なお、問題資料7．は、本問を解くうえでは考慮する必要のない資料です。

決算振替仕訳：	（損　　　　益）	③ 66,000	（保　険　料）	66,000

　　これまでの決算振替仕訳を損益勘定へ転記すると以下のようになります。

損　益

3/31	仕　　　　入	(7,150,000)	3/31	売　　　　上	(10,865,000)
〃	給　　　　料	2,400,000	〃	受　取　利　息	215,000
〃	貸倒引当金繰入	7,000			
〃	減　価　償　却　費	120,000			
〃	水　道　光　熱　費	337,000			
〃	保　　険　　料	(66,000)			
〃	（　④　）	(　　　　)			

　　損益勘定の貸借差額により、当期純利益（または当期純損失）を計算します。

　　貸方合計11,080,000円〈収益〉－借方合計10,080,000円〈費用〉＝**1,000,000円**〈当期純利益〉

2．当期純利益を損益勘定から繰越利益剰余金勘定へ振り替えます。

　　④は仕訳の相手勘定科目である「繰越利益剰余金」です。「当期純利益」と記入しないように気をつけてください。

決算振替仕訳：	（損　　　　益）	1,000,000	（④　繰越利益剰余金）	⑤ 1,000,000

　　繰越利益剰余金勘定へ転記すると以下のようになります。

繰越利益剰余金

3/31	次　期　繰　越	(　　　)	4/1	前　期　繰　越	500,000
			3/31	（損　　　益）	(1,000,000)

3．繰越利益剰余金勘定の締め切り

　　決算振替後の繰越利益剰余金勘定の貸方残高を、借方に「次期繰越」と記入し、借方と貸方の合計金額を一致させて締め切ります。次に、翌期首の日付で「前期繰越」と記入し、残高を貸方に戻します。

MEMO

第２問対策

第3問対策

　第3問では、主に精算表または財務諸表の作成問題が出題されています。ここでは、過去の本試験における出題パターンを整理するための「パターン整理編」と、出題区分の改定による追加論点を含めた「実践問題編」とに分けて見ていきます。

I　パターン整理編

出題パターン	その1	精算表の作成	問題1	文章題の順進問題
			問題2	全体推定問題
	その2	財務諸表の作成	問題3	決算整理後残高試算表より
			問題4	決算整理前残高試算表より

II　実践問題編

問題5	問1	決算整理後残高試算表の作成
	問2	財務諸表の作成（決算整理前残高試算表より）

I　パターン整理編

　まずは、精算表または財務諸表の作成のような決算問題で、過去の本試験において繰り返し出題されている決算整理事項を確認しておきましょう。

(1)　現金の過不足

　①　期中、現金に過不足が生じた場合の決算整理

　　問題資料に現金過不足勘定の決算整理前残高が与えられたときは、①のケースになります。現金過不足勘定の残高は次期に繰り越さず、決算では残高をゼロにしますので、原因が判明した金額は適切な科目に振り替え、判明しなかった金額は雑損または雑益とします。

　(例)　現金過不足勘定¥1,000（借方残高）のうち¥800は通信費の記帳漏れであった。残額は不明のため適切に処理する。

(通　信　費)	800	(現 金 過 不 足)	1,000
(雑　　　損)	200		

　②　決算において、現金に過不足が生じた場合の決算整理

　　問題資料に現金過不足勘定の決算整理前残高が与えられないときは、②のケースになります。決算時点では、現金に過不足が生じていても、一時的に記録する仮の科目である現金過不足勘定は経由せず、原因が判明した金額は適切な科目に振り替え、判明しなかった金額は雑損または雑益とします。

(雑　　　損)	××	(現　　　金)	××

(現　　　金)	××	(雑　　　益)	××

(2)　貸倒引当金の設定

（貸倒引当金繰入）	××	（貸 倒 引 当 金）	××

（参考）計算手順　ステップ①　貸倒引当金の当期末設定額を計算します。
　　　　　　　　　ステップ②　貸倒引当金の決算整理前残高を確認します。
　　　　　　　　　ステップ③　①－②が繰入額です。

決算において未処理事項等による修正があれば、修正後の金額を使用します。

(3)　売上原価の計算　～仕入勘定で計算する場合～

仕入勘定の残高が売上原価を示すようにするため、下記の仕訳が必要です。

期 首 商 品： （仕　　　　　入）	××	（繰 越 商 品）	××
期 末 商 品： （繰 越 商 品）	××	（仕　　　　　入）	××

(4)　有形固定資産の減価償却

期中に固定資産を取得した場合は、前期以前に取得したものとは分けて計算する必要があります。月数の計算には気をつけましょう。

（減 価 償 却 費）	××	（減価償却累計額）	××

(5)　経過勘定項目の処理　（注）'○○' は具体的な科目を記入します。

①前払費用の計上：	（前 払 ○ ○）	××	（　　　　　　　）	××
	資産の勘定		費用の勘定	

②前受収益の計上：	（　　　　　　　）	××	（前 受 ○ ○）	××
	収益の勘定		負債の勘定	

③未払費用の計上：	（　　　　　　　）	××	（未 払 ○ ○）	××
	費用の勘定		負債の勘定	

④未収収益の計上：	（未 収 ○ ○）	××	（　　　　　　　）	××
	資産の勘定		収益の勘定	

第3問対策

ここでは、出題頻度の高い文章題の順進問題と、出題頻度は低いものの過去に出題実績のある全体推定問題の2つを、同一の資料を使用して見ていきます。まずは、問題に入る前に、以下で精算表の仕組みを復習しておきましょう。

《精算表の仕組み》

　残高試算表欄の金額に修正記入欄の金額を加算または減算して、修正後の金額を損益計算書欄または貸借対照表欄に書き移します。どの欄に書き移すかは、その勘定科目が資産・負債・資本（純資産）・収益・費用〈5要素という〉の何に属するかによって決まります。

精　算　表

勘定科目	残高試算表		修正記入		損益計算書		貸借対照表	
	借方	貸方	借方	貸方	借方	貸方	借方	貸方
資　　　　産	100		10				110	
資　　　　産	100			20			80	
負債・資本（純資産）		100	30					70
負債・資本（純資産）		100		40				140
収　　　　益		100	50			50		
収　　　　益		100		60		160		
費　　　　用	100		70		170			
費　　　　用	100			80	20			
	××	××						
当 期 純 利 益					××			××
			××	××	×××	×××	×××	×××

問題 1 　精算表の作成（文章題の順進問題）

　次の決算整理事項等にもとづいて、答案用紙の精算表を作成しなさい。ただし、会計期間は×1年4月1日から×2年3月31日までの1年である。

> 会計期間は必ずチェックしましょう！

> 残高試算表上の金額は帳簿残高です。実際有高に合わせるためにはどうすればよい？

1．現金の実際有高が¥200不足していたが、原因不明のため雑損として処理することにした。

2．仮受金は、全額得意先に対する売掛金の回収額であることが判明した。

3．受取手形と売掛金の期末残高に対し、2％の貸倒引当金を差額補充法により設定する。

> 期末残高とは、貸借対照表欄に記載する金額のこと！ 慌てて残高試算表欄の金額で計算しないようにしましょう。売上債権の修正はない？

4．期末商品棚卸高は¥19,000であった。なお、売上原価は「仕入」の行で計算すること。

5．建物および備品について、定額法で減価償却を行う。
　⑴　建　物：耐用年数30年、残存価額は取得原価の10％
　⑵　備品A：取得原価¥15,000、耐用年数5年、残存価額はゼロ
　　　備品B：取得原価¥ 6,000、耐用年数3年、残存価額はゼロ
　　　なお、備品Bは×1年10月1日に取得したものである。減価償却は月割計算による。

> 「なお、〜」から始まる文章は慎重に読みましょう。重要な指示である場合が多いですよ！

> 月数は指折り数えるとよいです。原始的ですが正確ですよ。

> 問題文中に日付の文言があったときは、すぐに取得日から決算日までのタイムテーブルを書いておきましょう。月割りの指示を忘れないですよ。

6．支払家賃¥13,200は11か月分で、3月分が未払いとなっている。

7．保険料のうち¥600は、×1年10月1日に向こう1年分を支払ったものである。

> 問題文中に日付の文言があったときは、タイムテーブルに情報を載せて考えてみると良いでしょう。「当期」の会計期間に意識をしてね！

8．借入金のうち¥20,000は、×2年2月1日に期間1年、利率年6％で借入れたもので、利息は返済期日に元本とともに支払う約束である。利息は月割計算による。

第3問対策

精　算　表

（単位：円）

勘 定 科 目	残高試算表		修 正 記 入		損益計算書		貸借対照表	
	借 方	貸 方	借 方	貸 方	借 方	貸 方	借 方	貸 方
現　　　　　金	17,000							
当 座 預 金	52,100							
受 取 手 形	35,000							
売 掛 金	42,000							
繰 越 商 品	18,500							
建　　　　　物	80,000							
備　　　　　品	21,000							
支 払 手 形		17,400						
買 掛 金		30,500						
仮 受 金		2,000						
借 入 金		40,000						
貸 倒 引 当 金		700						
建物減価償却累計額		36,000						
備品減価償却累計額		6,000						
資 本 金		100,000						
繰越利益剰余金		20,000						
売　　　　　上		136,200						
受 取 手 数 料		1,200						
仕　　　　　入	78,500							
給　　　　　料	27,400							
支 払 家 賃	13,200							
保 険 料	1,400							
消 耗 品 費	1,600							
支 払 利 息	2,300							
	390,000	390,000						
雑　　　　　損								
貸倒引当金繰入								
減 価 償 却 費								
（　　　）家 賃								
（　　　）保険料								
（　　　）利 息								
当期純（　　　）								

解　答

精　算　表

（単位：円）

勘 定 科 目	残高試算表 借方	残高試算表 貸方	修 正 記 入 借方	修 正 記 入 貸方	損益計算書 借方	損益計算書 貸方	貸借対照表 借方	貸借対照表 貸方
現　　　　金	17,000			200			16,800	
当 座 預 金	52,100						52,100	
受 取 手 形	35,000						35,000	
売　　掛　　金	42,000			2,000			40,000	
繰 越 商 品	18,500		19,000	18,500			19,000	
建　　　　物	80,000						80,000	
備　　　　品	21,000						21,000	
支 払 手 形		17,400						17,400
買　　掛　　金		30,500						30,500
仮　　受　　金		2,000	2,000					
借　　入　　金		40,000						40,000
貸 倒 引 当 金		700		800				1,500
建物減価償却累計額		36,000		2,400				38,400
備品減価償却累計額		6,000		4,000				10,000
資　　本　　金		100,000						100,000
繰越利益剰余金		20,000						20,000
売　　　　上		136,200				136,200		
受 取 手 数 料		1,200				1,200		
仕　　　　入	78,500		18,500	19,000	78,000			
給　　　　料	27,400				27,400			
支 払 家 賃	13,200		1,200		14,400			
保　　険　　料	1,400			300	1,100			
消 耗 品 費	1,600				1,600			
支 払 利 息	2,300		200		2,500			
	390,000	390,000						
雑　　　　損			200		200			
貸倒引当金繰入			800		800			
減 価 償 却 費			6,400		6,400			
（未 払）家 賃				1,200				1,200
（前 払）保 険 料			300				300	
（未 払）利 息				200				200
＊当 期（純 利 益）					5,000			5,000
			48,600	48,600	137,400	137,400	264,200	264,200

＊　当期純利益の金額は、損益計算書欄の借方へ記入し、貸借対照表欄の貸方へ同額を移記して、貸借合計が一致することを確認します。

解答への道

決算整理仕訳は以下のとおりです。

1. 現金の過不足

　決算において過不足が生じた場合は現金過不足勘定は設けずに、原因判明分については該当する勘定科目で処理し、原因不明分については雑損または雑益として処理します。本問は、帳簿残高よりも実際有高が200円不足しているため、実際有高に合わせるために現金勘定から200円減らしますが、その原因は不明のため仕訳の相手勘定科目は雑損とします。

（雑　　　　損）	200	（現　　　　金）	200

2. 売掛金の回収〈未処理事項〉

（仮　受　金）	2,000	（売　掛　金）	2,000

3. 貸倒引当金の設定

　「2．売掛金の回収」により、売掛金の残高が2,000円減少していることに注意して貸倒引当金を設定します。本問のように、受取手形や売掛金の残高に修正が必要となることも多いです。この場合、修正後の金額に対して貸倒引当金を設定することになるため、慌てて残高試算表欄の金額だけを見て計算しないように注意しましょう。

$$設　定　額　（35,000円 + 42,000円 - 2,000円）× 2\% = 1,500円$$

受取手形　　売掛金

決算整理前残高　　　　　　　　　　　　700円
差引：繰入額　　　　　　　　　　　　　800円

（貸倒引当金繰入）	800	（貸倒引当金）	800

4. 売上原価の計算

　売上原価 ＝ 期首商品棚卸高 ＋ 当期商品仕入高 － 期末商品棚卸高

　売上原価は「仕入」の行で計算する旨の指示があります。帳簿上、仕入勘定の残高が売上原価の算式と同じ結果を示すようにするためには、以下の仕訳が必要となります。

期首商品：	（仕　　　　入）	18,500	（繰　越　商　品）	18,500
期末商品：	（繰　越　商　品）	19,000	（仕　　　　入）	19,000

5. 有形固定資産の減価償却

　備品の減価償却費は前期以前から所有していた備品A15,000円と、期中に取得した備品B6,000円を分けて計算します。期中に取得した備品については月割計算をしますが、月数の数えミスがでやすいところです。単純な計算ほど慎重に行いましょう。

建　　　　　物：80,000円 × 0.9 ÷ 30年 ＝ 2,400円　　残存価額は取得原価の10％です。

備品A（前期以前取得分）：15,000円 ÷ 5年 ＝ 3,000円　　耐用年数が異なることに注意！

備品B（期中取得分）：$6,000円 ÷ 3年 × \dfrac{6か月^*}{12か月} = 1,000円$　　＊　×1年10月1日〜×2年3月31日

　　　　　　　　　　　　　　　　　　　　6,400円

（減　価　償　却　費）	6,400	（建物減価償却累計額）	2,400
		（備品減価償却累計額）	4,000

6．未払家賃（未払費用）の計上

当期の３月分の家賃は、当期中に支払っていないため未計上です。しかし、当期に係る費用であるため、支払家賃勘定（費用）の増加とするとともに、同額を未払家賃勘定（負債）とします。

（支　払　家　賃）	1,200*	（未　払　家　賃）	1,200

＊　１か月分の家賃：13,200円÷11か月＝1,200円

7．前払保険料（前払費用）の計上

当期の10月１日に支払った向こう１年分の保険料600円のうち、６か月分（×2年４月１日〜９月30日）は次期に係る費用の前払い分であるため、保険料勘定（費用）から差し引き、前払保険料勘定（資産）として次期に繰り越します。

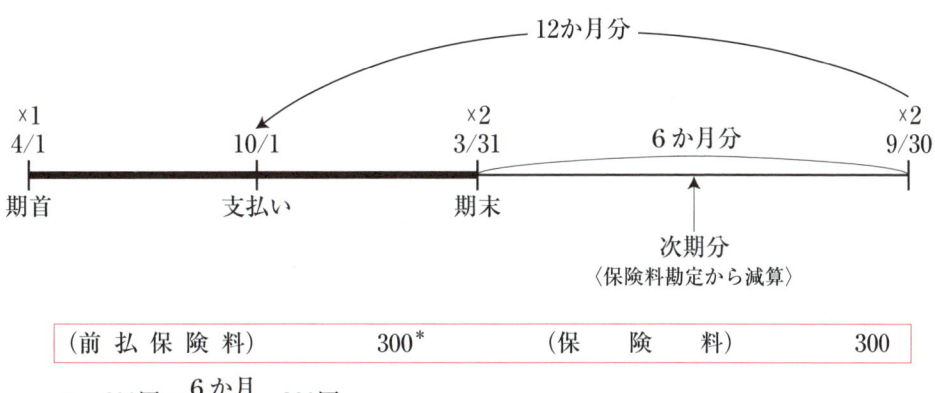

（前　払　保　険　料）	300*	（保　　険　　料）	300

＊　$600円 \times \dfrac{6か月}{12か月} = 300円$

8．未払利息（未払費用）の計上

借入金のうち20,000円に対する利息は、返済期日に元本（＝借りたお金）とともに支払うことになっているため、当期の２月１日から３月31日までの２か月分の支払利息が未計上です。しかし、当期に係る費用であるため、支払利息勘定（費用）の増加とするとともに、同額を未払利息勘定（負債）とします。

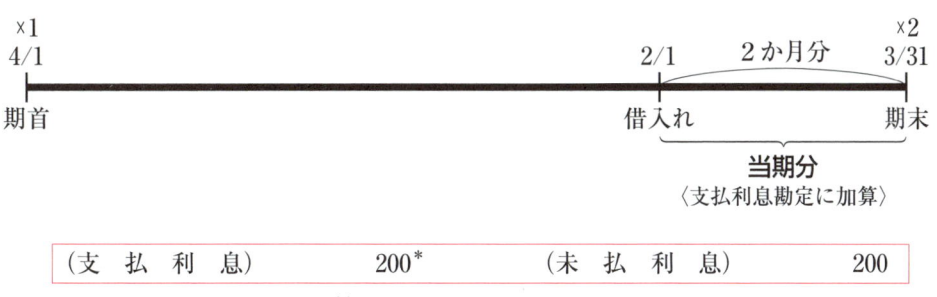

（支　払　利　息）	200*	（未　払　利　息）	200

＊　$20,000円 \times 6\% \times \dfrac{2か月}{12か月} = 200円$

9．当期純利益の計算

損益計算書の貸方合計（収益）と借方合計（費用）の差額により、当期純利益を計算します。

137,400円 － 132,400円 ＝ 5,000円
収益合計　　費用合計　　当期純利益

第３問対策

問題 2　精算表の作成（全体推定問題）

　精算表の残高試算表欄、修正記入欄、損益計算書欄および貸借対照表欄の未記入欄に適当な金額を記入して精算表を完成しなさい。なお、売上原価は「仕入」の行で計算すること。

精算表

（単位：円）

勘定科目	残高試算表 借方	残高試算表 貸方	修正記入 借方	修正記入 貸方	損益計算書 借方	損益計算書 貸方	貸借対照表 借方	貸借対照表 貸方
現　　　金	17,000						16,800	
当 座 預 金	52,100							
受 取 手 形	35,000							
売 　掛 　金	42,000			2,000				
繰 越 商 品	（　　　）						19,000	
建　　　物	80,000							
備　　　品	21,000							
支 払 手 形		17,400						
買 　掛 　金		30,500						
仮 　受 　金		2,000	2,000					
借 　入 　金		40,000						
貸 倒 引 当 金		700						
建物減価償却累計額		36,000						
備品減価償却累計額		（　　　）		4,000				
資 　本 　金		100,000						
繰越利益剰余金		20,000						
売　　　上		136,200						
受 取 手 数 料		1,200						
仕 　　　入	（　　　）		18,500		78,000			
給 　　　料	27,400				27,400			
支 払 家 賃	13,200							
保 　険 　料	1,400							
消 耗 品 費	1,600							
支 払 利 息	2,300							
	390,000	390,000						
雑 　　　損			200					
貸倒引当金繰入			800					
減 価 償 却 費			6,400					
未 払 家 賃								1,200
前 払 保 険 料							300	
未 払 利 息								200
当 期 純 利 益								
			48,600	48,600				

解　答

(注) 問題1の解答と同じになります。

精　算　表

(単位：円)

勘 定 科 目	残高試算表 借方	残高試算表 貸方	修正記入 借方	修正記入 貸方	損益計算書 借方	損益計算書 貸方	貸借対照表 借方	貸借対照表 貸方
現　　　　金	17,000			200			16,800	
当 座 預 金	52,100						52,100	
受 取 手 形	35,000						35,000	
売 　掛　 金	42,000			2,000			40,000	
繰 越 商 品	(18,500)		19,000	18,500			19,000	
建　　　　物	80,000						80,000	
備　　　　品	21,000						21,000	
支 払 手 形		17,400						17,400
買 　掛　 金		30,500						30,500
仮 　受　 金		2,000	2,000					
借 　入　 金		40,000						40,000
貸 倒 引 当 金		700		800				1,500
建物減価償却累計額		36,000		2,400				38,400
備品減価償却累計額		(6,000)		4,000				10,000
資 　本　 金		100,000						100,000
繰越利益剰余金		20,000						20,000
売　　　　上		136,200				136,200		
受 取 手 数 料		1,200				1,200		
仕　　　　入	(78,500)		18,500	19,000	78,000			
給　　　　料	27,400				27,400			
支 払 家 賃	13,200		1,200		14,400			
保 　険　 料	1,400			300	1,100			
消 耗 品 費	1,600				1,600			
支 払 利 息	2,300		200		2,500			
	390,000	390,000						
雑　　　　損			200		200			
貸倒引当金繰入			800		800			
減 価 償 却 費			6,400		6,400			
未 払 家 賃				1,200				1,200
前 払 保 険 料			300				300	
未 払 利 息				200				200
＊当 期 純 利 益					5,000			5,000
			48,600	48,600	137,400	137,400	264,200	264,200

＊　当期純利益の金額は、損益計算書欄の借方へ記入し、貸借対照表欄の貸方へ同額を移記して、貸借合計が一致することを確認します。

解き方の手順は次のとおりです。

1．現金の過不足

「現金」の行、残高試算表欄借方17,000円と貸借対照表欄借方16,800円との差額200円は、「雑損」の行、修正記入欄借方で、全額を雑損として処理することがわかります。

（雑　　　　損）	200	（現　　　　金）	200

2．売掛金の回収〈未処理事項〉

「売掛金」の行、修正記入欄貸方と「仮受金」の行、修正記入欄借方に2,000円が印刷されていることから、仮受金2,000円は売掛金の回収であったと判明します。

（仮　受　金）	2,000	（売　掛　金）	2,000

3．貸倒引当金の設定

当期の繰入額は「貸倒引当金繰入」の行、修正記入欄借方に印刷された800円により判明します。

（貸倒引当金繰入）	800	（貸倒引当金）	800

4．売上原価の計算

「仕入」の行（仕入勘定）で売上原価を算定します。

以下（ア）の仕訳は、期首商品棚卸高の金額で行います。（ア）の仕訳を修正記入欄へ記入すると考えると、「仕入」の行、修正記入欄借方に印刷された18,500円が期首商品棚卸高であったと推定できます。

以下（イ）の仕訳は、期末商品棚卸高の金額で行います。「繰越商品」の行、貸借対照表欄借方に印刷された19,000円が期末商品棚卸高です。

（ア）…	（仕　　　　入）	（　？　）	（繰　越　商　品）	（　？　）
（イ）…	（繰　越　商　品）	19,000	（仕　　　　入）	19,000

精　算　表（一部）

勘　定　科　目	残高試算表		修正記入		損益計算書		貸借対照表	
	借　方	貸　方	借　方	貸　方	借　方	貸　方	借　方	貸　方
：	期首商品						期末商品	
繰　越　商　品	（18,500)		19,000	18,500			19,000	
：								
：	当期仕入高							
仕　　　　入	（78,500)		18,500	19,000	78,000	売上原価		
：								

逆算します！

5．有形固定資産の減価償却

「減価償却費」の行、修正記入欄借方に印刷された6,400円と、「建物減価償却累計額」および「備品減価償却累計額」の行、修正記入欄貸方より以下の仕訳が推定できます。

（減 価 償 却 費）	6,400	（建物減価償却累計額）	（　？　）
		（備品減価償却累計額）	4,000

上記仕訳の貸方、「建物減価償却累計額」の金額は、仕訳の貸借差額により2,400円と判明します。

残高試算表欄貸方、「備品減価償却累計額」の金額は、残高試算表欄に印刷された貸方科目の合計金額390,000円との差額で求めます。

390,000円〈貸方科目の合計金額〉－384,000円〈「備品減価償却累計額」以外の貸方科目の合計金額〉
＝6,000円

6．未払家賃の計上

「未払家賃」の行、貸借対照表欄貸方に印刷された1,200円により判明します。

（支 払 家 賃）	1,200	（未 払 家 賃）	1,200

7．前払保険料の計上

「前払保険料」の行、貸借対照表欄借方に印刷された300円により判明します。

（前 払 保 険 料）	300	（保 　 険 　 料）	300

8．未払利息の計上

「未払利息」の行、貸借対照表欄貸方に印刷された200円により判明します。

（支 払 利 息）	200	（未 払 利 息）	200

9．当期純利益の計算

損益計算書欄（または貸借対照表欄）の貸借差額により、当期純利益5,000円を算定します。

- ・損益計算書欄　借方合計：132,400円　　差額：当期純利益5,000円
　　　　　　　　貸方合計：137,400円
- ・貸借対照表欄　借方合計：264,200円　　差額：当期純利益5,000円
　　　　　　　　貸方合計：259,200円

（一致）

ここでは、比較的容易な決算整理後残高試算表からの作成問題と、出題頻度の高い決算整理前残高試算表からの作成問題の2つを、同一の資料を使用して見ていきます。

問題3 財務諸表の作成（決算整理後残高試算表より）

次の決算整理後の残高試算表にもとづいて、答案用紙の損益計算書と貸借対照表を完成しなさい。なお、税金の計算は考慮外とする。

決算整理後ということは？ ➡ **決算整理後残高試算表**

×2年3月31日

借　方	勘　定　科　目	貸　方
16,800	現　　　　　金	
52,100	当　座　預　金	
35,000	受　取　手　形	
40,000	売　　掛　　金	
19,000	繰　越　商　品	
80,000	建　　　　　物	
21,000	備　　　　　品	
	支　払　手　形	17,400
	買　　掛　　金	30,500
	借　　入　　金	40,000
	貸　倒　引　当　金	1,500
	建物減価償却累計額	38,400
	備品減価償却累計額	10,000
	資　　本　　金	100,000
	繰越利益剰余金	20,000
	売　　　　　上	136,200
	受　取　手　数　料	1,200
78,000	仕　　　　　入	
27,400	給　　　　　料	
14,400	支　払　家　賃	
1,100	保　　険　　料	
1,600	消　耗　品　費	
800	貸倒引当金繰入	
6,400	減　価　償　却　費	
2,500	支　払　利　息	
200	雑　　　　　損	
300	前　払　保　険　料	
	未　払　家　賃	1,200
	未　払　利　息	200
396,600		396,600

貸 借 対 照 表
×2年3月31日　　　　　　　　　　　　　　　　（単位：円）

現　　　　　金	（　　　　）	支 払 手 形	（　　　　）
当 座 預 金	（　　　　）	買 掛 金	（　　　　）
受 取 手 形　（　　　）		借 入 金	（　　　　）
貸 倒 引 当 金　△　　700	（　　　　）	未 払 費 用	（　　　　）
売 掛 金　（　　　）		資 本 金	（　　　　）
貸 倒 引 当 金　（△　　）	（　　　　）	繰越利益剰余金	（　　　　）
商　　　　　品	（　　　　）		
前 払 費 用	（　　　　）		
建　　　　　物　（　　　）			
減価償却累計額　（△　　）	（　　　　）		
備　　　　　品　（　　　）			
減価償却累計額　（△　　）	（　　　　）		
	（　　　　）		（　　　　）

損 益 計 算 書
×1年4月1日から×2年3月31日まで　　　　　　　　　（単位：円）

売 上 原 価	（　　　　）	売 上 高	（　　　　）
給　　　　　料	（　　　　）	受 取 手 数 料	（　　　　）
支 払 家 賃	（　　　　）		
保 険 料	（　　　　）		
消 耗 品 費	（　　　　）		
貸倒引当金繰入	（　　　　）		
減 価 償 却 費	（　　　　）		
支 払 利 息	（　　　　）		
雑　　　　　損	（　　　　）		
当 期 純（　　　）	（　　　　）		
	（　　　　）		（　　　　）

第3問対策

解 答

貸 借 対 照 表

×2年3月31日　　　　　　　　　　　（単位：円）

現　　　金	（	16,800）	支 払 手 形	（	17,400）
当 座 預 金	（	52,100）	買 掛 金	（	30,500）
受 取 手 形　（　35,000）			借 入 金	（	40,000）
貸倒引当金　△　　700　（		34,300）	未 払 費 用*1	（	1,400）
売 掛 金　（　40,000）			資 本 金	（	100,000）
貸倒引当金（△　800）（		39,200）	繰越利益剰余金*2	（	25,000）
商　　　品	（	19,000）			
前 払 費 用	（	300）			
建　　　物　（　80,000）					
減価償却累計額（△　38,400）（		41,600）			
備　　　品　（　21,000）					
減価償却累計額（△　10,000）（		11,000）			
	（	214,300）		（	214,300）

＊1　1,200円〈未払家賃〉＋200円〈未払利息〉＝1,400円

＊2　当期純利益は、決算振替仕訳により繰越利益剰余金（資本）の増加とすることから、繰越利益剰余金の決算整理後残高に当期純利益を加えた金額を、貸借対照表の貸方へ記入し、貸借対照表の貸借合計が一致することを確認します。

　　　繰越利益剰余金：20,000円〈決算整理後残高〉＋5,000円〈当期純利益〉＝25,000円

損 益 計 算 書

×1年4月1日から×2年3月31日まで　　　　（単位：円）

売 上 原 価	（	78,000）	売 上 高	（	136,200）
給　　　料	（	27,400）	受 取 手 数 料	（	1,200）
支 払 家 賃	（	14,400）			
保 険 料	（	1,100）			
消 耗 品 費	（	1,600）			
貸倒引当金繰入	（	800）			
減 価 償 却 費	（	6,400）			
支 払 利 息	（	2,500）			
雑　　　損	（	200）			
当 期 純（利　益）	（	5,000）			
	（	137,400）		（	137,400）

解答への道

　「決算整理後」というのは文字どおり、「決算整理が終わった後」ということですから、基本的には、問題資料となっている残高試算表の金額をそのまま利用して、財務諸表を作成することができます。

　決算整理後残高試算表の勘定科目を資産・負債・資本（純資産）、さらに収益・費用に分類します。そして、収益・費用の項目は損益計算書へ、資産・負債・資本（純資産）の項目は貸借対照表へ記入します。なお、**表示方法については、問題4の** 解答への道 **「Ⅱ表示方法（見せ方）のルール」を参照してください。**

決算整理後残高試算表
×2年3月31日

（注）B/S…貸借対照表
　　　P/L…損益計算書

借　方	勘　定　科　目	貸　方
16,800	現　　　　　金	
52,100	当　座　預　金	
35,000	受　取　手　形	
40,000	売　　掛　　金	
19,000	繰　越　商　品	
80,000	建　　　　　物	
21,000	備　　　　　品	
	支　払　手　形	17,400
	買　　掛　　金	30,500
	借　　入　　金	40,000
	貸　倒　引　当　金	1,500
	建物減価償却累計額	38,400
	備品減価償却累計額	10,000
	資　　本　　金	100,000
	繰　越　利　益　剰　余　金	20,000
	売　　　　　上	136,200
	受　取　手　数　料	1,200
78,000	仕　　　　　入	
27,400	給　　　　　料	
14,400	支　払　家　賃	
1,100	保　　険　　料	
1,600	消　耗　品　費	
800	貸　倒　引　当　金　繰　入	
6,400	減　価　償　却　費	
2,500	支　払　利　息	
200	雑　　　　　損	
300	前　払　保　険　料	
	未　払　家　賃	1,200
	未　払　利　息	200
396,600		396,600

資産（B/S借方へ）

決算整理**後**の「繰越商品」の金額は、期末商品の金額を示します。

負債（B/S貸方へ）

資産のマイナス項目（B/S借方へ）

資本（B/S貸方へ）

収益（P/L貸方へ）

決算整理**後**の「仕入」の金額は、売上原価の金額を示します。

費用（P/L借方へ）

資産（B/S借方へ）

負債（B/S貸方へ）

第3問対策

決算整理前の残高試算表から損益計算書と貸借対照表を作成する問題です。決算整理後の金額が解答要求であることに変わりありませんので、解法手順は精算表を作成するとさと同じです。

　次の(1)決算整理前残高試算表と(2)決算整理事項等にもとづいて、答案用紙の貸借対照表と損益計算書を完成しなさい。ただし、会計期間は×1年4月1日から×2年3月31日までの1年である。なお、税金の計算は考慮外とする。

(1)　　　　決算整理前残高試算表
×2年3月31日

借　　方	勘　定　科　目	貸　　方
17,000	現　　　　　　　金	
52,100	当　座　預　金	
35,000	受　取　手　形	
42,000	売　　掛　　金	
18,500	繰　越　商　品	
80,000	建　　　　　　物	
21,000	備　　　　　　品	
	支　払　手　形	17,400
	買　　掛　　金	30,500
	仮　　受　　金	2,000
	借　　入　　金	40,000
	貸　倒　引　当　金	700
	建物減価償却累計額	36,000
	備品減価償却累計額	6,000
	資　　本　　金	100,000
	繰越利益剰余金	20,000
	売　　　　　上	136,200
	受　取　手　数　料	1,200
78,500	仕　　　　　入	
27,400	給　　　　　料	
13,200	支　払　家　賃	
1,400	保　　険　　料	
1,600	消　耗　品　費	
2,300	支　払　利　息	
390,000		390,000

(2)　決算整理事項等

1．現金の実際有高が¥200不足していたが、原因不明のため雑損として処理することにした。

2．仮受金は、全額得意先に対する売掛金の回収額であることが判明した。

3．受取手形と売掛金の期末残高に対し、2％の貸倒引当金を差額補充法により設定する。

4．期末商品棚卸高は¥19,000であった。

5．建物および備品について、定額法で減価償却を行う。

　建物の残存価額は取得原価の10％、備品の残存価額はゼロである。なお、備品Bは×1年10月1日に取得したもので、減価償却は月割計算による。

(1)　建　物：耐用年数30年

(2)　備品A：取得原価¥15,000、耐用年数5年
　　　備品B：取得原価¥ 6,000、耐用年数3年

6．支払家賃¥13,200は11か月分で、3月分が未払いとなっている。

7．保険料のうち¥600は、×1年10月1日に向こう1年分を支払ったものである。

8．借入金のうち¥20,000は、×2年2月1日に期間1年、利率年6％で借入れたもので、利息は返済期日に元本とともに支払う約束である。利息は月割計算による。

貸 借 対 照 表
×2年 3 月31日
(単位：円)

現　　　　金		(　　　)	支 払 手 形		(　　　)
当 座 預 金		(　　　)	買 　掛　 金		(　　　)
受 取 手 形	(　　　)		借 　入　 金		(　　　)
貸倒引当金	(△　　　)	(　　　)	未 払 費 用		(　　　)
売 　掛　 金	(　　　)		資 　本　 金		(　　　)
貸倒引当金	(△　　　)	(　　　)	繰越利益剰余金		(　　　)
商　　　　品		(　　　)			
前 払 費 用		(　　　)			
建　　　　物	(　　　)				
減価償却累計額	(△　　　)	(　　　)			
備　　　　品	(　　　)				
減価償却累計額	(△　　　)	(　　　)			
		(　　　)			(　　　)

損 益 計 算 書
×1年 4 月 1 日から×2年 3 月31日まで
(単位：円)

売 上 原 価		(　　　)	売 　上　 高	(　　　)
給 　　　料		(　　　)	受 取 手 数 料	(　　　)
支 払 家 賃		(　　　)		
保 　険　 料		(　　　)		
消 耗 品 費		(　　　)		
貸倒引当金繰入		(　　　)		
減 価 償 却 費		(　　　)		
支 払 利 息		(　　　)		
雑 　　　損		(　　　)		
当 期 純(　　)		(　　　)		
		(　　　)		(　　　)

解 答

（注）問題３の解答と同じになります。

貸 借 対 照 表

×2年３月31日　　　　　　　　　　（単位：円）

現　　　　　金		（　16,800）	支 払 手 形		（　17,400）
当 座 預 金		（　52,100）	買 掛 金		（　30,500）
受 取 手 形	（　35,000）		借 入 金		（　40,000）
貸 倒 引 当 金	（△　700）	（　34,300）	未 払 費 用*1		（　1,400）
売 掛 金	（　40,000）		資 本 金		（　100,000）
貸 倒 引 当 金	（△　800）	（　39,200）	繰越利益剰余金*2		（　25,000）
商　　　　　品		（　19,000）			
前 払 費 用		（　300）			
建　　　　　物	（　80,000）				
減価償却累計額	（△　38,400）	（　41,600）			
備　　　　　品	（　21,000）				
減価償却累計額	（△　10,000）	（　11,000）			
		（　214,300）			（　214,300）

＊１　1,200円〈未払家賃〉＋200円〈未払利息〉＝1,400円

＊２　当期純利益は、決算振替仕訳により繰越利益剰余金（資本）の増加とすることから、繰越利益剰余金の決算整理前残高に当期純利益を加えた金額を、貸借対照表の貸方へ記入し、貸借対照表の貸借合計が一致することを確認します。

　　　繰越利益剰余金：20,000円〈決算整理前残高〉＋5,000円〈当期純利益〉＝25,000円

損 益 計 算 書

×1年４月１日から×2年３月31日まで　　　　　　（単位：円）

売 上 原 価	（　78,000）	売 上 高		（　136,200）
給　　　　料	（　27,400）	受 取 手 数 料		（　1,200）
支 払 家 賃	（　14,400）			
保 険 料	（　1,100）			
消 耗 品 費	（　1,600）			
貸倒引当金繰入	（　800）			
減 価 償 却 費	（　6,400）			
支 払 利 息	（　2,500）			
雑　　　　損	（　200）			
当 期 純（利 益）	（　5,000）			
	（　137,400）			（　137,400）

解答への道

I　問題の流れ

この問題の資料と解答要求事項の関係を精算表の形式で示すと、次のようになります。

精　算　表

勘　定　科　目	残　高　試　算　表		修　正　記　入		損　益　計　算　書		貸　借　対　照　表	
	借　方	貸　方	借　方	貸　方	借　方	貸　方	借　方	貸　方

資料(1)　　　　　　　　資料(2)　　　　　損益計算書　　　貸借対照表

残高試算表　　　　決算整理事項等　　　　　答案用紙

本問では、精算表の損益計算書欄に記入する要領で損益計算書を作成し、貸借対照表欄に記入する要領で貸借対照表を作成すればよいだけです。しかし、精算表のように決算整理仕訳等を記入する場所（修正記入欄）が財務諸表にはないので、集計にひと工夫が必要です。

さらに、財務諸表は外部への報告書ですので、表示方法（見せ方）はルールとして覚えなくてはなりません。

II　表示方法（見せ方）のルール

〈貸借対照表記入上の注意〉

・貸倒引当金勘定の残高は、原則として、資産の部において受取手形や売掛金それぞれから控除する形式で表示します（科目別間接控除法という）。また、受取手形と売掛金の合計額から一括した貸倒引当金を控除する形式もあります（一括間接控除法という）。

科目別間接控除法			一括間接控除法		
受　取　手　形	35,000		受　取　手　形	35,000	
貸　倒　引　当　金	△　　700	34,300	売　　掛　　金	40,000	
売　　掛　　金	40,000		貸　倒　引　当　金	△　1,500	73,500
貸　倒　引　当　金	△　　800	39,200			

・繰越商品勘定の決算整理後残高は、「**商品**」と表示します。

・経過勘定項目である「未払○○」は「**未払費用**」、「前払○○」は「**前払費用**」、「未収○○」は「**未収収益**」、「前受○○」は「**前受収益**」と表示します。

・建物減価償却累計額勘定、備品減価償却累計額勘定の決算整理後残高は、原則として、資産の部に建物や備品それぞれから控除する形式で表示します。このとき、具体的な固定資産の科目名は付けずに「**減価償却累計額**」と表示します。

〈損益計算書記入上の注意〉

・仕入勘定の決算整理後残高は、「**売上原価**」と表示します。
売上原価は、「期首商品棚卸高＋当期商品仕入高−期末商品棚卸高」の式で求めることもできます。
期首商品棚卸高18,500円＋当期商品仕入高78,500円−期末商品棚卸高19,000円＝78,000円

・売上勘定の決算整理後残高は、「**売上高**」と表示します。

III　決算整理事項等

本問の決算整理事項等は問題1と共通なので、具体的な計算や仕訳については、問題1の

解答への道 を参照してください。

　なお、集計にひと工夫については、以下の方法がおすすめです。決算で行った仕訳の金額を決算整理前残高試算表の各勘定科目の金額に＋（←プラス）または△（←マイナス）で書き込みすると良いです。＋、△で書き込みした金額を加減した後の金額が、決算整理後の金額になります。

ネット試験…問題資料への書き込みができないため、金額が増減する科目だけを計算用紙に書き出し、T字勘定等を使って集計するとよいでしょう。

決算整理前残高試算表
×2年3月31日

（注）B/S…貸借対照表
　　　P/L…損益計算書

	借　方	勘　定　科　目	貸　方	
△200	17,000	現　　　　　金		
	52,100	当　座　預　金		
	35,000	受　取　手　形		
△2,000	42,000	売　　掛　　金		
△18,500 +19,000	18,500	繰　越　商　品		
	80,000	建　　　　　物		
	21,000	備　　　　　品		
		支　払　手　形	17,400	
		買　　掛　　金	30,500	
		仮　　受　　金	2,000	△2,000
		借　　入　　金	40,000	
		貸　倒　引　当　金	700	+800
		建物減価償却累計額	36,000	+2,400
		備品減価償却累計額	6,000	+4,000
		資　　本　　金	100,000	
		繰　越　利　益　剰　余　金	20,000	
		売　　　　　上	136,200	
		受　取　手　数　料	1,200	
+18,500 △19,000	78,500	仕　　　　　入		
	27,400	給　　　　　料		
+1,200	13,200	支　払　家　賃		
△300	1,400	保　　険　　料		
	1,600	消　耗　品　費		
+200	2,300	支　払　利　息		
	390,000		390,000	
	200	雑　　　　　損		
	800	貸　倒　引　当　金　繰　入		
	6,400	減　価　償　却　費		
		未　払　家　賃	1,200	
	300	前　払　保　険　料		
		未　払　利　息	200	

資産（B/S借方へ）

負債（B/S貸方へ）

資産のマイナス項目（B/S借方へ）

資本（B/S貸方へ）

収益（P/L貸方へ）

費用（P/L借方へ）

残高試算表上にない科目（決算で初めて使った科目）は下へ書き足すのも良いです。

資産（B/S借方へ）

負債（B/S貸方へ）

Ⅱ 実践問題編

　出題区分の改定により、精算表や財務諸表の作成問題に加えて、決算整理後残高試算表の作成問題も出題されることになっています。しかし、解答要求が異なるだけで、解答手順は精算表や財務諸表の作成問題と変わらないので、問題5で対策をしておけば十分でしょう。ただし、新たな決算整理事項が出題範囲に追加されるため、まずは、その内容を以下で確認しておきましょう。

1．当座借越の整理

　期末において、当座預金勘定が貸方残高（当座借越の状態）となった場合には、その全額を当座借越勘定または借入金勘定（負債）に振り替えます。

(1)　当座借越勘定に振り替える場合

（当 座 預 金）	××	（当 座 借 越）	××

(2)　借入金勘定に振り替える場合

（当 座 預 金）	××	（借 入 金）	××

2．貯蔵品への振り替え

(1)　租税公課勘定から振り替える場合

　購入時に費用処理している収入印紙について、期末に未使用分がある場合には、その金額を租税公課勘定から貯蔵品勘定（資産）へ振り替えます。

（貯 蔵 品）	××	（租 税 公 課）	××

(2)　通信費勘定から振り替える場合

　購入時に費用処理している郵便切手について、期末に未使用分がある場合には、その金額を通信費勘定から貯蔵品勘定（資産）へ振り替えます。

（貯 蔵 品）	××	（通 信 費）	××

3．未払消費税の計上

　決算にあたり、仮受消費税（預かった消費税）から仮払消費税（支払った消費税）を差し引いた残額（納税額）を「未払消費税（負債）」として計上します。

（仮 受 消 費 税）	××	（仮 払 消 費 税）	××
		（未 払 消 費 税）	××

4．法人税等の計上

　決算にあたり、法人税等（法人税、住民税及び事業税）を計上し、仮払法人税等を差し引いた残額（確定申告時の納税額）を「未払法人税等（負債）」として計上します。

（法 人 税 等）	××	（仮 払 法 人 税 等）	××
		（未 払 法 人 税 等）	××

決算整理後残高試算表と財務諸表の作成

次の［資料１］と［資料２］にもとづいて、下記の問に答えなさい。なお、会計期間は×2年４月１日から×3年３月31日までの１年間である。また、出題の便宜上、解答に影響しない費用を「その他の費用」とし、その合計額を示している。

［資料１］決算整理前残高試算表

借 方	勘 定 科 目	貸 方
440,000	現　　　　　金	
	当 座 預 金	362,000
914,000	普 通 預 金	
1,750,000	売 　 掛 　 金	
74,000	仮 払 法 人 税 等	
320,000	仮 払 消 費 税	
226,000	繰 越 商 品	
640,000	備　　　　　品	
2,575,000	土　　　　　地	
	買 　 掛 　 金	510,000
	社 会 保 険 料 預 り 金	20,000
	仮 受 消 費 税	480,000
	貸 倒 引 当 金	8,000
	備品減価償却累計額	384,000
	資 　 本 　 金	3,000,000
	繰 越 利 益 剰 余 金	1,544,000
	売 　 　 　 上	5,542,000
	受 取 手 数 料	150,000
2,860,000	仕 　 　 　 入	
768,000	給 　 　 　 料	
520,000	支 払 家 賃	
124,000	水 道 光 熱 費	
224,000	法 定 福 利 費	
40,000	租 税 公 課	
525,000	その他の費用	
12,000,000		12,000,000

［資料２］決算整理事項等

1．現金の実際有高は¥422,000であった。帳簿残高との差額のうち¥16,000については、水道光熱費の記入漏れであることが判明したが、残額については原因不明なので、雑損または雑益として処理する。

2．当座預金勘定の貸方残高全額を当座借越勘定に振り替える。なお、取引銀行とは借越限度額を¥1,000,000とする当座借越契約を結んでいる。

3．売掛金¥50,000が普通預金口座に振り込まれていたが、この取引が未記帳であることが判明した。

4．売掛金の期末残高に対して２％の貸倒引当金を差額補充法により設定する。

5．期末商品棚卸高は¥174,000である。

6．備品について、定額法（耐用年数５年、残存価額ゼロ）により減価償却を行う。

7．購入時に費用処理した収入印紙の未使用高が¥5,000あるため、貯蔵品へ振り替える。

8．消費税（税抜方式）の処理を行う。

9．決算整理前残高試算表の支払家賃は13か月分であるため、１か月分を前払い計上する。

10．手数料の未収分が¥19,000ある。

11．法定福利費の未払分¥21,000を計上する。

12．法人税等が¥150,000と計算されたので、仮払法人税等との差額を未払法人税等として計上する。

問1　答案用紙の決算整理後残高試算表を作成しなさい。

問2　答案用紙の貸借対照表および損益計算書を完成しなさい。

問1　決算整理後残高試算表

借　　方	勘　定　科　目	貸　　方
	現　　　　金	
	普　通　預　金	
	売　　掛　　金	
	繰　越　商　品	
	貯　蔵　品	
	（　　　）家　賃	
	（　　　）手数料	
640,000	備　　　　品	
2,575,000	土　　　　地	
	買　　掛　　金	
	社会保険料預り金	
	当　座　借　越	
	未払法定福利費	
	未 払 法 人 税 等	
	（　　　）消費税	
	貸 倒 引 当 金	
	備品減価償却累計額	
	資　　本　　金	3,000,000
	繰越利益剰余金	
	売　　　　上	5,542,000
	受 取 手 数 料	
	仕　　　　入	
768,000	給　　　　料	
	支　払　家　賃	
	水　道　光　熱　費	
	法　定　福　利　費	
	租　税　公　課	
	貸倒引当金繰入	
	減　価　償　却　費	
	雑　（　　　）	
525,000	その他の費用	
	法　人　税　等	

問2 貸借対照表と損益計算書

貸 借 対 照 表
×3年3月31日 (単位:円)

現　　　　金	（　　　　　）	買　掛　金	（　　　　　）
普 通 預 金	（　　　　　）	当 座 借 越	（　　　　　）
売　掛　金（　　　　）		未 払 法 人 税 等	（　　　　　）
（　　　　）△（　　　　）	（　　　　　）	（　　　）消費税	（　　　　　）
商　　　　品	（　　　　　）	社会保険料預り金	（　　　　　）
貯　蔵　品	（　　　　　）	未 払 費 用	（　　　　　）
（　　　）費用	（　　　　　）	資　本　金	3,000,000
（　　　）収益	（　　　　　）	繰越利益剰余金	（　　　　　）
備　　　　品 640,000			
減価償却累計額 △（　　　）	（　　　　　）		
土　　　　地 2,575,000			
（　　　　　）		（　　　　　）	

損 益 計 算 書
×2年4月1日から×3年3月31日まで (単位:円)

売 上 原 価	（　　　　　）	売　上　高	5,542,000
給　　　　料	768,000	受 取 手 数 料	（　　　　　）
支 払 家 賃	（　　　　　）		
水 道 光 熱 費	（　　　　　）		
法 定 福 利 費	（　　　　　）		
租 税 公 課	（　　　　　）		
貸倒引当金繰入	（　　　　　）		
減 価 償 却 費	（　　　　　）		
雑　（　　　）	（　　　　　）		
その他の費用	525,000		
法 人 税 等	（　　　　　）		
当期純（　　　）	（　　　　　）		
（　　　　　）		（　　　　　）	

解　答

問1　決算整理後残高試算表

借　方	勘　定　科　目	貸　方
422,000	現　　　　　金	
964,000	普　通　預　金	
1,700,000	売　　掛　　金	
174,000	繰　越　商　品	
5,000	貯　蔵　品	
40,000	（前　払）家　賃	
19,000	（未　収）手数料	
640,000	備　　　　　品	
2,575,000	土　　　　　地	
	買　　掛　　金	510,000
	社会保険料預り金	20,000
	当　座　借　越	362,000
	未払法定福利費	21,000
	未払法人税等	76,000
	（未　払）消費税	160,000
	貸　倒　引　当　金	34,000
	備品減価償却累計額	512,000
	資　　本　　金	3,000,000
	繰越利益剰余金	1,544,000
	売　　　　　上	5,542,000
	受　取　手　数　料	169,000
2,912,000	仕　　　　　入	
768,000	給　　　　　料	
480,000	支　払　家　賃	
140,000	水　道　光　熱　費	
245,000	法　定　福　利　費	
35,000	租　税　公　課	
26,000	貸倒引当金繰入	
128,000	減　価　償　却　費	
2,000	雑　（　損　）	
525,000	そ　の　他　の　費　用	
150,000	法　人　税　等	
11,950,000		11,950,000

問2 貸借対照表と損益計算書

貸 借 対 照 表
×3年3月31日 (単位：円)

現　　　　　金		(422,000)	買　掛　金	(510,000)
普　通　預　金		(964,000)	当　座　借　越	(362,000)
売　掛　金	(1,700,000)		未 払 法 人 税 等	(76,000)
(貸倒引当金)△(34,000)		(1,666,000)	(未　払)消費税	(160,000)
商　　　　　品		(174,000)	社会保険料預り金	(20,000)
貯　蔵　品		(5,000)	未　払　費　用	(21,000)
(前　払)費　用		(40,000)	資　本　金	3,000,000
(未　収)収　益		(19,000)	繰越利益剰余金	(1,844,000)
備　　　　　品	640,000			
減価償却累計額 △(512,000)		(128,000)		
土　　　　　地		2,575,000		
		(5,993,000)		(5,993,000)

損 益 計 算 書
×2年4月1日から×3年3月31日まで (単位：円)

売　上　原　価	(2,912,000)	売　上　高	5,542,000
給　　　　料	768,000	受 取 手 数 料	(169,000)
支　払　家　賃	(480,000)		
水 道 光 熱 費	(140,000)		
法 定 福 利 費	(245,000)		
租 税 公 課	(35,000)		
貸倒引当金繰入	(26,000)		
減 価 償 却 費	(128,000)		
雑　（ 損 ）	(2,000)		
その他の費用	525,000		
法 人 税 等	(150,000)		
当期純(利 益)	(300,000)		
	(5,711,000)		(5,711,000)

解答への道

1. 現金過不足の整理

貸借対照表には、実際有高の422,000円を「現金」として計上します。なお、実際有高と帳簿残高との差額のうち、原因が判明した「水道光熱費の記入漏れ」は水道光熱費勘定の借方に振り替え、原因不明の借方差額は雑損勘定（費用）で処理します。

（水 道 光 熱 費）	16,000	（現　　　　　金）	18,000 [*1]
（雑　　　　損）	2,000 [*2]		

* 1　440,000円〈帳簿残高〉− 422,000円〈実際有高〉＝ 18,000円〈不足額〉
* 2　18,000円 − 16,000円 ＝ 2,000円〈借方差額〉

2. 当座借越の整理

期末において、当座預金勘定が貸方残高（当座借越の状態）となった場合には、その全額を当座借越勘定に振り替えます。なお、借入金勘定に振り替える可能性もあるので、問題文の指示をしっかり確認してください。

（当 座 預 金）	362,000	（当 座 借 越）	362,000

3. 売掛金の回収（未処理事項）

（普 通 預 金）	50,000	（売　掛　金）	50,000

4. 貸倒引当金の設定

「3. 売掛金の回収」により、売掛金の残高が50,000円減少していることに注意して、貸倒引当金を設定します。

（貸倒引当金繰入）	26,000 [*]	（貸 倒 引 当 金）	26,000

* 設　定　額：(1,750,000円 − 50,000円) × 2 ％ ＝ 34,000円

売掛金

決算整理前残高：	△ 8,000円
繰　入　額：	26,000円

5. 売上原価の計算（注）仕入勘定で売上原価を算定する場合

（仕　　　　　入）	226,000	（繰 越 商 品）	226,000 [*1]
（繰 越 商 品）	174,000 [*2]	（仕　　　　　入）	174,000

* 1　期首商品（繰越商品の決算整理前残高）
* 2　期末商品棚卸高

6. 有形固定資産の減価償却

（減 価 償 却 費）	128,000 [*]	（備品減価償却累計額）	128,000

* 640,000円〈備品の取得原価〉÷ 5 年 ＝ 128,000円

7. 貯蔵品への振り替え

収入印紙について、購入時に費用処理した旨の指示があるため、期末未使用高を租税公課勘定（費用）から貯蔵品勘定（資産）へ振り替えます。

（貯　蔵　品）	5,000	（租 税 公 課）	5,000

第3問対策

8．未払消費税の計上

　決算にあたり、仮受消費税（預かった消費税）から仮払消費税（支払った消費税）を差し引いた残額（納税額）を「未払消費税（負債）」として計上します。

（仮 受 消 費 税）	480,000	（仮 払 消 費 税）	320,000
		（未 払 消 費 税）	160,000 *

　　* 　480,000円 − 320,000円 = 160,000円〈納税額〉

9．前払家賃（前払費用）の計上

　決算整理前残高試算表の「支払家賃」の残高は13か月分であることから、そのうち1か月分は次期に係る費用の前払分（4月分の家賃）であることがわかります。よって、支払家賃勘定（費用）から差し引き、前払家賃（資産）として次期に繰り越します。

（前 払 家 賃）	40,000 *	（支 払 家 賃）	40,000

　　* 　$520,000円 \times \dfrac{1か月}{13か月} = 40,000円$

10．未収手数料（未収収益）の計上

（未 収 手 数 料）	19,000	（受 取 手 数 料）	19,000

11．未払法定福利費（未払費用）の計上

（法 定 福 利 費）	21,000	（未払法定福利費）	21,000

12．法人税等の計上

　決算にあたり、法人税等（法人税、住民税及び事業税）を計上し、仮払法人税等を差し引いた残額（確定申告時の納税額）を「未払法人税等（負債）」として計上します。

（法 人 税 等）	150,000	（仮 払 法 人 税 等）	74,000
		（未 払 法 人 税 等）	76,000 *

　　* 　150,000円 − 74,000円 = 76,000円〈納税額〉

13．当期純利益と繰越利益剰余金の計算

　損益計算書の貸方合計（収益）と借方合計（費用）の差額により、当期純利益を計算します。また、当期純利益は、決算振替仕訳により「繰越利益剰余金（資本）」の増加とすることから、繰越利益剰余金の決算整理前残高に当期純利益を加えた金額を、貸借対照表の貸方に記入し、貸借対照表の貸借合計が一致することを確認します。

　当 期 純 利 益：5,711,000円〈収益合計〉 − 5,411,000円〈費用合計〉 = 300,000円

　繰越利益剰余金：1,544,000円〈決算整理前残高〉 + 300,000円〈当期純利益〉 = 1,844,000円

本試験演習編

第2部 問題

第1問

45点

下記の各取引について仕訳しなさい。ただし、仕訳に使用する勘定科目は、取引ごとに与えられたものから最も適当と思われるものを選び、記号で答えなさい。

1．得意先に販売した商品のうち60個（@¥1,200）が品違いのため返品され、掛け代金から差し引くこととした。

　　ア．売掛金　イ．買掛金　ウ．貸倒引当金　エ．資本金　オ．売上　カ．仕入

2．当座預金口座を開設し、普通預金口座から¥100,000を預け入れた。また、口座開設と同時に当座借越契約（限度額¥1,800,000）を締結し、その担保として普通預金口座から¥2,000,000を定期預金口座へ預け入れた。

　　ア．現金　イ．普通預金　ウ．当座預金　エ．定期預金　オ．受取利息　カ．支払利息

3．消耗品¥30,000を購入し、代金は後日支払うこととした。

　　ア．現金　イ．備品　ウ．買掛金　エ．未収入金　オ．未払金　カ．消耗品費

4．得意先が倒産し、売掛金¥800,000のうち¥200,000は、かねて注文を受けた際に受け取っていた手付金と相殺し、残額は貸倒れとして処理した。

　　ア．売掛金　イ．前払金　ウ．前受金　エ．売上　オ．未払金　カ．貸倒損失

5．買掛金の支払いとして¥250,000の約束手形を振り出し、仕入先に対して郵送した。なお、郵送代金¥500は現金で支払った。

　　ア．買掛金　イ．支払手形　ウ．当座預金　エ．現金　オ．通信費　カ．消耗品費

6．事務用の物品をネット通販で購入し、代金の支払額を仮払金勘定で処理していたが、本日、品物とともに、以下の領収書を受け取ったため、適切な勘定に振り替える。

<table>
<tr><td colspan="4" align="center">領　収　書</td></tr>
<tr><td colspan="4">日商株式会社　御中</td></tr>
<tr><td colspan="4" align="right">東京電機株式会社</td></tr>
<tr><td>品　物</td><td>数　量</td><td>単　価</td><td>金　額</td></tr>
<tr><td>H社製ノートパソコン</td><td>4</td><td>200,000</td><td>¥800,000</td></tr>
<tr><td>配送料</td><td>—</td><td>—</td><td>¥　5,000</td></tr>
<tr><td>初期設定費用</td><td>4</td><td>8,000</td><td>¥　32,000</td></tr>
<tr><td colspan="3" align="right">合　計</td><td>¥837,000</td></tr>
</table>

上記の合計額を領収いたしました。

収入印紙 200円
印

　　ア．備品　イ．消耗品費　ウ．当座預金　エ．仮払金　オ．仕入　カ．租税公課

7．商品￥500,000をクレジット払いの条件で販売するとともに、信販会社への手数料（販売代金の3％）を販売時に計上した。
　　ア．未収入金　イ．クレジット売掛金　ウ．受取手数料　エ．売上　オ．仕入　カ．支払手数料

8．従業員への給料の支払いにあたり、給料総額￥350,000のうち、本人負担の社会保険料￥20,000と、所得税の源泉徴収分￥14,000を差し引き、残額を当座預金口座より振り込んだ。
　　ア．当座預金　イ．普通預金　ウ．社会保険料預り金　エ．所得税預り金　オ．給料
　　カ．従業員立替金

9．会社の設立にあたり株式50株を発行し、1株当たり￥60,000の払込みを受け、払込金はすべて当座預金口座に預け入れられた。
　　ア．普通預金　イ．当座預金　ウ．利益準備金　エ．借入金　オ．貸付金　カ．資本金

10．オフィス拡張につき、ビルの4階部分を1か月当たり￥160,000で賃借する契約を不動産業者と締結し、保証金（敷金）￥320,000と不動産業者に対する仲介手数料￥160,000を当座預金口座から支払った。
　　ア．当座預金　イ．建物　ウ．備品　エ．差入保証金　オ．支払家賃　カ．支払手数料

11．月末に現金の実査を行ったところ、帳簿残高は￥299,600であったが、実際有高は￥301,600であることが判明したため、帳簿残高と実際有高を一致させる処理を行うとともに、引き続き原因を調査することとした。
　　ア．売掛金　イ．前払金　ウ．現金過不足　エ．前受金　オ．現金　カ．受取手数料

12．かねて振り出していた約束手形￥150,000の支払期日が到来し、当座預金口座から支払われた。
　　ア．普通預金　イ．当座預金　ウ．受取手形　エ．支払手形　オ．仕入　カ．旅費交通費

13．商品￥35,000を仕入れ、消費税￥3,500を含めた合計額のうち￥18,500は現金で支払い、残額は月末に支払うこととした。なお、消費税は税抜方式で記帳する。
　　ア．仮払消費税　イ．未払金　ウ．仕入　エ．買掛金　オ．仮受消費税　カ．現金

14．普通預金口座から現金￥200,000を引き出した。
　　ア．定期預金　イ．普通預金　ウ．当座預金　エ．資本金　オ．現金　カ．売上

15．決算日において、売上および受取地代の勘定残高を損益勘定に振り替えた。なお、当期中の総売上高は￥6,700,000、戻り高は￥250,000であった。また、当期中の地代の受取高は￥160,000、決算日における未収高は￥12,000であった。
　　ア．受取地代　イ．支払地代　ウ．受取手形　エ．売上　オ．仕入　カ．損益

第2問

20点

問1 次の［資料］にもとづいて、（ア）から（エ）に入る適切な金額を答案用紙に記入しなさい。定額法にもとづき減価償却が行われており、減価償却費は月割計算によって計上する。なお、当社の決算日は毎年3月31日である。

［資料］

	取 得 日	取 得 原 価	耐用年数	残 存 価 額
備品A	×5年4月1日	¥100,000	5年	取得原価の10%
備品B	×7年12月1日	¥360,000	4年	ゼロ
備品C	×8年5月10日	¥180,000	3年	ゼロ

備 品

×8/4/1	前 期 繰 越	（ ア ）	×9/3/31	次 期 繰 越	（ ）
5/10	当 座 預 金	（ イ ）			
		（ ）			（ ）

備品減価償却累計額

×9/3/31	次 期 繰 越	（ ）	×8/4/1	前 期 繰 越	（ ウ ）
			×9/3/31	減 価 償 却 費	（ エ ）
		（ ）			（ ）

問2 横浜商事株式会社は、日々の取引を入金伝票、出金伝票および振替伝票の3種類の伝票に記入し、これを1日分ずつ集計して仕訳日計表を作成し、この仕訳日計表から総勘定元帳に転記している。同社の×8年11月1日の取引について作成された次の各伝票（略式）にもとづいて、(1)答案用紙の仕訳日計表を作成し、総勘定元帳の現金勘定へ転記しなさい。また、(2)11月1日現在の札幌商店に対する売掛金残高を求めなさい。なお、10月31日現在の同店に対する売掛金残高は¥49,000であった。

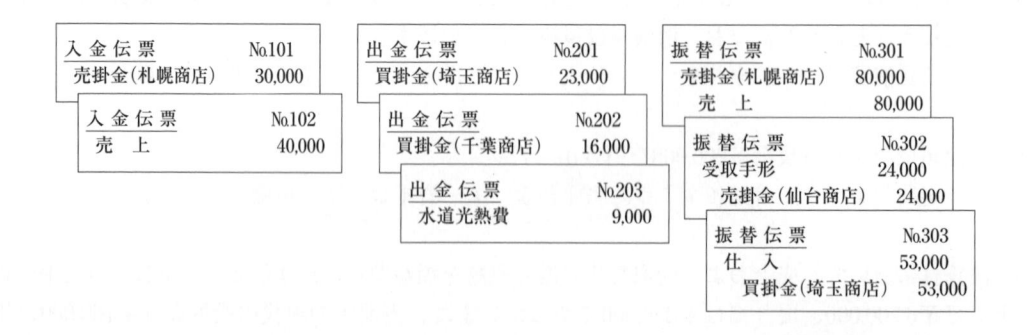

入 金 伝 票　　　　No.101
売掛金（札幌商店）　　30,000

入 金 伝 票　　　　No.102
売　上　　　　　　　40,000

出 金 伝 票　　　　No.201
買掛金（埼玉商店）　　23,000

出 金 伝 票　　　　No.202
買掛金（千葉商店）　　16,000

出 金 伝 票　　　　No.203
水道光熱費　　　　　　9,000

振 替 伝 票　　　　No.301
売掛金（札幌商店）　　80,000
売　上　　　　　　　80,000

振 替 伝 票　　　　No.302
受取手形　　　　　　24,000
売掛金（仙台商店）　　24,000

振 替 伝 票　　　　No.303
仕　入　　　　　　　53,000
買掛金（埼玉商店）　　53,000

4

第3問

35点

次の(1)決算整理前残高試算表と(2)決算整理事項等にもとづいて、答案用紙の貸借対照表と損益計算書を完成しなさい。なお、会計期間は×7年4月1日から×8年3月31日までの1年間である。また、税金の計算は考慮外とする。

(1)

決算整理前残高試算表

借　　方	勘　定　科　目	貸　　方
564,000	現　　　　　金	
668,000	当　座　預　金	
867,000	売　　掛　　金	
273,000	繰　越　商　品	
400,000	備　　　　　品	
360,000	土　　　　　地	
	買　　掛　　金	800,000
	仮　　受　　金	67,000
	借　　入　　金	600,000
	貸　倒　引　当　金	10,000
	備品減価償却累計額	160,000
	資　　本　　金	600,000
	繰越利益剰余金	300,000
	売　　　　　上	5,400,000
	受　取　手　数　料	83,000
3,200,000	仕　　　　　入	
960,000	給　　　　　料	
560,000	支　払　家　賃	
130,000	水　道　光　熱　費	
29,000	通　　信　　費	
9,000	支　払　利　息	
8,020,000		8,020,000

(2)　決算整理事項等

1．決算日における現金の実際有高は¥560,000であった。帳簿残高との差額のうち¥3,600については通信費の記入漏れであることが判明したが、残額については原因不明なので、雑損または雑益として処理する。

2．仮受金は、その全額が売掛金の回収であることが判明した。

3．3月1日に、土地¥360,000を購入し、代金は2か月後に支払うこととした。購入時に以下の仕訳をしていたので、適正に修正する。
（借方）土　地　360,000　　（貸方）買掛金　360,000

4．売掛金の期末残高に対して3％の貸倒引当金を差額補充法により設定する。

5．期末商品棚卸高は¥189,000である。

6．備品について、残存価額ゼロ、耐用年数5年として定額法で減価償却を行う。

7．12月1日に、12月から翌年5月分までの6か月分の家賃¥240,000を支払い、その全額を支払家賃として処理した。したがって、未経過分を月割で計上する。

8．借入金（利率は年2％）について、3か月分の未払利息を計上する。

9．手数料の未収分が¥24,000ある。

第1問

45点

下記の各取引について仕訳しなさい。ただし、仕訳に使用する勘定科目は、取引ごとに与えられたものから最も適当と思われるものを選び、記号で答えなさい。

1. 6月に開催された株主総会において、繰越利益剰余金残高¥250,000から次のように配当および処分することが決議された。

　　株主配当金　¥200,000　　配当に伴う利益準備金の積立て　¥20,000

　　ア．現金　イ．未払配当金　ウ．借入金　エ．利益準備金　オ．資本金　カ．繰越利益剰余金

2. 建物の改築と修繕を行い、工事代金¥15,000,000は小切手を振り出して支払った。なお、工事代金のうち¥12,000,000は建物の資産価値増加の支出分であり、残額は現状を維持するための支出分である。

　　ア．当座預金　イ．建物　ウ．支払手数料　エ．差入保証金　オ．支払家賃　カ．修繕費

3. 得意先大阪商店に期間9か月、年利率4.5%で¥400,000を借用証書にて貸し付けていたが、本日、満期日のため利息とともに同店振り出しの小切手で返済を受けたので、ただちに当座預金に預け入れた。

　　ア．当座預金　イ．受取利息　ウ．現金　エ．支払利息　オ．借入金　カ．貸付金

4. 営業用の土地550㎡を、1㎡あたり¥35,000で購入した。この土地の購入手数料¥400,000は現金で仲介業者に支払い、土地の代金は後日支払うこととした。

　　ア．現金　イ．未収入金　ウ．土地　エ．備品　オ．未払金　カ．買掛金

5. 従業員の給料から源泉徴収していた所得税合計額¥2,000,000を、銀行において納付書とともに現金で納付した。

　　ア．当座預金　イ．現金　ウ．借入金　エ．所得税預り金　オ．給料　カ．租税公課

6. 商品¥162,000（原価¥97,200）を売り上げ、代金のうち¥30,000は注文時に受け取った手付金と相殺し、残額は月末の受け取りとした。なお、商品の発送費用（先方負担）¥5,000を運送会社に現金で立替払いし、掛代金とは区別して計上した。

　　ア．前払金　イ．売掛金　ウ．買掛金　エ．前受金　オ．仮受金　カ．現金　キ．売上
　　ク．立替金

7. 取引銀行より、得意先に対する売掛金¥900,000について、電子記録債権の発生記録が行われたとの連絡を受けた。

　　ア．現金　イ．売掛金　ウ．電子記録債権　エ．買掛金　オ．電子記録債務　カ．通信費

8. 前期の決算において、当座預金勘定の貸方残高¥50,000を当座借越勘定に振り替えていたので、本日（当期首）、再振替仕訳を行った。

　　ア．当座預金　イ．貸付金　ウ．現金　エ．買掛金　オ．当座借越　カ．支払利息

9．決算日における、期首商品棚卸高は¥120,000、当期商品仕入高は¥1,230,000、期末商品棚卸高は¥180,000であり、仕入勘定で算定された売上原価を損益勘定に振り替えた。

　　　ア．売上原価　イ．立替金　ウ．売上　エ．仕入　オ．支払利息　カ．損益

10．東京商事株式会社は、事務用の物品を購入し、代金は後日支払うこととした。なお、品物とともに、以下の請求書を受け取っている。

請　求　書

東京商事株式会社　御中

大崎商会株式会社

品　　物	数　量	単　価	金　額
コピー用紙（500枚入）	10	350	¥ 3,500
プリンター用インクカートリッジ（4色パック）	3	6,600	¥19,800
油性ボールペン・黒（5本入り）	10	400	¥ 4,000
		合　計	¥27,300

×1年10月31日までに合計額を下記口座へお振込みください。

関東銀行飯田橋支店　普通　9876543　オオサキショウカイ（カ

　　　ア．消耗品費　イ．現金　ウ．未収入金　エ．買掛金　オ．未払金　カ．水道光熱費

11．従業員が出張から戻り、さきの当座預金口座への¥230,000の入金は、得意先山梨商店からの売掛金¥200,000の回収および得意先甲府商店から受け取った手付金¥30,000であることが判明した。なお、入金時には内容不明の入金として処理してある。

　　　ア．前払金　イ．売掛金　ウ．前受金　エ．仮払金　オ．仮受金　カ．当座預金

12．領収証の発行や約束手形の振り出しに用いる収入印紙¥7,000と郵便切手¥1,500をともに日商郵便局で購入し、代金は現金で支払った。

　　　ア．現金　イ．消耗品費　ウ．支払手形　エ．租税公課　オ．支払手数料　カ．通信費

13．従業員が出張から戻り、旅費の残額として¥17,000を現金で受け取った。なお、出張にあたって、従業員には旅費の概算額¥80,000を手渡していた。

　　　ア．前払金　イ．現金　ウ．仮受金　エ．仮払金　オ．旅費交通費　カ．普通預金

14．仕入先静岡商店に注文していた商品¥200,000が到着した。商品代金のうち20％は手付金としてあらかじめ支払済みであるため相殺し、残額は掛けとした。なお、商品の引取運賃¥3,000は着払い（当社負担）となっているため運送業者に現金で支払った。

　　　ア．前払金　イ．現金　ウ．買掛金　エ．仮払金　オ．前受金　カ．仕入

15．オフィスとして使用していたビル1部屋の賃借契約を解約した。契約時に支払った敷金¥500,000については、原状回復のための費用¥150,000が差し引かれた残額が普通預金口座に振り込まれた。

　　　ア．普通預金　イ．当座預金　ウ．修繕費　エ．差入保証金　オ．支払利息　カ．建物

問1　函館商事株式会社（決算年1回、12月31日）における次の取引にもとづいて、支払利息勘定と未払利息勘定の空欄①から⑤にあてはまる適切な語句（下記の［語群］から選び記号を記入すること）または金額を答案用紙に記入しなさい。なお、利息の計算はすべて月割計算とする。

1月1日　取引先から¥1,200,000（利率年1.5％、期間1年、利払日は6月と12月の各末日）を借り入れ、同額が普通預金口座に振り込まれた。

6月30日　取引先からの借入金について、利息を普通預金口座から支払った。

9月1日　銀行から¥2,000,000（利率年1.2％、期間1年）を借り入れ、同額が普通預金口座に振り込まれた。なお、利息は元本返済時に一括で支払う契約である。

12月31日　取引先からの借入金について、利息を普通預金口座から支払った。
　　　　　　銀行からの借入金について、未払分の利息を計上した。

支 払 利 息				未 払 利 息			
6/30 普通預金 （　①　）	12/31（　③　）（　　　）			12/31（　④　）（　　　）	12/31（　　　）（　⑤　）		
12/31 普通預金 （　　　）					1/1 前期繰越 （　　　）		
〃　未払利息 （　　　）							
（　②　）	（　　　）						

［語群］
　ア．支払利息　イ．未払利息　ウ．次期繰越　エ．前期繰越　オ．損益

問2　次の文の（①）から（⑤）に当てはまる適切な語句を下記の［語群］から選び、記号で答えなさい。

1．財務諸表のうち、一企業における一時点の資産、負債および純資産の状態を示す表のことを（　①　）という。

2．貸借平均の原理にもとづき、総勘定元帳への転記が正しく行われたかどうかを確認したり、期末の決算手続きを円滑に行うために作成する表を（　②　）という。

3．建物の機能の回復や維持のために修繕を行った場合の仕訳の借方は（　③　）勘定を用いるが、修繕により機能が向上して価値が増加した場合は（　④　）勘定を用いる。

4．取得した土地を利用できるようにするために支払った費用は（　⑤　）勘定で処理する。

［語群］
　ア．建物　イ．租税公課　ウ．減価償却累計額　エ．貸借対照表　オ．損益　カ．損益計算書
　キ．修繕費　ク．土地　ケ．試算表　コ．仕訳帳　サ．整地費　シ．補助元帳

第3問

35点

　　次の未処理事項・決算整理事項にもとづいて、答案用紙の精算表を完成しなさい。なお、会計期間は1月1日から12月31日の1年間である。

未処理事項・決算整理事項

1．売掛金のうち¥40,000は、すでに当社の普通預金口座へ振り込まれていたことが判明した。

2．現金過不足は現金の盗難により生じたものである。また、当社では盗難保険をかけており、仮受金は盗難に対する保険金として受け取ったものである。そこで、現金過不足と仮受金を相殺し、差額を雑益または雑損として処理する。

3．期末商品の棚卸高は¥340,000であった。売上原価は「仕入」の行で計算すること。

4．備品について定額法（残存価額ゼロ、耐用年数8年）により減価償却を行う。

5．期末の売掛金残高に対して2％の貸倒れを見積り、差額補充法により貸倒引当金を設定する。

6．貸付金は、当期の10月1日に期間12か月、利率年3％（利息は返済時に全額受け取り）の条件で貸し付けたものである。なお、利息の計算は月割によること。

7．給料の未払分が¥10,000ある。

8．受取地代は奇数月の月末にむこう2か月分として¥6,800を受け取っている。

第1問

45点

下記の各取引について仕訳しなさい。ただし、仕訳に使用する勘定科目は、取引ごとに与えられたものから最も適当と思われるものを選び、記号で答えなさい。

1. 得意先東北商店から売掛金¥120,000を現金で回収したさい、誤って売上に計上していたことが判明したので、これを訂正する。なお、訂正にあたっては、記録の誤りのみを部分的に修正する方法によること。
   ア．売上　イ．現金　ウ．貸倒引当金　エ．資本金　オ．仕入　カ．売掛金

2. 不用になった備品（取得原価¥400,000、減価償却累計額¥300,000、間接法で記帳）を期首に¥20,000で売却し、代金は2週間後に受け取ることとした。
   ア．売掛金　イ．未収入金　ウ．備品　エ．備品減価償却累計額　オ．固定資産売却損
   カ．固定資産売却益

3. 収入印紙¥7,000を購入し、代金は現金で支払った。なお、この収入印紙はただちに使用した。
   ア．現金　イ．売掛金　ウ．買掛金　エ．消耗品費　オ．通信費　カ．租税公課

4. 徳島商店に対する売掛金¥200,000（前期販売分）について、本日、¥70,000を現金で回収し、残額については貸倒れとして処理した。なお、貸倒引当金の残高は¥300,000である。
   ア．普通預金　イ．売掛金　ウ．現金　エ．貸倒引当金　オ．雑損　カ．貸倒損失

5. 従業員が出張から戻り、旅費の残額¥8,000と、得意先で契約した商品販売にかかる手付金¥15,000を現金で受け取った。なお、出張にあたって、従業員には旅費の概算額¥25,000を渡していた。
   ア．現金　イ．前払金　ウ．前受金　エ．仮払金　オ．旅費交通費　カ．売上

6. 仕入先に対する買掛金¥700,000について、電子記録債務の発生記録を行った。
   ア．現金　イ．買掛金　ウ．電子記録債権　エ．売掛金　オ．電子記録債務　カ．仕入

7. 取引銀行から短期資金として¥2,000,000を借り入れていたが、支払期日が到来したため、元利合計を普通預金口座から返済した。なお、借入れにともなう利率は年1.5%、借入期間は当期中の9か月であった。
   ア．普通預金　イ．貸付金　ウ．借入金　エ．資本金　オ．受取利息　カ．支払利息

8. 商品¥300,000を販売し、消費税¥30,000を含めた合計額のうち¥130,000は現金で受け取り、残額は先方振り出しの約束手形で受け取った。なお、消費税は税抜方式で記帳する。
   ア．当座預金　イ．現金　ウ．仮払消費税　エ．受取手形　オ．売上　カ．仮受消費税

9．渋谷商事株式会社は、埼玉物産株式会社より商品を仕入れ、品物とともに以下の納品書を受け取り、代金は後日支払うこととした。消費税については、税抜方式で記帳している。

納　品　書

渋谷商事株式会社　御中

埼玉物産株式会社

品　　物	数　量	単　価	金　額
A品	30	6,500	￥195,000
B品	40	11,000	￥440,000
C品	15	4,000	￥ 60,000
		消費税（10%）	￥ 69,500
		合　　計	￥764,500

　　ア．仕入　イ．現金　ウ．仮払消費税　エ．買掛金　オ．仮受消費税　カ．売上

10．当月分の従業員給料総額￥3,600,000から従業員負担の社会保険料￥216,000、および所得税の源泉徴収分￥144,000を控除した残額を普通預金口座より振り込んだ。
　　ア．当座預金　イ．普通預金　ウ．従業員立替金　エ．所得税預り金　オ．給料
　　カ．社会保険料預り金

11．商品￥40,000の注文を受け、手付金として現金を受け取った。
　　ア．貸付金　イ．前払金　ウ．借入金　エ．前受金　オ．売上　カ．現金

12．商品￥50,000をクレジット払いの条件で販売した。なお、信販会社への手数料は販売代金の2％であり、販売時に計上した。
　　ア．クレジット売掛金　イ．当座預金　ウ．売上　エ．支払手数料　オ．支払利息
　　カ．受取利息

13．営業事務所の家賃￥150,000および電話料金￥20,000が普通預金口座から引き落とされた。
　　ア．現金　イ．普通預金　ウ．消耗品費　エ．支払地代　オ．通信費　カ．支払家賃

14．小口現金係から、次のような支払いの報告を受けたため、ただちに小切手を振り出して資金を補給した。なお、当社では、定額資金前渡制度により、小口現金係から毎週金曜日に支払報告を受け、これにもとづいて資金を補給している。

　　　電車代￥3,000　　文房具代￥4,000　　郵便切手代￥5,600
　　ア．当座預金　イ．旅費交通費　ウ．通信費　エ．消耗品費　オ．現金　カ．売上

15．従業員にかかる健康保険料￥120,000を現金で納付した。このうち従業員負担分￥60,000は、従業員給料から差し引いた社会保険料の預り分であり、残額は会社負担分である。
　　ア．普通預金　イ．現金　ウ．保険料　エ．所得税預り金　オ．社会保険料預り金
　　カ．法定福利費

問1　日野商事株式会社の×9年3月の取引（一部）は次のとおりである。それぞれの日付の取引が答案用紙に示されたどの補助簿に記入されるか答えなさい。解答にあたっては、該当するすべての補助簿の欄に○印を付し、該当する補助簿が1つもない取引は「該当なし」の欄に○印を付すこと。なお、会計期間は×8年4月1日から×9年3月31日までの1年間である。

5日　八王子商店に対し商品を¥800,000で売り渡し、代金のうち半額は同店振り出しの小切手で受け取り、残額は掛けとした。なお、日野商事株式会社では受け取った小切手をただちにすべて当座預金口座へ預けており、現金出納帳には通貨の記録のみを行っている。

6日　先月に多摩商店より建物を¥5,000,000で購入する契約をしていたが、本日その引き渡しを受けた。この引き渡しにともない、購入代金のうち¥500,000は契約時に仮払金勘定で処理していた手付金を充当し、残額は小切手を振り出して支払った。

16日　かねて荒川商店から仕入れていた商品¥150,000について品質不良が見つかったため、同店へ返品し、掛け代金から差し引くこととした。

31日　①　先月末に発生した現金過不足¥20,000（借方残高）について、当座預金口座への預け入れが未記帳となっていたことが原因と判明した。

31日　②　八王子商店に対する売掛金残高について、¥8,000の貸倒引当金を設定した。

問2　次の浜松商事株式会社における各取引の伝票記入について、空欄（①）～（⑤）にあてはまる適切な語句または金額を答えなさい。なお、語句については下記の［語群］から選び、記号で答えなさい。使用しない伝票の解答欄には「ク（記入なし）」を選ぶこと。
　　　商品売買取引の処理は3分法を採用している。

［語群］
ア．当座預金　イ．現金　ウ．受取手形　エ．支払手形　オ．売上　カ．旅費交通費
キ．仮払金　ク．記入なし

(1)　静岡商店へ商品¥400,000を売り上げ、代金のうち¥100,000は同店振り出しの約束手形で受け取り、残額は同店振り出しの小切手で受け取った。

入　金　伝　票		振　替　伝　票			
科　　目	金　　額	借方科目	金　　額	貸方科目	金　　額
	（　①　）	（　②　）	100,000	（　③　）	100,000

(2)　今週のはじめに、旅費交通費支払用のICカードに現金¥10,000を入金し、仮払金として処理していた。当社はこのICカードを使用したときに費用に振り替える処理を採用しているが、本日¥4,000分使用した。

出　金　伝　票		振　替　伝　票			
科　　目	金　　額	借方科目	金　　額	貸方科目	金　　額
（　④　）				（　⑤　）	

第3問

35点

次の(1)決算整理前残高試算表と(2)決算整理事項等にもとづいて、貸借対照表と損益計算書を完成しなさい。なお、会計期間は×8年4月1日から×9年3月31日までの1年間である。また、税金の計算は考慮外とする。

(1)　決算整理前残高試算表

残　高　試　算　表

×9年3月31日

借　　　方	勘　定　科　目	貸　　　方
128,000	現　　　　　　金	
763,000	当　座　預　金	
470,000	受　取　手　形	
386,000	売　　掛　　金	
262,000	繰　越　商　品	
300,000	貸　　付　　金	
480,000	備　　　　　品	
	支　払　手　形	430,000
	買　　掛　　金	335,000
	仮　　受　　金	56,000
	貸　倒　引　当　金	8,000
	備品減価償却累計額	180,000
	資　　本　　金	1,000,000
	繰越利益剰余金	500,000
	売　　　　　上	4,160,000
	受　取　手　数　料	11,000
3,080,000	仕　　　　　入	
304,000	給　　　　　料	
450,000	支　払　家　賃	
43,000	消　耗　品　費	
14,000	水　道　光　熱　費	
6,680,000		6,680,000

(2)　決算整理事項等

1．現金の手許有高は¥126,000である。なお、過不足の原因は不明であるため、適切な処理を行う。

2．仮受金は、全額得意先に対する売掛金の回収額であることが判明した。

3．受取手形および売掛金の期末残高に対して、3％の貸倒れを見積もる。貸倒引当金の設定は差額補充法による。

4．期末商品棚卸高は¥285,000である。

5．備品について、残存価額をゼロ、耐用年数を6年とする定額法により減価償却を行う。

なお、備品のうち×9年1月1日に取得した¥120,000については、同様の条件で減価償却費を月割により計算する。

6．家賃の前払額が¥90,000ある。

7．貸付金は×8年12月1日に貸付期間1年、年利率2.4％で貸し付けたもので、利息は元金とともに返済時に受け取ることになっている。なお、利息の計算は月割による。

8．手数料の前受額が¥2,000ある。

問題

第3回

第1問

45点

下記の各取引について仕訳しなさい。ただし、仕訳に使用する勘定科目は、取引ごとに与えられたものから最も適当と思われるものを選び、記号で答えなさい。

1. 決算日において、過日借方に計上していた現金過不足¥20,000の原因を改めて調査した結果、旅費交通費¥30,000、受取手数料¥18,000の記入漏れが判明した。残額は原因が不明であったので、雑益または雑損として処理する。
　　ア．現金　イ．現金過不足　ウ．旅費交通費　エ．受取手数料　オ．雑益　カ．雑損

2. 昨年度に得意先が倒産し、その際に売掛金¥1,000,000の貸倒れ処理を行っていたが、本日、得意先の清算にともない¥50,000の分配を受け、同額が普通預金口座へ振り込まれた。
　　ア．普通預金　イ．売掛金　ウ．貸倒引当金　エ．現金　オ．貸倒損失　カ．償却債権取立益

3. 得意先北海道商店に商品¥428,000を売り上げ、代金については注文時に同店から受け取った手付金¥40,000と相殺し、残額を掛けとした。なお、当社負担の発送費¥5,000は現金で支払った。
　　ア．前払金　イ．売掛金　ウ．前受金　エ．仮受金　オ．売上　カ．買掛金　キ．発送費
　　ク．現金

4. 前期の決算において未収利息¥36,000を計上していたので、本日（当期首）、再振替仕訳を行った。
　　ア．未収利息　イ．売掛金　ウ．買掛金　エ．受取手数料　オ．支払利息　カ．受取利息

5. 店舗の駐車場として使用している土地の本月分賃借料¥50,000が普通預金口座から引き落とされた。
　　ア．現金　イ．資本金　ウ．普通預金　エ．土地　オ．支払地代　カ．支払家賃

6. 決算にあたって、法人税等の金額¥1,600,000を計上した。なお、このうち¥600,000についてはすでに中間納付している。
　　ア．普通預金　イ．法人税等　ウ．借入金　エ．仮払法人税等　オ．未払消費税
　　カ．未払法人税等

7. 北海道商店より商品¥450,000を仕入れ、発注時に支払った手付金¥70,000を差し引いた残額を掛けとした。なお、引取運賃¥1,000は現金で支払った。
　　ア．前払金　イ．現金　ウ．売掛金　エ．買掛金　オ．仕入　カ．前受金

8. 得意先から先月締めの掛代金¥300,000の回収として、振込手数料¥400（当社負担）を差し引かれた残額が当社の当座預金口座に振り込まれた。
　　ア．当座預金　イ．買掛金　ウ．売掛金　エ．受取手数料　オ．発送費　カ．支払手数料

9. 甲銀行と乙銀行にそれぞれ普通預金口座を開設し、各口座に現金を¥100,000ずつ預け入れた。
　　ア．備品　イ．普通預金甲銀行　ウ．立替金　エ．普通預金乙銀行　オ．現金　カ．支払利息

10. 出張中の従業員から当座預金口座へ¥65,000の振り込みがあったが、その詳細は不明である。
　　ア．仮払金　イ．普通預金　ウ．当座預金　エ．立替金　オ．借入金　カ．仮受金

11. 先週掛けで仕入れた商品60個（@¥20,000）のうち、本日、3分の1を戻し、代金は掛代金から控除した。
　　ア．仕入　イ．売上　ウ．売掛金　エ．建物　オ．買掛金　カ．支払手数料

12. 従業員が出張から帰社し、出発時に概算払いしていた¥15,000について、下記の報告書と領収書が提出され、不足額は現金で支払った。なお、1回あたり¥3,000以下の電車運賃については領収書の提出を不要としている。

旅費交通費等報告書			
			日商一郎
移動先	手段等	領収書	金　額
東京商店	電車	無	2,650
日本橋ホテル	宿泊	有	10,000
帰　社	電車	無	2,650
	合　計		¥15,300

領収書
日商株式会社
日商一郎　様
金　10,000円
但し、宿泊代として
日本橋ホテル

　　ア．仮受金　イ．現金　ウ．前払金　エ．仮払金　オ．通信費　カ．旅費交通費

13. 営業用店舗の水道光熱費¥77,000と家賃¥360,000が当座預金口座から引き落とされた。
　　ア．当座預金　イ．普通預金　ウ．水道光熱費　エ．租税公課　オ．支払家賃　カ．支払地代

14. 法人税、住民税及び事業税について中間申告を行い、前期の業績にもとづいて税額¥500,000を小切手を振り出して納付した。
　　ア．現金　イ．当座預金　ウ．前払金　エ．未払法人税等　オ．仮払消費税　カ．仮払法人税等

15. 当期中に郵便切手¥4,500、収入印紙¥25,600を購入し、いずれも費用として処理していたが、決算日に郵便切手¥1,230、収入印紙¥8,600が未使用であることが判明したため、これらを貯蔵品勘定に振り替えることとした。
　　ア．貯蔵品　イ．定期預金　ウ．消耗品費　エ．通信費　オ．租税公課　カ．法人税等

問1　次の10月におけるＡ商品に関する［資料］にもとづいて、下記の(1)と(2)に答えなさい。

［資料］

10月1日　前月繰越　80個　＠￥210

　　8日　仕　　入　200個　＠￥217

　　15日　売　　上　230個　＠￥320

　　22日　仕　　入　250個　＠￥221

　　29日　売　　上　240個　＠￥330

(1)　10月におけるＡ商品の商品有高帳を作成しなさい。払出単価の決定方法は移動平均法を用いるものとする。

(2)　10月におけるＡ商品の売上高、売上原価および売上総利益を答えなさい。

問2　当社（当期は×8年4月1日から×9年3月31日まで）における手数料の支払いが生じた取引および決算整理事項にもとづいて、答案用紙の支払手数料勘定と前払手数料勘定に必要な記入をして締め切りなさい。なお、勘定記入にあたっては、日付、摘要および金額を（　　　）内に取引日順に記入すること。ただし、摘要欄に記入する語句は下記の［語群］から最も適当と思われるものを選び、記号で答えること。

7月11日　未払金￥70,000を普通預金口座から支払った。そのさいに、振込手数料￥300が同口座から差し引かれた。

10月26日　倉庫の建設に供するための土地￥1,200,000を購入し、代金は小切手を振り出して支払った。なお、仲介手数料￥15,000は不動産会社に現金で支払った。

3月1日　向こう3か月分の調査手数料￥60,000（1か月当たり￥20,000）を現金で支払い、その全額を支払手数料勘定で処理した。

3月31日　3月1日に支払った手数料のうち前払分を月割で計上した。

［語群］

ア．現金　イ．普通預金　ウ．当座預金　エ．前払手数料　オ．土地

カ．未払金　キ．支払手数料　ク．諸口　ケ．次期繰越　コ．損益

第3問

35点

次の［決算整理事項等］にもとづいて、答案用紙の精算表を完成しなさい。なお、会計期間は4月1日から3月31日までの1年間である。

［決算整理事項等］

1．普通預金口座から買掛金¥38,000を支払ったが、この取引の記帳がまだ行われていない。

2．仮払金は、従業員の出張にともなう旅費交通費の概算額を支払ったものである。従業員はすでに出張から戻り、実際の旅費交通費¥17,000を差し引いた残額は普通預金口座に預け入れたが、この取引の記帳がまだ行われていない。

3．売掛金の代金¥20,000を現金で受け取ったさいに以下の仕訳を行っていたことが判明したので、適切に修正する。

　　　（借方）現　金　20,000　　　（貸方）前受金　20,000

4．売掛金の期末残高に対して2％の貸倒引当金を差額補充法により設定する。

5．期末商品棚卸高は¥189,000である。売上原価は「仕入」の行で計算する。

6．建物および備品について定額法で減価償却を行う。

　　　建物：残存価額ゼロ　耐用年数30年

　　　備品：残存価額ゼロ　耐用年数4年

7．保険料のうち¥60,000は12月1日に向こう1年分を支払ったものであり、未経過分を月割で計上する。

8．2月1日に、2月から4月までの3か月分の家賃¥45,000を受け取り、その全額を受取家賃として処理した。したがって、前受分を月割で計上する。

9．給料の未払分が¥37,000ある。

第1問

45点

下記の各取引について仕訳しなさい。ただし、仕訳に使用する勘定科目は、取引ごとに与えられたものから最も適当と思われるものを選び、記号で答えなさい。

1. 商品¥180,000を仕入れ、代金のうち¥36,000は注文時に支払った手付金と相殺するとともに、¥94,000は小切手を振り出し、残額は約束手形を振り出して支払った。なお、仕入れにともなう運送保険料（当社負担）¥1,000は現金で支払った。
   ア．売掛金　イ．前払金　ウ．現金　エ．当座預金　オ．仮払金　カ．売上　キ．支払手形
   ク．仕入

2. 本日、仙台商店に対する買掛金¥500,000および売掛金¥100,000の決済日につき、仙台商店の承諾を得て両者を相殺処理するとともに、買掛金の超過分¥400,000は小切手を振り出して支払った。
   ア．売掛金　イ．当座預金　ウ．現金　エ．支払手形　オ．買掛金　カ．受取手形

3. 先月末に¥500,000の土地を¥600,000で横浜商店に売却していたが、本日、代金の全額が横浜商店より当社の普通預金口座に振り込まれた。
   ア．土地　イ．売掛金　ウ．未収入金　エ．普通預金　オ．現金　カ．固定資産売却益

4. 店舗を建てる目的で購入した土地について建設会社に依頼していた整地作業が完了し、その代金¥150,000を現金で支払った。
   ア．建物　イ．土地　ウ．修繕費　エ．当座預金　オ．現金　カ．支払手数料

5. 取引銀行から借り入れていた¥730,000の支払期日が到来したため、元利合計を当座預金口座から返済した。なお、借入れにともなう利率は年2%、借入期間は100日間であり、利息は1年を365日として日割計算する。
   ア．当座預金　イ．貸付金　ウ．借入金　エ．資本金　オ．受取利息　カ．支払利息

6. 確定申告を行い、未払消費税¥250,000を小切手を振り出して納付した。
   ア．現金　イ．当座預金　ウ．電子記録債権　エ．支払手形　オ．未払消費税
   カ．未払法人税等

7. 土地と建物に対する固定資産税¥400,000の納税通知書を受け取り、第2期分¥100,000を当座預金の口座振替により納付した。なお、未払計上は行っていない。
   ア．普通預金　イ．買掛金　ウ．租税公課　エ．法人税等　オ．建物　カ．当座預金

8．関東商事株式会社は、以下の納付書にもとづき、法人税を普通預金口座から振り込んだ。

（納付書）	領収証書		
税目　法人税	本　　税	450,000	納期等　　×30401
	重加算税		の区分　　×40331
	加算税		中間申告　確定申告
住所　東京都千代田区○○	利子税		
	延滞税		出納印 ×3.11.7 N銀行
氏名　関東商事株式会社	合計額	¥450,000	

　　ア．普通預金　イ．仮払法人税等　ウ．法人税等　エ．租税公課　オ．未払法人税等
　　カ．未払消費税

9．商品¥65,000を掛けで売り渡した取引を、借方、貸方とも誤って¥56,000で計上していたことが判明したので、本日これを訂正する。なお、訂正にあたっては、記録の誤りのみを部分的に修正する方法によること。
　　ア．現金　イ．備品　ウ．売上　エ．貸付金　オ．仕入　カ．売掛金

10．電子債権記録機関に発生記録が行われた債権¥200,000が決済され、関東銀行の当座預金口座に振り込まれた。
　　ア．電子記録債務　イ．現金　ウ．当座預金近畿銀行　エ．当座預金関東銀行
　　オ．電子記録債権　カ．売掛金

11．商品¥150,000を売り上げ、代金はクレジットカード決済とした。なお、信販会社への手数料は販売代金の1.2％であり、販売時に計上した。
　　ア．クレジット売掛金　イ．当座預金　ウ．支払手数料　エ．受取手数料　オ．支払利息
　　カ．売上

12．神奈川商事株式会社は、増資にあたり未発行株式のうち200株を1株の払込金額¥60,000で発行し、払込金額を当座預金とした。
　　ア．現金　イ．普通預金　ウ．土地　エ．資本金　オ．当座預金　カ．借入金

13．営業活動で利用する電車およびバスの料金支払用ICカードに現金¥50,000を入金し、領収証の発行を受けた。なお、入金時に全額費用に計上する方法を用いている。
　　ア．当座預金　イ．旅費交通費　ウ．通信費　エ．消耗品費　オ．租税公課　カ．現金

14．出張中の従業員から当座預金口座に¥60,000の振り込みがあり、詳細は不明であったが、本日、得意先鎌倉商店からの商品代金の手付金であることが判明した。
　　ア．仮受金　イ．前払金　ウ．売掛金　エ．買掛金　オ．前受金　カ．当座預金

15．備品（コピー複合機）が故障したため修理を行った。その修理費用¥30,000のうち¥10,000は現金で支払い、残額は月末に支払うこととした。
　　ア．買掛金　イ．未払金　ウ．修繕費　エ．現金　オ．通信費　カ．備品

問1　当社は、得意先ごとの債権の増減を把握するために、得意先元帳を開設している。そこで、次の1月中の商品売買に関連する諸取引にもとづいて、答案用紙の売掛金明細表を完成しなさい。

1月4日　宮城商会へ掛売上￥145,000。岩手商会へ掛売上￥275,000。

　　6日　岩手商会へ4日に売り上げた商品のうち、￥8,000が汚損により返品されたため、掛け代金より控除した。

　　9日　宮城商会へ掛売上￥115,000。

　　11日　宮城商会へ9日に売り上げた商品のうち、￥7,000が品違いにより返品されたため、掛け代金より控除した。

　　16日　福島商会へ売上￥273,000。ただし、前受金￥86,000を充当し、残額を掛けとした。

　　21日　福島商会へ売上￥167,000。ただし、代金は同社振り出しの約束手形で受け取った。

　　23日　宮城商会に対する売掛金の回収として同社振り出しの小切手￥398,000を受け取った。

　　25日　岩手商会に対する売掛金の回収として同社振り出しの約束手形￥276,000を受け取った。

　　27日　福島商会に対する売掛金の回収として当社の当座預金口座に￥145,000が振り込まれた旨の連絡が届いた。

　　30日　仕入先秋田商会に対する買掛金￥58,000の支払いのため、約束手形を振り出した。

問2　熊本商事株式会社は、日々の取引を入金伝票、出金伝票および振替伝票に記入し、これを1日分ずつ集計して仕訳日計表を作成している。

　　　下記に示された熊本商事株式会社の12月1日の伝票にもとづき、(1)仕訳日計表を作成しなさい。また、(2)出金伝票No.202および振替伝票No.302が1つの取引を記録したものだとした場合、この取引で仕入れた商品の金額を求めなさい。

入 金 伝 票	No.101
売　上	10,000

入 金 伝 票	No.102
受取手数料	12,000

出 金 伝 票	No.201
仕　入	5,000

出 金 伝 票	No.202
仕　入	8,000

振 替 伝 票		No.301
売掛金(愛知商店)		90,000
	売　上	90,000

振 替 伝 票		No.302
仕　入		55,000
	買掛金(岐阜商店)	55,000

第3問
35点

次の(1)決算整理前残高試算表および(2)決算整理事項等にもとづいて、答案用紙の貸借対照表および損益計算書を完成しなさい。なお、会計期間は×9年1月1日から12月31日までの1年間である。また、税金の計算は考慮外とする。

(1) 決算整理前残高試算表

借　方	勘　定　科　目	貸　方
315,000	現　　　　　金	
123,000	普　通　預　金	
410,000	受　取　手　形	
350,000	売　　掛　　金	
300,000	繰　越　商　品	
1,000,000	建　　　　　物	
450,000	備　　　　　品	
480,000	車　両　運　搬　具	
4,300,000	土　　　　　地	
	買　　掛　　金	640,000
	仮　　受　　金	180,000
	手　形　借　入　金	300,000
	貸　倒　引　当　金	5,200
	建物減価償却累計額	200,000
	備品減価償却累計額	449,999
	車両運搬具減価償却累計額	80,000
	資　　本　　金	3,600,000
	繰　越　利　益　剰　余　金	1,851,801
	売　　　　　上	4,782,300
	受　取　地　代	520,000
3,955,000	仕　　　　　入	
666,300	給　　　　　料	
80,000	支　払　手　数　料	
75,000	水　道　光　熱　費	
65,000	通　　信　　費	
30,000	旅　費　交　通　費	
10,000	支　払　利　息	
12,609,300		12,609,300

(2) 決算整理事項等

1. 12月中に従業員が立替払いした旅費交通費は¥3,000であったが未処理である。なお、当社では従業員が立替払いした旅費交通費を毎月末に未払金として計上したうえで、従業員には翌月に支払っている。

2. 12月末にすべての車両運搬具を¥180,000で売却したが、受け取った代金を仮受金として処理しただけである。そこで、決算にあたり適切に修正する。なお、車両運搬具は定額法（耐用年数6年、残存価額ゼロ）により減価償却を行う。

3. 期末商品の棚卸高は¥315,000であった。

4. 建物については、定額法（耐用年数50年、残存価額ゼロ）により減価償却を行う。

5. 備品については、すでに昨年度において当初予定していた耐用年数をむかえたが、来年度も使用し続ける予定である。そこで、今年度の減価償却は不要であり、決算整理前残高試算表の金額をそのまま貸借対照表へ記載する。

6. 受取手形および売掛金に対して1％の貸倒れを見積もり、差額補充法により貸倒引当金を設定する。

7. 水道光熱費について、未払費用¥7,000を計上する。

8. 支払利息のうち、当期未経過高は¥2,000である。

9. 決算整理前残高試算表の受取地代は来期1月分を含む13か月分である。

第6回

第1問

45点

　　下記の各取引について仕訳しなさい。ただし、仕訳に使用する勘定科目は、取引ごとに与えられたものから最も適当と思われるものを選び、記号で答えなさい。

1．新田商店に¥600,000を貸し付け、同額の約束手形を受け取り、利息¥6,000を差し引いた残額を当社の普通預金口座から新田商店の普通預金口座に振り込んだ。
　　ア．普通預金　イ．受取手形　ウ．手形貸付金　エ．手形借入金　オ．支払利息　カ．受取利息

2．青森商店に商品¥480,000を売り上げ、代金は掛けとした。なお、商品の発送費（青森商店負担）¥10,000を現金で支払ったので、この分は掛代金に含めることとした。
　　ア．前払金　イ．売掛金　ウ．未収入金　エ．売上　オ．現金　カ．発送費

3．得意先大阪商店の倒産により、同店に対する売掛金（前期販売分）¥130,000が貸倒れとなった。なお、貸倒引当金の残高は¥50,000である。
　　ア．貸倒損失　イ．貸倒引当金繰入　ウ．買掛金　エ．貸倒引当金　オ．現金　カ．売掛金

4．広告宣伝費¥35,000を普通預金口座から支払った。また、振込手数料として¥300が同口座から引き落とされた。
　　ア．保険料　イ．広告宣伝費　ウ．支払手数料　エ．通信費　オ．普通預金　カ．受取手数料

5．不用になった備品（取得原価¥700,000、減価償却累計額¥560,000、間接法で記帳）を期首に¥20,000で売却し、代金は月末に受け取ることとした。
　　ア．売掛金　イ．固定資産売却損　ウ．固定資産売却益　エ．備品減価償却累計額
　　オ．未収入金　カ．備品

6．当月の給料の支払いにあたり、所得税の源泉徴収額¥3,000を差し引いた残額¥150,000を普通預金口座から振り込んだ。
　　ア．普通預金　イ．立替金　ウ．給料　エ．法人税等　オ．所得税預り金　カ．租税公課

7．所轄税務署より納期の特例承認を受けている源泉徴収所得税の納付として1月から6月までの合計税額¥94,000を、納付書とともに銀行において現金で納付した。
　　ア．受取手形　イ．所得税預り金　ウ．買掛金　エ．現金　オ．支払手形　カ．当座預金

8．商品¥140,000を仕入れ、代金のうち¥90,000は約束手形を振り出し、残額は掛けとした。
　　ア．買掛金　イ．売掛金　ウ．売上　エ．当座預金　オ．仕入　カ．支払手形

9．当期の決算を行った結果、当期純利益¥1,500,000を計上した。
　　ア．雑益　イ．未収利息　ウ．繰越利益剰余金　エ．利益準備金　オ．資本金　カ．損益

10. 甲銀行の当座預金口座から乙銀行の当座預金口座に¥50,000を送金した。

　　ア．電子記録債務　イ．当座預金甲銀行　ウ．現金　エ．当座預金乙銀行　オ．電子記録債権

　　カ．売掛金

11. 関東商事株式会社は、以下の納付書にもとづき、法人税を普通預金口座から振り込んだ。

（納付書）	領収証書			
税目 　　　法人税	本　　　税	550,000	納期等 の区分	×30401 ×40331
	重　加　算　税		中間 申告　　確定 申告	
	加　算　税			
住所　東京都千代田区○○	利　子　税		出納印 ×3.5.20 N銀行	
	延　滞　税			
氏名　関東商事株式会社	合計額	¥550,000		

　　ア．普通預金　イ．仮払法人税等　ウ．法人税等　エ．租税公課　オ．未払法人税等

　　カ．未払消費税

12. 電子債権記録機関に発生記録を行った債務¥100,000が決済され、当座預金口座から引き落とされた。

　　ア．普通預金　イ．現金　ウ．電子記録債務　エ．当座預金　オ．電子記録債権　カ．売掛金

13. 商品をクレジット払いの条件で販売し、信販会社に請求していた掛代金¥50,000（手数料控除後の金額）が、当座預金口座に振り込まれた。

　　ア．貸付金　イ．クレジット売掛金　ウ．売上　エ．給料　オ．支払利息　カ．当座預金

14. 東京商店に振り出していた約束手形¥200,000の支払期日が到来し、当座預金口座から引き落しが行われた旨、取引銀行から連絡を受けた。

　　ア．支払手形　イ．受取手形　ウ．手形借入金　エ．資本金　オ．雑損　カ．当座預金

15. 前期の決算において、収入印紙¥8,000、郵便切手¥1,640を貯蔵品勘定に振り替えていたので、本日（当期首）、再振替仕訳を行った。

　　ア．現金　イ．租税公課　ウ．貯蔵品　エ．通信費　オ．消耗品費　カ．水道光熱費

問1　当社では毎年11月1日に向こう1年分の保険料¥24,000を支払っていたが、今年の支払額は10％アップして¥26,400となった。そこで、この保険料に関連する下記の勘定の空欄のうち、（①）〜（③）には次に示した［語群］の中から適切な語句を選択し、記号で答えるとともに、（a）〜（b）には適切な金額を記入しなさい。なお、会計期間は4月1日から3月31日までであり、前払保険料は月割計算している。

［語群］　ア．前期繰越　イ．次期繰越　ウ．損益　エ．現金　オ．未払金
　　　　　カ．保険料　キ．前払保険料

	保　険　料		
4/1 (①)(14,000)	3/31 ( )( )
11/1 現　金 26,400	〃 (②)( )
(40,400)	( )
4/1 ( )(b)	

	（　）保　険　料		
4/1 ( )(a)	4/1 ( )( )
3/31 ( )( )	3/31 (③)( )
29,400	29,400
4/1 ( )( )	4/1 ( )( )

問2　次の文の①から⑤にあてはまる最も適切な語句を下記の［語群］から選び、記号で答えなさい。

1．貸倒引当金は受取手形や売掛金などに対する（　①　）勘定である。
2．買掛金元帳は、仕入先ごとの買掛金の増減を記録する（　②　）である。
3．建物の修繕によってその機能が向上し価値が増加した場合、（　③　）勘定で処理する。
4．3伝票制を採用している場合、入金伝票と出金伝票の他に、通常（　④　）伝票が用いられる。
5．商品有高帳の払出欄の単価欄には商品の（　⑤　）が記入される。

［語群］
　ア．仕入　イ．売上　ウ．主要簿　エ．補助簿　オ．売価　カ．原価
　キ．評価　ク．残高　ケ．振替　コ．起票　サ．建物　シ．修繕費

第3問

35点

次の(1)決算整理前残高試算表と(2)決算整理事項等にもとづいて、答案用紙の貸借対照表と損益計算書を完成しなさい。なお、会計期間は×9年4月1日から×10年3月31日までの1年間である。また、税金の計算は考慮外とする。

(1)

決算整理前残高試算表

借　方	勘　定　科　目	貸　方
108,000	現　　　　　金	
1,000	現　金　過　不　足	
520,000	普　通　預　金	
360,000	売　　掛　　金	
120,000	仮　　払　　金	
180,000	繰　越　商　品	
2,000,000	備　　　　　品	
1,000,000	土　　　　　地	
	買　　掛　　金	210,000
	借　　入　　金	200,000
	貸　倒　引　当　金	200
	備品減価償却累計額	500,000
	資　　本　　金	2,000,000
	繰越利益剰余金	1,000,000
	売　　　　　上	4,000,000
	受　取　手　数　料	800,000
2,200,000	仕　　　　　入	
1,900,000	給　　　　　料	
230,000	通　　信　　費	
90,000	支　払　家　賃	
1,200	保　　険　　料	
8,710,200		8,710,200

(2)　決算整理事項等

1．現金過不足￥1,000のうち￥800は通信費の記入漏れであった。残額は不明のため適切に処理した。

2．得意先から商品の内金￥20,000を現金で受け取っていたが、これを売上として処理していたので、適切に修正する。

3．仮払金￥120,000は、その全額が12月1日に購入した備品に対する支払いであることが判明した。

4．売掛金の期末残高に対して2％の貸倒引当金を差額補充法により設定する。

5．期末商品棚卸高は￥203,000である。

6．備品について、残存価額をゼロ、耐用年数を8年とする定額法により減価償却を行う。当期新たに取得した備品についても同様の条件で減価償却費を月割により計算する。

7．家賃の前払額が￥15,000ある。

8．受取手数料のうち￥360,000（月額￥30,000）は、5月1日に、向こう1年間の手数料を受け取ったものである。

9．借入金は×9年9月1日に借入期間1年、年利率3％で借り入れたもので、利息は元金とともに返済時に支払うことになっている。利息の計算は月割による。

第1問
45点

　下記の各取引について仕訳しなさい。ただし、仕訳に使用する勘定科目は、取引ごとに与えられたものから最も適当と思われるものを選び、記号で答えなさい。

1．新店舗を開設する目的で、土地750㎡を、1㎡当たり￥55,000で購入した。購入手数料￥500,000は普通預金口座から仲介業者に支払い、土地代金は月末に支払うことにした。
　　ア．土地　イ．現金　ウ．買掛金　エ．未払金　オ．受取手数料　カ．普通預金

2．仕入勘定において算定された売上原価￥2,800,000を損益勘定に振り替えた。
　　ア．現金　イ．損益　ウ．保険料　エ．売上　オ．仕入　カ．繰越商品

3．現金の帳簿残高が実際有高より￥10,000少なかったので現金過不足として処理していたが、決算日において、受取手数料￥15,000と旅費交通費￥7,000の記入漏れが判明した。残額は原因が不明であったので、雑益または雑損として処理する。
　　ア．受取手数料　イ．雑益　ウ．現金過不足　エ．雑損　オ．現金　カ．旅費交通費

4．建物の改築と修繕を行い、代金￥20,000,000を普通預金口座から支払った。うち建物の資産価値を高める支出額（資本的支出）は￥16,000,000であり、建物の現状を維持するための支出額（収益的支出）は￥4,000,000である。
　　ア．現金　イ．修繕費　ウ．土地　エ．建物　オ．売上　カ．普通預金

5．収入印紙￥8,000を購入し、代金は現金で支払った。なお、この収入印紙はただちに使用した。
　　ア．通信費　イ．消耗品費　ウ．現金　エ．仮払金　オ．租税公課　カ．売上

6．神奈川物産株式会社は、横浜商店に商品を売り上げ、品物とともに以下の請求書の原本を発送し、代金は月末に受け取ることとした。消費税については、税抜方式で記帳している。

請　求　書（控）

横浜商店　御中

　　　　　　　　　　　　　　　　　　　　神奈川物産株式会社

品　物	数　量	単　価	金　額
A品	25	2,000	￥ 50,000
B品	30	3,800	￥114,000
C品	15	4,200	￥ 63,000
		消費税（10%）	￥ 22,700
		合　計	￥249,700

　　ア．未収入金　イ．買掛金　ウ．仮払消費税　エ．売掛金　オ．仮受消費税　カ．売上

7．千葉商店から商品￥280,000を仕入れ、代金のうち￥80,000は小切手、残額は約束手形をそれぞれ振り出して支払った。
　　　ア．支払手形　イ．受取手形　ウ．当座預金　エ．買掛金　オ．現金　カ．仕入

8．業務で使用する目的でコピー複合機￥540,000を購入し、搬入設置費用￥20,000を含めた￥560,000のうち￥260,000は小切手を振り出して支払い、残額は翌月以降の分割払いとした。
　　　ア．買掛金　イ．備品　ウ．仕入　エ．当座預金　オ．借入金　カ．未払金

9．商品￥15,000を売り上げ、代金は信販会社が発行した商品券￥10,000および現金で受け取った。
　　　ア．現金　イ．前受金　ウ．売掛金　エ．受取商品券　オ．売上　カ．受取手数料

10．前月の仕入れにかかる掛け代金￥700,000を普通預金口座から振り込んだ。また、振込手数料として￥1,000が同口座から引き落とされた。
　　　ア．現金　イ．普通預金　ウ．買掛金　エ．仕入　オ．支払手数料　カ．支払手形

11．決算の結果、確定した税引前当期純利益について法人税、住民税及び事業税が￥350,000と計算された。本年度は中間納付を行っていない。
　　　ア．未払法人税等　イ．未払消費税　ウ．繰越利益剰余金　エ．資本金　オ．仮払法人税等
　　　カ．法人税、住民税及び事業税

12．岐阜商店より、商品売上げの対価として受け取っていた同店振り出しの約束手形￥190,000につき、手形期日である本日、当座預金口座に入金済みの連絡を受けた。
　　　ア．現金　イ．当座預金　ウ．売上　エ．受取手形　オ．受取利息　カ．支払手形

13．栃木（株）に対する貸付金￥500,000を、1年の利息とともに同社振り出しの小切手で回収した。なお、利息は年利2％である。
　　　ア．現金　イ．当座預金　ウ．貸付金　エ．支払利息　オ．受取手数料　カ．受取利息

14．出張中の従業員から当座預金口座に￥85,000の入金があった。このうち、￥60,000については、得意先京都商店から注文を受けた際に受領した手付金であることが判明しているが、残額￥25,000の詳細は不明であった。
　　　ア．売上　イ．前受金　ウ．仮払金　エ．当座預金　オ．仮受金　カ．通信費

15．決算を行い、納付すべき消費税額を算定した。なお、本年度の消費税の仮払分は￥180,000、仮受分は￥415,000であり、消費税の記帳は税抜方式により行っている。
　　　ア．仮払消費税　イ．租税公課　ウ．仮受消費税　エ．資本金　オ．未収入金　カ．未払消費税

問1　以下の［資料１］と［資料２］にもとづいて、下記の(1)～(3)に答えなさい。

［資料１］　×3年6月1日現在の売掛金に関する状況
1．総勘定元帳における売掛金勘定の残高は¥387,000である。
2．売掛金元帳（得意先元帳）における東京商店に対する売掛金の残高は¥230,000、箱根商店に対する売掛金の残高は¥（各自計算）である。なお、当社の得意先は東京商店と箱根商店だけである。

［資料２］　×3年6月中の取引
　7日　岐阜商店から商品¥240,000を仕入れ、代金は掛けとした。なお、当社負担の引取運賃¥2,500は現金で支払った。
　12日　東京商店に商品¥78,000を売り渡し、代金は掛けとした。
　15日　箱根商店に対する売掛金¥50,000が当座預金口座に振り込まれた。
　19日　箱根商店に商品¥63,000を売り渡し、代金は掛けとした。
　22日　19日に箱根商店に売り渡した商品のうち¥5,000が返品され、掛代金から差し引くこととした。
　29日　東京商店に対する売掛金¥49,000が当座預金口座に振り込まれた。

(1)　6月7日、12日および15日の取引が、答案用紙に示されたどの補助簿に記入されるか答えなさい。なお、解答にあたっては、該当するすべての補助簿の欄に○印を付しなさい。
(2)　6月中の純売上高を答えなさい。
(3)　6月末における箱根商店に対する売掛金の残高を答えなさい。

問2　当社は3伝票制を採用しており、商品売買取引の処理は3分法により行っている。次の各取引の伝票記入について、空欄①から⑤にあてはまる適切な語句または金額を答えなさい。なお、語句については下記の［語群］から選び、記号で答えなさい。

［語群］
　ア．現金　イ．売上　ウ．出金　エ．入金　オ．仕入　カ．振替　キ．売掛金　ク．買掛金

(1)　商品を¥400,000で仕入れ、代金のうち¥100,000を現金で支払い、残額は掛けとした。

（　　　）伝票		振　替　伝　票			
科　　目	金　額	借方科目	金　額	貸方科目	金　額
買　掛　金	（　　　）	（　①　）	（　　　）	（　　　）	（　②　）

28

(2)　商品を¥550,000で売り上げ、代金は掛けとした。また、顧客負担の送料¥4,000を現金で支払い、「（③）伝票」で掛代金に含める記録を行った。

（　③　）伝票		振　替　伝　票			
科　目	金　額	借方科目	金　額	貸方科目	金　額
（　④　）	（　　　　）	（　　　　）	（　　　　）	（　　　　）	（　⑤　）

第3問

35点

　次の決算整理事項等にもとづいて、答案用紙の精算表を完成しなさい。なお、会計期間は4月1日から3月31日までの1年間である。

決算整理事項等

1．当期に仕入れていた商品¥70,000を決算日前に返品し、同額を掛代金から差し引くこととしたが、この取引が未記帳であった。

2．小口現金係から次のとおり小口現金を使用したことが報告されたが、未記帳であった。なお、この報告にもとづく補給は翌期に行うこととした。

　　　文房具　¥3,000（使用済み）　　　電車賃　¥4,500

3．残高試算表欄の土地の半額分は売却済みであったが、代金¥1,300,000を仮受金としたのみであるため、適切に修正する。

4．残高試算表欄の保険料のうち¥180,000は当期の8月1日に向こう1年分として支払ったものであるが、2月中に解約した。保険会社から3月1日以降の保険料が月割で返金される旨の連絡があったため、この分を未収入金へ振り替える。

5．受取手形および売掛金の期末残高合計に対して2％の貸倒引当金を差額補充法により設定する。

6．期末商品棚卸高は¥330,000（1．の返品控除後）である。売上原価は「仕入」の行で計算するが、期末商品棚卸高については返品控除後の金額を用いる。

7．建物および備品について次のとおり定額法で減価償却を行う。

　　　建物：残存価額は取得原価の10％、耐用年数24年

　　　備品：残存価額ゼロ、耐用年数5年

8．給料の未払分が¥45,000ある。

9．手形借入金は当期の2月1日に借入期間1年、利率年4.5％で借り入れたものであり、借入時に1年分の利息が差し引かれた金額を受け取っている。そこで、利息の前払分を月割により計上する。

第1問

45点

下記の各取引について仕訳しなさい。ただし、仕訳に使用する勘定科目は、取引ごとに与えられたものから最も適当と思われるものを選び、記号で答えなさい。

1．かねて販売した商品¥350,000の返品を受けたため、掛代金から差し引くこととした。
　　ア．仕入　イ．現金　ウ．売掛金　エ．未収入金　オ．売上　カ．買掛金

2．販売用の中古車を¥850,000で購入し、代金は掛けとした。なお、当社は中古車販売業を営んでいる。
　　ア．車両運搬具　イ．仕入　ウ．保険料　エ．買掛金　オ．備品　カ．未払金

3．土地付き建物¥4,000,000（うち建物¥1,000,000、土地¥3,000,000）を購入し、売買手数料（それぞれの代金の3％）を加えた総額を普通預金口座から振り込むとともに引渡しを受けた。
　　ア．建物　イ．当座預金　ウ．備品　エ．土地　オ．現金　カ．普通預金

4．従業員が業務のために立て替えた1か月分の諸経費は次のとおりであった。そこで、来月の給料に含めて従業員へ支払うこととし、未払金として計上した。
　　　電車代　¥6,750　　タクシー代　¥4,500　　書籍代（消耗品費）　¥5,000
　　ア．小口現金　イ．未払金　ウ．旅費交通費　エ．建物　オ．給料　カ．消耗品費

5．借入金（元金均等返済）の今月返済分の元本¥200,000および利息（各自計算）が普通預金口座から引き落とされた。利息の引落額は未返済の元本¥1,000,000に利率年3.65％を適用し、30日分の日割計算（1年を365日とする）した額である。
　　ア．普通預金　イ．支払手数料　ウ．現金　エ．借入金　オ．支払利息　カ．貸付金

6．臨時で株主総会を開催し、繰越利益剰余金残高¥500,000から次のとおり処分することが承認された。なお、株主配当金はただちに普通預金口座から振り込んだ。
　　　株主配当金　¥400,000　　利益準備金の積立て　¥40,000
　　ア．繰越利益剰余金　イ．現金　ウ．借入金　エ．利益準備金　オ．普通預金　カ．支払手数料

7．従業員の健康保険料¥240,000を普通預金口座より納付した。このうち従業員負担分¥120,000は、給料支給時に控除した社会保険料の預り分であり、残額は会社負担分である。
　　ア．通信費　イ．社会保険料預り金　ウ．普通預金　エ．所得税預り金　オ．租税公課
　　カ．法定福利費

8．得意先が倒産し、前年度の商品売上にかかわる売掛金¥30,000が回収できなくなったので、貸倒れの処理を行う。なお、貸倒引当金の残高は¥25,000である。
　　ア．売掛金　イ．現金　ウ．貸倒引当金　エ．雑損　オ．貸倒損失　カ．未収入金

9. 従業員の給料￥300,000から所得税の源泉徴収額￥35,000および従業員貸付金の元本返済額￥50,000を差し引いた残額を当座預金口座から振り込んだ。
　　ア．現金　イ．従業員貸付金　ウ．売掛金　エ．給料　オ．当座預金　カ．所得税預り金

10. 埼玉株式会社に商品￥400,000（仕入原価￥250,000）を売り渡し、代金のうち￥100,000は同社振り出しの小切手で、残額は同社振り出しの約束手形でそれぞれ受け取った。
　　ア．当座預金　イ．現金　ウ．売上　エ．仕入　オ．受取手形　カ．支払手数料

11. オフィスとして使用する物件を月額家賃￥250,000で賃借する契約を結び、1か月分の家賃、敷金（家賃2か月分）および不動産業者への仲介手数料（家賃1か月分）を、小切手を振り出して支払った。
　　ア．当座預金　イ．建物　ウ．支払手数料　エ．差入保証金　オ．支払手形　カ．支払家賃

12. 備品（取得原価￥800,000、残存価額ゼロ、耐用年数6年）を3年間使用してきたが、4年目の期首に￥350,000で売却し、代金は翌月末に受け取ることとした。減価償却費は定額法で計算し、記帳は間接法を用いている。
　　ア．固定資産売却損　イ．備品減価償却累計額　ウ．売掛金　エ．備品　オ．未収入金
　　カ．固定資産売却益

13. 商品￥100,000をクレジット払いの条件で販売した。なお、販売代金の2％にあたる金額を信販会社へのクレジット手数料として販売時に計上し、信販会社に対する債権から控除する。
　　ア．当座預金　イ．支払手数料　ウ．売上　エ．借入金　オ．支払利息　カ．クレジット売掛金

14. 普通預金口座から現金￥150,000を引き出した。
　　ア．売掛金　イ．普通預金　ウ．貸付金　エ．現金　オ．受取手数料　カ．資本金

15. 売掛金￥660,000のうち￥560,000を得意先振り出しの小切手で回収し、残額の￥100,000は得意先振り出しの約束手形で回収した。
　　ア．受取手形　イ．仮受金　ウ．現金　エ．受取商品券　オ．売掛金　カ．定期預金

問1　日商商事株式会社の10月中の買掛金に関する取引の勘定記録は以下のとおりである。下記勘定の空欄のうち、（A）〜（E）には次に示した［語群］の中から適切な語句を選択し記号で答えるとともに、（①）〜（⑤）には適切な金額を記入しなさい。なお、仕入先は下記2店のみとし、各勘定は毎月末に締め切っている。

［語群］　ア　前月繰越　　イ　次月繰越　　ウ　現　　　金　　エ　普通預金
　　　　　オ　仕　　　入　　カ　買　掛　金

総　勘　定　元　帳
買　　掛　　金

10/ 9	仕　　　入	（　　　　）		10/ 1	前　月　繰　越	330,000
15	（　　A　　）	331,000		8	（　　D　　）	（　③　）
（　　）	仕　　　入	（　①　）		（　　）	（　　　　　）	821,000
25	（　　B　　）	（　②　）				
31	（　　C　　）	293,000				
		（　　　　）				（　　　　）

買　掛　金　元　帳
北　海　道　商　店

10/22	（　　　　　）	（　　　　）		10/ 1	（　　　　　）	210,000
25	普通預金払い	925,000		21	仕　入　れ	（　　　　）
31	（　　　　　）	（　④　）				
		1,031,000				1,031,000

沖　縄　商　店

10/ 9	返　　　品	（　⑤　）		10/ 1	（　　E　　）	（　　　　）
15	現　金　払　い	（　　　　）		8	仕　入　れ	418,000
31	（　　　　　）	198,000				
		538,000				538,000

問2　6月中の取引にもとづいて、次の(1)〜(3)に答えなさい。

　　6月5日　X商品60個を@¥500で売り上げた。
　　　　8日　5日に売り上げたX商品のうち10個が返品された。
　　　12日　X商品150個を@¥308で仕入れた。
　　　22日　X商品180個を@¥490で売り上げた。

(1) 移動平均法により、答案用紙の商品有高帳（X商品）を作成しなさい。なお、8日の売上戻りについては、受入欄に記入すること。

(2) 移動平均法にもとづいた場合の、6月のX商品の売上原価を求めなさい。

(3) 先入先出法にもとづいた場合の、X商品の次月繰越高を求めなさい。

第3問

35点

次の［資料1］および［資料2］にもとづいて、答案用紙の貸借対照表と損益計算書を完成しなさい。会計期間は×3年1月1日から12月31日までの1年間である。なお、税金の計算は考慮外とする。

［資料1］

決算整理前残高試算表

借　方	勘定科目	貸　方
185,000	現　　　　　金	
3,000	現 金 過 不 足	
928,000	普 通 預 金	
568,000	売 　 掛 　 金	
198,000	繰 越 商 品	
3,000,000	建　　　　　物	
600,000	備　　　　　品	
1,800,000	土　　　　　地	
	買 　 掛 　 金	813,000
	仮 　 受 　 金	68,000
	貸 倒 引 当 金	4,000
	建物減価償却累計額	1,200,000
	車両運搬具減価償却累計額	700,000
	資 　 本 　 金	3,000,000
	繰 越 利 益 剰 余 金	1,396,000
	売 　 　 　 上	3,890,000
	受 取 手 数 料	36,000
2,035,000	仕 　 　 　 入	
760,000	給 　 　 　 料	
162,000	水 道 光 熱 費	
48,000	保 　 険 　 料	
30,000	通 　 信 　 費	
790,000	固 定 資 産 売 却 損	
11,107,000		11,107,000

［資料2］　決算整理事項等

1. 現金¥50,000を普通預金口座に預け入れたが、この取引が未処理である。

2. 過日発生した現金過不足について調査をしたところ、¥2,000については通信費の記帳漏れであることが判明したが、残額については不明のため雑損または雑益で処理する。

3. 仮受金は、全額が売掛金の回収であることが判明した。

4. 期首に車両運搬具（取得原価¥800,000、減価償却累計額¥700,000）を¥10,000で売却し、代金は現金で受け取った際に、以下の仕訳を行っただけなので、適切に修正する。

　（借方）現　　　　　金　　10,000
　　　　　固定資産売却損　790,000
　　　　　　　（貸方）車 両 運 搬 具　800,000

5. 売掛金の期末残高に対して2％の貸倒引当金を差額補充法により設定する。

6. 期末商品棚卸高は¥235,000である。

7. 建物および備品について、以下の要領でそれぞれ定額法により減価償却を行う。

　　建物：残存価額ゼロ　耐用年数30年
　　備品：残存価額ゼロ　耐用年数5年
　　なお、備品は全額当期の8月1日に購入したものであり、減価償却費は月割計算する。

8. 保険料の前払額が¥12,000ある。

9. 受取手数料は全額当期の12月1日に向こう1年分の手数料を受け取ったものであるため、前受額を月割で計上する。

第1問

45点

下記の各取引について仕訳しなさい。ただし、仕訳に使用する勘定科目は、取引ごとに与えられたものから最も適当と思われるものを選び、記号で答えなさい。

1. 建物および土地の固定資産税¥500,000の納付書を受け取り、未払金に計上することなく、ただちに当座預金口座から振り込んで納付した。
　　ア．現金　イ．租税公課　ウ．通信費　エ．当座預金　オ．仕入　カ．土地

2. かねて手形を振り出して借り入れていた¥1,000,000の返済期日をむかえ、同額が当座預金口座から引き落とされるとともに、手形の返却を受けた。
　　ア．手形借入金　イ．支払手形　ウ．未払金　エ．手形貸付金　オ．支払利息　カ．当座預金

3. 従業員が出張から帰社し、旅費の精算を行ったところ、あらかじめ概算額で仮払いしていた¥50,000では足りず、不足額¥25,000を従業員が立替払いしていた。なお、この不足額は次の給料支払時に従業員へ支払うため、未払金として計上した。
　　ア．未払金　イ．貸付金　ウ．旅費交通費　エ．借入金　オ．仮払金　カ．通信費

4. 1株当たり¥100,000で15株の株式を発行し、合計¥1,500,000の払込みを受けて株式会社を設立した。払込金はすべて普通預金口座に預け入れられた。
　　ア．繰越利益剰余金　イ．資本金　ウ．現金　エ．受取家賃　オ．雑損　カ．普通預金

5. 事務用のオフィス機器¥550,000とコピー用紙¥5,000を購入し、代金の合計を普通預金口座から振り込んだ。
　　ア．消耗品費　イ．給料　ウ．普通預金　エ．仮払金　オ．備品　カ．建物

6. 決算にあたり、当座預金勘定の貸方残高¥300,000を当座借越勘定に振り替える。なお、当社は取引銀行との間に¥1,000,000を借越限度額とする当座借越契約を締結している。
　　ア．未収入金　イ．買掛金　ウ．当座預金　エ．未払金　オ．貸付金　カ．当座借越

7. 得意先福井商店に対して期間9か月、年利率4.8％で¥400,000を貸し付けていたが、本日満期日のため利息とともに現金で返済を受けた。
　　ア．受取利息　イ．現金　ウ．借入金　エ．資本金　オ．貸付金　カ．支払利息

8. 商品売上げの対価として受け取っていた共通商品券¥50,000について取引銀行を通じて精算し、現金を受け取った。
　　ア．当座預金　イ．受取商品券　ウ．未払金　エ．受取手形　オ．通信費　カ．現金

9．商品を¥56,000で仕入れ、代金は掛けとしていたが、誤って貸借逆に記帳していたことが判明したので、これを訂正する。なお、訂正にあたっては、記録の誤りのみを部分的に修正する方法によること。

　　ア．普通預金　イ．消耗品費　ウ．買掛金　エ．資本金　オ．仕入　カ．建物

10．以前に取引先に注文していた商品¥80,000が手許に届いた。なお、同商品の注文に際しては代金の3割に相当する額を内金として小切手を振り出して支払っており、代金の残額は次月末に支払うことになっている。なお、商品の引取運賃¥2,000は着払い（当社負担）となっているため配送業者に現金で支払った。

　　ア．仕入　イ．当座預金　ウ．未払金　エ．前払金　オ．現金　カ．買掛金

11．得意先に対する売掛金¥300,000につき、取引銀行より電子債権記録機関において債権の発生記録が行われた旨の通知を受けた。

　　ア．現金　イ．売掛金　ウ．支払手数料　エ．買掛金　オ．電子記録債務　カ．電子記録債権

12．東京商事株式会社は、岩手商店に商品を販売し、代金は掛けとした。なお、商品の配送料（岩手商店負担）は現金で支払ったので、掛代金に含めることとした。品物とともに、以下の納品書兼請求書の原本を発送している。

<table>
<tr><td colspan="4" align="center">納品書兼請求書(控)</td></tr>
<tr><td colspan="4">岩手商店　御中</td></tr>
<tr><td colspan="4" align="right">東京商事株式会社</td></tr>
<tr><td align="center">品　物</td><td align="center">数　量</td><td align="center">単　価</td><td align="center">金　額</td></tr>
<tr><td>A商品</td><td>10</td><td>5,000</td><td>¥ 50,000</td></tr>
<tr><td>B商品</td><td>15</td><td>3,500</td><td>¥ 52,500</td></tr>
<tr><td>配送料</td><td>—</td><td>—</td><td>¥ 1,500</td></tr>
<tr><td colspan="3" align="center">合　計</td><td>¥104,000</td></tr>
</table>

×2年6月30日までに合計額を下記口座へお振込みください。
渋谷銀行恵比寿支店　当座　3456789　トウキヨウシヨウジ（カ

　　ア．売上　イ．未収入金　ウ．売掛金　エ．当座預金　オ．発送費　カ．現金

13．買掛金の支払いとして¥21,000の約束手形を振り出し、仕入先に対して郵送した。なお、郵便代金¥500は現金で支払った。

　　ア．支払手数料　イ．買掛金　ウ．現金　エ．支払手形　オ．通信費　カ．当座預金

14．仕入先に商品¥100,000を注文し、手付金として代金の20％を小切手を振り出して支払った。

　　ア．前払金　イ．仕入　ウ．立替金　エ．現金　オ．当座預金　カ．前受金

15．先月函館商店に掛売りした商品¥8,000が品違いのため返品され、掛代金から差し引くこととした。

　　ア．普通預金　イ．売掛金　ウ．仮払金　エ．支払手形　オ．受取利息　カ．売上

問1　次の［資料］にもとづいて、下記(1)と(2)に答えなさい。

第2問
20点

［資料］　×1年５月中の取引
　　2日　　先月に大阪商会株式会社から掛けで仕入れた商品¥20,000を品違いのため返品し、同社に対する掛代金から差し引いた。
　　16日　　土地180㎡を１㎡当たり¥30,000で取得し、代金は小切手を振り出して支払った。なお、整地費用¥198,000は現金で支払った。
　　18日　　九州商事株式会社に商品¥450,000を売り上げ、代金のうち¥40,000は注文時に同社から受け取った手付金と相殺し、残額は掛けとした。なお、同社負担の発送費¥3,000は現金で立て替え払いしたので、この分は掛代金に含めることとした。
　　25日　　京都商会株式会社に対する売掛金（前期販売分）¥370,000が貸し倒れた。なお、貸倒引当金の残高は¥160,000である。

(1)　×1年５月中の取引が、答案用紙に示されたどの補助簿に記入されるか答えなさい。なお、解答にあたっては、各取引が記入されるすべての補助簿の欄に○印をつけること。

(2)　×1年10月30日に、×1年５月16日に取得した土地すべてを１㎡当たり¥36,000で売却した。この売却取引から生じた固定資産売却損益の金額を答えるとともに、損か益かのいずれかに○印を記入しなさい。

問2　次の各取引の伝票記入について、空欄①～⑤にあてはまる適切な語句または金額を答えなさい。なお、語句については下記の［語群］から選び、記号で答えること。かねてより、当社では３伝票制を採用している。一部現金取引について、全額を掛取引として起票する方法と取引を分解して起票する方法のいずれを採用しているかについては、取引ごとに異なるため、各伝票の記入から各自判断すること。

［語群］
　ア．売掛金　イ．出金　ウ．現金　エ．入金　オ．買掛金　カ．仕入

(1)　商品を¥500,000で売り上げ、代金のうち¥50,000については現金で受け取り、残額は掛けとした。

（　①　）伝票		振　替　伝　票			
科　　目	金　　額	借方科目	金　　額	貸方科目	金　　額
（　　　　）	（　②　）	（　③　）	500,000	売　　　上	500,000

(2)　商品を¥300,000で仕入れ、代金のうち¥30,000については現金で支払い、残額は掛けとした。

（　　　）伝　票		振　替　伝　票			
科　　　目	金　　額	借方科目	金　　　額	貸方科目	金　　　額
仕　　　　　入	（　　　）	（　④　）	（　　　　）	（　　　　）	（　⑤　）

第3問

35点

次の(1)決算整理前残高試算表と(2)決算整理事項等にもとづいて、答案用紙の貸借対照表と損益計算書を完成しなさい。消費税の仮受け・仮払いは、売上取引・仕入取引のみで行うものとし、(2)決算整理事項等の7．以外は消費税を考慮しない。なお、会計期間は×1年4月1日から×2年3月31日までの1年間である。

(1)

決算整理前残高試算表

借　　　方	勘　定　科　目	貸　　　方
183,000	現　　　　　　金	
577,000	当　座　預　金	
491,000	売　　掛　　金	
200,000	繰　越　商　品	
240,000	仮　払　消　費　税	
1,200,000	備　　　　　品	
2,700,000	土　　　　　地	
	買　　掛　　金	593,000
	借　　入　　金	400,000
	仮　受　消　費　税	440,000
	貸　倒　引　当　金	300
	備品減価償却累計額	375,000
	資　　本　　金	2,000,000
	繰越利益剰余金	1,521,700
	売　　　　　上	5,500,000
3,000,000	仕　　　　　入	
1,800,000	給　　　　　料	
300,000	支　払　家　賃	
41,000	水　道　光　熱　費	
62,000	通　　信　　費	
24,000	保　　険　　料	
12,000	支　払　利　息	
10,830,000		10,830,000

(2)　決算整理事項等

1．現金の実際有高は¥179,000であった。帳簿残高との差額のうち¥2,100は通信費の記入漏れであることが判明したが、残額は不明のため、雑損または雑益として記載する。

2．売掛代金の当座預金口座への入金¥62,000の取引が、誤って借方・貸方ともに¥26,000と記帳されていたので、その修正を行った。

3．当月の水道光熱費¥3,500が当座預金口座から引き落とされていたが、未処理であった。

4．売掛金の期末残高に対して2％の貸倒引当金を差額補充法により設定する。

5．期末商品棚卸高は¥174,000である。

6．備品について、残存価額をゼロ、耐用年数を8年とする定額法により減価償却を行う。

7．消費税の処理（税抜方式）を行う。

8．借入金は×1年6月1日に借入期間1年、利率年6％で借り入れたもので、利息は11月末日と返済日に6か月分をそれぞれ支払うことになっている。利息の計算は月割による。

9．支払家賃のうち¥150,000は×1年11月1日に向こう6か月分を支払ったものである。そこで、前払分を月割により計上する。

第1問 45点

下記の各取引について仕訳しなさい。ただし、仕訳に使用する勘定科目は、取引ごとに与えられたものから最も適当と思われるものを選び、記号で答えなさい。

1. 収入印紙¥30,000、郵便切手¥3,000を購入し、いずれも費用として処理していたが、決算日に収入印紙¥10,000、郵便切手¥820が未使用であることが判明したため、これらを貯蔵品勘定に振り替えることとした。
   ア．現金　イ．租税公課　ウ．繰越商品　エ．通信費　オ．消耗品費　カ．貯蔵品

2. 従業員にかかる健康保険料¥90,000を普通預金口座から納付した。このうち従業員負担分¥45,000は、社会保険料預り金からの支出であり、残額は会社負担分である。
   ア．社会保険料預り金　イ．保険料　ウ．普通預金　エ．支払手数料　オ．法定福利費
   カ．当座預金

3. 以前注文をうけていた商品¥3,000,000を引き渡し、受注したときに手付金として受け取っていた¥600,000を差し引いた金額を掛けとした。また、先方負担の発送費¥20,000を現金で支払い、これを掛代金に含めることとした。
   ア．現金　イ．前受金　ウ．前払金　エ．売掛金　オ．仮受金　カ．売上

4. 取引銀行から借り入れていた¥2,000,000の支払期日が到来したため、元利合計を当座預金口座から返済した。なお、借入れにともなう利率は年2.19%であり、借入期間は150日であった。利息は1年を365日として日割計算する。
   ア．支払利息　イ．資本金　ウ．借入金　エ．発送費　オ．当座預金　カ．仕入

5. オフィスのデスクセットを購入し、据付作業ののち、次の請求書を受け取り、代金は後日支払うこととした。

請　求　書

日商株式会社　御中

大門商事株式会社

品　　　物	数量	単　　価	金　　額
オフィスデスクセット	1	¥　2,000,000	¥　2,000,000
配送料			¥　　30,000
据付費			¥　　100,000
		合　　計	¥　2,130,000

×8年11月30日までに合計額を下記口座へお振り込み下さい。
千代田銀行千代田支店　普通　7654321　ダイモンショウジ（カ

   ア．消耗品費　イ．未払金　ウ．仕入　エ．買掛金　オ．備品　カ．支払手数料

6．月末に金庫を実査したところ、紙幣¥100,000、硬貨¥5,800、得意先振り出しの小切手¥10,000、約束手形¥20,000、郵便切手¥1,000が保管されていたが、現金出納帳の残高は¥116,000であった。不一致の原因を調べたが原因は判明しなかったので、現金過不足勘定で処理することにした。
　　　ア．通信費　イ．現金過不足　ウ．受取手形　エ．未払金　オ．現金　カ．当座預金

7．出店用の土地165㎡を1㎡あたり¥20,000で購入し、購入手数料¥100,000を含む代金の全額を後日支払うこととした。また、この土地の整地費用¥50,000を現金で支払った。
　　　ア．現金　イ．発送費　ウ．未払金　エ．仕入　オ．買掛金　カ．土地

8．従業員に対する給料¥200,000について、所得税の源泉徴収額¥20,000と従業員への立替額¥10,000を差し引き、残額を当座預金口座から従業員の預金口座へ振り替えて支給した。
　　　ア．給料　イ．貸付金　ウ．法定福利費　エ．所得税預り金　オ．当座預金　カ．従業員立替金

9．銀行で当座預金口座を開設し、¥2,000,000を普通預金口座からの振り替えにより当座預金口座に入金した。また、小切手帳の交付を受け、手数料として¥2,000を現金で支払った。
　　　ア．仮払金　イ．普通預金　ウ．支払手数料　エ．現金　オ．当座預金　カ．支払利息

10．浦和商店より商品¥150,000を仕入れ、代金のうち¥70,000は注文時に支払っていた手付金を充当し、残額については約束手形を振り出して支払った。なお、商品の引取運賃¥3,000（当社負担）は現金で支払った。
　　　ア．前払金　イ．当座預金　ウ．支払手形　エ．仕入　オ．受取手形　カ．現金

11．仕入先に対する買掛金¥400,000の支払いを電子債権記録機関で行うため、取引銀行を通じて債務の発生記録を行った。
　　　ア．当座預金　イ．買掛金　ウ．支払手形　エ．売掛金　オ．電子記録債務　カ．電子記録債権

12．決算にあたり消費税の納付額を計算し、これを確定した。なお、消費税の仮払分は¥43,000、仮受分は¥92,000であり、消費税の記帳方法として税抜方式を採用している。
　　　ア．仮受消費税　イ．法人税等　ウ．租税公課　エ．仮払消費税　オ．支払家賃
　　　カ．未払消費税

13．前期からの電子記録債権¥10,000が貸倒れとなった。貸倒引当金の残高はゼロである。
　　　ア．支払手数料　イ．電子記録債権　ウ．売掛金　エ．貸倒引当金　オ．前払金　カ．貸倒損失

14．過日、土地（帳簿価額¥1,700,000）を売却済みであったが、代金¥1,500,000を仮受金としたのみであるため、適切な処理を行う。
　　　ア．固定資産売却益　イ．仕入　ウ．土地　エ．固定資産売却損　オ．仮受金　カ．減価償却費

15．得意先大宮商店に対する売掛金¥280,000の回収として、¥180,000は大宮商店振り出しの約束手形で受け取り、残額は当座預金口座に振り込まれた。
　　　ア．売掛金　イ．普通預金　ウ．受取手形　エ．資本金　オ．立替金　カ．当座預金

第10回

第2問

20点

問1　関甲信株式会社（決算年1回、3月31日）における次の取引にもとづいて、受取家賃勘定と前受家賃勘定の空欄①〜⑤にあてはまる適切な語句または金額を答案用紙に記入しなさい。なお、語句については下記の［語群］から選び、記号で答えること。

［語群］
　ア．受取　イ．前期繰越　ウ．次期繰越　エ．損益　オ．前受

×7年4月1日　前期決算日に物件Aに対する今年度4月から7月までの前受家賃を計上していたので、再振替仕訳を行った。1か月分の家賃は¥100,000である。

×7年8月1日　物件Aに対する向こう半年分の家賃（8月から1月まで）が当座預金口座に振り込まれた。1か月分の家賃に変更はない。

×7年9月1日　物件Bに対する向こう1年分の家賃が当座預金口座に振り込まれた。この取引は新規で、1か月分の家賃は¥130,000である。

×8年2月1日　物件Aに対する向こう半年分の家賃（2月から7月まで）が当座預金口座に振り込まれた。今回から1か月分の家賃は¥110,000に値上げしている。

×8年3月31日　決算日を迎え、前受家賃を計上した。

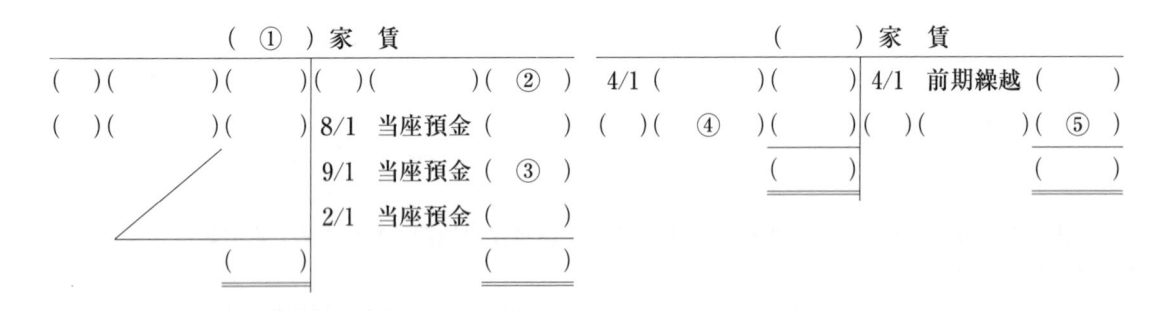

問2　次の1月におけるA商品に関する［資料］にもとづいて、下記の(1)と(2)に答えなさい。なお、払出単価の決定方法として、移動平均法を用いるものとする。

［資料］
　1月1日　前月繰越　　60個　@¥1,000
　　　10日　仕　　入　240個　@¥　990
　　　13日　売　　上　250個　@¥1,800
　　　20日　仕　　入　350個　@¥　960
　　　27日　売　　上　310個　@¥1,750
　　　29日　売上返品　27日に売り上げた商品のうち品違いのため10個返品（受入欄に記入すること）

(1)　答案用紙の商品有高帳（A商品）を作成しなさい。ただし、商品有高帳は締め切らなくて良い。

(2)　1月のA商品の純売上高、売上原価および売上総利益を答えなさい。

第3問

35点

次の［決算整理事項等］にもとづいて、問に答えなさい。当期は×7年4月1日から×8年3月31日までの1年間である。

［決算整理事項等］

① 売掛金¥150,000が普通預金口座に振り込まれていたが、この記帳がまだ行われていない。

② 仮払金は全額、2月26日に支払った備品購入に係るものである。この備品は3月1日に納品され、同日から使用しているが、この記帳がまだ行われていない。

③ 現金過不足の原因を調査したところ、旅費交通費¥2,800の記帳漏れが判明したが、残額は原因不明のため雑損または雑益で処理する。

④ 当座預金勘定の貸方残高全額を当座借越勘定に振り替える。なお、当社は取引銀行との間に¥1,000,000を借越限度額とする当座借越契約を締結している。

⑤ 売掛金の期末残高に対して2％の貸倒引当金を差額補充法で設定する。

⑥ 期末商品棚卸高は¥568,000である。売上原価は「仕入」の行で計算する。

⑦ 建物および備品について、以下の要領で定額法による減価償却を行う。3月1日から使用している備品（上記②参照）についても同様に減価償却を行うが、減価償却費は月割計算する。

　　建物：残存価額ゼロ　耐用年数30年

　　備品：残存価額ゼロ　耐用年数5年

⑧ 借入金のうち¥1,200,000は、期間1年間、利率年3％、利息は元本返済時に1年分を支払う条件で、当期の12月1日に借り入れたものである。したがって、当期にすでに発生している利息を月割で計上する。

⑨ 保険料の前払分¥30,000を計上する。

問1　答案用紙の精算表を完成しなさい。

問2　決算整理後の建物の帳簿価額を答えなさい。

第1問

45点

下記の各取引について仕訳しなさい。ただし、仕訳に使用する勘定科目は、取引ごとに与えられたものから最も適当と思われるものを選び、記号で答えなさい。

1．秋田株式会社に対する買掛金￥270,000の決済として、同社あての約束手形を振り出した。
　　ア．支払手形　イ．当座預金　ウ．仕入　エ．買掛金　オ．消耗品費　カ．貯蔵品

2．商品￥16,000を売り上げ、消費税￥1,600を含めた合計額のうち￥7,600は現金で受け取り、残額は共通商品券を受け取った。なお、消費税は税抜方式で記帳する。
　　ア．仮払消費税　イ．受取商品券　ウ．売上　エ．支払手数料　オ．現金　カ．仮受消費税

3．従業員が事業用のICカードから旅費交通費￥2,600および消耗品費￥700を支払った。なお、ICカードのチャージ（入金）については、チャージ時に仮払金勘定で処理している。
　　ア．旅費交通費　イ．現金　ウ．前払金　エ．仮払金　オ．仮受金　カ．消耗品費

4．不用になった備品（取得原価￥660,000、減価償却累計額￥561,000、間接法で記帳）を￥3,000で売却し、売却代金は現金で受け取った。
　　ア．固定資産売却益　イ．固定資産売却損　ウ．備品減価償却累計額　エ．現金　オ．備品
　　カ．通信費

5．普通預金口座に利息￥300が入金された。
　　ア．現金　イ．受取利息　ウ．貸付金　エ．普通預金　オ．受取手数料　カ．支払手数料

6．×2年8月5日　株式会社埼玉商店は、浦和物産株式会社より商品を仕入れ、品物とともに、以下の納品書兼請求書を受け取った。なお、商品の引取運賃￥5,000は着払い（当社負担）となっているため、運送業者に現金で支払った。

納品書兼請求書

株式会社埼玉商店　御中

浦和物産株式会社

品　物	数　量	単　価	金　額
A商品	20	2,000	￥ 40,000
B商品	25	3,500	￥ 87,500
C商品	15	4,500	￥ 67,500
		合　計	￥195,000

×2年8月31日までに合計額を下記口座へお振込みください。
関東銀行大宮支店　当座　7654321　ウラワブッサン（カ

　　ア．買掛金　イ．借入金　ウ．現金　エ．売上　オ．仕入　カ．売掛金

7．前期に貸倒れとして処理した売掛金¥300,000について、当期にその一部¥100,000を現金で回収した際、次のように記帳されていたので、適切に修正する。

（借）現　　　金　　　100,000　　　（貸）貸倒引当金　　　100,000

　　なお、訂正にあたっては記録の誤りのみを部分的に修正する方法によること。
　　　ア．現金　イ．売掛金　ウ．貸倒引当金　エ．未払金　オ．未収入金　カ．償却債権取立益

8．先月の従業員給料から差し引いた所得税の源泉徴収額¥50,000を、銀行において納付書とともに現金で納付した。
　　　ア．所得税預り金　イ．仮受金　ウ．法定福利費　エ．現金　オ．普通預金　カ．従業員立替金

9．月末に現金の実査を行ったところ、現金の実際有高が帳簿残高より¥21,000過剰であることが判明したため、帳簿残高と実際有高を一致させる処理を行うとともに、引き続き原因を調査した。なお、当社では、現金過不足の雑益または雑損勘定への振り替えは決算時に行うこととしている。
　　　ア．建物　イ．現金　ウ．法定福利費　エ．普通預金　オ．現金過不足　カ．買掛金

10．定時株主総会において、繰越利益剰余金¥3,500,000を次のとおり配当および処分することが確定した。

　　　　株主配当金：¥3,000,000　　　利益準備金：¥300,000
　　　ア．未払配当金　イ．現金　ウ．利益準備金　エ．借入金　オ．資本金　カ．繰越利益剰余金

11．仙台商店に資金¥1,000,000を貸し付けるため、同店振り出しの約束手形を受け取り、利息¥12,000を差し引いた残額を、当社の当座預金口座より仙台商店の銀行預金口座に振り込んだ。
　　　ア．借入金　イ．当座預金　ウ．受取手形　エ．手形貸付金　オ．受取利息　カ．支払利息

12．増資を行うため、未発行株式250株を1株当たり¥50,000の価額で発行し、全株式の払込みを受け、払込金は当座預金とした。
　　　ア．当座預金　イ．現金　ウ．受取手数料　エ．利益準備金　オ．租税公課　カ．資本金

13．当期の決算を行った結果、当期純損失¥800,000を計上した。
　　　ア．雑損　イ．当座預金　ウ．損益　エ．資本金　オ．繰越利益剰余金　カ．売上

14．収入印紙¥20,000および郵便切手¥10,000を現金で購入し、費用処理した。
　　　ア．消耗品費　イ．通信費　ウ．貯蔵品　エ．現金　オ．支払手数料　カ．租税公課

15．三重商店から掛けで仕入れていた商品のうち、¥40,000が品違いため返品した。なお、その際の発送代金¥1,000は着払いの先方負担とした。
　　　ア．仕入　イ．前払金　ウ．買掛金　エ．普通預金　オ．支払利息　カ．売上

問1　次の現金出納帳、売上帳および買掛金元帳の記入にもとづいて、答案用紙の各日付の仕訳を示しなさい。ただし、勘定科目は、次の中から最も適当と思われるものを選び、記号で答えること。なお、当月末（28日）に現金の帳簿残高と実際有高（¥326,000）の差額を現金過不足として処理している。

　　　ア．現金　イ．現金過不足　ウ．売掛金　エ．立替金　オ．買掛金
　　　カ．仕入　キ．売上　ク．支払運賃

現 金 出 納 帳

×8年		摘　　　　　要	収　　入	支　　出	残　　高
2	1	前月繰越	280,000		280,000
	5	多摩商店からの仕入の引取運賃支払い		3,000	277,000
	14	臨時店舗売上げ	(　　　　)		(　　　　)
	15	普通預金口座へ入金		350,000	(　　　　)
	25	返品運賃支払い（多摩商店負担、掛代金から差し引く）		2,000	(　　　　)

売 上 帳

×8年		摘　　　　　要			金　　額
2	14	臨時店舗売上げ		現金	
		チョコレート	40個	@ ¥ 10,000	400,000
	20	インターネット売上げ		掛	
		ビスケット	30個	@ ¥ 6,000	180,000

買 掛 金 元 帳
多 摩 商 店

×8年		摘　　　　要	借　　　方	貸　　　方	残　　高
2	1	前月繰越		290,000	290,000
	5	仕入れ		200,000	490,000
	25	返品商品の代金、運賃	52,000		438,000
	27	普通預金口座から振込み	290,000		148,000

問2　次の文章の（ア）から（オ）にあてはまる最も適切な語句を［語群］から選択し、番号で答えなさい。

1．前期以前に貸倒れとして処理した売掛金について、当期にその一部を回収したときは、その回収金額を収益勘定である（　ア　）勘定で処理する。
2．株式会社が繰越利益剰余金を財源として配当を行ったときは、会社法で定められた上限額に達するまでは一定額を（　イ　）として積み立てなければならない。
3．主要簿は、仕訳帳と（　ウ　）のことである。
4．すでに取得済みの有形固定資産の修理、改良などのために支出した金額のうち、その有形固定資産の使用可能期間を延長または価値を増加させる部分を（　エ　）支出という。
5．仕訳の内容を勘定口座に記入する手続きを（　オ　）という。

[語群]

① 資　本　金	② 総勘定元帳	③ 分　記　法	④ 転　　記	⑤ 合計残高試算表
⑥ 収　益　的	⑦ 損　益　法	⑧ 貸倒引当金戻入	⑨ 差入保証金	⑩ 資　本　的
⑪ 利益準備金	⑫ 決　　算	⑬ 精　算　表	⑭ 財　産　法	⑮ 償却債権取立益
⑯ 擬　制　的	⑰ 締　切　り	⑱ 受取手数料		

第3問

35点

　次の(1)決算整理前残高試算表および(2)決算整理事項等にもとづいて、答案用紙の貸借対照表および損益計算書を完成しなさい。なお、会計期間は4月1日から翌3月31日までの1年間である。

(1)

決算整理前残高試算表

借　　方	勘　定　科　目	貸　　方
310,000	現　　　　　金	
550,000	普　通　預　金	
770,000	売　　掛　　金	
650,000	仮 払 消 費 税	
440,000	繰　越　商　品	
2,200,000	建　　　　　物	
600,000	備　　　　　品	
2,000,000	土　　　　　地	
	買　　掛　　金	630,000
	借　　入　　金	1,500,000
	仮　　受　　金	69,400
	仮 受 消 費 税	1,001,000
	所 得 税 預 り 金	18,000
	貸 倒 引 当 金	3,000
	建物減価償却累計額	200,000
	備品減価償却累計額	299,999
	資　　本　　金	3,000,000
	繰越利益剰余金	248,601
	売　　　　　上	10,010,000
6,500,000	仕　　　　　入	
2,200,000	給　　　　　料	
200,000	法 定 福 利 費	
60,000	支 払 手 数 料	
150,000	租　税　公　課	
100,000	支　払　利　息	
250,000	そ の 他 費 用	
16,980,000		16,980,000

(2)　決算整理事項等

1．仮受金は、得意先からの売掛金¥70,000の振込みであることが判明した。なお、振込額と売掛金の差額は当社負担の振込手数料（問題の便宜上、この振込手数料には消費税が課されないものとする）であり、入金時に振込額を仮受金として処理したのみである。

2．売掛金の期末残高に対して貸倒引当金を差額補充法により1％設定する。

3．期末商品棚卸高は¥400,000である。

4．有形固定資産について、次の要領で定額法により減価償却を行う。

　建物：耐用年数22年　残存価額ゼロ

　備品：耐用年数4年　残存価額ゼロ

　なお、決算整理前残高試算表の備品¥600,000のうち¥200,000は昨年度にすでに耐用年数をむかえて減価償却を終了している。そこで、今年度は備品に関して残りの¥400,000についてのみ減価償却を行う。

5．消費税の処理（税抜方式）を行う。

6．社会保険料の当社負担分¥10,000を未払い計上する。

7．借入金は当期の12月1日に期間1年、利率年4％で借り入れたものであり、借入時にすべての利息が差し引かれた金額を受け取っている。そこで、利息について月割により適切に処理する。

8．未払法人税等¥200,000を計上する。なお、当期に中間納付はしていない。

第1問

45点

下記の各取引について仕訳しなさい。ただし、仕訳に使用する勘定科目は、取引ごとに与えられたものから最も適当と思われるものを選び、記号で答えなさい。

1．営業に用いている建物の改良・修繕を行い、代金¥8,000,000を、小切手を振り出して支払った。支払額のうち¥5,500,000は建物の価値を高める資本的支出であり、残額は機能維持のための収益的支出である。

　　ア．当座預金　イ．貯蔵品　ウ．建物　エ．減価償却費　オ．消耗品費　カ．修繕費

2．決算日に売上勘定の貸方残高¥50,000,000を損益勘定に振り替えた。

　　ア．現金　イ．売上　ウ．普通預金　エ．支払手数料　オ．損益　カ．仕入

3．日商銀行から¥5,000,000を借り入れ、同額の約束手形を振り出し、利息¥80,000を差し引かれた残額が当座預金口座に振り込まれた。

　　ア．当座預金　イ．現金　ウ．手形借入金　エ．貸付金　オ．支払手形　カ．支払利息

4．オフィスとしてビルの1部屋を1か月の家賃¥200,000で賃借する契約を結び、1か月分の家賃、敷金（家賃2か月分）、および不動産業者への仲介手数料（家賃1か月分）を現金で支払った。

　　ア．支払手数料　イ．建物　ウ．差入保証金　エ．現金　オ．支払家賃　カ．発送費

5．従業員が出張から戻り、下記の報告書および領収書を提出したので、本日、全額を費用として処理した。旅費交通費等報告書記載の金額は、その全額を従業員が立て替えて支払っており、月末に従業員に支払うこととした。なお、電車運賃は領収書なしでも費用計上することにしている。

旅費交通費等報告書			
			日商太郎
移　動　先	手　段　等	領収書	金　　額
千　葉　商　店	電車	無	1,400
ホ テ ル 日 商	宿泊	有	9,000
帰　　　　　社	電車	無	1,400
合　　　計			11,800

```
          領　収　書
日商商事㈱
日商太郎 様

      金　9,000円

   但し、宿泊料として

                  ホテル日商
```

　　ア．通信費　イ．旅費交通費　ウ．当座預金　エ．買掛金　オ．給料　カ．未払金

6．当座預金口座からの振り替えにより¥1,000,000を定期預金口座へ預け入れた。

　　ア．当座預金　イ．現金　ウ．受取利息　エ．定期預金　オ．貸付金　カ．普通預金

7．家具卸売業を営む大阪家具店は、販売用の机10台を@¥30,000で購入し、代金は翌月払いとした。その際の引取運賃¥25,000は、現金で支払った。

　　ア．備品　イ．発送費　ウ．買掛金　エ．消耗品費　オ．現金　カ．仕入

8．決算において、本年度の法人税、住民税及び事業税が¥525,000と確定した。なお、¥225,000についてはすでに中間納付をしている。

ア．法人税等　イ．未払法人税等　ウ．租税公課　エ．仮払法人税等　オ．損益　カ．現金

9．商品¥200,000をクレジット払いの条件で顧客に販売した。信販会社へのクレジット手数料は販売代金の２％であり、販売時に計上する。

ア．支払利息　イ．未収入金　ウ．クレジット売掛金　エ．現金　オ．支払手数料　カ．売上

10．以前に購入していた土地（購入価格¥520,000、購入手数料¥12,000）を¥550,000で売却し、代金は後日受け取ることにした。

ア．土地　イ．固定資産売却益　ウ．固定資産売却損　エ．未収入金　オ．建物　カ．売掛金

11．商品¥270,000を売り上げ、代金は¥100,000を得意先振り出しの約束手形で回収し、注文時に受け取った手付金¥8,000を差し引いた残額は掛けとした。当社負担の発送費¥2,000は現金で支払った。

ア．仮受金　イ．買掛金　ウ．前受金　エ．現金　オ．売掛金　カ．受取手形　キ．売上
ク．発送費

12．今月の従業員に対する給料総額は¥3,000,000であり、所得税の源泉徴収額¥225,000および社会保険料（健康保険・厚生年金・雇用保険の保険料）¥300,000を控除した残額を、普通預金口座から振り込んだ。

ア．社会保険料預り金　イ．法定福利費　ウ．給料　エ．所得税預り金　オ．当座預金
カ．普通預金

13．借入金の利払いとして¥7,000が当座預金口座から引き落とされた。

ア．現金　イ．支払利息　ウ．受取利息　エ．通信費　オ．当座預金　カ．支払手数料

14．期首に建物（取得原価¥20,000,000、残存価額は取得原価の10％、耐用年数20年、期首までの償却年数は８年、減価償却費は定額法により計算し、記帳方法は間接法による）を、¥8,000,000で売却し、代金として相手先振り出しの小切手で受け取った際、次のように記帳されていたので、適切に修正する。

（借）現　　　　金　　　8,000,000　　　（貸）建　　　　物　　　20,000,000
　　　固定資産売却損　　12,000,000

なお、訂正にあたっては記録の誤りのみを部分的に修正する方法によること。

ア．建物減価償却累計額　イ．現金　ウ．固定資産売却損　エ．建物　オ．減価償却費
カ．固定資産売却益

15．決算日において、現金過不足（不足額）¥12,200の原因をあらためて調査した結果、通信費¥18,000の支払い、および手数料の受取額¥6,000の記入漏れが判明した。残りの金額は原因が不明であったので、適切な処理を行う。

ア．現金　イ．受取手数料　ウ．雑損　エ．現金過不足　オ．雑益　カ．通信費

問1　×2年4月1日に設立された日商株式会社の次の［資料］にもとづいて、下記の(1)と(2)に答えなさい。

［資料］

第1期（×2年4月1日から×3年3月31日まで）

・決算において、当期純利益￥2,000,000を計上した。

・第1期には配当を行っていない。

第2期（×3年4月1日から×4年3月31日まで）

・決算において、当期純損失￥350,000を計上した。

・第2期には配当を行っていない。

第3期（×4年4月1日から×5年3月31日まで）

・6月25日に開催された株主総会において、繰越利益剰余金残高から次のように処分することが決議された。

　　　株主配当金　￥100,000　　　配当に伴う（　①　）の積立て　￥10,000

・6月28日に、株主配当金￥100,000を普通預金口座から支払った。

・決算において、当期純利益￥1,600,000を計上した。

(1)　第2期の決算において、損益勘定で算定された当期純損失￥350,000を繰越利益剰余金勘定に振り替える仕訳を答えなさい。勘定科目については下記の［語群］の中から選択し、記号で答えること。

(2)　第3期における繰越利益剰余金勘定の空欄①～④に入る適切な語句または金額を答えなさい。①と②については下記の［語群］の中から選択し、記号で答えること。

繰越利益剰余金

6/25	未 払 配 当 金	100,000	4/1	前 期 繰 越	（　④　）	
〃	（　①　）	10,000	3/31	（　　　）	（　　　）	
3/31	（　②　）	（　③　）				
	（　　　）			（　　　）		

［語群］

ア．損益　イ．次期繰越　ウ．普通預金　エ．利益準備金　オ．資本金　カ．繰越利益剰余金

問2　金沢商事株式会社の次の［資料］にもとづいて、下記の(1)〜(3)に答えなさい。なお、商品売買取引の処理は3分法により行っている。

［資料］×8年7月中の取引

1日　備品¥870,000を購入し、引取運賃¥30,000を含めた合計額を、小切手を振り出して支払った。

10日　商品¥350,000を仕入れ、注文時に支払った手付金¥50,000を差し引いた残額を掛けとした。

16日　売掛金¥90,000を現金で回収した。

28日　商品¥800,000を売り上げ、代金のうち¥50,000は現金で受け取り、残額は掛けとした。

31日　月次決算処理のひとつとして、7月1日に購入した備品について、残存価額をゼロ、耐用年数を5年とする定額法で減価償却を行い、減価償却費を月割で計上した。

(1)　1日、10日および16日の取引が、答案用紙に示されたどの補助簿に記入されるか答えなさい。なお、解答にあたっては、該当するすべての補助簿の欄に○印を付すこと。

(2)　3伝票制により、28日の取引について、入金伝票を次のように作成したときの振替伝票への記入を答案用紙に示しなさい。なお、勘定科目については下記の［語群］の中から選択し、記号で答えること。

［語群］
ア　現　金　イ　買掛金　ウ　売　上　エ　仕　入　オ　売掛金

入　金　伝　票	
科　目	金　額
売　掛　金	50,000

(3)　31日に計上される減価償却費の金額を答えなさい。

第12回

当社（会計期間は×7年4月1日から×8年3月31日までの1年間）の(1)決算整理前残高試算表および(2)決算整理事項等にもとづいて、下記の問に答えなさい。なお、消費税の仮受け・仮払いは、売上時・仕入時のみ行うものとし、(2)決算整理事項等の6．以外は消費税を考慮しない。

(1)

決算整理前残高試算表

借　方	勘　定　科　目	貸　方
2,129,000	現　　　　　金	
4,615,000	普　通　預　金	
6,435,000	売　　掛　　金	
400,000	仮　　払　　金	
2,475,000	仮　払　消　費　税	
650,000	仮　払　法　人　税　等	
1,800,000	繰　越　商　品	
4,500,000	備　　　　　品	
3,000,000	貸　　付　　金	
	買　　掛　　金	4,620,000
	仮　　受　　金	35,000
	仮　受　消　費　税	4,128,000
	貸　倒　引　当　金	52,000
	借　　入　　金	1,000,000
	備品減価償却累計額	1,350,000
	資　　本　　金	10,000,000
	繰　越　利　益　剰　余　金	2,109,000
	売　　　　　上	41,280,000
	受　取　利　息	90,000
24,750,000	仕　　　　　入	
135,000	発　　送　　費	
2,400,000	支　払　家　賃	
350,000	租　税　公　課	
11,025,000	そ　の　他　の　費　用	
64,664,000		64,664,000

(2)　決算整理事項等

1．仮受金はかつて倒産した得意先に対する売掛金にかかる入金であることが判明した。なお、この売掛金は前期に貸倒処理済みである。

2．当社では商品の発送費（当社負担）について、1か月分をまとめて翌月に支払う契約を配送業者と結んでいる。×8年3月分の発送費は¥10,000であったため、期末に費用計上する。

3．売掛金の期末残高に対して1％の貸倒引当金を差額補充法により設定する。

4．期末商品棚卸高は¥1,765,000である。

5．備品について、残存価額をゼロ、耐用年数を10年とする定額法により減価償却を行う。

6．消費税の処理（税抜方式）を行う。

7．貸付金は×7年12月1日に期間1年、利率年3％の条件で貸し付けたものであり、利息は貸付時に全額受け取っている。そこで、利息について月割により適切に処理する。

8．仮払金は×8年4月分と5月分の2か月分の家賃が×8年3月28日に普通預金口座から引き落とされたものであることが判明した。そこで、家賃の前払分として処理する。

9．法人税等が¥850,000と計算されたので、仮払法人税等との差額を未払法人税等として計上する。

問1　答案用紙の決算整理後残高試算表を完成しなさい。

問2　当期純利益または当期純損失の金額を答えなさい。なお、当期純損失の場合は金額の頭に△を付すこと。

第2部

解　答
解答への道

第1問 45点

仕訳一組につき3点

	仕		訳	
	借　方　科　目	金　　額	貸　方　科　目	金　　額
1	オ	72,000	ア	72,000
2	ウ エ	100,000 2,000,000	イ	2,100,000
3	カ	30,000	オ	30,000
4	ウ カ	200,000 600,000	ア	800,000
5	ア オ	250,000 500	イ エ	250,000 500
6	ア	837,000	エ	837,000
7	イ カ	485,000 15,000	エ	500,000
8	オ	350,000	ウ エ ア	20,000 14,000 316,000
9	イ	3,000,000	カ	3,000,000
10	エ カ	320,000 160,000	ア	480,000
11	オ	2,000	ウ	2,000
12	エ	150,000	イ	150,000
13	ウ ア	35,000 3,500	カ エ	18,500 20,000
14	オ	200,000	イ	200,000
15	エ ア	6,450,000 172,000	カ	6,622,000

第2問 20点

問1

各2点

（ア）	（イ）	（ウ）	（エ）
460,000	180,000	84,000	163,000

問2

●数字…予想配点

(1)

仕 訳 日 計 表
×8年11月1日

借　方	勘定科目	貸　方
70,000	現　　　金	48,000
24,000	受 取 手 形	
80,000	売 　掛 　金	❷ 54,000
❷ 39,000	買 　掛 　金	53,000
	売　　　上	❷ 120,000
❷ 53,000	仕　　　入	
9,000	水 道 光 熱 費	
275,000		275,000

※元丁欄と仕丁欄は省略している。

現　　　金

×8/11/1 前 月 繰 越	78,000	×8/11/1 仕 訳 日 計 表(	48,000)
〃 仕 訳 日 計 表(❷ 70,000)			

(2)

11月1日現在の札幌商店に対する売掛金残高

¥ （ ❷ 99,000 ）

第3問 35点

貸 借 対 照 表
×8年３月31日　　　　　　　　　　　　　　　　（単位：円）

現　　　　　金		（③ 560,000）	買　掛　金	（③ 440,000）
当 座 預 金		（ 668,000）	（未　払　金）	（ 360,000）③
売　掛　金	（ 800,000）		未 払 費 用	（ 3,000）
③（貸 倒 引 当 金）	（ 24,000）	（ 776,000）	借　入　金	（ 600,000）
商　　　　品		（③ 189,000）	資　本　金	600,000
前 払 費 用		（ 80,000）	繰越利益剰余金	（ 814,000）
未 収 収 益		（ 24,000）		
備　　　　品	（ 400,000）			
減価償却累計額	（ 240,000）	（③ 160,000）		
土　　　　地		（ 360,000）		
		（ 2,817,000）		（ 2,817,000）

損 益 計 算 書
×7年４月１日から×8年３月31日まで　　　　　　　　（単位：円）

売 上 原 価	（③ 3,284,000）	売　上　高	5,400,000
給　　　料	（ 960,000）	受 取 手 数 料	（③ 107,000）
貸倒引当金繰入	（ 14,000）		
減 価 償 却 費	（ 80,000）		
支 払 家 賃	（③ 480,000）		
水 道 光 熱 費	（ 130,000）		
通　信　費	（ 32,600）		
③ 雑　（損　）	（ 400）		
支 払 利 息	（③ 12,000）		
② 当期純（利　益）	（ 514,000）		
	（ 5,507,000）		（ 5,507,000）

　全体的な難易度・問題量のバランスは、合格点がとれるレベルのものです。計算力、集計力が試されますね。第2問の問1は難しいレベルですが良問です。

　難易度は、A：普、B：やや難、C：難となっています。

> **第1問**
> 指定された勘定科目は記号で解答しなければ正解にならないので注意してください。
> Aレベルは正解できるようにしましょう。
> 解答時間は1題につき30秒～1分以内を目標に！

1．売上取引（返品）　難易度 A

| 解答 | （売　　　　　上） | 72,000 | （売　掛　金） | 72,000 |

　*　60個×@1,200円＝72,000円

　販売した商品が返品されたときは、販売したときの仕訳の逆仕訳を行い、販売記録を取り消します。

2．当座預金の預け入れ　難易度 A

| 解答 | （当　座　預　金） | 100,000 | （普　通　預　金） | 2,100,000 |
| | （定　期　預　金） | 2,000,000 | | |

　普通預金口座の金額を他の預金口座へ預け入れる取引です。したがって、引き出される普通預金勘定（資産）の減少と、入金先である当座預金勘定（資産）と定期預金勘定（資産）の増加となります。

　なお、問題資料の「口座開設と同時に当座借越契約（限度額¥1,800,000）を締結し」という文章は、本問を解くうえで考慮する必要のない資料です。

3．消耗品の購入　難易度 A

| 解答 | （消　耗　品　費） | 30,000 | （未　払　金） | 30,000 |

　消耗品を購入したときは、消耗品費勘定（費用）の増加とします。なお、商品売買以外の取引から生じた代金の未払分は、未払金勘定（負債）の増加とします。

4．売掛金の貸倒れ　難易度 B

| 解答 | （前　受　金） | 200,000 | （売　掛　金） | 800,000 |
| | （貸　倒　損　失） | 600,000 | | |

　得意先が倒産してしまったため、売掛金の未回収高800,000円を清算する仕訳です。

(1) 売掛金の回収

　200,000円分については貸倒れではなく、売掛金の回収にあたります。

　注文時に受け取っていた手付金（前受金勘定で処理）が、商品代金に充当されることなく残っていたため、売掛金の回収に充てることにしたとして仕訳します。

| 手付金受取時：（現　金　な　ど） | ×× | （前　受　金） | 200,000 |
| 本問の解答①：（前　受　金） | 200,000 | （売　掛　金） | 200,000 |

参考

　4．(1)の仕訳における前受金勘定は、本来の使い方と異なるため訂正仕訳と考えることもできます。

訂正仕訳は、①誤った仕訳の逆仕訳と②正しい仕訳から導くとよいでしょう。

| 誤 っ た 仕 訳：(現 金 な ど) | 200,000 | (前 受 金) | 200,000 |

| ①誤った仕訳の逆仕訳：(前 受 金) | 200,000 | (現 金 な ど) | 200,000 |

| ②正 し い 仕 訳：(現 金 な ど) | 200,000 | (売 掛 金) | 200,000 |

①と②の仕訳の「(現金など)」を相殺して以下のような1つの仕訳を作ります。

| (前 受 金) | 200,000 | (売 掛 金) | 200,000 |

(2)　貸倒れ

残額600,000円分については貸倒れとして処理します。

問題文には貸倒引当金に関する指示がない（＝引当金の設定がないと考える）ので、全額を貸倒損失勘定（費用）で処理します。

| **本問の解答②：**(貸 倒 損 失) | 600,000 | (売 掛 金) | 600,000 |

本問の解答①と**本問の解答②**をあわせて解答とします。

5．買掛金の支払い　難易度　**A**

| 解答 | (買 掛 金) | 250,000 | (支 払 手 形) | 250,000 |
| | (通 信 費) | 500 | (現 金) | 500 |

買掛金の支払いとして約束手形を振り出したときは、買掛金勘定（負債）の減少に対して手形代金の支払義務が生じるため、支払手形勘定（負債）の増加とします。なお、当社が支払った郵送代金は通信費勘定（費用）の増加とします。

6．有形固定資産の購入　難易度　**A**

| 解答 | (備 品) | 837,000 | (仮 払 金) | 837,000 |

事務用に購入したパソコンは備品勘定（資産）の増加とし、備品の購入にともなう配送料や初期設定費用は、付随費用として取得原価に含めます。なお、支払額はすでに仮払金勘定で処理していたため、仮払金勘定から備品勘定に振り替える処理になります。

また、本問の領収書には、200円分の収入印紙が貼り付けられていますが、領収書の作成者が負担するものなので、仕訳は必要ありません。

7．売上取引（クレジット払い）　難易度　**A**

| 解答 | (クレジット売掛金) | 485,000 | (売 上) | 500,000 |
| | (支 払 手 数 料) | 15,000 * | | |

＊　500,000円×3％＝15,000円

商品をクレジット払いの条件で販売した場合は、クレジット売掛金勘定（資産）の増加とし、「売掛金」とは区別して処理します。また、信販会社に対する手数料の支払額は支払手数料勘定（費用）の増加としますが、販売時に計上する場合は、売上高から手数料を差し引いた残額が「クレジット売掛金」となります。

8. 給料の支払い　難易度 **A**

解答					
（給　　　　料）	350,000	（社会保険料預り金）	20,000
		（所 得 税 預 り 金）	14,000
		（当 座 預 金）	316,000

　給料総額350,000円から、従業員が負担する社会保険料20,000円と所得税の源泉徴収分14,000円を差し引いて預かるため、社会保険料は社会保険料預り金勘定（負債）、所得税の源泉徴収分は所得税預り金勘定（負債）の増加とします。

　従業員の手取額については、当座預金口座より振り込んでいるので当座預金勘定（資産）の減少とします。

9. 株式の発行（設立時）　難易度 **A**

解答				
（当 座 預 金）	3,000,000	（資　本　金）	3,000,000

　＊　@60,000円×50株＝3,000,000円

　株式を発行した場合は、原則、払込金額の全額を資本金勘定（資本）の増加とします。なお、払込金は「すべて当座預金口座に預け入れられた」とあるため、当座預金勘定（資産）の増加とします。

10. 建物の賃借　難易度 **A**

解答				
（差 入 保 証 金）	320,000	（当 座 預 金）	480,000
（支 払 手 数 料）	160,000		

　建物を賃借する（＝賃料を支払って借りる）契約を結んだ際に生じた不動産業者への仲介手数料は、支払手数料勘定（費用）の増加とします。また、保証金（敷金）については、賃借した建物に問題がなければ解約時に返還されるので、支払ったときは差入保証金勘定（資産）の増加とします。

11. 現金の過不足　難易度 **A**

解答				
（現　　　　金）	2,000	（現 金 過 不 足）	2,000

　＊　301,600円〈実際有高〉－299,600円〈帳簿残高〉＝2,000円

　現金の帳簿残高と実際有高（金庫の中身）が一致していないときは、その不一致額を現金過不足勘定で処理し、原因を調査します。このとき、帳簿残高が実際有高となるように修正するので、帳簿残高を増減させることに意識しましょう。

12. 支払手形の決済　難易度 **A**

解答				
（支 払 手 形）	150,000	（当 座 預 金）	150,000

　約束手形は振出時に支払手形勘定（負債）の増加で処理しているので、当座預金口座から支払いが完了した時点で、当座預金勘定（資産）とともに減らす処理を行います。

13. 仕入取引　難易度 **B**

解答					
（仕　　　　入）	35,000	（現　　　　金）	18,500
（仮 払 消 費 税）	3,500	（買　掛　金）	20,000*

　＊　（35,000円＋3,500円）〈消費税を含めた合計額〉－18,500円＝20,000円

　消費税を含めた支払額のうち、18,500円については現金勘定（資産）の減少とし、残額は商品代金の支払義務を表す買掛金勘定（負債）の増加とします。また、消費税を税抜方式で記帳する場合、支払った消費税額は仮払消費税勘定（資産）の増加とします。

14. 預金口座より引き出し　難易度 **A**

解答　（現　　　　　金）　200,000　　　（普　通　預　金）　200,000

　　普通預金から引き出した金額分の預金残高が減り、手許に現金が増える取引なので、普通預金勘定（資産）の減少となります。

15. 決算振替仕訳　難易度 **B**

解答　（売　　　　　上）　6,450,000 *1　　　（損　　　　　益）　6,622,000
　　　　（受　取　地　代）　172,000 *2

　　*1　6,700,000円〈総売上高〉－250,000円〈戻り高〉＝6,450,000円〈純売上高〉

　　*2　160,000円〈当期受取高〉＋12,000円〈未収地代〉＝172,000円

　　決算振替仕訳とは、当期純損益を計算するために、決算整理**後**の費用と収益の各勘定残高を損益勘定へ振り替えるための仕訳です。本問は、ともに収益の勘定（貸方残高）であることから、損益勘定の貸方に振り替えます。

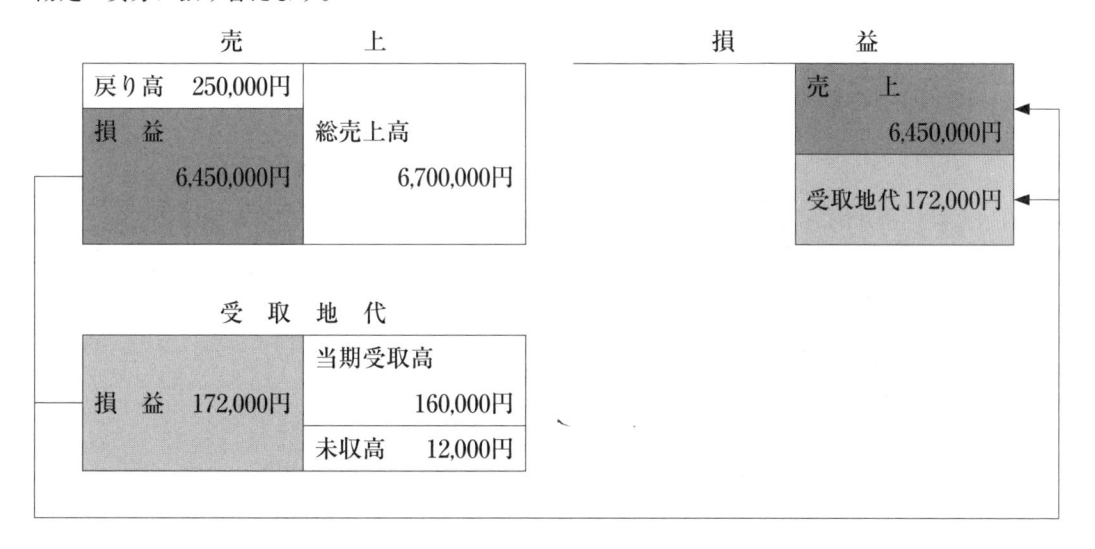

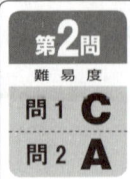

問1 有形固定資産に関する勘定記入の問題です。

　当会計期間は×8年4月1日から×9年3月31日までの1年であることに意識しながら、備品の取得日からの記帳の流れを理解しているか、減価償却額の計算を正確に行えるかが問われています。

問2 伝票に関する問題です。

　仕訳日計表は、1日分の取引を起票した伝票の情報だけで作る合計試算表の一種であるという結論を知っていれば、特に難しいものではありません。3伝票制のルールと仕訳日計表の作成手順をしっかりマスターして得意な分野にしておきましょう。

問1

1．×8年4月1日　備品勘定と備品減価償却累計額勘定の前期繰越額

　備品勘定または備品減価償却累計額勘定の開始記入（「前期繰越」）の日付により、当期は×8年4月1日から始まる会計期間であることを確認しましょう。

　これにより、×8年3月31日までに取得した備品が、×8年4月1日における備品勘定の前期繰越額であることがわかります。

　備品勘定の「前期繰越」：備品A 100,000円＋備品B 360,000円＝**460,000円（ア）**

[資　料]

	取　得　日	取得原価	耐用年数	残存価額
備品A	×5年4月1日	¥100,000	5年	取得原価の10%
備品B	×7年12月1日	¥360,000	4年	ゼロ
備品C	×8年5月10日	¥180,000	3年	ゼロ

　前期以前に取得していた備品Aと備品Bについては、経過した会計期間の決算において減価償却をしています。**残存価額が異なる**ので、計算に注意しましょう。

　備品A〈×5.4.1～×8.3.31〉：100,000円〈取得原価〉×0.9÷5年×3年＝54,000円

　備品B〈×7.12.1～×8.3.31〉：360,000円〈取得原価〉÷4年×$\dfrac{4か月}{12か月}$＝30,000円

　備品減価償却累計額勘定の「前期繰越」：備品A 54,000円＋備品B 30,000円＝**84,000円（ウ）**

2．×8年5月10日　備品Cの購入

　　　　（備　　　品）　　**180,000（イ）**　　　（当　座　預　金）　　　　180,000

3．×9年3月31日　決算整理：備品の減価償却

　備品A〈×8.4.1～×9.3.31〉：100,000円〈取得原価〉×0.9÷5年　　　　＝18,000円 ⎤

　備品B〈×8.4.1～×9.3.31〉：360,000円〈取得原価〉÷4年　　　　　　＝90,000円 ⎬ 合計163,000円

　備品C〈×8.5.10～×9.3.31〉：180,000円〈取得原価〉÷3年×$\dfrac{11か月^*}{12か月}$＝55,000円 ⎦

＊　月の途中で購入したとしても日割計算は行わないため、5月は1か月間使用したとみなします。

決算整理仕訳

　　　　（減 価 償 却 費）　　　163,000　　　　（備品減価償却累計額）　　　**163,000（エ）**

備　　　　品

×8/4/1	前 期 繰 越	460,000	×9/3/31	次 期 繰 越	640,000
5/10	当 座 預 金	180,000			貸借合計

備品減価償却累計額

×9/3/31	次 期 繰 越	247,000	×8/4/1	前 期 繰 越	84,000
		貸借合計	×9/3/31	減 価 償 却 費	163,000

問2

I 仕訳日計表の作成

手順1：伝票を仕訳の形に直します。

入金伝票……　（現　　　　　金）	×××	（〇　〇　〇）	×××
入金伝票には、借方の勘定科目がすべて「現金」となる取引を記入しています。			

	No.101	（現　　　　金）	30,000	（売 掛 金・札幌）	30,000
	No.102	（現　　　　金）	40,000	（売　　　　上）	40,000

出金伝票……　（〇　〇　〇）	×××	（現　　　　　金）	×××
出金伝票には、貸方の勘定科目がすべて「現金」となる取引を記入しています。			

	No.201	（買 掛 金・埼 玉）	23,000	（現　　　　金）	23,000
	No.202	（買 掛 金・千 葉）	16,000	（現　　　　金）	16,000
	No.203	（水 道 光 熱 費）	9,000	（現　　　　金）	9,000

振替伝票……　（〇　〇　〇）	×××	（〇　〇　〇）	×××
振替伝票には、「現金」の増減とならない取引を記入しています。			

	No.301	（売 掛 金・札幌）	80,000	（売　　　　上）	80,000
	No.302	（受 取 手 形）	24,000	（売 掛 金・仙台）	24,000
	No.303	（仕　　　　入）	53,000	（買 掛 金・埼玉）	53,000

手順2：仕訳日計表に集計します。　伝票の情報（1日分の取引の仕訳）だけで合計試算表を作るというイメージで、仕訳日計表に集計してみましょう！

手順3：仕訳日計表から総勘定元帳へ合計転記（仕訳日計表に集計した金額を転記）します。その際、相手科目に代えて「仕訳日計表」と記入します（本問では答案用紙に印刷済み）。

II 札幌商店に対する売掛金の集計

手順1で仕訳するときに取引先名を付記しておくと、集計しやすくなります。

札 幌 商 店

10/31 現在の残高	49,000	11/ 1 入金伝票No.101より	30,000
11/ 1 振替伝票No.301より	80,000	11/ 1 現在の残高	99,000

61

I 問題の流れ

決算整理前残高試算表に集められた各勘定の金額に決算整理仕訳等を加減算して、貸借対照表と損益計算書を作成する問題なので、基本的に解法手順は精算表の作成と同じです。しかし、精算表のように決算整理仕訳等を記入できる修正記入欄はないので、必要な決算整理仕訳等は、問題資料(1)の残高試算表に書き込みして集計する等の工夫をしましょう。

ネット試験 …問題資料への書き込みができないため、金額が増減する科目だけを計算用紙に書き出し、T字勘定等を使って集計するとよいでしょう。

この問題の資料と解答要求事項の関係を精算表の形式で示すと、次のようになります。 参考2 として「解答への道」の最後に精算表を載せてあります。

精 算 表

勘 定 科 目	残 高 試 算 表		修 正 記 入		損 益 計 算 書		貸 借 対 照 表	
	借 方	貸 方	借 方	貸 方	借 方	貸 方	借 方	貸 方

```
        資料(1)            資料(2)         損益計算書        貸借対照表
          ⋮                ⋮
        残高試算表        決算整理事項等        答案用紙
```

精算表の損益計算書欄と貸借対照表欄に記入する金額と、財務諸表に載せる金額は同じですが、財務諸表は表示方法（＝見せ方）についてルールがあるので、別途暗記する必要があります。「解答への道」の最後の 参考1 を参照してください。

II 決算整理事項等

本問における決算整理事項等の仕訳は次のとおりです。

1. 現金の過不足

現金の帳簿残高564,000円（(1)残高試算表より）を実際有高560,000円に合わせるため、帳簿残高より4,000円減らします。なお、原因の判明した「通信費の記入漏れ」は通信費勘定の借方に振り替え、判明しなかった借方差額400円を雑損とします。

（通　信　費）	3,600	（現　　　金）	4,000
（雑　　　損）	400		

2. 売掛金の回収〈未処理事項〉

（仮　受　金）	67,000	（売　掛　金）	67,000

3. 訂正仕訳

商品売買以外の取引から生じた代金の未払分は、未払金勘定の増加としなくてはならないため、正しい記録になるように修正します。

訂正仕訳は、①誤った仕訳の逆仕訳と②正しい仕訳から導くとよいでしょう。

誤 っ た 仕 訳 ：	（土 地）	360,000	（買 掛 金）	360,000

①誤った仕訳の逆仕訳：	（買 掛 金）	360,000	（土 地）	360,000

②正 し い 仕 訳：	（土 地）	360,000	（未 払 金）	360,000

①と②、２つの仕訳で訂正仕訳となります。

なお、①と②の仕訳の「土地」を相殺して以下のような１つの仕訳にするほうが望ましいです。

（買 掛 金）	360,000	（未 払 金）	360,000

４．貸倒引当金の設定

「２．売掛金の回収」により、売掛金の残高が67,000円減少していることに注意して貸倒引当金を設定します。

設　定　額　$\underset{\text{売掛金}}{(867,000円 - 67,000円)} \times 3\% = 24,000円$

決算整理前残高	10,000円
差引：繰入額	14,000円

（貸倒引当金繰入）	14,000	（貸 倒 引 当 金）	14,000

５．売上原価の計算　（注）仕入勘定で売上原価を算定する場合

（仕 入）	273,000	（繰 越 商 品）	273,000*
（繰 越 商 品）	189,000	（仕 入）	189,000

＊　問題資料(1)の残高試算表上の「繰越商品」が期首商品の金額です。

６．有形固定資産の減価償却

400,000円〈備品の取得原価〉÷ ５年 = 80,000円

（減 価 償 却 費）	80,000	（備品減価償却累計額）	80,000

７．前払家賃（前払費用）の計上

当期の12月１日に支払った向こう６か月分の家賃のうち、２か月分は次期に係る費用の前払い分であるため、支払家賃勘定（費用）から差し引き、前払家賃勘定（資産）として次期に繰り越します。

$240,000円 \times \dfrac{2か月}{6か月} = 80,000円$

（前 払 家 賃）	80,000	（支 払 家 賃）	80,000

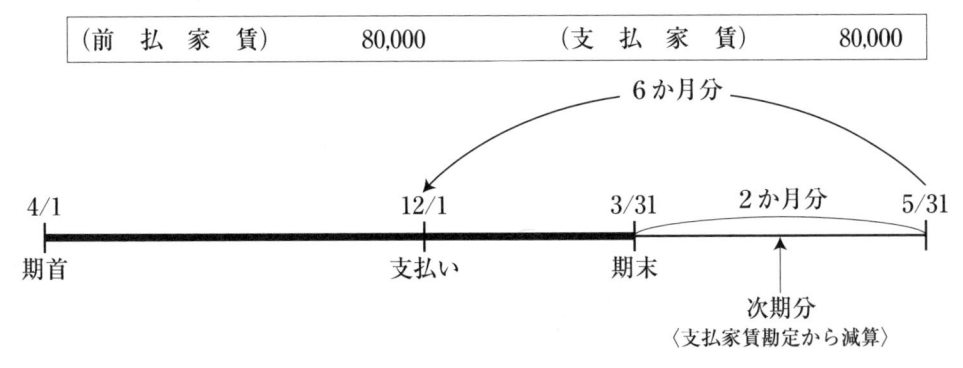

8．未払利息（未払費用）の計上

問題文の指示に従い、支払利息勘定（費用）の増加とするとともに、同額を未払利息勘定（負債）とします。

$$600{,}000円 \times 利率年2\% \times \frac{3か月}{12か月} = 3{,}000円$$

（支　払　利　息）	3,000	（未　払　利　息）	3,000

9．未収手数料（未収収益）の計上

（未　収　手　数　料）	24,000	（受　取　手　数　料）	24,000

10．当期純利益の計算

損益計算書の貸方合計（収益）と借方合計（費用）の差額により、当期純利益を計算します。

$$\underbrace{5{,}507{,}000円}_{収益合計} - \underbrace{4{,}993{,}000円}_{費用合計} = \underbrace{514{,}000円}_{当期純利益}$$

当期純利益は繰越利益剰余金（資本）の増加とすることから、繰越利益剰余金の決算整理前残高に当期純利益を加えた金額を、貸借対照表の貸方へ記入し、貸借対照表の貸借合計が一致することを確認します。

繰越利益剰余金：300,000円〈決算整理前残高〉＋514,000円〈当期純利益〉＝814,000円

参考1

〈貸借対照表記入上の注意〉
- 貸倒引当金勘定の残高は、原則として、資産の部において受取手形や売掛金それぞれから控除する形式で表示します。
- 繰越商品勘定の残高は、「**商品**」と表示します。
- 経過勘定項目である「未払○○」は「**未払費用**」、「前払○○」は「**前払費用**」、「未収○○」は「**未収収益**」、「前受○○」は「**前受収益**」と表示します。
- 備品減価償却累計額勘定の残高は、原則として、資産の部において備品から控除する形式で表示します。このとき、具体的な固定資産の科目名は付けずに「**減価償却累計額**」と表示します。

〈損益計算書記入上の注意〉
- 仕入勘定の残高は、「**売上原価**」と表示します。
  売上原価は、「期首商品棚卸高＋当期商品仕入高－期末商品棚卸高」の式で求めることもできます。
  期首商品棚卸高273,000円＋当期商品仕入高3,200,000円－期末商品棚卸高189,000円＝3,284,000円
- 売上勘定の残高は、「**売上高**」と表示します。

参考2

精算表に記入すると次のようになります。

精　算　表

勘 定 科 目	残 高 試 算 表 借 方	残 高 試 算 表 貸 方	修 正 記 入 借 方	修 正 記 入 貸 方	損 益 計 算 書 借 方	損 益 計 算 書 貸 方	貸 借 対 照 表 借 方	貸 借 対 照 表 貸 方
現　　　　　金	564,000			4,000			560,000	
当 座 預 金	668,000						668,000	
売 　掛　 金	867,000			67,000			800,000	
繰 越 商 品	273,000		189,000	273,000			189,000	
備　　　　品	400,000						400,000	
土　　　　地	360,000						360,000	
買 　掛　 金		800,000	360,000					440,000
仮 　受　 金		67,000	67,000					
借 　入　 金		600,000						600,000
貸 倒 引 当 金		10,000		14,000				24,000
備品減価償却累計額		160,000		80,000				240,000
資 　本　 金		600,000						600,000
繰越利益剰余金		300,000						300,000
売　　　　上		5,400,000				5,400,000		
受 取 手 数 料		83,000		24,000		107,000		
仕　　　　入	3,200,000		273,000	189,000	3,284,000			
給　　　　料	960,000				960,000			
支 払 家 賃	560,000			80,000	480,000			
水 道 光 熱 費	130,000				130,000			
通 　信　 費	29,000		3,600		32,600			
支 払 利 息	9,000		3,000		12,000			
	8,020,000	8,020,000						
雑　　　　損			400		400			
未 　払　 金				360,000				360,000
貸倒引当金繰入			14,000		14,000			
減 価 償 却 費			80,000		80,000			
前 払 家 賃			80,000				80,000	
未 払 利 息				3,000				3,000
未 収 手 数 料			24,000				24,000	
当 期 純 利 益					514,000			514,000
			1,094,000	1,094,000	5,507,000	5,507,000	3,081,000	3,081,000

第1問　45点

仕訳一組につき3点

	仕		訳	
	借 方 科 目	金 額	貸 方 科 目	金 額
1	カ	220,000	イ エ	200,000 20,000
2	イ カ	12,000,000 3,000,000	ア	15,000,000
3	ア	413,500	カ イ	400,000 13,500
4	ウ	19,650,000	ア オ	400,000 19,250,000
5	エ	2,000,000	イ	2,000,000
6	エ イ ク	30,000 132,000 5,000	キ カ	162,000 5,000
7	ウ	900,000	イ	900,000
8	オ	50,000	ア	50,000
9	カ	1,170,000	エ	1,170,000
10	ア	27,300	オ	27,300
11	オ	230,000	イ ウ	200,000 30,000
12	エ カ	7,000 1,500	ア	8,500
13	イ オ	17,000 63,000	エ	80,000
14	カ	203,000	ア ウ イ	40,000 160,000 3,000
15	ウ ア	150,000 350,000	エ	500,000

第2問 20点　　　　　　　　　　　　　　　　　　　　　　　各2点

問1

①	②	③	④	⑤
9,000	26,000	オ	ウ	8,000

問2

①	②	③	④	⑤
エ	ケ	キ	ア	ク

精　算　表

勘定科目	残高試算表 借方	残高試算表 貸方	修正記入 借方	修正記入 貸方	損益計算書 借方	損益計算書 貸方	貸借対照表 借方	貸借対照表 貸方
現　　　　金	1,250,000						1,250,000	
現　金　過　不　足	35,000			35,000				
普　通　預　金	1,100,000		40,000				1,140,000 ③	
売　　掛　　金	590,000			40,000			550,000	
繰　越　商　品	370,000		340,000	370,000			340,000	
貸　　付　　金	500,000						500,000	
備　　　　品	1,200,000						1,200,000	
土　　　　地	510,000						510,000	
買　　掛　　金		500,000						500,000
仮　　受　　金		30,000	30,000					
貸　倒　引　当　金		7,000		4,000				11,000 ③
備品減価償却累計額		900,000		150,000				1,050,000 ③
資　　本　　金		2,700,000						2,700,000
繰越利益剰余金		1,323,800						1,323,800
売　　　　上		3,700,000				3,700,000		
受　取　地　代		44,200	3,400			40,800 ③		
受　取　利　息		15,000		3,750		18,750 ③		
仕　　　　入	2,960,000		370,000	340,000	2,990,000 ③			
給　　　　料	550,000		10,000		560,000			
保　　険　　料	30,000				30,000			
支　払　家　賃	90,000				90,000			
支　払　手　数　料	35,000				35,000			
	9,220,000	9,220,000						
雑　　（損）			5,000		5,000 ③			
減　価　償　却　費			150,000		150,000			
貸倒引当金繰入			4,000		4,000 ③			
（未　収）利　息			3,750				3,750 ③	
（未　払）給　料				10,000				10,000 ③
（前　受）地　代				3,400				3,400 ③
当期純（損　失）						104,450	104,450 ②	
			956,150	956,150	3,864,000	3,864,000	5,598,200	5,598,200

全体的に、難易度・問題量ともに高得点がねらえる問題です。
難易度は、Ａ：普、Ｂ：やや難、Ｃ：難となっています。

第 **1** 問　指定された勘定科目は記号で解答しなければ正解にならないので注意してください。
Ａレベルは正解できるようにしましょう。
解答時間は１題につき30秒～１分以内を目標に！

1．剰余金の配当と処分　難易度 **A**

解答				
（繰越利益剰余金）	220,000	（未 払 配 当 金）	200,000
		（利 益 準 備 金）	20,000

　繰越利益剰余金の配当と処分を行ったときは、繰越利益剰余金勘定（資本）の減少とし、配当金については「ただちに支払った」などの文言がなければ「後で支払われるもの」と読み取り、未払配当金勘定（負債）で処理します。また、利益準備金の積立ては、利益準備金勘定（資本）の増加とします。

2．建物の修繕と改良　難易度 **A**

解答				
（建　　　　物）	12,000,000	（当 座 預 金）	15,000,000
（修　繕　費）	3,000,000		

　建物にかかる支出は、その名目に関係なく、建物の資産価値を高めるためのものであれば、建物勘定（資産）の増加とし、建物の現状を維持するためのものであれば、修繕費勘定（費用）の増加とします。なお、代金は小切手を振り出して支払ったため、当座預金勘定（資産）の減少とします。

3．資金の貸付け（返済）　難易度 **A**

解答				
（当 座 預 金）	413,500	（貸 付 金）	400,000
		（受 取 利 息）	13,500*

＊　$400,000円 \times 年利率4.5\% \times \dfrac{9か月}{12か月} = 13,500円$

　貸付金を回収した（貸したお金を返してもらった）ときは、貸付金勘定（資産）の減少とします。なお、９か月分の利息とともに受け取った同店（大阪商店）振り出しの小切手は「他人振り出しの小切手」となるため、本来であれば現金勘定で処理しますが、問題文に「ただちに当座預金に預け入れた」とあるため、当座預金勘定（資産）の増加とします。

4．有形固定資産の購入　難易度 **A**

解答				
（土　　　　地）	19,650,000*	（現　　　　金）	400,000
		（未　払　金）	19,250,000

＊　$\underbrace{550㎡ \times @35,000円}_{購入代価} + \underbrace{400,000円}_{付随費用} = 19,650,000円$

　土地の購入にともなって生じた付随費用（本問では購入手数料400,000円）は、土地の取得原価に含めます。なお、商品売買以外の取引から生じた代金の未払分は、未払金勘定（負債）の増加とします。

5. 所得税の納付　難易度 A

解答				
（所 得 税 預 り 金）	2,000,000	（現　　　　金）	2,000,000

　　給料を支払った際に預かった所得税は、後日、税務署に納める義務として、所得税預り金勘定（負債）の増加としています。したがって、納付したときは所得税預り金勘定の減少となります。

6. 売上取引　難易度 B

解答				
（前　受　金）	30,000	（売　　　　上）	162,000
（売　掛　金）	132,000		
（立　替　金）	5,000	（現　　　　金）	5,000

　　商品の売上取引における手付金30,000円は商品代金の一部を前受けしたもの（前受金勘定で処理）なので、商品を売り渡したときにその代金に充当（相殺）します。また、先方負担とする商品の発送費用5,000円の処理方法には、①立替金勘定で処理する方法と、②売掛金勘定に含めて処理する方法があります。本問では、問題文に「掛代金とは区別して計上した。」とあるため、①の方法と判断します。

7. 電子記録債権　難易度 A

解答				
（電 子 記 録 債 権）	900,000	（売　掛　金）	900,000

　　売掛金について、電子記録債権の発生記録が行われたときは、その金額を電子記録債権勘定に振り替えます。具体的には、売掛金勘定（資産）の減少とするとともに、電子記録債権勘定（資産）の増加とします。

8. 再振替仕訳　難易度 A

解答				
（当 座 借 越）	50,000	（当 座 預 金）	50,000

　　当座預金勘定が貸方残高のときは、当座借越契約上の一時的な借入れがあることを示しています。これを前期の決算整理にともない当座借越勘定に振り替えたときは、翌期首に再振替仕訳（前期に行った決算整理仕訳の逆仕訳）を行って、もとの勘定に戻します。

9. 決算振替仕訳　難易度 A

解答				
（損　　　　益）	1,170,000	（仕　　　　入）	1,170,000*

　　＊　120,000円＋1,230,000円−180,000円＝1,170,000円

　　決算振替仕訳とは、当期純損益を計算するために、決算整理**後**の費用と収益の各勘定残高を損益勘定へ振り替えるための仕訳です。本問では、問題文の指示により、仕入勘定において算定された売上原価を損益勘定の借方へ振り替えます。

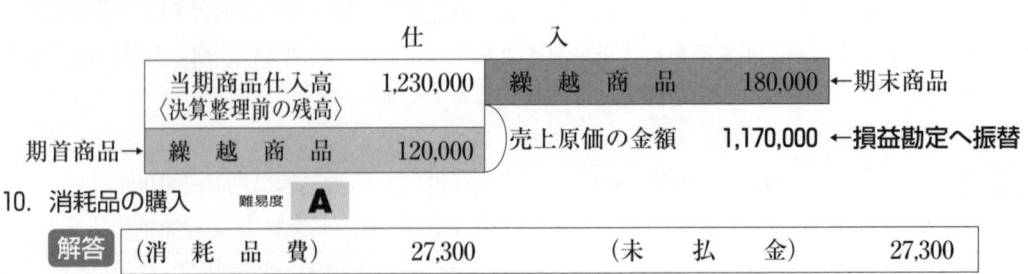

10. 消耗品の購入　難易度 A

解答				
（消 耗 品 費）	27,300	（未 払 金）	27,300

　　事務作業などで使用する少額の物品で、すぐに使って無くなってしまうようなものを消耗品といいます。消耗品の購入時に請求書を受け取ったときは、その記載内容にもとづいて消耗品費勘定（費用）の増加で処理します。また、商品以外のものを購入したときの代金の未払額は、未払金勘定（負債）の増加とします。

11. 内容不明の入金（判明）　難易度 **B**

解答						
（仮　受　金）	230,000	（売　掛　金）	200,000
		（前　受　金）	30,000

「内容不明」の入金分は仮受金勘定で処理しています。

従業員から入金時：	（当 座 預 金）	230,000	（仮　受　金）	230,000

　　内容が判明したときには、仮受金勘定の借方に記入します。200,000円については売掛金の回収分であったため売掛金勘定（資産）の減少とし、30,000円については得意先から受け取った手付金であることが判明したため、これは商品の引渡義務を表す前受金勘定（負債）へ振り替えます。

12. 租税公課と通信費の支払い　難易度 **A**

解答				
（租 税 公 課）	7,000	（現　　　金）	8,500
（通　信　費）	1,500		

　　事業で使用する収入印紙は租税公課勘定（費用）、郵便切手は通信費勘定（費用）の増加とします。

13. 旅費交通費の概算払い（精算）　難易度 **A**

解答				
（現　　　金）	17,000	（仮　払　金）	80,000
（旅 費 交 通 費）	63,000		

　　出張にあたり支払った旅費の概算額80,000円は、一時的に仮払金勘定で処理しておき、金額確定時に旅費交通費勘定へ振り替えます。

概算払い時：	（仮　払　金）	80,000	（現 金 な ど）	80,000

　　従業員が出張から戻り旅費を精算した結果、残額として17,000円を受け取ったということは、この時点で旅費交通費の支出額は63,000円であったと確定します。

14. 仕入取引　難易度 **B**

解答				
（仕　　　入）	203,000	（前　払　金）	40,000*
		（買　掛　金）	160,000
		（現　　　金）	3,000

　　＊　商品代金200,000円×20％＝40,000円

　　商品の仕入取引における手付金は、商品代金の一部を前払いしたものです。

手付金の支払時：	（前　払　金）	40,000	（現 金 な ど）	40,000

　　したがって、商品が到着したとき（引き渡しを受けたとき）に商品代金と相殺し、残額は、商品代金の支払義務を表す買掛金勘定（負債）の増加とします。また、商品の引取運賃を当社が負担した場合は、その金額を含めて仕入原価とします。

15. 建物の賃借（解約）　難易度 **A**

解答				
（修　繕　費）	150,000	（差 入 保 証 金）	500,000
（普 通 預 金）	350,000		

　　賃借契約を結んだ際に支払った敷金は、賃借した建物に特に問題がなければ解約時に返還されるため、差入保証金勘定（資産）として処理しています。退去時にはその金額から原状回復費（修繕費勘定で処理）が差し引かれた残額が返還されるため、差入保証金勘定は全額を減少とするとともに、返還された金額分だけ普通預金勘定（資産）の増加とします。

 **第2問** 難易度 問1 **A** 問2 **A**

問1 記録のルールである「仕訳と転記」が問われた基本問題です。
素早く正確に解答できるようにしておきましょう。
問2 文章の空所補充問題です。
日商簿記3級で出題されるものは、「文章のマル暗記」ということではなく、日商簿記3級で学習する帳簿組織や基本的な会計処理をマスターしていれば解答できます。できなかったところはテキスト等で確認するようにしましょう。

問1

Ⅰ 期中処理

1/1 取引先からの借入れ（利率年1.5％、期間1年、利払日は6月と12月の各末日）

（普 通 預 金）	1,200,000	（借 入 金）	1,200,000

6/30 取引先からの借入れに対する利払い（1月1日〜6月末日までの6か月分）

利息の計算：$1,200,000円 \times 利率年1.5\% \times \dfrac{6か月}{12か月} = 9,000円$

（支 払 利 息）	（①）9,000	（普 通 預 金）	9,000

9/1 銀行からの借入れ（利率年1.2％、期間1年、利息は元本返済時に一括で支払う）

（普 通 預 金）	2,000,000	（借 入 金）	2,000,000

12/31 取引先からの借入れに対する利払い（7月1日〜12月末日までの6か月分）

利息の計算：6/30と同じです。

（支 払 利 息）	9,000	（普 通 預 金）	9,000

Ⅱ 決算処理

1．決算整理仕訳

12/31 銀行からの借入れに対する未払利息の計上

当期の9月1日から12月31日までの4か月分の利息は、当期中に支払っていないので未計上です。しかし、当期に係る費用であるため、支払利息勘定（費用）の増加とするとともに、同額を未払利息勘定（負債）とします。

利息の計算：$2,000,000円 \times 利率年1.2\% \times \dfrac{4か月}{12か月} = 8,000円$

（支 払 利 息）	8,000	（未 払 利 息）	（⑤）8,000

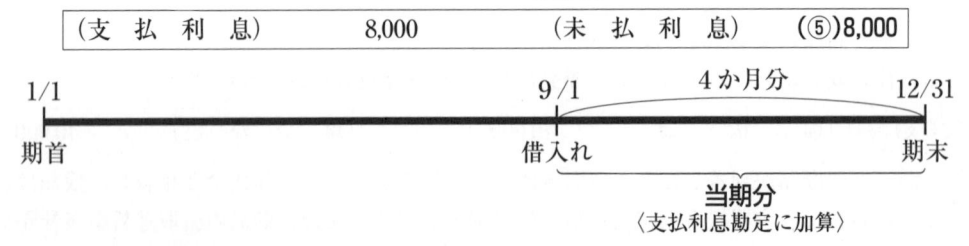

これまでの仕訳を転記すると、次のようになります。

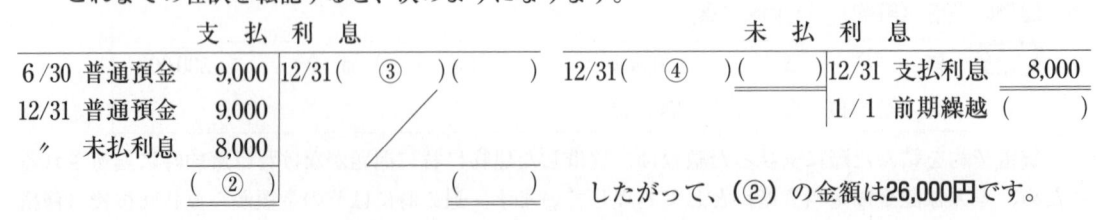

支 払 利 息					
6/30 普通預金	9,000	12/31（ ③ ）（ ）			
12/31 普通預金	9,000				
〃 未払利息	8,000				
	（②）	（ ）			

未 払 利 息			
12/31（ ④ ）（ ）		12/31 支払利息	8,000
		1/1 前期繰越 （ ）

したがって、（②）の金額は**26,000円**です。

2．決算振替仕訳

12/31　決算整理後の支払利息勘定の借方残高26,000円を損益勘定の借方へ振り替えます。

（③）オ （損　　　　益）	26,000	（支 払 利 息）	26,000

この振り替えにより、支払利息勘定の残高はゼロとなるため締め切ります。

3．負債の勘定の締め切り

12/31　決算整理後の未払利息勘定の貸方残高8,000円を、借方に「（④）ウ　次期繰越」と記入し、借方と貸方の合計金額を一致させて締め切ります（繰越記入）。繰越額は、翌期首の日付で貸方に「前期繰越」と記入します（開始記入）。

問2

1．財務諸表

財務諸表には貸借対照表と損益計算書などがあります。そのうち、一企業における一時点の資産、負債および純資産の状態を示すものは貸借対照表です。…「（①）エ　貸借対照表」

2．試算表

総勘定元帳への転記が正しく行われたかどうかの確認や期末の決算手続きを円滑に行うために作成する表を試算表といいます。仕訳の借方と貸方の金額は必ず一致しているので、転記先である総勘定元帳上においても、ある勘定の借方とその相手勘定となる貸方に、必ず同じ金額が記入されることになります。これにより、総勘定元帳上の勘定の借方総合計と貸方総合計は必ず一致する関係になります。これを「貸借平均の原理」といいます。

試算表に集める金額は総勘定元帳上の金額なので、貸借が一致するか否かにより、転記ミスの有無を検証することができます。…「（②）ケ　試算表」

3．有形固定資産の修繕と改良

⑴　修繕とは

建物などの固定資産は、使用していくうえで修理や保守が必要となります。固定資産の部分的な破損を修理する等して、原状を回復または現状を維持することを修繕といいます。

したがって、「機能の回復や維持のために修繕を行った場合」、仕訳の借方は「（③）キ　修繕費」とします。

⑵　改良とは

建物の増築等、固定資産の価値または使用可能年数が延長されることを改良といい、その支出額は固定資産の帳簿上の価額に加算します。＜建物それ自体の金額を増やすことになります。＞

したがって、「機能が向上して価値が増加した場合」、仕訳の借方は「（④）ア　建物」となります。

4．有形固定資産の取得にともなう付随費用について

有形固定資産の取得原価に含める付随費用には、購入する時点で生じたものだけでなく、利用できるようにするための支出分も含まれます。

したがって、本問では、土地の取得原価に含めるための処理として、「（⑤）ク　土地」勘定になります。

精算表作成（順進）の問題です。

「未処理事項」とは、本来、決算手続きを行う前に処理されているはずの取引が、未処理のまま現在（決算日）に至っている状態をいいます。したがって、決算整理事項に手をつける前に適切な処理をし、修正後の金額に対して決算整理を行います。

本問における未処理事項・決算整理事項の仕訳は次のとおりです。

1．売掛金の回収〈未処理事項〉

（普 通 預 金）	40,000	（売 掛 金）	40,000

2．現金過不足の整理

本問の現金過不足は、現金の盗難により生じたものですが、盗難保険に加入していたため、保険金（受取時は「仮受金」で処理）を充当し、借方に生じた差額5,000円は雑損とします。

保険金受取時：（現 金 な ど） 30,000 （仮 受 金） 30,000

（仮 受 金）	30,000	（現 金 過 不 足）	35,000
（雑 損）	5,000		

3．売上原価の計算

「仕入」の行（仕入勘定）で売上原価を算定します。

（仕 入）	370,000	（繰 越 商 品）	370,000
（繰 越 商 品）	340,000	（仕 入）	340,000

4．有形固定資産の減価償却

1,200,000円〈備品の取得原価〉÷ 8 年 ＝150,000円

（減 価 償 却 費）	150,000	（備品減価償却累計額）	150,000

5．貸倒引当金の設定

「1．売掛金の回収」により、売掛金の残高が40,000円減少していることに注意して貸倒引当金を設定します。

設 定 額 $(590,000円 - 40,000円) \times 2\% = 11,000円$
売掛金

決算整理前残高	7,000円
差引：繰入額	4,000円

（貸 倒 引 当 金 繰 入）	4,000	（貸 倒 引 当 金）	4,000

6．未収利息（未収収益）の計上

当期の10月1日から12月31日までの3か月分の利息は、当期中に受け取っていないので未計上です。しかし、当期に係る収益であるため、受取利息勘定（収益）の増加とするとともに、同額を未収利息勘定（資産）とします。

$$500,000円 \times 利率年3\% \times \frac{3か月}{12か月} = 3,750円$$

（未 収 利 息）	3,750	（受 取 利 息）	3,750

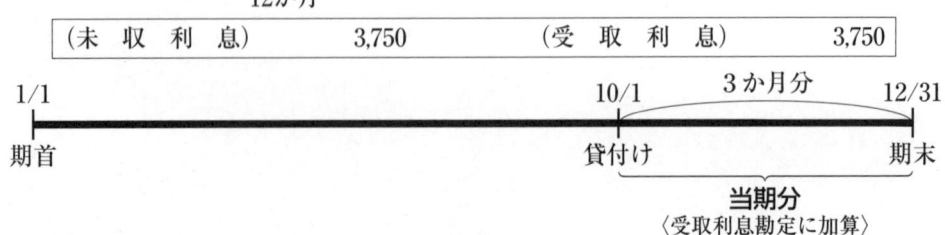

7．未払給料（未払費用）の計上

（給　　　　料）	10,000	（未　払　給　料）	10,000

8．前受地代（前受収益）の計上

「受取地代は奇数月の月末にむこう2か月分として¥6,800を受け取っている。」という文章により、当期最後の奇数月である11月末日に、むこう2か月分（当期12月分と次期1月分）の地代を受け取っていることがわかります。

次期1月分の地代は、次期に係る収益の前受け分であるため、受取地代勘定（収益）から差し引き、前受地代勘定（負債）として次期に繰り越します。

$$6,800円 \times \frac{1か月}{2か月} = 3,400円$$

（受　取　地　代）	3,400	（前　受　地　代）	3,400

9．当期純損益の計算

損益計算書欄の貸方合計（収益）と借方合計（費用）の差額により、本問は「当期純損失」と判明します。

$$3,759,550円 - 3,864,000円 = \triangle 104,450円$$
　　収益合計　　費用合計　　当期純損失

当期純損失の金額は損益計算書欄の貸方に記入し、貸借対照表欄の借方へ同額を移記して、貸借合計が一致することを確認します。

	仕		訳	
	借方科目	金額	貸方科目	金額
1	ア	120,000	カ	120,000
2	エ イ オ	300,000 20,000 80,000	ウ	400,000
3	カ	7,000	ア	7,000
4	ウ エ	70,000 130,000	イ	200,000
5	ア オ	23,000 17,000	エ ウ	25,000 15,000
6	イ	700,000	オ	700,000
7	ウ カ	2,000,000 22,500	ア	2,022,500
8	イ エ	130,000 200,000	オ カ	300,000 30,000
9	ア ウ	695,000 69,500	エ	764,500
10	オ	3,600,000	カ エ イ	216,000 144,000 3,240,000
11	カ	40,000	エ	40,000
12	ア エ	49,000 1,000	ウ	50,000
13	カ オ	150,000 20,000	イ	170,000
14	イ エ ウ	3,000 4,000 5,600	ア	12,600
15	オ カ	60,000 60,000	イ	120,000

第2問 20点

問1　　　　　　　　　　　　　　　　　　　　　　　各日付の○印がすべて正解につき2点

補助簿 日付	現金出納帳	当座預金 出 納 帳	商品有高帳	売掛金元帳 (得意先元帳)	買掛金元帳 (仕入先元帳)	仕 入 帳	売 上 帳	該当なし
5 日		○	○	○			○	
6 日		○						
16日			○		○	○		
31日①		○						
31日②								○

問2　　　　　　　　　　　　　　　　　　　　　　　　　　　　　　　各2点

①	300,000	②	ウ	③	オ
④	ク	⑤	キ		

貸 借 対 照 表
×9年3月31日 （単位：円）

現　　　　　金	（　126,000）	支　払　手　形	430,000
当　座　預　金	（　763,000）	買　掛　金	335,000
受　取　手　形 （　470,000）		（前　受　収　益）	（　2,000）
売　　掛　　金 （　330,000）		資　　本　　金	1,000,000
③（貸　倒　引　当　金）（　24,000）（　776,000）		繰越利益剰余金	（③　810,400）
商　　　　　品	（③　285,000）		
貸　　付　　金	（　300,000）		
前　払　費　用	（③　90,000）		
未　収　収　益	（　2,400）		
備　　　　　品 （　480,000）			
③（減価償却累計額）（　245,000）（　235,000）			
	（　2,577,400）		（　2,577,400）

損 益 計 算 書
×8年4月1日から×9年3月31日まで （単位：円）

③（売　上　原　価）	（　3,057,000）	売　　上　　高	4,160,000
給　　　　　料	304,000	受　取　手　数　料	（③　9,000）
貸倒引当金繰入	（③　16,000）	受　取　利　息	（③　2,400）
減　価　償　却　費	（③　65,000）		
支　払　家　賃	（　360,000）		
消　耗　品　費	43,000		
水　道　光　熱　費	14,000		
③ 雑　（　損　）	（　2,000）		
② 当期純（利　益）	（　310,400）		
	（　4,171,400）		（　4,171,400）

別解 損益計算書の「雑（損）」は、「雑（損失）」としてもよい。

部分的には読み取りづらい問題文はあるものの、全体的には、難易度・問題量ともに高得点がねらえる問題です。

難易度は、Ａ：普、Ｂ：やや難、Ｃ：難となっています。

> **第1問**
> 指定された勘定科目は記号で解答しなければ正解にならないので注意してください。
> Ａレベルは正解できるようにしましょう。
> 解答時間は1題につき30秒〜1分以内を目標に！

1．訂正仕訳　　難易度 **A**

解答	（売　　　　上）	120,000	（売 掛 金）	120,000

訂正仕訳は、①誤った仕訳の逆仕訳と②正しい仕訳から導くと良いでしょう。

誤 っ た 仕 訳：（現　　　金）	120,000	（売　　　上）	120,000

①誤った仕訳の逆仕訳：（売　　　上）	120,000	（現　　　金）	120,000
②正 し い 仕 訳：（現　　　金）	120,000	（売 掛 金）	120,000

①と②、2つの仕訳で訂正仕訳となります。

なお、①と②の仕訳の「現金」を相殺して以下のような1つの仕訳にすると、記録の誤りのみを部分的に修正する仕訳になります。

（売　　　　上）	120,000	（売 掛 金）	120,000

2．有形固定資産の売却（期首売却）　　難易度 **A**

解答	（備品減価償却累計額）	300,000	（備　　　　品）	400,000
	（未 収 入 金）	20,000		
	（固定資産売却損）	80,000 *		

＊　$20,000円 － （400,000円 － 300,000円） = △80,000円〈売却損〉$
　　　売却価額　　　　　帳簿価額

間接法で記帳している場合、備品を売却したときは、備品勘定（資産）と備品減価償却累計額勘定の減少とします。さらに、売却価額から帳簿価額を差し引き、固定資産売却損（益）を計算します。なお、商品売買以外の取引から生じた代金の未収分は、未収入金勘定（資産）の増加とします。

3．租税公課の支払い　　難易度 **A**

解答	（租 税 公 課）	7,000	（現　　　金）	7,000

事業で使用する収入印紙は、租税公課勘定（費用）の増加とします。

4. 売掛金の貸倒れ（一部回収） 難易度 **A**

解答	（現　　　　金）	70,000	（売　　掛　　金）	200,000
	（貸 倒 引 当 金）	130,000		

　前期以前に生じた売掛金が貸し倒れた（回収不能となった）場合、売掛金勘定（資産）の減少とするとともに、貸倒引当金の残高があれば取り崩して充当します。本問では、売掛金200,000円のうち、70,000円は回収できたため現金勘定（資産）の増加とし、残額の130,000円に対して貸倒引当金を取り崩す処理を行います。

5. 旅費交通費の概算払い（精算）と手付金の受け取り 難易度 **B**

解答	（現　　　　金）	23,000	（仮　　払　　金）	25,000
	（旅 費 交 通 費）	17,000	（前　　受　　金）	15,000

本問には2つの取引が含まれています。

(1) 仮払金の精算

旅費の概算払い：	（仮　払　金）	25,000	（現 金 な ど）	25,000

　出張にあたり前渡しした旅費の概算額は、渡したときに仮払金勘定で処理し、旅費の金額が確定した時点で旅費交通費勘定（費用）などに振り替えます。

本問の解答①：	（旅 費 交 通 費）	17,000*	（仮　払　金）	25,000
〈旅費の精算〉	（現　　　　金）	8,000		

　＊　概算払いしていた25,000円に対し、残金として現金8,000円を受け取ったということは、結果として旅費交通費は17,000円であったと判明します。

(2) 手付金の受け取り

本問の解答②：	（現　　　　金）	15,000	（前　受　金）	15,000

　商品販売にかかる手付金は、商品の引渡義務を表す前受金勘定（負債）の増加とします。**本問の解答①**と**本問の解答②**をあわせて解答とします。

6. 電子記録債務（発生） 難易度 **A**

解答	（買　　掛　　金）	700,000	（電 子 記 録 債 務）	700,000

　買掛金の支払いについて、電子記録債務の発生記録を行ったときは、その金額を電子記録債務勘定に振り替えます。具体的には、買掛金勘定（負債）の減少とするとともに、電子記録債務勘定（負債）の増加とします。

7. 資金の借入れ（返済） 難易度 **A**

解答	（借　　入　　金）	2,000,000	（普 通 預 金）	2,022,500
	（支 払 利 息）	22,500*		

　＊　$2,000,000円 \times 利率年1.5\% \times \dfrac{9か月}{12か月} = 22,500円$

　「元利（がんり）」とは「元金（本問では当初の借入額2,000,000円）」と「利息」のことです。本問は借入金の返済と利息の支払いを普通預金口座から返済（普通預金のお金を使って支払い）した取引です。借入金の返済は借入金勘定（負債）の減少とし、利息の支払いについては支払利息勘定（費用）の増加とします。

8. 売上取引　難易度 **B**

解答					
(現　　　　金)	130,000		(売　　　　上)	300,000
(受　取　手　形)	200,000 *		(仮 受 消 費 税)	30,000

＊　330,000円〈消費税を含めた合計額〉－130,000円＝200,000円

　商品の代金として、先方振り出しの約束手形を受け取ったときは、受取手形勘定（資産）の増加とします。また、消費税を税抜方式で記帳する場合、消費税の受取額は、仮受消費税勘定（負債）の増加とします。

9. 仕入取引　難易度 **A**

解答				
(仕　　　　入)	695,000	(買　　掛　　金)	764,500
(仮 払 消 費 税)	69,500		

　消費税を税抜方式で記帳する場合、仕入勘定（費用）で処理する金額は税抜価額で行い、消費税の支払額は仮払消費税勘定（資産）の増加とします。なお、仕入先等に対する支払額については、税込価額で記録する点に注意しましょう。

10. 給料の支払い　難易度 **A**

解答				
(給　　　　料)	3,600,000	(社会保険料預り金)	216,000
		(所 得 税 預 り 金)	144,000
		(普　通　預　金)	3,240,000

　給料総額3,600,000円から、従業員が負担する社会保険料216,000円と所得税の源泉徴収分144,000円は差し引いて預かるため、社会保険料は社会保険料預り金勘定、所得税の源泉徴収分は所得税預り金勘定を用いて負債の増加とします。従業員の手取額については、普通預金口座より振り込んでいるので普通預金勘定（資産）の減少とします。

11. 手付金の受け取り　難易度 **A**

解答				
(現　　　　金)	40,000	(前　受　金)	40,000

　商品を引き渡す前（注文時）に商品の代金として手付金を受け取ったときは、注文品を引き渡す義務として、前受金勘定（負債）の増加とします。

12. 売上取引（クレジット払い）　難易度 **A**

解答				
(クレジット売掛金)	49,000	(売　　　　上)	50,000
(支 払 手 数 料)	1,000 *		

＊　50,000円×2％＝1,000円

　商品をクレジット払いの条件で販売した場合は、クレジット売掛金勘定（資産）の増加とし、「売掛金」とは区別して処理します。また、信販会社に対する手数料の支払額は支払手数料勘定（費用）の増加としますが、販売時に計上する場合は、売上高から手数料を差し引いた残額がクレジット売掛金となります。

13. 費用の支払い　難易度 **A**

解答				
(支　払　家　賃)	150,000	(普　通　預　金)	170,000
(通　　信　　費)	20,000		

　事業用として使用している建物の家賃の支払いは支払家賃勘定、電話料金の支払いは通信費勘定を用いて費用の増加とします。

14. 小口現金　難易度 **A**

（旅費交通費）	3,000		（当 座 預 金）		12,600
（消 耗 品 費）	4,000				
（通 信 費）	5,600				

電車代は旅費交通費勘定、文房具代は消耗品費勘定、郵便切手代は通信費勘定を用いて費用の増加とします。

小口現金係から支払いの報告を受け、ただちに資金の補給を行った場合は、補給された小切手により支払いが行われたものと考えて、小口現金勘定の増減記録を省略することができます。したがって、貸方は「当座預金」となります。

15. 社会保険料の納付　難易度 **A**

（社会保険料預り金）	60,000		（現 金）		120,000
（法 定 福 利 費）	60,000				

従業員にかかる健康保険料を納付したときは、その金額のうち会社負担分は法定福利費勘定（費用）の増加とします。これに対し、従業員負担分は給料を支給したときに、社会保険料預り金勘定（負債）の増加として処理しているため、納付したときは借方に記入して負債の減少とします。

第2問	問1　各取引に必要な補助簿を選択する問題です。
難易度	各取引の仕訳を行い、仕訳から記入する補助簿をイメージすると上手に選択できます。
問1 **B**	問2　伝票記入の問題です。
問2 **A**	(1)に関しては、取引全体の仕訳を正確に行えれば、スムーズに解答できる問題です。
	(2)は問題文をよく読み、取引の流れを想像できたかがポイントになります。

問1

各取引の仕訳をもとにして、記入される補助簿を判断します。

なお、**商品有高帳**には、**商品**に関わる取引を記入しますので注意しましょう。

×9年3月の取引（一部）の仕訳および記入される補助簿は次のようになります。

5日　売上げ

売 掛 金 元帳◀━━ （売 掛 金） 400,000 （売 上） 800,000 ━━▶ **売 上** 帳

当座預金 出納帳◀━━ （当座預金） 400,000 　　　　　　　　　　　　　　┗▶ 商 品 有 高 帳

〈商品の減少〉

他店（八王子商店）振出の小切手は通貨代用証券であるため、これを受け取ったときには、本来、現金勘定（資産）の増加として記録するとともに、現金取引の補助簿である現金出納帳にも記入します。ただし、本問の日野商事㈱では、「受け取った小切手をただちにすべて当座預金口座へ預けて」とあるため、現金勘定への記録を省略し、つねに当座預金勘定（資産）の増加として記録することから、現金出納帳への記入も省略していると判断できます。

結果として、現金出納帳に通貨代用証券の記録を行うことがないため、「現金出納帳には通貨の記録のみを行っている」旨の問題指示とも整合します。なお、ここで言う「通貨」とは「紙幣や硬貨」のことです。

6日　有形固定資産の購入

　　　　　　　　　　　　（建　　物）5,000,000　　（仮 払 金）　500,000
　　　　　　　　　　　　　　　　　　　　　　　　（当座預金）4,500,000────→**当座預金**出納帳

16日　仕入戻し
　　　買 掛 金 元帳 ←────（買 掛 金）　150,000　　（仕　　入）　150,000────→**仕　　入　　帳**
　　　　　　　　　　　　　　　　　　　　　　　　　　　　　　　　　　　　└──→**商 品 有 高 帳**
　　　　　　　　　　　　　　　　　　　　　　　　　　　　　　　　　　　　〈商品の減少〉

31日　①現金過不足（原因判明）
　　　当座預金出納帳 ←────（当座預金）　20,000　　（現金過不足）　20,000
　現金出納帳には、現金の過不足が生じた「先月末」に記入済みですので、原因が判明した時点では記入しません。

31日　②貸倒引当金の設定
　　　　　　　　　　　　（貸倒引当金繰入）　8,000　　（貸倒引当金）　8,000
　したがって、「**該当なし**」が解答となります。

問2
(1)　取引を仕訳すると次のようになります。

　　　　　　　（受 取 手 形）　100,000　　　　　（売　　　　上）　400,000
　　　　　　　（現　　　　金）　300,000

　商品代金400,000円のうち、振替伝票に「100,000」だけを仕訳していますので、手形売上100,000円分と現金売上300,000円分とは分けて起票することがわかります。

　　　　　　　（**受 取 手 形**）　100,000　　　　（**売　　　　上**）　100,000 … 振替伝票
　　　　　　　　　　②ウ　　　　　　　　　　　　　　　　　③オ
　　　　　　　（現　　　　金）　**300,000**　　　　（売　　　　上）　300,000 … 入金伝票
　　　　　　　　　　①

(2)　取引を仕訳すると次のようになります。過去の時点から仕訳を考えてみましょう。

　①　ＩＣカードに入金した時

　　　（**仮 払 金**）　10,000　　　　（現　　　　金）　10,000 … 出金伝票

　②　ＩＣカードを使用した（旅費交通費支払い）時〈**本問の解答**〉

　　　（旅 費 交 通 費）　4,000　　　　（**仮 払 金**）　4,000 … 振替伝票
　　　　　　　　　　　　　　　　　　　　　　　⑤キ

　　　　　　　　　　　　　　　　　　　　記入なし … 出金伝票
　　　　　　　　　　　　　　　　　　　　　④ク

　　出金伝票が必要となったのは、ＩＣカードにチャージするために現金を支出した時点です。したがって、ＩＣカードを旅費交通費として使用した時点では、仮払金勘定からの振替仕訳のみになります。

財務諸表（貸借対照表と損益計算書）を作成する問題です。
備品に期中取得分がありましたが、減価償却費は正しく計算できましたか。決算整理
事項等は平易なものばかりです。高得点を目指しましょう！

Ⅰ 問題の流れ

決算整理前残高試算表に集められた各勘定の金額に決算整理仕訳等を加減算して、貸借対照表と損益計算書を作成する問題なので、基本的に解法手順は精算表の作成と同じです。しかし、精算表のように決算整理仕訳等を記入できる修正記入欄はないので、必要な決算整理仕訳等は、問題資料(1)の残高試算表に書き込みして集計する等の工夫をしましょう。

ネット試験 …問題資料への書き込みができないため、金額が増減する科目だけを計算用紙に書き出し、Ｔ字勘定等を使って集計するとよいでしょう。

この問題の資料と解答要求事項の関係を精算表の形式で示すと、次のようになります。 参考2 として「解答への道」の最後に精算表を載せてあります。

精 算 表

勘 定 科 目	残 高 試 算 表		修 正 記 入		損 益 計 算 書		貸 借 対 照 表	
	借 方	貸 方	借 方	貸 方	借 方	貸 方	借 方	貸 方

資料(1)　　　　　資料(2)　　　　　損益計算書　　　　貸借対照表

残高試算表　　　決算整理事項等　　　　　答案用紙

精算表の損益計算書欄と貸借対照表欄に記入する金額と、財務諸表に載せる金額は同じですが、財務諸表は表示方法（＝見せ方）についてルールがあるので、別途暗記する必要があります。「解答への道」の最後の 参考1 を参照してください。

Ⅱ 決算整理事項等

本問における決算整理事項等の仕訳は次のとおりです。

1．現金の過不足

帳簿残高128,000円（問題資料(1)残高試算表より判明）を実際有高126,000円に合わせるため、帳簿残高より現金を2,000円減らします。なお、原因不明の借方差額は雑損とします。

（雑 損）	2,000	（現 金）	2,000

2．売掛金の回収〈未処理事項〉

（仮 受 金）	56,000	（売 掛 金）	56,000

3．貸倒引当金の設定

「2．売掛金の回収」により、売掛金の残高が56,000円減少していることに注意して貸倒引当金を設定します。

設 定 額 （470,000円 ＋ 386,000円 － 56,000円）× 3 ％ ＝ 24,000円
　　　　　　　　受取手形　　　　売掛金

決算整理前残高　　　　　　　　　　　　　　　　　8,000円
差引：繰入額　　　　　　　　　　　　　　　　　16,000円

（貸倒引当金繰入）	16,000	（貸 倒 引 当 金）	16,000

84

4．売上原価の計算（注）仕入勘定で売上原価を算定する場合

（仕　　　　入）	262,000	（繰　越　商　品）	262,000*
（繰　越　商　品）	285,000	（仕　　　　入）	285,000

*　問題資料(1)の残高試算表上の「繰越商品」が期首商品の金額です。

5．有形固定資産の減価償却

　　減価償却費は既存の備品360,000円（＝480,000円−120,000円）分と、期中に取得した備品120,000円分とを分けて計算します。

　　既　存　分：360,000円〈取得原価〉÷ 6 年　　　＝60,000円

　　期中取得分：120,000円〈取得原価〉÷ 6 年×$\dfrac{3\text{か月}}{12\text{か月}}$＝　5,000円〈1 / 1 ～ 3 /31までの 3 か月分〉

　　減価償却費：　　　　　　　　　　　　　　　　　65,000円

（減　価　償　却　費）	65,000	（備品減価償却累計額）	65,000

6．前払家賃（前払費用）の計上

（前　払　家　賃）	90,000	（支　払　家　賃）	90,000

7．未収利息（未収収益）の計上

　　当期の12月 1 日から 3 月31日までの 4 か月分の利息は、当期中に受け取っていないので未計上です。しかし、当期に係る収益であるため、受取利息勘定（収益）の増加とするとともに、同額を未収利息勘定（資産）とします。

　　300,000円×年利率2.4％×$\dfrac{4\text{か月}}{12\text{か月}}$＝2,400円

（未　収　利　息）	2,400	（受　取　利　息）	2,400

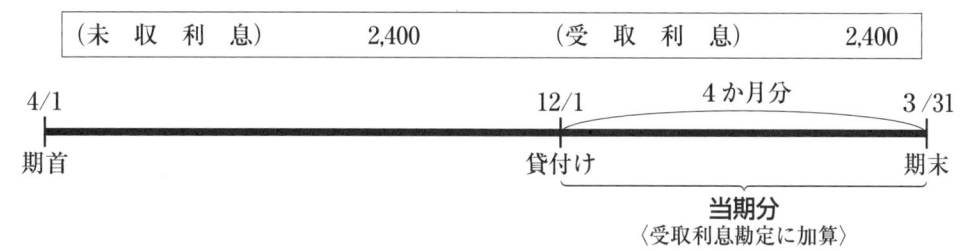

8．前受手数料（前受収益）の計上

（受　取　手　数　料）	2,000	（前　受　手　数　料）	2,000

9．当期純利益の計算

　　損益計算書の貸方合計（収益）と借方合計（費用）の差額により、当期純利益を計算します。

　　4,171,400円 − 3,861,000円 ＝ 310,400円
　　　　収益合計　　　費用合計　　当期純利益

　　当期純利益は繰越利益剰余金（資本）の増加とすることから、繰越利益剰余金の決算整理前残高に当期純利益を加えた金額を、貸借対照表の貸方へ記入し、貸借対照表の貸借合計が一致することを確認します。

　　繰越利益剰余金：500,000円〈決算整理前残高〉＋310,400円〈当期純利益〉＝810,400円

参考1

〈貸借対照表記入上の注意〉
・貸倒引当金勘定の残高は、原則として、資産の部において受取手形や売掛金それぞれから控除する形式で表示します。なお、本問のように、受取手形と売掛金の合計額から一括した貸倒引当金を控除する形式もあります。
・繰越商品勘定の残高は、「**商品**」と表示します。
・経過勘定項目である「未払○○」は「**未払費用**」、「前払○○」は「**前払費用**」、「未収○○」は「**未収収益**」、「前受○○」は「**前受収益**」と表示します。
・備品減価償却累計額勘定の残高は、原則として、資産の部において備品から控除する形式で表示します。このとき、具体的な固定資産の科目名は付けずに「**減価償却累計額**」と表示します。

〈損益計算書記入上の注意〉
・仕入勘定の残高は、「**売上原価**」と表示します。
　売上原価は、「期首商品棚卸高＋当期商品仕入高－期末商品棚卸高」の式で求めることもできます。
　期首商品棚卸高262,000円＋当期商品仕入高3,080,000円－期末商品棚卸高285,000円
　＝3,057,000円
・売上勘定の残高は、「**売上高**」と表示します。

解答への道

参考2

精算表に記入すると次のようになります。

精　算　表

勘 定 科 目	残 高 試 算 表 借 方	残 高 試 算 表 貸 方	修 正 記 入 借 方	修 正 記 入 貸 方	損 益 計 算 書 借 方	損 益 計 算 書 貸 方	貸 借 対 照 表 借 方	貸 借 対 照 表 貸 方
現　　　　金	128,000			2,000			126,000	
当 座 預 金	763,000						763,000	
受 取 手 形	470,000						470,000	
売 　掛 　金	386,000			56,000			330,000	
繰 越 商 品	262,000		285,000	262,000			285,000	
貸 　付 　金	300,000						300,000	
備　　　　品	480,000						480,000	
支 払 手 形		430,000						430,000
買 　掛 　金		335,000						335,000
仮 　受 　金		56,000	56,000					
貸 倒 引 当 金		8,000		16,000				24,000
備品減価償却累計額		180,000		65,000				245,000
資 　本 　金		1,000,000						1,000,000
繰越利益剰余金		500,000						500,000
売　　　　上		4,160,000				4,160,000		
受 取 手 数 料		11,000	2,000			9,000		
仕　　　　入	3,080,000		262,000	285,000	3,057,000			
給　　　　料	304,000				304,000			
支 払 家 賃	450,000			90,000	360,000			
消 耗 品 費	43,000				43,000			
水 道 光 熱 費	14,000				14,000			
	6,680,000	6,680,000						
雑 　　　損			2,000		2,000			
貸倒引当金繰入			16,000		16,000			
減 価 償 却 費			65,000		65,000			
前 払 家 賃			90,000				90,000	
未 収 利 息			2,400				2,400	
受 取 利 息				2,400		2,400		
前 受 手 数 料				2,000				2,000
当 期 純 利 益					310,400			310,400
			780,400	780,400	4,171,400	4,171,400	2,846,400	2,846,400

第3回

第1問 45点　　　　　　　　　　　　　　　仕訳一組につき3点

	仕		訳	
	借 方 科 目	金 額	貸 方 科 目	金 額
1	ウ カ	30,000 8,000	イ エ	20,000 18,000
2	ア	50,000	カ	50,000
3	ウ イ キ	40,000 388,000 5,000	オ ク	428,000 5,000
4	カ	36,000	ア	36,000
5	オ	50,000	ウ	50,000
6	イ	1,600,000	エ カ	600,000 1,000,000
7	オ	451,000	ア エ イ	70,000 380,000 1,000
8	ア カ	299,600 400	ウ	300,000
9	イ エ	100,000 100,000	オ	200,000
10	ウ	65,000	カ	65,000
11	オ	400,000	ア	400,000
12	カ	15,300	エ イ	15,000 300
13	ウ オ	77,000 360,000	ア	437,000
14	カ	500,000	イ	500,000
15	ア	9,830	エ オ	1,230 8,600

第2問　20点

問1　　　　　　　　　　　　　　　　　　　　　　　　　　●数字…予想配点

(1)

商　品　有　高　帳

A　商　品

×9年		摘　　要	受	入		払	出		残	高		
			数量	単価	金額	数量	単価	金額	数量	単価	金額	
10	1	前月繰越	80	210	16,800				80	210	16,800	②
	8	仕　　入	200	217	43,400				280	215	60,200	②
	15	売　　上				230	215	49,450	50	215	10,750	②
	22	仕　　入	250	221	55,250				300	220	66,000	
	29	売　　上				240	220	52,800	60	220	13,200	
	31	次月繰越				60	220	13,200				
			530		115,450	530		115,450				

(2)

売　上　高	売　上　原　価	売　上　総　利　益
¥　　　　152,800	¥　②　102,250	¥　②　50,550

問2　　　　　　　　　　　　　　　　　　　　　　　　　　●数字…予想配点

支　払　手　数　料

②	(7/11)	(イ)	(300)	3/31	(エ)	(40,000)	②
②	(3/1)	(ア)	(60,000)	〃	(コ)	(20,300)	②
			(60,300)			(60,300)	

前　払　手　数　料

3/31	(キ)	(40,000)	3/31	② (ケ)	(40,000)

精　算　表

勘　定　科　目	残 高 試 算 表		修 正 記 入		損 益 計 算 書		貸 借 対 照 表	
	借　方	貸　方	借　方	貸　方	借　方	貸　方	借　方	貸　方
現　　　　　金	89,000						89,000	
普　通　預　金	369,000		13,000	38,000			344,000 ③	
売　　掛　　金	270,000			20,000			250,000 ③	
仮　　払　　金	30,000			30,000				
繰　越　商　品	226,000		189,000	226,000			189,000	
建　　　　　物	870,000						870,000	
備　　　　　品	360,000						360,000	
土　　　　　地	900,000						900,000	
買　　掛　　金		198,000	38,000					160,000
前　　受　　金		68,000	20,000					48,000 ③
貸　倒　引　当　金		3,000		2,000				5,000 ③
建物減価償却累計額		522,000		29,000				551,000 ③
備品減価償却累計額		180,000		90,000				270,000
資　　本　　金		800,000						800,000
繰越利益剰余金		434,000						434,000
売　　　　　上		4,890,000				4,890,000		
受　取　家　賃		45,000	15,000			30,000 ③		
仕　　　　　入	2,560,000		226,000	189,000	2,597,000 ③			
給　　　　　料	1,300,000		37,000		1,337,000			
通　　信　　費	39,000				39,000			
旅　費　交　通　費	27,000		17,000		44,000 ③			
保　　険　　料	100,000			40,000	60,000			
	7,140,000	7,140,000						
貸倒引当金繰入			2,000		2,000			
減　価　償　却　費			119,000		119,000 ③			
(前　払) 保険料			40,000				40,000 ③	
前　受　家　賃				15,000				15,000
未　払　給　料				37,000				37,000 ③
当期純 (利　　益)					722,000			722,000 ②
			716,000	716,000	4,920,000	4,920,000	3,042,000	3,042,000

全体的に、難易度・問題量ともに高得点がねらえる問題です。

難易度は、Ａ：普、Ｂ：やや難、Ｃ：難となっています。

第1問　指定された勘定科目は記号で解答しなければ正解にならないので注意してください。

Ａレベルは正解できるようにしましょう。

解答時間は1題につき30秒～1分以内を目標に！

1．現金の過不足（一部判明）　難易度 **A**

解答	（旅 費 交 通 費）	30,000	（現 金 過 不 足）	20,000
	（雑　　　　　損）	8,000	（受 取 手 数 料）	18,000

過日借方に計上した現金過不足20,000円は、以下のような仕訳をしています。

過不足発生時：（現 金 過 不 足）　20,000　　（現　　　金）　20,000

このうち、原因の判明した旅費交通費の記入漏れは旅費交通費勘定の借方へ、受取手数料の記入漏れは受取手数料勘定の貸方へ振り替え、判明しなかったものは雑損勘定（借方差額の場合）、または雑益勘定（貸方差額の場合）で処理します。

2．貸倒れ処理した売掛金の回収　難易度 **A**

解答	（普 通 預 金）	50,000	（償却債権取立益）	50,000

問題文には「昨年度に～売掛金¥1,000,000の貸倒れ処理を行っていた」とあるため、売掛金勘定の減少は仕訳済みです。

貸倒れ発生時：（貸 倒 損 失 など）　1,000,000　　（売　　掛　　金）　1,000,000
（昨年度）

したがって、貸方の科目は「売掛金」にかえて償却債権取立益勘定（収益）で仕訳します。

なお、問題文の「得意先の清算にともない¥50,000の分配を受け」とは、50,000円だけは回収することができたという意味です。

3．売上取引　難易度 **A**

解答	（前 受 金）	40,000	（売　　　上）	428,000
	（売 掛 金）	388,000		
	（発 送 費）	5,000	（現　　　金）	5,000

商品の注文時に受け取った手付金40,000円（前受金勘定で処理）は、商品代金の一部を前受けしたものです。商品を引き渡したときに売上を計上するとともにその代金に充当（相殺）します。

なお、当社負担の売上諸掛り（本問では発送費の5,000円）は当社の費用となりますので、発送費勘定で処理します。

4．再振替仕訳　難易度 **A**

解答	（受 取 利 息）	36,000	（未 収 利 息）	36,000

前期の決算で以下のような仕訳をしています。

前期の決算整理：（未 収 利 息）	36,000	（受 取 利 息）	36,000

再振替仕訳とは、前期の決算で行った経過勘定項目等に関する決算整理仕訳を、翌期首の日付で逆仕訳することで、もとの勘定に戻すための仕訳です。

5．地代の支払い　難易度 **A**

解答	（支 払 地 代）	50,000	（普 通 預 金）	50,000

土地の賃借料の支払いは、支払地代勘定（費用）の増加とします。支払方法については「普通預金口座から引き落とされた」とあるので、普通預金勘定（資産）の減少とします。

6．法人税等の計上　難易度 **A**

解答	（法 人 税 等）	1,600,000	（仮 払 法 人 税 等）	600,000
			（未 払 法 人 税 等）	1,000,000

中間納付額は仮払法人税等勘定（資産）で処理しています。

中間納付時：（仮 払 法 人 税 等）	600,000	（現 金 な ど）	600,000

決算にあたって、法人税等の金額が確定したときに充当し、残額を未払法人税等勘定（負債）の増加とします。

7．仕入取引　難易度 **A**

解答	（仕 入）	451,000	（前 払 金）	70,000
			（買 掛 金）	380,000
			（現 金）	1,000

発注時に支払った手付金70,000円（前払金勘定で処理）は、商品代金の一部を前払いしたものです。よって、商品を仕入れたとき（引き渡しを受けたとき）に商品代金と相殺し、残額は、商品代金の支払義務を表す買掛金勘定（負債）の増加とします。また、商品の引取運賃を当社が負担した場合は、その金額を含めて仕入原価とします。

8．売掛金の回収　難易度 **A**

解答	（当 座 預 金）	299,600	（売 掛 金）	300,000
	（支 払 手 数 料）	400		

売掛金の減少額は回収した300,000円ですが、問題文に「振込手数料¥400（当社負担）を差し引かれた残額が当社の当座預金口座に振り込まれた」とありますので、当座預金の増加額は299,600円になることに気をつけてください。なお、当社負担の振込手数料は、支払手数料勘定（費用）の増加とします。

9. 普通預金への預け入れ　難易度　**A**

解答					
（普通預金甲銀行）	100,000		（現　　　　金）	200,000
（普通預金乙銀行）	100,000			

　普通預金口座を開設し、現金を預け入れる取引なので、現金勘定（資産）の減少とするとともに普通預金勘定（資産）の増加とします。なお、普通預金勘定については、指定勘定科目より、銀行ごとに設定していることがわかります。

10. 内容不明の入金　難易度　**A**

解答					
（当　座　預　金）	65,000		（仮　受　金）	65,000

　当座預金口座へ振り込まれた65,000円は当座預金勘定（資産）の増加としますが、「その詳細は不明」のため、仕訳の貸方は一時的に仮受金勘定で処理します。

11. 仕入取引（返品）　難易度　**A**

解答					
（買　　掛　　金）	400,000		（仕　　　　入）	400,000

　　＊　@20,000円×60個×$\frac{1}{3}$＝400,000円

　仕入れた商品を戻した（仕入れ先に返品した）ときは、仕入れたときの仕訳の逆仕訳を行い、仕入れた記録を取り消します。

12. 旅費交通費の概算払い（精算）　難易度　**A**

解答					
（旅　費　交　通　費）	15,300		（仮　払　金）	15,000
			（現　　　　金）	300

　出張から帰社した従業員より報告書や領収書の提出を受け、報告書記載の内容にもとづき全額を旅費交通費勘定（費用）の増加とします。本問では、「出発時に概算払いしていた¥15,000」とあるため、出張にあたり旅費の概算額を前渡ししていることがわかります（仮払金勘定で処理）。よって、仮払金勘定から振り替える処理になります。

13. 費用の支払い　難易度　**A**

解答					
（水　道　光　熱　費）	77,000		（当　座　預　金）	437,000
（支　払　家　賃）	360,000			

　営業用の水道光熱費の支払いは水道光熱費勘定、家賃の支払いは支払家賃勘定を用いて費用の増加とします。

14. 法人税等の中間納付　難易度　**A**

解答					
（仮払法人税等）	500,000		（当　座　預　金）	500,000

　中間申告時に納付した法人税、住民税及び事業税は、決算において年税額が確定するまで、仮払法人税等勘定（資産）で処理します。

15. 貯蔵品勘定への振り替え　難易度　**A**

解答					
（貯　　蔵　　品）	9,830		（通　信　費）	1,230
			（租　税　公　課）	8,600

　購入時に費用処理している郵便切手（通信費勘定で処理）や収入印紙（租税公課勘定で処理）について、決算日時点に未使用分があるときは、その金額をそれぞれの費用勘定から貯蔵品勘定（資産）へ振り替えます。

第2問

難易度

問1 **A**

問2 **A**

問1 (1)払出単価の決定方法が移動平均法による場合の商品有高帳の記入と、(2)売上高、売上原価および売上総利益を計算する問題です。どちらの問題も、商品有高帳を正しく書く力があれば容易に解ける問題です。

問2 費用の前払いに関する一連の手続きを問う問題です。

当期より支払いが始まったケースなので、期首の再振替仕訳を考慮する必要もなく解きやすい問題です。

問1

(1) 払出単価の決定方法が移動平均法による場合の商品有高帳の記入

商品を仕入れたときは受入欄に、売り上げたときには払出欄に、在庫は残高欄に記入しますが、いずれも**原価を記入すること**に注意が必要です。なお、「移動平均法」の場合は異なる単価の商品を受け入れるごとに平均単価を計算し、それを次の払出単価とします。

10月1日：前月繰越

受入欄と残高欄へ記入します。80個×@210円（**原価**）＝16,800円

8日：仕入

仕入分を受入欄へ記入します。200個×@217円（**原価**）＝43,400円

残高欄に記入する単価は、直前の残高（1日時点）と合算して算定した平均単価になります。

$$\frac{16,800円〈前月繰越〉＋43,400円〈8日仕入分〉}{80個〈前月繰越〉＋200個〈8日仕入分〉}＝@215円〈8日時点の平均単価〉$$

15日：売上

売上分の230個を払出欄に**原価で記入**します。(注)問題資料の@320円は売価ですから使用しません。

払出額および在庫となる50個分の計算は、8日時点の平均単価215円を用います。

払出欄：230個×@215円＝49,450円

残高欄：50個×@215円＝10,750円

22日：仕入

仕入分を受入欄へ記入します。250個×@221円（**原価**）＝55,250円

残高欄に記入する単価は、直前の残高（15日時点）と合算して算定した平均単価になります。

$$\frac{10,750円〈15日残高〉＋55,250円〈22日仕入分〉}{50個〈15日残高〉＋250個〈22日仕入分〉}＝@220円〈22日時点の平均単価〉$$

29日：売上

売上分の240個を払出欄に**原価で記入**します。(注)問題資料の@330円は売価ですから使用しません。

払出額および在庫となる60個分の計算は、22日時点の平均単価220円を用います。

払出欄：240個×@220円＝52,800円

残高欄：60個×@220円＝13,200円

31日：次月繰越

残高欄の最後の在庫（60個×@220円＝13,200円）を次月繰越額として払出欄へ記入し、受入欄と払出欄の「数量」と「金額」の合計が一致することを確認して締め切ります。

(2) 売上高、売上原価および売上総利益の計算

売　上　高：　　73,600円（売上分230個×売価@320円）

　　　　　　　　79,200円（売上分240個×売価@330円）

　　　　　　　152,800円

売 上 原 価：15日に230個、29日に240個の商品を販売していますので、各日付の払出欄に記入した金額が、販売した数量に対する**売り上げた商品の原価**になります。

49,450円〈15日払出230個〉+52,800円〈29日払出240個〉= **102,250円**

売上総利益：152,800円〈売上高〉−102,250円〈売上原価〉= **50,550円**

問2

日付順に取引の仕訳を示すと次のとおりです。

7月11日　預金口座からの振り込みと振込手数料の支払い

（未　　払　　金）　　70,000　　（**普 通 預 金**）　　70,300

（支 払 手 数 料）　　　　300　　　　　　**イ**

10月26日　土地の取得

（土　　　　　地）　1,215,000*　　（当 座 預 金）　1,200,000

　　　　　　　　　　　　　　　　　（現　　　　金）　　 15,000

＊　1,200,000円 + 15,000円 = 1,215,000円

不動産会社に支払った仲介手数料は、土地を購入するための付随費用なので土地の取得原価に含めます。

3月1日　調査手数料の支払い

（支 払 手 数 料）　　60,000　　（**現　　　　金**）　　60,000

　　　　　　　　　　　　　　　　　　　　ア

3月31日　前払手数料の計上（決算整理仕訳）

当期の3月1日に支払った向こう3か月分の手数料のうち、2か月分は次期に係る費用の前払い分であるため、支払手数料勘定（費用）から差し引き、前払手数料勘定（資産）として次期に繰り越します。

$$60,000円 \times \frac{2か月}{3か月} = 40,000円$$

（**前 払 手 数 料**）　　40,000　　（**支 払 手 数 料**）　　40,000

　　　　エ　　　　　　　　　　　　　　**キ**

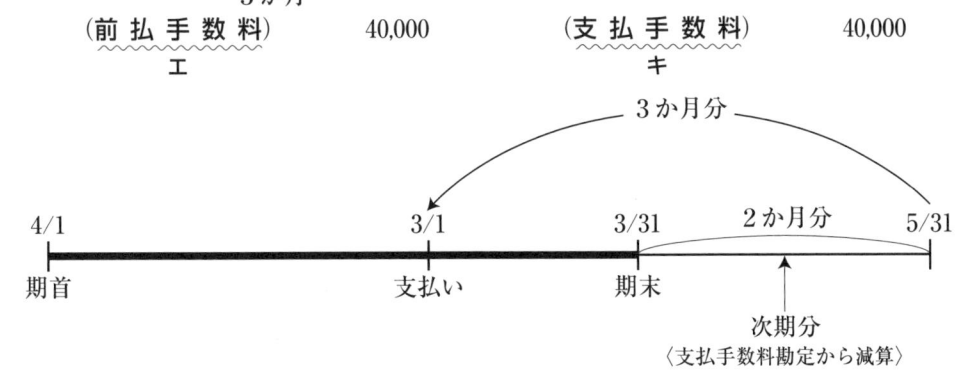

これまでの仕訳を答案用紙の各勘定へ転記すると次のようになります。

支 払 手 数 料

（7/11）	（普 通 預 金）	（	300）	3/31	（前 払 手 数 料）	（	40,000）
（3/1）	（現 金）	（	60,000）	〃	（ ）	（	）

> 転記すると，損益勘定への振替高は20,300円と判明しますね。

前 払 手 数 料

3/31	（支 払 手 数 料）	（	40,000）	3/31	（ ）	（ ）

　3月31日　損益勘定へ振り替え（決算振替仕訳）

　　　　支払手数料勘定の決算整理後の借方残高20,300円を損益勘定に振り替えます。この振り替えにより、支払手数料勘定の残高はゼロとなるため締め切ります。

（損　　　　　益）	20,300	（支 払 手 数 料）	20,300

　　　コ

　〃　　資産の勘定の締め切り

　　　　前払手数料勘定の決算整理後の借方残高40,000円を、貸方に「**次期繰越**」と記入し、

　　　　　　　　　　　　　　　　　　　　　　　　　　　ケ

　　　借方と貸方の合計金額を一致させて締め切ります。これを「繰越記入」といい、仕訳はありません。

第3問　難易度 **A**
精算表作成（順進）の問題です。
決算整理事項等に関しては平易なものばかりです。満点を目指しましょう！

　本問における決算整理事項等の仕訳は次のとおりです。

1．買掛金の支払い〈未処理事項〉

（買　　掛　　金）	38,000	（普 通 預 金）	38,000

2．仮払金の精算〈未処理事項〉

（旅 費 交 通 費）	17,000	（仮　　払　　金）	30,000
（普 通 預 金）	13,000		

3．訂正仕訳

　訂正仕訳は、①誤った仕訳の逆仕訳と②正しい仕訳から導くと良いでしょう。

誤 っ た 仕 訳：	（現　　　　　金）	20,000	（前　　受　　金）	20,000
①誤った仕訳の逆仕訳：	（前　　受　　金）	20,000	（現　　　　　金）	20,000
②正 し い 仕 訳：	（現　　　　　金）	20,000	（売　　掛　　金）	20,000

　①と②、2つの仕訳で訂正仕訳となります。

　なお、①と②の仕訳の「現金」を相殺して以下のような1つの仕訳にするほうが望ましいです。

（前　　受　　金）	20,000	（売　　掛　　金）	20,000

4．貸倒引当金の設定

「3．訂正仕訳」により、売掛金の残高が20,000円減少していることに注意して貸倒引当金を設定します。

設　定　額　(270,000円 − 20,000円) × 2 ％ ＝ 5,000円
　　　　　　　　売掛金

決算整理前残高　　　　　　　　3,000円

差引：繰入額　　　　　　　　　2,000円

（貸倒引当金繰入）	2,000	（貸 倒 引 当 金）	2,000

5．売上原価の計算

「仕入」の行（仕入勘定）で売上原価を算定します。

（仕　　　　　入）	226,000	（繰 越 商 品）	226,000
（繰 越 商 品）	189,000	（仕　　　　　入）	189,000

6．有形固定資産の減価償却

870,000円〈建物の取得原価〉÷30年＝29,000円

360,000円〈備品の取得原価〉÷ 4 年＝90,000円

（減 価 償 却 費）	119,000	（建物減価償却累計額）	29,000
		（備品減価償却累計額）	90,000

7．前払保険料（前払費用）の計上

当期の12月 1 日に支払った向こう 1 年分の保険料のうち、 8 か月分は次期に係る費用の前払い分であるため、保険料勘定（費用）から差し引き、前払保険料勘定（資産）として次期に繰り越します。

$$60,000円 × \frac{8か月}{12か月} = 40,000円$$

（前 払 保 険 料）	40,000	（保　　険　　料）	40,000

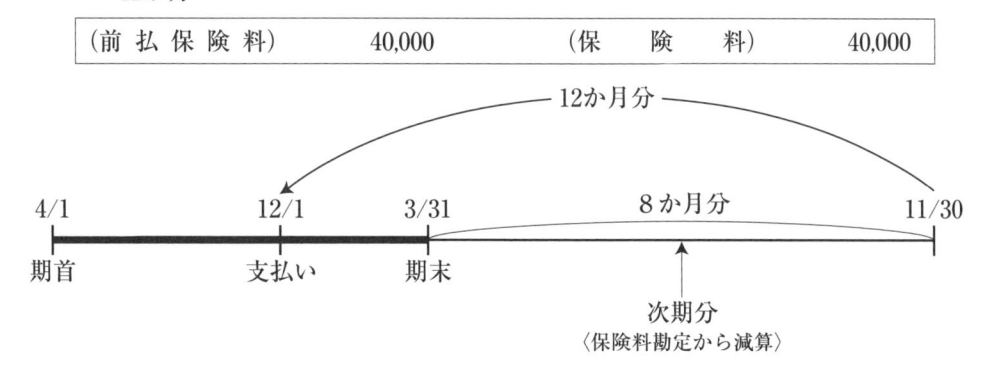

8．前受家賃（前受収益）の計上

　当期の2月1日に受け取った向こう3か月分の家賃のうち、1か月分は次期に係る収益の前受け分であるため、受取家賃勘定（収益）から差し引き、前受家賃勘定（負債）として次期に繰り越します。

$$45,000円 \times \frac{1か月}{3か月} = 15,000円$$

| （受　取　家　賃） | 15,000 | （前　受　家　賃） | 15,000 |

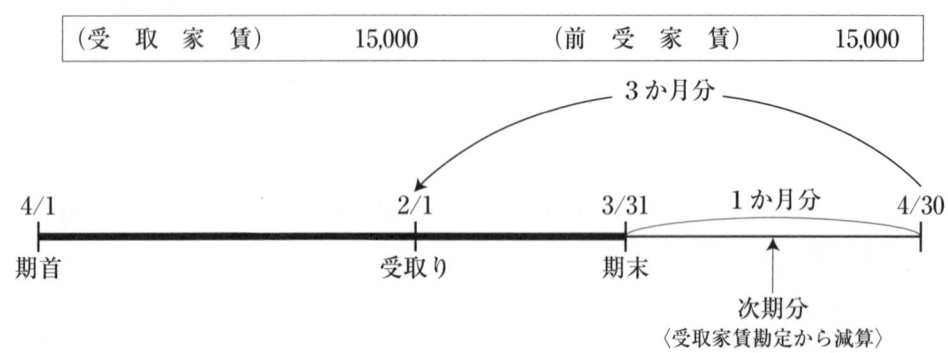

9．未払給料（未払費用）の計上

| （給　　　　料） | 37,000 | （未　払　給　料） | 37,000 |

10．当期純損益の計算

　損益計算書欄の貸方合計（収益）と借方合計（費用）の差額により、当期純利益を計算します。当期純利益の金額は損益計算書欄の借方へ記入し、貸借対照表欄の貸方へ同額を移記して、貸借合計が一致することを確認します。

$$4,920,000円 - 4,198,000円 = 722,000円$$

収益合計　　費用合計　　当期純利益

仕訳一組につき3点

	仕		訳	
	借 方 科 目	金　額	貸 方 科 目	金　額
1	ク	181,000	イ	36,000
			エ	94,000
			キ	50,000
			ウ	1,000
2	オ	500,000	ア	100,000
			イ	400,000
3	エ	600,000	ウ	600,000
4	イ	150,000	オ	150,000
5	ウ	730,000	ア	734,000
	カ	4,000		
6	オ	250,000	イ	250,000
7	ウ	100,000	カ	100,000
8	イ	450,000	ア	450,000
9	カ	9,000	ウ	9,000
10	エ	200,000	オ	200,000
11	ア	148,200	カ	150,000
	ウ	1,800		
12	オ	12,000,000	エ	12,000,000
13	イ	50,000	カ	50,000
14	ア	60,000	オ	60,000
15	ウ	30,000	エ	10,000
			イ	20,000

問1 ●数字…予想配点

売 掛 金 明 細 表

	12月31日時点の残高	1月31日時点の残高
宮城商会	¥ 307,000	¥ 162,000 ③
岩手商会	¥ 180,000	¥ 171,000 ③
福島商会	¥ —	¥ 42,000 ③
合　計	¥ 487,000	¥ 375,000 ①

問2 ●数字…予想配点

(1)

仕 訳 日 計 表
×9年12月1日

借　方	勘定科目	貸　方
22,000	現　　　　　金	13,000 ②
90,000	売　　掛　　金	
	買　　掛　　金	55,000 ②
	売　　　　　上	100,000 ②
	受　取　手　数　料	12,000
② 68,000	仕　　　　　入	
180,000		180,000

(2)　出金伝票No.202および振替伝票No.302で記録された取引において仕入れた商品の金額

¥ (　　　② 63,000)

第3問 35点

●数字…予想配点

貸　借　対　照　表
×9年12月31日　　　　　　　　　　　　　　　　　　　（単位：円）

現　　　　金		315,000	買　掛　金			640,000
普 通 預 金		123,000	未　払　金		（	3,000）
受 取 手 形	（ 410,000）		借　入　金			300,000
売　掛　金	（ 350,000）		**(未　払)**費　用		（	7,000）
③**(貸倒引当金)**	（△ 7,600）	（ 752,400）	前 受 収 益		（③	40,000）
商　　　品		（ 315,000）	資　本　金		（	3,600,000）
③**(前　払)**費　用		（ 2,000）	繰越利益剰余金		（	1,997,401）
建　　　物	（ 1,000,000）					
減価償却累計額	（△ 220,000）	（③ 780,000）				
備　　　品	（ 450,000）					
減価償却累計額	（△ 449,999）	（③ 1）				
土　　　地		4,300,000				
		（ 6,587,401）				（ 6,587,401）

損　益　計　算　書
×9年1月1日から×9年12月31日まで　　　　　　　　　　（単位：円）

売 上 原 価	（③ 3,940,000）	売　上　高		4,782,300
給　　　料	（ 666,300）	受 取 地 代		（ 480,000）
支 払 手 数 料	80,000			
水 道 光 熱 費	（③ 82,000）			
通　信　費	65,000			
旅 費 交 通 費	（③ 33,000）			
減 価 償 却 費	（③ 100,000）			
貸倒引当金繰入	（③ 2,400）			
支 払 利 息	（ 8,000）			
③ 固定資産**(売却損)**	（ 140,000）			
② 当期純**(利　益)**	（ 145,600）			
	（ 5,262,300）			（ 5,262,300）

第5回

　第3問の決算問題には少々難しい処理が含まれていますが、全体的には基本的な処理を習得していれば、合格点は十分に取れる問題です。

　難易度は、A：普、B：やや難、C：難となっています。

> 第1問　指定された勘定科目は記号で解答しなければ正解にならないので注意してください。
> Aレベルは正解できるようにしましょう。
> 解答時間は1題につき30秒〜1分以内を目標に！

1．仕入取引　難易度 B

解答				
（仕　　　入）	181,000	（前　払　金）	36,000
		（当　座　預　金）	94,000
		（支　払　手　形）	50,000
		（現　　　金）	1,000

　商品代金180,000円のうち、注文時に支払った手付金36,000円（前払金勘定で処理）は、商品を仕入れた（引き渡しを受けた）ときに代金へ充当します。また、94,000円については小切手を振り出しているので当座預金勘定（資産）の減少とし、残額の50,000円は約束手形を振り出しているので支払手形勘定（負債）の増加となります。なお、仕入れにともなう運送保険料を当社が負担したときは、仕入原価に含めて処理します。

2．買掛金と売掛金の同時決済　難易度 B

解答				
（買　　掛　　金）	500,000	（売　　掛　　金）	100,000
		（当　座　預　金）	400,000

　同一の相手先に対して債務と債権とが同時に存在する場合には、両者を相殺処理することがあります。本問では、問題文の指示に従って、仙台商店に対する買掛金500,000円と売掛金100,000円とを相殺処理します。また、買掛金の超過分400,000円（売掛金で相殺しきれなかった分）については、小切手を振り出して支払っているため、当座預金勘定（資産）の減少とします。

3．未収入金の回収　難易度 A

解答				
（普　通　預　金）	600,000	（未　収　入　金）	600,000

　先月末（＝過去）、土地を売却した時点で次のような仕訳をしています。代金は、商品売買以外の取引から生じた未収分なので、未収入金勘定（資産）の増加としています。

土地売却時：	（未　収　入　金）	600,000	（土　　　　地）	500,000
			（固定資産売却益）	100,000

　「本日」の時点が解答要求です。

　問題文に「普通預金口座に振り込まれた。」とありますので、未収入金勘定の減少とするとともに普通預金勘定（資産）の増加とします。

４．有形固定資産の購入　難易度 **B**

解答	（土　　　　　地）	150,000	（現　　　　　金）	150,000

　土地の購入にともなって生じた付随費用（本問では整地作業代金150,000円）は、土地の取得原価に含めます。取得原価とは「その資産を手に入れて、利用できるまでにかかった金額」を表すものです。したがって、土地の金額に含める意味で土地勘定（資産）の増加とします。

５．資金の借入れ（返済）　難易度 **A**

解答	（借　　入　　金）	730,000	（当 座 預 金）	734,000
	（支　払　利　息）	4,000 *		

$$\text{＊}\quad 730,000円 \times 利率年2\% \times \frac{100日}{365日} = 4,000円$$

　「元利」とは「元金（本問では借入額730,000円）」と「利息」のことです。

　本問は、借入金の返済と利息の支払いを当座預金口座から行った（当座預金に預け入れたお金を使って支払った）取引です。借入金の返済は借入金勘定（負債）の減少とし、利息の支払いについては支払利息勘定（費用）の増加とします。

６．消費税の納付　難易度 **A**

解答	（未 払 消 費 税）	250,000	（当 座 預 金）	250,000

　決算において、仮払消費税勘定と仮受消費税勘定を相殺し、差額を納税額として未払消費税勘定（負債）の増加としています。確定申告により納付が完了したため、未払消費税勘定（負債）の減少とするとともに、小切手の振り出しにより行ったので、当座預金勘定（資産）の減少とします。

７．固定資産税の納付　難易度 **A**

解答	（租　税　公　課）	100,000	（当 座 預 金）	100,000

　事業で使用する土地や建物に対する固定資産税は、租税公課勘定（費用）で処理します。ただし、「第２期分」の納付であるため、納税通知書の受け取り時点で全額を租税公課として未払計上済みであると考えた場合、借方は「未払金」となる解答も考えられます。しかし、本問は「未払計上は行っていない」とあるため、借方は租税公課勘定（費用）の増加とするとともに、当座預金の口座振替により納付したため、当座預金勘定（資産）の減少とします。

８．法人税の中間納付　難易度 **A**

解答	（仮 払 法 人 税 等）	450,000	（普 通 預 金）	450,000

　納付書に記載された「納期等の区分」の「中間申告」に○印があることから、法人税の中間納付であることがわかります。よって、借方は仮払法人税等勘定（資産）の増加とするとともに、普通預金口座から振り込んで納付したため、普通預金勘定（資産）の減少とします。

9. 訂正仕訳　難易度 **A**

解答	（売　掛　金）	9,000	（売　　　　上）	9,000

訂正仕訳は、①誤った仕訳の逆仕訳と②正しい仕訳から導くと良いでしょう。

誤 っ た 仕 訳：	（売 掛 金）	56,000	（売　　　上）	56,000

①誤った仕訳の逆仕訳：	（売　　　上）	56,000	（売 掛 金）	56,000

②正 し い 仕 訳：	（売 掛 金）	65,000	（売　　　上）	65,000

①と②、2つの仕訳で訂正仕訳となります。

なお、①と②の仕訳の同一科目を相殺して以下のような1つの仕訳にすると、記録の誤りのみを部分的に修正する仕訳になります。

（売 掛 金）	9,000	（売　　　上）	9,000

10. 電子記録債権（決済）　難易度 **A**

解答	（当座預金関東銀行）	200,000	（電 子 記 録 債 権）	200,000

電子債権記録機関に債権の発生記録が行われたときは、その金額を電子記録債権勘定（資産）の増加としているので、決済されたときは減少の仕訳を行います。また、振込先の当座預金口座は、指定勘定科目により銀行ごとに設定していることがわかります。よって、当座預金関東銀行勘定（資産）の増加とします。

11. 売上取引（クレジット払い）　難易度 **A**

解答	（クレジット売掛金）	148,200	（売　　　上）	150,000
	（支 払 手 数 料）	1,800 *		

 * 150,000円×1.2％＝1,800円

商品をクレジット払いの条件で販売した場合は、クレジット売掛金勘定（資産）の増加とし、「売掛金」とは区別して処理します。また、信販会社に対する手数料の支払額は支払手数料勘定（費用）の増加としますが、販売時に計上する場合は、売上高から手数料を差し引いた残額が「クレジット売掛金」となります。

12. 株式の発行（増資時）　難易度 **A**

解答	（当 座 預 金）	12,000,000	（資　本　金）	12,000,000

 * 200株×@60,000円＝12,000,000円

株式を発行したときは、原則として払込金額の全額を資本金勘定（資本）の増加とし、払込金額については問題文の指示に従い、当座預金勘定（資産）の増加とします。

13. 旅費交通費の支払い　難易度 **A**

解答	（旅 費 交 通 費）	50,000	（現　　　金）	50,000

電車やバス等、交通手段のための支出額は旅費交通費勘定（費用）で処理します。本問は、「入金時に全額費用に計上する」とありますので、入金額の全額を旅費交通費勘定の増加とします。

14. 内容不明の入金（判明）　難易度 **B**

解答	（仮　受　金）	60,000	（前　受　金）	60,000

出張中の従業員から振り込みがあった時点で以下のような仕訳をしています。

（当 座 預 金）	60,000	（仮　受　金）	60,000

「**本日**」の文章が解答要求となることに注意してください。仮受金として処理していた60,000円は商品代金の手付金であることが判明したため、商品の引渡義務を表す前受金勘定（負債）へ振り替えます。

15. 修繕費の支払い　難易度 **A**

解答	（修　繕　費）	30,000	（現　　　　金）	10,000
			（未　払　金）	20,000

固定資産の修理費用は、修繕費勘定（費用）の増加とします。なお、修理費用のうち、月末に支払うこととなった20,000円については、商品売買以外の取引から生じた未払分であるため、未払金勘定（負債）の増加とします。

第2問
難 易 度
問1 **A**
問2 **A**

問1　売掛金明細表を作成する問題です。
　　　集計の際、答案用紙に印刷された「12月31日時点の残高」を忘れないように気をつけましょう。
問2　伝票に関する問題です。
　　　仕訳日計表は、1日分の取引を起票した伝票の情報だけで作る合計試算表の一種であるという結論を知っていれば、特に難しいものではありません。3伝票制のルールと仕訳日計表の作成手順をしっかりマスターして得意な分野にしておきましょう。

問1

売掛金明細表を作成するためには、取引先ごとの売掛金の増減を把握する必要があるため、取引先名を付記して仕訳します。

1月4日	（売掛金・**宮城**）	145,000	（売　　　上）	145,000
	（売掛金・**岩手**）	275,000	（売　　　上）	275,000
6日	（売　　　上）	8,000	（売掛金・**岩手**）	8,000
9日	（売掛金・**宮城**）	115,000	（売　　　上）	115,000
11日	（売　　　上）	7,000	（売掛金・**宮城**）	7,000
16日	（前　受　金）	86,000	（売　　　上）	273,000
	（売掛金・**福島**）	187,000		
21日	（受 取 手 形）	167,000	（売　　　上）	167,000
23日	（現　　　金）	398,000	（売掛金・**宮城**）	398,000
25日	（受 取 手 形）	276,000	（売掛金・**岩手**）	276,000
27日	（当 座 預 金）	145,000	（売掛金・**福島**）	145,000
30日	（買　掛　金）	58,000	（支 払 手 形）	58,000

売　掛　金　明　細　表

（注）　取引先別に売掛金のみ（**「売掛金」と仕訳した金額だけ**）集計します。

宮　城　商　会			
1/1	307,000*	1/11	7,000
4	145,000	23	398,000
9	115,000		31日残高 162,000円

岩　手　商　会			
1/1	180,000*	1/6	8,000
4	275,000	25	276,000
			31日残高 171,000円

福　島　商　会			
1/1	—*	1/27	145,000
16	187,000		31日残高 42,000円

＊　答案用紙の売掛金明細表「12月31日時点の残高」より

問2

(1)　仕訳日計表の作成

　　手順1：伝票を仕訳の形に直します。

入金伝票……	**（現　　　金）**	×××	**（○　○　○）**	×××
入金伝票には、借方の勘定科目がすべて「現金」となる取引を記入しています。				
No.101	（現　　　金）	10,000	（売　　　上）	10,000
No.102	（現　　　金）	12,000	（受 取 手 数 料）	12,000

出金伝票……	**（○　○　○）**	×××	**（現　　　金）**	×××
出金伝票には、貸方の勘定科目がすべて「現金」となる取引を記入しています。				
No.201	（仕　　　入）	5,000	（現　　　金）	5,000
No.202	（仕　　　入）	8,000	（現　　　金）	8,000

振替伝票……	**（○　○　○）**	×××	**（○　○　○）**	×××
振替伝票には、「現金」の増減とならない取引を記入しています。				
No.301	（売　掛　金）	90,000	（売　　　上）	90,000
No.302	（仕　　　入）	55,000	（買　掛　金）	55,000

　　手順2：仕訳日計表に集計して完成です。　伝票の情報（1日分の取引の仕訳）だけで合計試算表を作るというイメージで、仕訳日計表に集計してみましょう！

(2)　出金伝票No.202および振替伝票No.302で記録された取引において仕入れた商品の金額

　　1つの取引を記録したものだとした場合の仕訳は、次のとおりです。

（仕　　　入）	63,000*	（現　　　金）	8,000
		（買　掛　金）	55,000

　＊　8,000円〈出金伝票No.202「仕入」〉＋55,000円〈振替伝票No.302「仕入」〉＝**63,000円**

第3問	財務諸表（貸借対照表と損益計算書）を作成する問題です。
難易度 **A**	旅費交通費や有形固定資産に関する処理について、問題文の指示を理解し正確に処理することはできましたか。問題文章が長いと難しいように感じますが、問題指示が丁寧に書かれているということです。嫌わずに落ち着いて読んでみましょう。

Ⅰ　問題の流れ

決算整理前残高試算表に集められた各勘定の金額に決算整理仕訳等を加減算して、貸借対照表と損益計算書を作成する問題なので、基本的に解法手順は精算表の作成と同じです。しかし、精算表のように決算整理仕訳等を記入できる修正記入欄はないので、必要な決算整理仕訳等は、問題資料(1)の残高試算表に書き込みして集計する等の工夫をしましょう。

ネット試験…問題資料への書き込みができないため、金額が増減する科目だけを計算用紙に書き出し、Ｔ字勘定等を使って集計するとよいでしょう。

この問題の資料と解答要求事項の関係を精算表の形式で示すと、次のようになります。 **参考2** として「解答への道」の最後に精算表を載せてあります。

精　算　表

勘　定　科　目	残 高 試 算 表		修 正 記 入		損 益 計 算 書		貸 借 対 照 表	
	借　方	貸　方	借　方	貸　方	借　方	貸　方	借　方	貸　方

　　　　　　　　資料(1)　　　　　　資料(2)　　　　　損益計算書　　　　貸借対照表

　　　　　　　　残高試算表　　　　決算整理事項等　　　　　答案用紙

精算表の損益計算書欄と貸借対照表欄に記入する金額と、財務諸表に載せる金額は同じですが、財務諸表は表示方法（＝見せ方）についてルールがあるので、別途暗記する必要があります。「解答への道」の最後の **参考1** を参照してください。

Ⅱ　決算整理事項等

本問における決算整理事項等の仕訳は次のとおりです。

１．旅費交通費の計上〈未処理事項〉

本問における旅費交通費の精算の流れは以下のようになります。

まず、従業員が立て替えて支払う：　帳簿上「仕訳なし」

> 12月31日時点では、まだ従業員に支払っていないため、帳簿上「未払金」としておきます。

↓

毎月末は使った分の報告を受けるだけ：　（旅費交通費）　3,000　（未　払　金）　3,000

なお、本問では問われていませんが、翌月に精算したときの仕訳は次のとおりです。

精 算 は 翌 月 に 行 う：（未　払　金）　3,000　（現 金 な ど）　3,000

２．有形固定資産の売却〈未処理事項〉

間接法で記帳してきた場合、固定資産を売却したときは、固定資産の勘定とその固定資産に対する減価償却累計額勘定の減少とします。さらに、売却価額から帳簿価額を差し引き、固定資産売却損（益）を計算します。

①　前期末までの減価償却額 **80,000円**〈問題資料(1)車両運搬具減価償却累計額勘定より〉

②　当期の減価償却費

480,000円〈取得原価〉÷６年＝**80,000円**〈H29.1.1～H29.12.31〉

③　固定資産売却損（益）：

$$180{,}000円 - (480{,}000円 - 80{,}000円 - 80{,}000円) = △140{,}000円〈固定資産売却損〉$$

　　売却価額　　　　　　売却時点の帳簿価額

受け取った売却代金は、仮受金勘定で処理されています。

代金受取時：

（現　金　な　ど）	180,000	（仮　　受　　金）	180,000

本問の解答：

（車両運搬具減価償却累計額）	80,000	（車　両　運　搬　具）	480,000
（減　価　償　却　費）	80,000		
（仮　　受　　金）	180,000		
（固定資産売却損）	140,000		

3．売上原価の計算（注）仕入勘定で売上原価を算定する場合

（仕　　　　　入）	300,000	（繰　越　商　品）	300,000*
（繰　越　商　品）	315,000	（仕　　　　　入）	315,000

*　問題資料(1)の残高試算表上「繰越商品」が期首商品の金額です。

4．有形固定資産の減価償却

建　　　　物：1,000,000円〈取得原価〉÷50年＝20,000円

備　　　　品：決算整理事項等５．の指示により、減価償却は不要です。

車両運搬具：決算整理事項等２．の処理後は、車両運搬具勘定の残高はゼロです。

（減　価　償　却　費）	20,000	（建物減価償却累計額）	20,000

損益計算書上「減価償却費」は、「２．有形固定資産の売却」で計算した80,000円と「４．有形固定資産の減価償却」で計算した20,000円とを合わせて**100,000円**になります。

5．耐用年数到来後の有形固定資産について

　　耐用年数到来後も固定資産を使用し続ける場合、減価償却済みの固定資産があることを帳簿に記録しておくため、帳簿価額をゼロとせずに、「備忘価額」として金額が１円だけ残るように、最後の減価償却を行います。なお、減価償却は昨年度で満了しているため、当期においては「仕訳なし」となります。

6．貸倒引当金の設定

設　定　額　（410,000円＋350,000円）×１％＝7,600円

　　　　　　　　受取手形　　売掛金

決算整理前残高	5,200円
差引：繰入額	2,400円

（貸倒引当金繰入）	2,400	（貸　倒　引　当　金）	2,400

7．未払水道光熱費（未払費用）の計上

（水　道　光　熱　費）	7,000	（未払水道光熱費）	7,000

8．前払利息（前払費用）の計上

　　当期に支払った利息のうち、2,000円分は次期以降に係る費用の前払い分であるため、支払利息勘定（費用）から差し引き、前払利息勘定（資産）として次期に繰り越します。

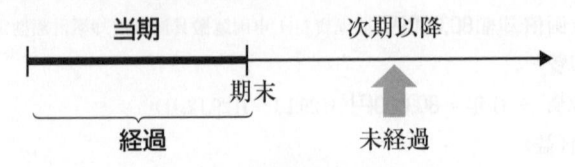

（前　払　利　息）	2,000	（支　払　利　息）	2,000

9．前受地代（前受収益）の計上

当期に受け取った地代のうち、１か月分（来期１月分）は次期に係る収益の前受け分であるため、受取地代勘定（収益）から差し引き、前受地代勘定（負債）として次期に繰り越します。

$$520,000円 \times \frac{1か月}{13か月} = 40,000円$$

（受　取　地　代）	40,000	（前　受　地　代）	40,000

10．当期純利益の計算

損益計算書の貸方合計（収益）と借方合計（費用）の差額により、当期純利益を計算します。

$$\underset{収益合計}{5,262,300円} - \underset{費用合計}{5,116,700円} = \underset{当期純利益}{145,600円}$$

当期純利益は繰越利益剰余金（資本）の増加とすることから、繰越利益剰余金の決算整理前残高に当期純利益を加えた金額を、貸借対照表の貸方へ記入し、貸借対照表の貸借合計が一致することを確認します。

繰越利益剰余金：1,851,801円〈決算整理前残高〉＋145,600円〈当期純利益〉＝1,997,401円

参考１

〈貸借対照表記入上の注意〉

・貸倒引当金勘定の残高は、原則として、資産の部において受取手形や売掛金それぞれから控除する形式で表示します。なお、本問のように、受取手形と売掛金の合計額から一括した貸倒引当金を控除する形式もあります。

・繰越商品勘定の残高は、「**商品**」と表示します。

・経過勘定項目である「未払○○」は「**未払費用**」、「前払○○」は「**前払費用**」、「未収○○」は「**未収収益**」、「前受○○」は「**前受収益**」と表示します。

・建物減価償却累計額勘定および備品減価償却累計額勘定の残高は、原則として、資産の部において建物や備品それぞれから控除する形式で表示します。このとき、具体的な固定資産の科目名は付けずに「**減価償却累計額**」と表示します。

・手形借入金勘定の残高は、「**借入金**」と表示します。

〈損益計算書記入上の注意〉

・仕入勘定の残高は、「**売上原価**」と表示します。

売上原価は、「期首商品棚卸高＋当期商品仕入高－期末商品棚卸高」の式で求めることもできます。

期首商品棚卸高300,000円＋当期商品仕入高3,955,000円－期末商品棚卸高315,000円＝3,940,000円

・売上勘定の残高は、「**売上高**」と表示します。

精算表に記入すると次のようになります。

精　算　表

勘 定 科 目	残 高 試 算 表 借 方	残 高 試 算 表 貸 方	修 正 記 入 借 方	修 正 記 入 貸 方	損 益 計 算 書 借 方	損 益 計 算 書 貸 方	貸 借 対 照 表 借 方	貸 借 対 照 表 貸 方
現　　　　　金	315,000						315,000	
普 通 預 金	123,000						123,000	
受 取 手 形	410,000						410,000	
売 　掛　 金	350,000						350,000	
繰 越 商 品	300,000		315,000	300,000			315,000	
建　　　　　物	1,000,000						1,000,000	
備　　　　　品	450,000						450,000	
車 両 運 搬 具	480,000			480,000				
土　　　　　地	4,300,000						4,300,000	
買 　掛　 金		640,000						640,000
仮 　受　 金		180,000	180,000					
手 形 借 入 金		300,000						300,000
貸 倒 引 当 金		5,200		2,400				7,600
建物減価償却累計額		200,000		20,000				220,000
備品減価償却累計額		449,999						449,999
車両運搬具減価償却累計額		80,000	80,000					
資 　本　 金		3,600,000						3,600,000
繰越利益剰余金		1,851,801						1,851,801
売　　　　　上		4,782,300				4,782,300		
受 取 地 代		520,000	40,000			480,000		
仕　　　　　入	3,955,000		300,000	315,000	3,940,000			
給　　　　　料	666,300				666,300			
支 払 手 数 料	80,000				80,000			
水 道 光 熱 費	75,000		7,000		82,000			
通 　信　 費	65,000				65,000			
旅 費 交 通 費	30,000		3,000		33,000			
支 払 利 息	10,000			2,000	8,000			
	12,609,300	12,609,300						
未 　払　 金				3,000				3,000
減 価 償 却 費			80,000		100,000			
			20,000					
固定資産売却損			140,000		140,000			
貸倒引当金繰入			2,400		2,400			
未払水道光熱費				7,000				7,000
前 払 利 息			2,000				2,000	
前 受 地 代				40,000				40,000
当 期 純 利 益					145,600			145,600
			1,169,400	1,169,400	5,262,300	5,262,300	7,265,000	7,265,000

	借 方 科 目	金 額	貸 方 科 目	金 額
1	ウ	600,000	ア カ	594,000 6,000
2	イ	490,000	エ オ	480,000 10,000
3	エ ア	50,000 80,000	カ	130,000
4	イ ウ	35,000 300	オ	35,300
5	エ オ イ	560,000 20,000 120,000	カ	700,000
6	ウ	153,000	オ ア	3,000 150,000
7	イ	94,000	エ	94,000
8	オ	140,000	カ ア	90,000 50,000
9	カ	1,500,000	ウ	1,500,000
10	エ	50,000	イ	50,000
11	オ	550,000	ア	550,000
12	ウ	100,000	エ	100,000
13	カ	50,000	イ	50,000
14	ア	200,000	カ	200,000
15	イ エ	8,000 1,640	ウ	9,640

上の表において、仕訳の列見出しは「仕　訳」。

111

問1

各2点

①	②	③
キ	ウ	イ

（a）	（b）
14,000	15,400

問2

各2点

①	②	③	④	⑤
キ	エ	サ	ケ	カ

第3問 35点　　　　　　　　　　　　　　　　　　●数字…予想配点

貸 借 対 照 表
×10年3月31日　　　　　　　　　　　　　　　　（単位：円）

現　　　　　金		(108,000)	買　掛　金			(210,000)
普 通 預 金		(520,000)	借　入　金			(200,000)
売　掛　金	(360,000)		(前　受　金)			(20,000) ③
③ 貸 倒 引 当 金	(△ 7,200)	(352,800)	未 払 費 用			(3,500)
商　　　　品		(③ 203,000)	前 受 収 益			(30,000)
③ (前 払)費 用		(15,000)	資　本　金			(2,000,000)
備　　　　品	(2,120,000)		繰越利益剰余金			(1,100,300)
③ 減価償却累計額	(△ 755,000)	(1,365,000)				
土　　　　地		(1,000,000)				
		(3,563,800)				(3,563,800)

損 益 計 算 書
×9年4月1日から×10年3月31日まで　　　　　　（単位：円）

売 上 原 価	(③ 2,177,000)	売　　上　　高		(3,980,000)
給　　　料	(1,900,000)	受 取 手 数 料		(③ 770,000)
貸倒引当金繰入	(7,000)			
減 価 償 却 費	(③ 255,000)			
通　信　費	(③ 230,800)			
支 払 家 賃	(75,000)			
保　険　料	(1,200)			
③ 雑　　(損)	(200)			
支 払 利 息	(③ 3,500)			
② 当期純(利　益)	(100,300)			
	(4,750,000)			(4,750,000)

別解 損益計算書の「雑（損）」は、「雑（損失）」としてもよい。

　全体的に、難易度・問題量ともにバランスのとれた良問です。合格点は十分にとれる問題ですが、受験生が苦手とする第2問の勘定記入に関する問題に、冷静に取り組めたかどうかが点数に影響するでしょう。難易度は、A：普、B：やや難、C：難となっています。

> **第1問**　指定された勘定科目は記号で解答しなければ正解にならないので注意してください。
> Aレベルは正解できるようにしましょう。
> 解答時間は1題につき30秒〜1分以内を目標に！

1．資金の貸付け　難易度 A

解答					
（手 形 貸 付 金）	600,000		（普 通 預 金）	594,000
			（受 取 利 息）	6,000

　金銭の貸付けは、一般的に借用証書を用いて行われますが、これに代えて約束手形を受け取ることがあります。この場合は、借用証書による貸付けと区別するため手形貸付金勘定（資産）の増加とします。なお、普通預金口座から振り込んでいるため普通預金勘定（資産）の減少としますが、振込額は、貸付額600,000円から6,000円を差し引いた残額594,000円とすることに注意しましょう。差し引いた6,000円は、利息の受け取りとし、受取利息勘定（収益）の増加とします。

2．売上取引　難易度 A

解答					
（売 掛 金）	490,000 *		（売 上）	480,000
			（現 金）	10,000

　＊　480,000円 ＋ 10,000円 ＝ 490,000円
　　　商品代金　　先方（＝青森商店）負担
　　　　　　　　　の売上諸掛り

　先方負担の売上諸掛り（本問では発送費）は、立替金勘定で処理する方法もありますが、問題文の指示どおり、売掛金に含めて処理します。

3．売掛金の貸倒れ　難易度 A

解答					
（貸 倒 引 当 金）	50,000		（売 掛 金）	130,000
（貸 倒 損 失）	80,000			

　前期以前に生じた売掛金が貸し倒れた（回収不能となった）場合、売掛金勘定（資産）の減少とするとともに、貸倒引当金を取り崩して充当します。なお、貸倒引当金残高を超える金額については、貸倒損失勘定（費用）の増加とします。

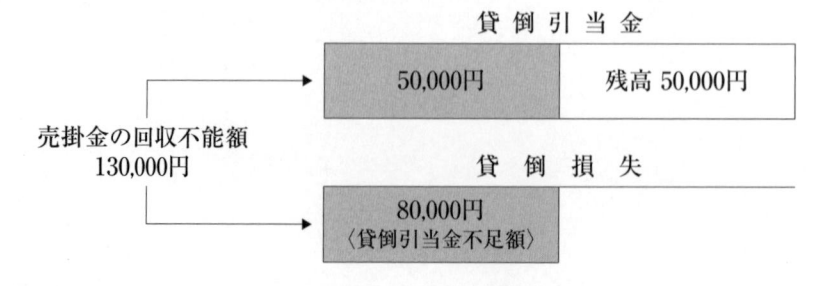

4．広告宣伝費の支払い　難易度 **A**

解答					
（広告宣伝費）	35,000		（普通預金）		35,300
（支払手数料）	300				

広告宣伝費の支払いを普通預金口座から振り替えで行った取引です。

「振込手数料として¥300が同口座から引き落とされた」というのは、振込手数料を当社が負担したということです。したがって、支払手数料勘定（費用）の増加とするとともに、普通預金勘定（資産）の減少となる金額は、広告宣伝費35,000円と振込手数料300円とを合わせた35,300円となることに注意しましょう。

5．有形固定資産の売却　難易度 **A**

解答					
（備品減価償却累計額）	560,000		（備　　品）		700,000
（未収入金）	20,000				
（固定資産売却損）	120,000 *				

＊　20,000円 − (700,000円 − 560,000円) = △120,000円〈売却損〉
　　売却価額　　　　帳簿価額

間接法で記帳している場合、備品を売却したときは、備品勘定（資産）とその備品に対する減価償却累計額勘定の減少とします。さらに、売却価額から帳簿価額（＝取得原価−減価償却累計額）を差し引き、固定資産売却損（益）を計算します。なお、商品売買以外の取引から生じた代金の未収分は、未収入金勘定（資産）の増加とします。

6．給料の支払い　難易度 **B**

解答					
（給　　料）	153,000 *		（所得税預り金）		3,000
			（普通預金）		150,000

＊　3,000円 + 150,000円 = 153,000円〈給料総額〉

給料勘定（費用）の増加とする金額は、給料総額（支給総額）で行います。しかし、本問には総額が与えられていないため、所得税として差し引いた3,000円と残額の150,000円との合計により計算することになります。なお、所得税の源泉徴収額は、所得税預り金勘定（負債）の増加とします。

7．所得税の納付　難易度 **A**

解答					
（所得税預り金）	94,000		（現　　金）		94,000

給料を支払った際に預かった所得税を納付したときの処理です。従業員の所得税（給料を得た人に課せられる税金）は、給料支払時に預かり、従業員に代わって税務署に納付します。

したがって、納付するまでは、所得税を納める義務として所得税預り金勘定（負債）の増加で処理し、納付した時点で負債の減少とします。

(注)「所轄税務署より納期の特例承認を受けている」という文章は、解答するうえで考慮しなくてよいものです。給料から源泉徴収した所得税は、原則として毎月納付しなければなりませんが、一定の要件を満たした場合に、半年分をまとめて納付することができる特例があります。これを「納期の特例」といいます。

8. 仕入取引　難易度 A

| 解答 | （仕　　　　　入） | 140,000 | （支　払　手　形） | 90,000 |
| | | | （買　　掛　　金） | 50,000 |

　商品代金のうち、90,000円は約束手形を振り出したため、手形金額を支払う義務として支払手形勘定（負債）の増加とし、残額の50,000円はあとで商品代金を支払う義務として買掛金勘定（負債）の増加とします。

9. 当期純利益の計上　難易度 A

| 解答 | （損　　　　　益） | 1,500,000 | （繰越利益剰余金） | 1,500,000 |

　決算振替仕訳の問題です。損益勘定で算定された当期純利益は、繰越利益剰余金勘定（資本）の増加とするため、損益勘定から繰越利益剰余金勘定に振り替える仕訳を行います。

10. 預金口座間の振り替え　難易度 A

| 解答 | （当座預金乙銀行） | 50,000 | （当座預金甲銀行） | 50,000 |

　指定勘定科目より、当座預金に銀行名を付けた勘定を設定していることがわかります。よって、引き出される当座預金甲銀行勘定（資産）の減少と、送金先である当座預金乙銀行勘定（資産）の増加とします。

11. 法人税等（確定申告）　難易度 A

| 解答 | （未 払 法 人 税 等） | 550,000 | （普　通　預　金） | 550,000 |

　納付書に記載された「納期等の区分」の○印により、法人税の確定申告であることがわかります。前期末の決算において、確定申告による納付額は未払法人税等勘定（負債）の増加としているので、その減少とするとともに、普通預金口座から振り込んで納付したため、普通預金勘定（資産）の減少とします。

12. 電子記録債務（決済）　難易度 A

| 解答 | （電 子 記 録 債 務） | 100,000 | （当　座　預　金） | 100,000 |

　電子債権記録機関に債務の発生記録を行ったときは、その金額を電子記録債務勘定（負債）の増加としているので、決済されたときは減少の仕訳を行うとともに、引き落としとなった当座預金口座についても、当座預金勘定（資産）の減少とします。

13. クレジット売掛金の回収　難易度 A

| 解答 | （当　座　預　金） | 50,000 | （クレジット売掛金） | 50,000 |

　商品をクレジット払いの条件で販売した場合は、クレジット売掛金勘定（資産）の増加とし、「売掛金」とは区別して処理しています。よって、これを回収したときはクレジット売掛金勘定の減少とし、振り込まれた当座預金口座については、当座預金勘定（資産）の増加とします。

14. 支払手形の決済　難易度 A

| 解答 | （支　払　手　形） | 200,000 | （当　座　預　金） | 200,000 |

　約束手形は、振り出したときに手形金額を支払う義務として、支払手形勘定（負債）の増加としています。よって、当座預金口座から支払いが完了した時点で、当座預金勘定（資産）とともに減らす処理を行います。

15. 再振替仕訳　難易度 **A**

解答	（租　税　公　課）	8,000	（貯　　　蔵　　　品）	9,640
	（通　　信　　費）	1,640		

前期の決算で以下のような仕訳をしています。

決算整理仕訳：	（貯　　　蔵　　　品）	9,640	（租　税　公　課）	8,000
			（通　　信　　費）	1,640

　再振替仕訳とは、前期の決算で行った決算整理仕訳を、翌期首の日付で逆仕訳することで、もとの勘定に戻すための仕訳です。

問1　勘定記入の問題です。
　　記帳のルールが問われた基礎問題ですが、3期分の会計期間につながりがあるため、期首の再振替仕訳や期末の前払保険料の計上など、時の流れを意識しながら会計処理を行う必要があります。向こう1年分の保険料の支払額に変更がありますので計算に注意しましょう。
問2　文章の空所補充問題です。
　　日商簿記3級で出題されるものは、「文章のマル暗記」ということではなく、日商簿記3級で学習する帳簿組織や基本的な会計処理をマスターしていれば解答できます。できなかったところはテキスト等で確認するようにしましょう。

問1

　本問では、毎年11月1日に向こう1年分の保険料を支払っていますが、そのうち7か月分は次期に係る費用の前払い分であるため、保険料勘定（費用）から差し引き、前払保険料勘定（資産）として次期に繰り越す処理を毎年行う必要があります。

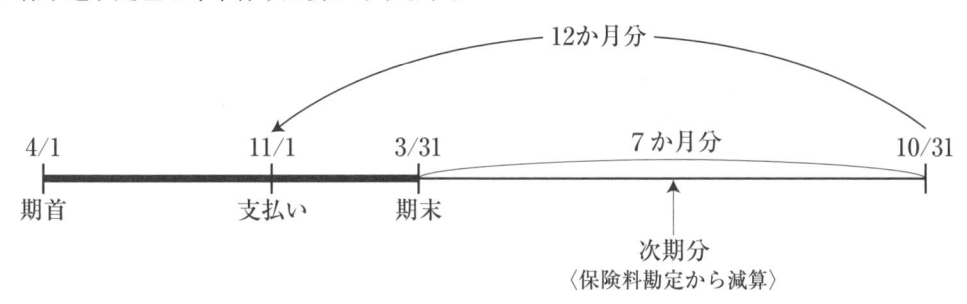

1．前期の期末

　3/31　決算処理

　　① 　決算整理仕訳：前払保険料の計上

　　　11月1日に支払った向こう1年分の保険料は24,000円です。

$$24{,}000円 \times \frac{7か月}{12か月} = 14{,}000円$$

（前 払 保 険 料）	14,000	（保　　険　　料）	14,000

　　② 　資産の勘定の締め切り

　　　決算整理後の前払保険料勘定の借方残高14,000円を、貸方に「次期繰越」と記入し、借方と貸方の合計金額を一致させて締め切ります。次に、翌期首の日付で借方に「前期繰越」と記入し、残高を借方に戻します。

2．当期の会計処理

4/1　期首の再振替仕訳

前期末の前払保険料に関する決算整理仕訳を、翌期首の日付で逆仕訳することで、もとの費用勘定に戻すための仕訳です。

（保　　険　　料）	14,000	（前 払 保 険 料）	14,000

	保　　険　　料				前 払 保 険 料			
4/1	前払保険料	14,000		4/1	前期繰越	14,000	4/1 保 険 料	14,000
	①キ				a			

11/1　向こう1年分の保険料の支払い

前期の支払額24,000円から10％増額した26,400円（＝24,000円×110％）で仕訳します。

（保　　険　　料）	26,400	（現　　　　金）	26,400

	保　　険　　料			前 払 保 険 料		
4/1 前払保険料	14,000		4/1 前期繰越	14,000	4/1 保 険 料	14,000
11/1 現　　金	26,400					

3/31　決算処理

① **決算整理仕訳**：前払保険料の計上

$$26,400円 \times \frac{7か月}{12か月} = 15,400円$$

（前 払 保 険 料）	15,400	（保　　険　　料）	15,400

	保　　険　　料			前 払 保 険 料		
4/1 前払保険料	14,000	3/31 前払保険料 15,400	4/1 前期繰越	14,000	4/1 保 険 料	14,000
11/1 現　　金	26,400		3/31 保 険 料	15,400		

② **決算振替仕訳**：決算整理後の保険料勘定の借方残高25,000円を損益勘定へ振り替えます。

（損　　　　益）	25,000	（保　　険　　料）	25,000

この振り替えにより、保険料勘定の残高はゼロとなるため締め切ります。

	保　　険　　料			前 払 保 険 料		
4/1 前払保険料	14,000	3/31 前払保険料 15,400	4/1 前期繰越	14,000	4/1 保 険 料	14,000
11/1 現　　金	26,400	〃 損　　益 25,000	3/31 保 険 料	15,400		
		②ウ				

③ **資産の勘定の締め切り**

決算整理後の前払保険料勘定の借方残高15,400円を、貸方に「次期繰越」と記入し、借方と貸方の合計金額を一致させて締め切ります。次に、翌期首の日付で借方に「前期繰越」と記入し、残高を借方に戻します。

	保　　険　　料				前 払 保 険 料			
4/1 前払保険料	14,000	3/31 前払保険料 15,400	4/1	前期繰越	14,000	4/1 保 険 料	14,000
11/1 現　　金	26,400	〃 損　　益 25,000	3/31	保 険 料	15,400	3/31 次期繰越	15,400
	40,400	40,400			29,400	③イ	29,400
			4/1	前期繰越	15,400		

3．次期の期首

4／1　期首の再振替仕訳

前期末の前払保険料に関する決算整理仕訳を、翌期首の日付で逆仕訳することで、もとの費用勘定に戻すための仕訳です。

| （保　険　料） | 15,400 | （前 払 保 険 料） | 15,400 |

保　険　料			
4／1　前払保険料	14,000	3／31　前払保険料	15,400
11／1　現　　金	26,400	〃　　損　　益	25,000
	40,400		40,400
4／1　前払保険料	**15,400**		
	b		

前 払 保 険 料			
4／1　前期繰越	14,000	4／1　保 険 料	14,000
3／31　保 険 料	15,400	3／31　次期繰越	15,400
	29,400		29,400
4／1　前期繰越	15,400	4／1　**保 険 料**	**15,400**

問2

1．貸倒引当金

貸倒引当金は、期末に設定した見積額を資産の勘定（受取手形や売掛金など）から控除することで、期末に所有する債権の回収可能な金額はいくらになるかを評価する性格を持っています。

このような性格を持った勘定を「（①）**キ　評価**」勘定といいます。

2．買掛金元帳

買掛金元帳とは、仕入先別に買掛金の増減明細を記録する「（②）**エ　補助簿**」です。買掛金のある相手先を「仕入先」とよぶことから、仕入先元帳ともいいます。

3．有形固定資産の修繕

固定資産に対する支出については「修繕」等の名目に関係なく、価値増加等の支出額を固定資産の帳簿上の価額に加算します。⟨ 建物それ自体の金額を増やすということです。

したがって、「機能が向上し価値が増加した場合」は、「（③）**サ　建物**」勘定で処理します。

なお、修繕費勘定で処理するのは、「機能の回復や維持のための修繕」の場合になります。

4．3伝票制

3伝票制では、次の3種類の伝票を用います。

入金伝票	…入金取引を記入します。	⎫ 現金の増減取引だけは専用の伝票があります。
出金伝票	…出金取引を記入します。	⎭
振替伝票	…上記以外の取引を記入します。

したがって、入金伝票と出金伝票の他に、通常「（④）**ケ　振替**」伝票が用いられます。

5．商品有高帳

商品有高帳は、商品の受け入れや払い出しについて、商品の種類ごとに数量・単価・金額を記録し、商品の増減および在庫の管理を行うための補助簿です。その際、単価はすべて原価で記入しますので、払出欄の単価欄には、売り上げた商品の「（⑤）**カ　原価**」が記入されます。

第6回

第3問 難易度 **A** 財務諸表（貸借対照表と損益計算書）を作成する問題です。訂正仕訳や備品に関する処理は正確に行えましたか。決算整理事項等は平易なものばかりです。高得点を目指しましょう！

I 問題の流れ

決算整理前残高試算表に集められた各勘定の金額に決算整理仕訳等を加減算して、貸借対照表と損益計算書を作成する問題なので、基本的に解法手順は精算表の作成と同じです。しかし、精算表のように決算整理仕訳等を記入できる修正記入欄はないので、必要な決算整理仕訳等は、問題資料(1)の残高試算表に書き込みして集計する等の工夫をしましょう。

ネット試験 …問題資料への書き込みができないため、金額が増減する科目だけを計算用紙に書き出し、T字勘定等を使って集計するとよいでしょう。

この問題の資料と解答要求事項の関係を精算表の形式で示すと、次のようになります。**参考2**として「解答への道」の最後に精算表を載せてあります。

精 算 表

勘 定 科 目	残 高 試 算 表		修 正 記 入		損 益 計 算 書		貸 借 対 照 表	
	借 方	貸 方	借 方	貸 方	借 方	貸 方	借 方	貸 方

資料(1)　　　　　資料(2)　　　　損益計算書　　　貸借対照表
残高試算表　　決算整理事項等
答案用紙

精算表の損益計算書欄と貸借対照表欄に記入する金額と、財務諸表に載せる金額は同じですが、財務諸表は表示方法（＝見せ方）についてルールがあるので、別途暗記する必要があります。「解答への道」の最後の**参考1**を参照してください。

II 決算整理事項等

本問における決算整理事項等の仕訳は次のとおりです。

1．現金過不足の整理

現金過不足のうち、原因の判明した「通信費の記入漏れ」は通信費勘定の借方に振り替え、判明しなかった借方差額200円は雑損勘定（費用）で処理します。

（通　信　費)	800	（現 金 過 不 足)	1,000
（雑　　　　損)	200		

2．訂正仕訳

商品代金に対する内金は、前受金勘定（負債）の増加とするのが正しい処理です。
訂正仕訳は、①誤った仕訳の逆仕訳と②正しい仕訳から導くと良いでしょう。

誤 っ た 仕 訳：	（現　　　金)	20,000	（売　　　上)	20,000
①誤った仕訳の逆仕訳：	（売　　　上)	20,000	（現　　　金)	20,000
②正 し い 仕 訳：	（現　　　金)	20,000	（前　受　金)	20,000

①と②、2つの仕訳で訂正仕訳となります。
なお、①と②の仕訳の「現金」を相殺して以下のような1つの仕訳にするのが望ましいです。

（売　　　上)	20,000	（前　受　金)	20,000

3．仮払金の判明〈未処理事項〉

（備 品）	120,000	（仮 払 金）	120,000

4．貸倒引当金の設定

設　定　額　$\underset{\text{売掛金}}{360,000円} \times 2\% = 7,200円$

決算整理前残高	200円
差引：繰入額	7,000円

（貸倒引当金繰入）	7,000	（貸 倒 引 当 金）	7,000

5．売上原価の計算（注）仕入勘定で売上原価を算定する場合

（仕 入）	180,000	（繰 越 商 品）＊	180,000
（繰 越 商 品）	203,000	（仕 入）	203,000

＊　問題資料(1)の決算整理前残高試算表「繰越商品」が期首商品の金額です。

6．有形固定資産の減価償却

　減価償却費は、既存の備品2,000,000円に対する分と、「3．仮払金の判明」で処理した期中取得の備品120,000円に対する分とを分けて計算します。なお、期中に取得した備品については、4か月分（12/1〜3/31）の月割計算になります。

既　存　分：2,000,000円〈取得原価〉÷ 8 年　　　　　＝250,000円 $\Big\}$ 合計255,000円

期中取得分：120,000円〈取得原価〉÷ 8 年 × $\dfrac{4 \text{か月}}{12 \text{か月}}$ ＝　5,000円

（減 価 償 却 費）	255,000	（備品減価償却累計額）	255,000

7．前払家賃（前払費用）の計上

（前 払 家 賃）	15,000	（支 払 家 賃）	15,000

8．前受手数料（前受収益）の計上

　当期の 5 月 1 日に受け取った向こう 1 年分の手数料のうち、1 か月分は次期に係る収益の前受け分であるため、受取手数料勘定（収益）から差し引き、前受手数料勘定（負債）として次期に繰り越します。

$360,000円 \times \dfrac{1 \text{か月}}{12 \text{か月}} = 30,000円$

（受 取 手 数 料）	30,000	（前 受 手 数 料）	30,000

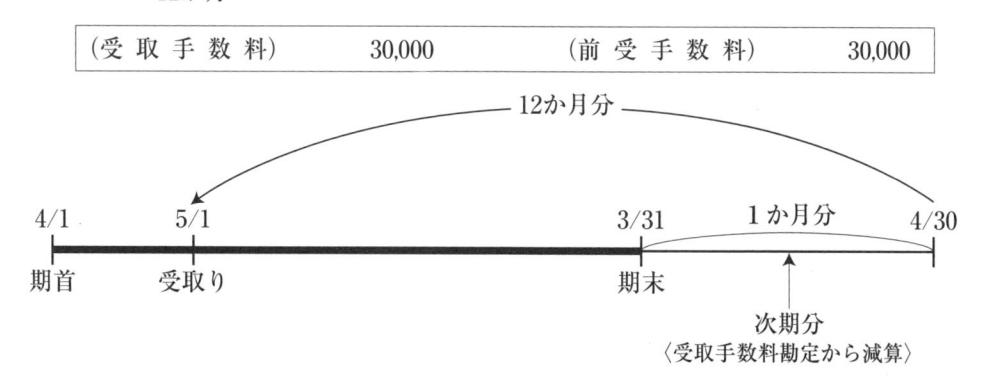

121

9．未払利息（未払費用）の計上

当期の９月１日から３月31日までの７か月分の利息は、当期中に支払っていないので未計上です。しかし、当期に係る費用であるため、支払利息勘定（費用）の増加とするとともに、同額を未払利息勘定（負債）とします。

$$200,000円 \times 年利率3\% \times \frac{7か月}{12か月} = 3,500円$$

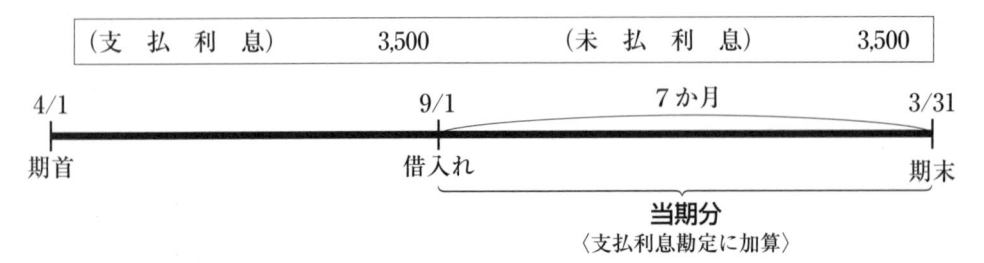

10．当期純利益の計算

損益計算書の貸方合計（収益）と借方合計（費用）の差額により、当期純利益を計算します。

$$4,750,000円 - 4,649,700円 = 100,300円$$

収益合計　　費用合計　当期純利益

当期純利益は繰越利益剰余金（資本）の増加とすることから、繰越利益剰余金の決算整理前残高に当期純利益を加えた金額を、貸借対照表の貸方へ記入し、貸借対照表の貸借合計が一致することを確認します。

繰越利益剰余金：1,000,000円〈決算整理前残高〉＋ 100,300円〈当期純利益〉＝ 1,100,300円

参考1

〈貸借対照表記入上の注意〉

- ・貸倒引当金勘定の残高は、原則として、資産の部において受取手形や売掛金それぞれから控除する形式で表示します。
- ・繰越商品勘定の残高は、「**商品**」と表示します。
- ・経過勘定項目である「未払○○」は「**未払費用**」、「前払○○」は「**前払費用**」、「未収○○」は「**未収収益**」、「前受○○」は「**前受収益**」と表示します。
- ・備品減価償却累計額勘定の残高は、原則として、資産の部において備品から控除する形式で表示します。このとき、具体的な固定資産の科目名は付けずに「**減価償却累計額**」と表示します。

〈損益計算書記入上の注意〉

- ・仕入勘定の残高は、「**売上原価**」と表示します。
  売上原価は、「期首商品棚卸高＋当期商品仕入高−期末商品棚卸高」の式で求めることもできます。
  期首商品棚卸高180,000円＋当期商品仕入高2,200,000円−期末商品棚卸高203,000円
  ＝2,177,000円
- ・売上勘定の残高は、「**売上高**」と表示します。

解答への道

参考２

精算表に記入すると次のようになります。

精　算　表

勘 定 科 目	残 高 試 算 表 借 方	貸 方	修 正 記 入 借 方	貸 方	損 益 計 算 書 借 方	貸 方	貸 借 対 照 表 借 方	貸 方
現　　　　　金	108,000						108,000	
現 金 過 不 足	1,000			1,000				
普 通 預 金	520,000						520,000	
売 　 掛 　 金	360,000						360,000	
仮 　 払 　 金	120,000			120,000				
繰 越 商 品	180,000		203,000	180,000			203,000	
備 　 　 　 品	2,000,000		120,000				2,120,000	
土 　 　 　 地	1,000,000						1,000,000	
買 　 掛 　 金		210,000						210,000
借 　 入 　 金		200,000						200,000
貸 倒 引 当 金		200		7,000				7,200
備品減価償却累計額		500,000		255,000				755,000
資 　 本 　 金		2,000,000						2,000,000
繰越利益剰余金		1,000,000						1,000,000
売 　 　 　 上		4,000,000	20,000			3,980,000		
受 取 手 数 料		800,000	30,000			770,000		
仕 　 　 　 入	2,200,000		180,000	203,000	2,177,000			
給 　 　 　 料	1,900,000				1,900,000			
通 　 信 　 費	230,000		800		230,800			
支 払 家 賃	90,000			15,000	75,000			
保 　 険 　 料	1,200				1,200			
	8,710,200	8,710,200						
雑 　 　 　 損			200		200			
前 　 受 　 金				20,000				20,000
貸倒引当金繰入			7,000		7,000			
減 価 償 却 費			255,000		255,000			
前 払 家 賃			15,000				15,000	
前 受 手 数 料				30,000				30,000
支 払 利 息			3,500		3,500			
未 払 利 息				3,500				3,500
当 期 純 利 益					100,300			100,300
			834,500	834,500	4,750,000	4,750,000	4,326,000	4,326,000

第６回

第1問 45点

	仕		訳	
	借 方 科 目	金　額	貸 方 科 目	金　額
1	ア	41,750,000	カ エ	500,000 41,250,000
2	イ	2,800,000	オ	2,800,000
3	ウ カ	10,000 7,000	ア イ	15,000 2,000
4	エ イ	16,000,000 4,000,000	カ	20,000,000
5	オ	8,000	ウ	8,000
6	エ	249,700	カ オ	227,000 22,700
7	カ	280,000	ウ ア	80,000 200,000
8	イ	560,000	エ カ	260,000 300,000
9	エ ア	10,000 5,000	オ	15,000
10	ウ オ	700,000 1,000	イ	701,000
11	カ	350,000	ア	350,000
12	イ	190,000	エ	190,000
13	ア	510,000	ウ カ	500,000 10,000
14	エ	85,000	イ オ	60,000 25,000
15	ウ	415,000	ア カ	180,000 235,000

解答

第7回

第2問 20点

問1　(1)は各日付の○印がすべて正解につき2点。(2)、(3)は各2点

(1)

日付＼帳簿	現金出納帳	当座預金出納帳	商品有高帳	売掛金元帳（得意先元帳）	買掛金元帳（仕入先元帳）	仕 入 帳	売 上 帳
7日	○		○		○	○	
12日			○	○			○
15日		○		○			

(2)	(3)
￥　　　136,000	￥　　　165,000

問2　各2点

①	②	③	④	⑤
オ	400,000	ウ	キ	550,000

精　算　表

勘　定　科　目	残高試算表 借　方	残高試算表 貸　方	修正記入 借　方	修正記入 貸　方	損益計算書 借　方	損益計算書 貸　方	貸借対照表 借　方	貸借対照表 貸　方
現　　　　　金	280,000						280,000	
小　口　現　金	35,000			7,500			27,500 ③	
普　通　預　金	320,000						320,000	
受　取　手　形	420,000						420,000	
売　　掛　　金	300,000						300,000	
繰　越　商　品	480,000		330,000	480,000			330,000	
建　　　　物	800,000						800,000	
備　　　　品	750,000						750,000	
土　　　　地	2,400,000			1,200,000			1,200,000	
買　　掛　　金		510,000	70,000					440,000 ③
手　形　借　入　金		1,000,000						1,000,000
仮　　受　　金		1,300,000	1,300,000					
貸　倒　引　当　金		10,000		4,400				14,400
建物減価償却累計額		390,000		30,000				420,000
備品減価償却累計額		280,000		150,000				430,000 ③
資　　本　　金		900,000						900,000
繰越利益剰余金		410,000						410,000
売　　　　上		6,500,000				6,500,000		
仕　　　　入	4,230,000		480,000	70,000	4,310,000 ③			
				330,000				
給　　　　料	600,000		45,000		645,000			
旅　費　交　通　費	80,000		4,500		84,500			
支　払　家　賃	180,000				180,000			
保　　険　　料	300,000			75,000	225,000 ③			
消　耗　品　費	80,000		3,000		83,000 ③			
支　払　利　息	45,000			37,500	7,500 ③			
	11,300,000	11,300,000						
固定資産売却(益)				100,000		100,000 ③		
貸倒引当金繰入			4,400		4,400 ③			
減　価　償　却　費			180,000		180,000			
未　収　入　金			75,000				75,000 ③	
(未　払)給　料				45,000				45,000 ③
(前　払)利　息			37,500				37,500	
当期純(利　益)					880,600			880,600 ②
			2,529,400	2,529,400	6,600,000	6,600,000	4,540,000	4,540,000

今回の第3問は、過去に行った仕訳の推定を必要とする問題が多く出題されています。過去にどのような仕訳を行い、その結果、各時点における帳簿残高（勘定残高）が何を意味しているのかを考える力がないと、正しい修正仕訳を導くことができないため、難易度は高いです。ただし、その他の問題は比較的平易なので得点源にしたいところです。

難易度は、Ａ：普、Ｂ：やや難、Ｃ：難となっています。

第1問　指定された勘定科目は記号で解答しなければ正解にならないので注意してください。
Ａレベルは正解できるようにしましょう。
解答時間は1題につき30秒～1分以内を目標に！

1．有形固定資産の購入　難易度 **A**

解答	（土　　　地）	41,750,000 *	（普　通　預　金）	500,000
			（未　　払　　金）	41,250,000

＊　$\underbrace{750㎡×@55,000円}_{購入代価}+\underbrace{500,000円}_{付随費用}=41,750,000円$

土地の購入にともなって生じた付随費用（本問では購入手数料500,000円）は、土地の取得原価に含めます。なお、購入手数料は普通預金口座から支払っているため普通預金勘定（資産）の減少とし、月末払いの土地代金については、商品売買以外の取引から生じた代金の未払分であるため、未払金勘定（負債）の増加とします。

2．決算振替仕訳　難易度 **A**

解答	（損　　　　　益）	2,800,000	（仕　　　　　入）	2,800,000

決算振替仕訳とは、当期純損益を計算するために、決算整理**後**の費用と収益の各勘定残高を損益勘定へ振り替えるための仕訳です。本問では、問題文の指示により、仕入勘定において算定された売上原価（費用）を損益勘定の借方へ振り替えます。

仕　　　　　入

当期商品仕入高　〈決算整理前の残高〉	××	繰　越　商　品　××	←期末商品
期首商品→　繰　越　商　品	××	売上原価の金額　2,800,000	←損益勘定へ振替

3．現金の過不足（一部判明）　難易度 **B**

解答	（現　金　過　不　足）	10,000	（受　取　手　数　料）	15,000
	（旅　費　交　通　費）	7,000	（雑　　　　　益）	2,000

問題文に「現金の帳簿残高が実際有高より¥10,000少なかった」とあります。これは言い換えると、帳簿残高より実際有高が10,000円多かったということです。

過不足発生時：| （現　　　　　金）	10,000	（現　金　過　不　足）	10,000

したがって、現金過不足勘定で処理していた10,000円（貸方）のうち、原因の判明した「受取手数料の記入漏れ」は受取手数料勘定へ、「旅費交通費の記入漏れ」は旅費交通費勘定へ振り替え、判明しなかった金額は雑損勘定（借方差額の場合）または、雑益勘定（貸方差額の場合）で処理します。

4．改良と修繕　難易度 **A**

解答							
（建	物）	16,000,000		（普 通 預 金）		20,000,000
（修 繕	費）	4,000,000				

　建物にかかる支出は、その名目に関係なく、建物の資産価値を高めるためのもの（資本的支出）であれば、建物勘定（資産）の増加とし、建物の現状を維持するためのもの（収益的支出）であれば、修繕費勘定（費用）の増加とします。なお、普通預金口座から代金を支払っているため、普通預金勘定（資産）の減少とします。

5．租税公課の支払い　難易度 **A**

解答				
（租 税 公 課）	8,000	（現	金）	8,000

　事業で使用する収入印紙の購入代金は、租税公課勘定（費用）の増加とします。

6．売上取引　難易度 **A**

解答				
（売 掛 金）	249,700	（売	上）	227,000
		（仮 受 消 費 税）		22,700

　消費税を税抜方式で記帳する場合、売上勘定（収益）で処理する金額は税抜価額で行い、消費税の受取額は仮受消費税勘定（負債）の増加とします。得意先に対する売掛金などの受取額については、税込価額で記録する点に注意しましょう。

7．仕入取引　難易度 **A**

解答				
（仕	入）	280,000	（当 座 預 金）	80,000
			（支 払 手 形）	200,000

　商品代金のうち、80,000円は小切手を振り出したため当座預金勘定（資産）の減少とし、残額の200,000円については約束手形を振り出したため、手形金額を支払う義務として支払手形勘定（負債）の増加とします。

8．有形固定資産の購入　難易度 **A**

解答				
（備	品）	560,000 *	（当 座 預 金）	260,000
			（未 払 金）	300,000

　　* 　540,000円＋20,000円＝560,000円〈備品の取得原価〉

　固定資産の購入にともなって生じた付随費用（本問では、搬入設置費用）は、固定資産の取得原価に含めます。備品の取得原価のうち260,000円は小切手を振り出して支払ったため、当座預金勘定（資産）の減少とします。残額の300,000円については「翌月以降の分割払い」とありますが、「分けて支払う」というだけで後払いであることに変わりありません。商品売買以外の取引から生じた代金の未払分は、未払金勘定（負債）の増加とします。

9．売上取引　難易度 **A**

解答				
（受 取 商 品 券）	10,000	（売	上）	15,000
（現	金）	5,000		

　商品を販売し、代金として商品券を受け取ったときは、後日、取引銀行等を通じて入金されるため、受取商品券勘定（資産）の増加で処理します。

10. 買掛金の支払い　難易度　**A**

解答	（買　　掛　　金）	700,000	（普　通　預　金）	701,000
	（支 払 手 数 料）	1,000		

　買掛金の支払いを普通預金口座から振り替えで行った取引です。

　「振込手数料として¥1,000が同口座から引き落とされた」というのは、振込手数料を当社が負担したということです。したがって、支払手数料勘定（費用）の増加とするとともに、普通預金勘定（資産）の減少となる金額は、買掛金の支払額700,000円と振込手数料1,000円とを合わせた701,000円となることに注意しましょう。

11. 法人税等の計上　難易度　**A**

解答	（法人税、住民税及び事業税）	350,000	（未 払 法 人 税 等）	350,000

　決算の結果、確定した法人税等の金額は、指定勘定科目により、「法人税、住民税及び事業税」を用いて借方に仕訳します。本問は、中間納付を行っていないため、全額が未払法人税等勘定（負債）の増加となります。

12. 受取手形の決済　難易度　**A**

解答	（当　座　預　金）	190,000	（受　取　手　形）	190,000

　約束手形は、受け取ったときに手形金額を受け取る権利として、受取手形勘定（資産）の増加としています。よって、当座預金口座に入金を受けた時点で減少の仕訳を行うとともに、当座預金勘定（資産）の増加とします。

13. 資金の貸付け（回収）　難易度　**A**

解答	（現　　　　　金）	510,000	（貸　　付　　金）	500,000
			（受　取　利　息）	10,000*

　　＊　500,000円×年利率 2 ％＝10,000円

　貸付金を回収した（貸したお金を返してもらった）ときは、貸付金勘定（資産）の減少とし、受け取った利息については受取利息勘定（収益）の増加とします。なお、 1 年分の利息とともに受け取った同社（栃木（株））振り出しの小切手は「他人振り出しの小切手」となるので、現金勘定（資産）の増加とします。

14. 内容不明の入金（一部判明）　難易度　**B**

解答	（当　座　預　金）	85,000	（前　　受　　金）	60,000
			（仮　　受　　金）	25,000

　当座預金口座に振り込まれた85,000円のうち60,000円は、商品の注文時に受け取った手付金であるため、後日商品を引き渡す義務として前受金勘定（負債）の増加とします。また、残額の25,000円は詳細不明（内容不明）のため仮受金勘定で処理します。

15. 未払消費税の計上　難易度　**A**

解答	（仮 受 消 費 税）	415,000	（仮 払 消 費 税）	180,000
			（未 払 消 費 税）	235,000

　期中に受け取った消費税は仮受消費税勘定（負債）、支払った消費税は仮払消費税勘定（資産）の増加として処理しています。決算においては、両勘定を相殺する仕訳を行い、納付すべき消費税額を未払消費税勘定（負債）の増加とします。

問1 （1）の取引ごとに必要な補助簿を選択する問題は、仕訳から記入する補助簿をイメージすると上手に選択できます。また、（3）は売掛金勘定（総勘定元帳）と、売掛金元帳（補助簿）の関係を問う良問です。満点がとれるまで繰り返し練習しましょう。

問2 伝票記入の問題です。
　（1）の問題は、一部現金取引の起票について正しく判断ができるか、（2）の問題は、指示どおりに売上諸掛りの処理について起票できるかが問われています。

問1

（1）補助簿の選択

　各取引の仕訳をもとにして、記入する補助簿を判断します。なお、**商品有高帳**には**商品**に関わる取引を記入しますので注意しましょう。

　「×3年6月中の取引」の仕訳および記入する補助簿（**（1）の解答**）は次のようになります。

7日　商品の仕入れ

仕 入 帳 ◄─┐　（仕　　入）242,500* （買 掛 金）240,000 ──► **買 掛 金 元 帳**
商 品 有 高 帳 ◄─┘　　　　　　　　　　　　（現　　金）　2,500 ──► **現 金 出 納 帳**
〈商品の増加〉

＊　当社負担の仕入諸掛りは、仕入原価に含めて費用処理します。

12日　東京商店に対する掛け売上

売 掛 金 元 帳 ◄──（売掛金・東京）78,000 （売　　上）78,000 ──► **売　　上　　帳**
　　　　　　　　　　　　　　　　　　　　　　　　　　　　　　 └─► **商 品 有 高 帳**
〈商品の減少〉

15日　箱根商店に対する売掛金の回収

当座預金出納帳 ◄──（当座預金）50,000 （売掛金・箱根）50,000 ──► **売 掛 金 元 帳**

19日　箱根商店に対する掛け売上

売 掛 金 元 帳 ◄──（売掛金・箱根）63,000 （売　　上）63,000 ──► **売　　上　　帳**
　　　　　　　　　　　　　　　　　　　　　　　　　　　　　　 └─► **商 品 有 高 帳**
〈商品の減少〉

22日　箱根商店より売上戻り

売　　上　　帳 ◄─┐（売　　上）5,000 （売掛金・箱根）5,000 ──► **売 掛 金 元 帳**
商 品 有 高 帳 ◄─┘
〈商品の増加〉

29日　東京商店に対する売掛金の回収

当座預金出納帳 ◄──（当座預金）49,000 （売掛金・東京）49,000 ──► **売 掛 金 元 帳**

（2）純売上高の計算

　純売上高：78,000円〈12日売上〉＋63,000円〈19日売上〉－5,000円〈22日売上戻り〉＝**136,000円**（**（2）の解答**）

（3）売掛金元帳（箱根商店）に対する売掛金の残高

　売掛金元帳（＝得意先元帳）とは、売掛金の増減を取引先別（得意先別）に管理する補助簿です。単純に、売掛金を2つの得意先（本問では東京商店と箱根商店）に分けて記帳しているだけなので、両者を合わせれば、売掛金勘定と一致します。

　前記Ⅰで示したように、「売掛金」の仕訳に取引先名を付記しておくと集計しやすくなります。

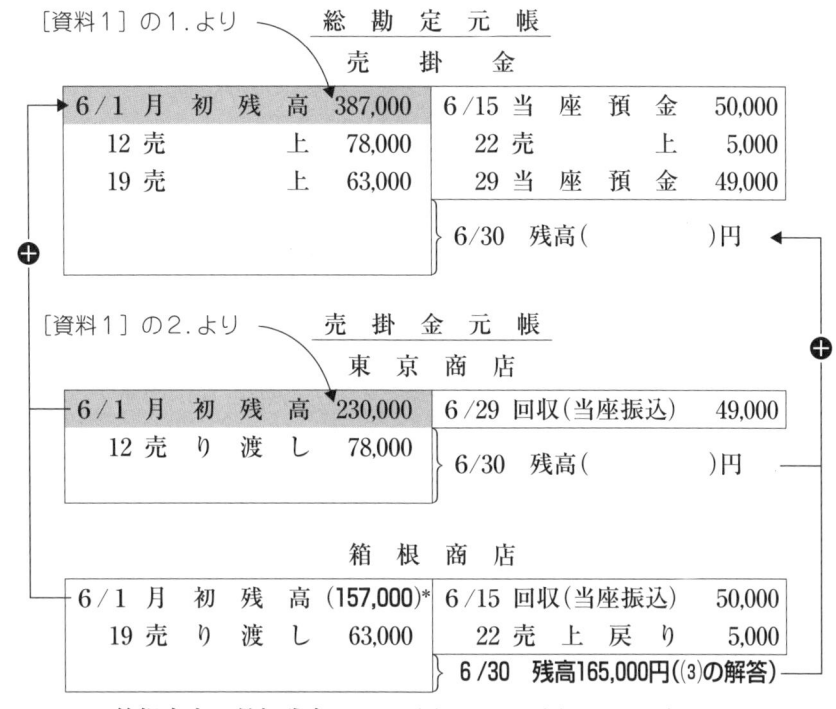

［資料1］の1.より　　　総　勘　定　元　帳
売　　掛　　金

6/1 月 初 残 高	387,000	6/15 当 座 預 金	50,000
12 売 上	78,000	22 売 上	5,000
19 売 上	63,000	29 当 座 預 金	49,000
		6/30 残高（　　　）円	

［資料1］の2.より　　　売　掛　金　元　帳
東　京　商　店

| 6/1 月 初 残 高 | 230,000 | 6/29 回収（当座振込） | 49,000 |
| 12 売 り 渡 し | 78,000 | 6/30 残高（　　　）円 | |

箱　根　商　店

6/1 月 初 残 高	(157,000)*	6/15 回収（当座振込）	50,000
19 売 り 渡 し	63,000	22 売 上 戻 り	5,000
		6/30 残高165,000円（(3)の解答）	

＊　箱根商店の月初残高：387,000円 − 230,000円 = 157,000円

　理解のために、6/30時点の東京商店勘定の残高も計算してみましょう。東京商店勘定の残高は259,000円になります。東京商店と箱根商店の残高を合算すると、売掛金勘定の残高424,000円に一致することもあわせて確認しておきましょう。

問2

(1)　取引を仕訳すると次のようになります。

| （仕 入) | 400,000 | （買 掛 金) | 300,000 |
| | | （現 金) | 100,000 |

　商品代金のうち100,000円は現金で支払っているため、振替伝票のほかに出金伝票が必要です。

（出 金）伝 票			振　替　伝　票		
科　目	金　額	借方科目	金　額	貸方科目	金　額
買 掛 金	（　　　）	（　①　）	（　　　）	（　　　）	（　②　）

　一部現金取引の起票には、「いったん全額を掛取引として起票する方法」と「取引を分解して起票する方法」の2つがあります。

　出金伝票の相手科目が「買掛金」と記入されていることから、「いったん全額を掛取引として起票する方法」であると判断します。

（仕 入)	400,000	（買 掛 金)	400,000	… 振替伝票
①オ			②	
（買 掛 金)	100,000	（現 金)	100,000	… 出金伝票

取引を分解して起票する方法では、振替伝票の金額は「300,000」となり、出金伝票に記入する相手科目は「仕入」となります。取引を2つの仕訳に分けると次のようになります。

(仕 入)	300,000	(買 掛 金)	300,000	…	振替伝票
(仕 入)	100,000	(現 金)	100,000	…	出金伝票

(2) 取引を仕訳すると次のようになります。

(売 掛 金)	554,000	(売 上)	550,000
		(現 金)	4,000

送料の支払いについて、問題文には「顧客負担」とあるため「先方が負担する（＝当社の費用にはならない、立替払い）」と読み取りますが、処理方法には①立替金勘定を使用する方法と、②売掛金勘定に含める方法があります。本問では、問題文の指示により②の方法で処理します。

なお、顧客負担の送料は現金で支払っているため、振替伝票のほかに出金伝票が必要です。

③ウ（出金）伝 票			振 替 伝 票				
科 目	金 額	借方科目	金 額	貸方科目	金 額
(④)	( )	( )	( )	( )	(⑤)

(売 掛 金)	550,000	(売 上)	550,000 ⑤	…	振替伝票
(売 掛 金) ④キ	4,000	(現 金)	4,000	…	出金伝票

第3問
難易度
B

精算表作成（順進）の問題です。

他の実施回で出題された決算問題よりも細かな未処理事項が多いです。前提となる過去の処理を考えることができたか、そして、記帳、修正に関する問題文の指示を正確に読み取ることができたかが問われています。

本問における決算整理事項等の仕訳は次のとおりです。

1. 仕入返品〈未処理事項〉

(買 掛 金)	70,000	(仕 入)	70,000

2. 小口現金の支払い報告〈未処理事項〉

小口現金係から、一定期間における支出の報告を受けたときに、その支出内容を借方に仕訳します。文房具は「消耗品費」、電車賃は「旅費交通費」としますが、貸方は、使った分を補給するタイミングにより、2つの処理が考えられます。①報告と補給が別の日に行われる場合と、②報告と補給が同時に行われる場合です。本問は、「報告にもとづく補給は翌期に行う」とありますので、①の方法と判断し、貸方は小口現金勘定（資産）の減少とします。

(消 耗 品 費)	3,000	(小 口 現 金)	7,500
(旅 費 交 通 費)	4,500		

3．有形固定資産の売却〈未処理事項〉

土地を売却したときに受け取った代金は、仮受金勘定で処理しています。

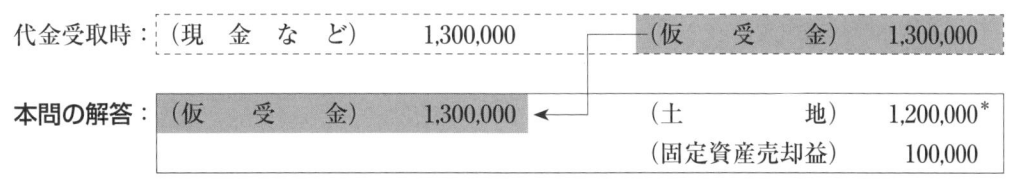

代金受取時：	（現　金　な　ど）	1,300,000	（仮　　受　　金）	1,300,000
本問の解答：	（仮　　受　　金）	1,300,000	（土　　　　　地）	1,200,000*
			（固定資産売却益）	100,000

　　＊　　2,400,000円〈残高試算表欄の土地の金額〉÷ 2 ＝1,200,000円〈半額分〉

4．保険の解約による未収入金勘定への振り替え〈未処理事項〉

問題文の指示に従い、8 月 1 日に支払った向こう 1 年分の保険料180,000円のうち、保険の解約により月割で返金される 5 か月分（ 3 月 1 日から 7 月31日まで）の保険料を未収入金勘定（資産）へ振り替えます。

保険料の支払額は、保険料勘定（費用）で処理しています。

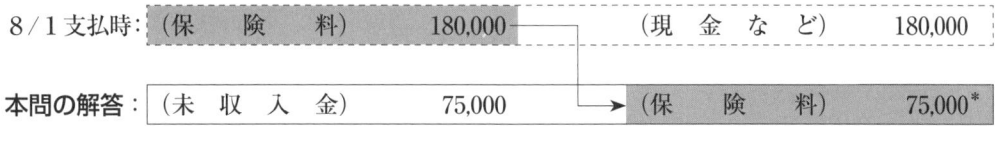

| 8／1 支払時： | （保　　険　　料） | 180,000 | （現　金　な　ど） | 180,000 |
| 本問の解答： | （未　収　入　金） | 75,000 | （保　　険　　料） | 75,000* |

　　＊　　$180,000円 \times \dfrac{5 か月}{12 か月} = 75,000円$

5．貸倒引当金の設定

設　　定　　額　（420,000円＋300,000円）× 2 ％＝14,400円
　　　　　　　　　　　受取手形　　　　売掛金

| 決算整理前残高 | 10,000円 |
| 差引：繰入額 | 4,400円 |

| （貸倒引当金繰入） | 4,400 | （貸 倒 引 当 金） | 4,400 |

6．売上原価の計算

「仕入」の行（仕入勘定）で売上原価を算定します。なお、当期に仕入れていた商品70,000円を決算日前に返品しているため、返品控除後の期末商品棚卸高を用いて売上原価を算定する必要がありますが、本問では、問題資料に「 1 ．の返品控除後」の期末商品棚卸高330,000円が与えられているため、返品分の70,000円を考慮する必要はありません。

| （仕　　　　　入） | 480,000 | （繰　越　商　品） | 480,000 |
| （繰　越　商　品） | 330,000 | （仕　　　　　入） | 330,000 |

7．有形固定資産の減価償却　（注）残存価額が異なります。建物は取得原価の10％、備品はゼロです。

建物：800,000円〈取得原価〉×0.9÷24年＝30,000円

備品：750,000円〈取得原価〉÷ 5 年＝150,000円

| （減 価 償 却 費） | 180,000 | （建物減価償却累計額） | 30,000 |
| | | （備品減価償却累計額） | 150,000 |

8．未払給料（未払費用）の計上

| （給　　　　　料） | 45,000 | （未　払　給　料） | 45,000 |

9. 前払利息（前払費用）の計上

問題文には「借入時に1年分の利息が差し引かれた金額を受け取っている」とあります。これは、利息は借入時に全額支払済み（＝全額記帳済み）ということです。

借入時：(現　金　な　ど)　　955,000　　　　(手　形　借　入　金)　1,000,000

(支　払　利　息)　　45,000 *

*　　1,000,000円×利率年4.5% ＝ 45,000円〈1年分の利息〉

当期の2月1日に支払った向こう1年分の利息のうち、10か月分は次期に係る費用の前払い分であるため、支払利息勘定（費用）から差し引き、前払利息勘定（資産）として次期に繰り越します。

$$45,000円 \times \frac{10か月}{12か月} = 37,500円$$

(前　払　利　息)　　37,500　　　　(支　払　利　息)　　37,500

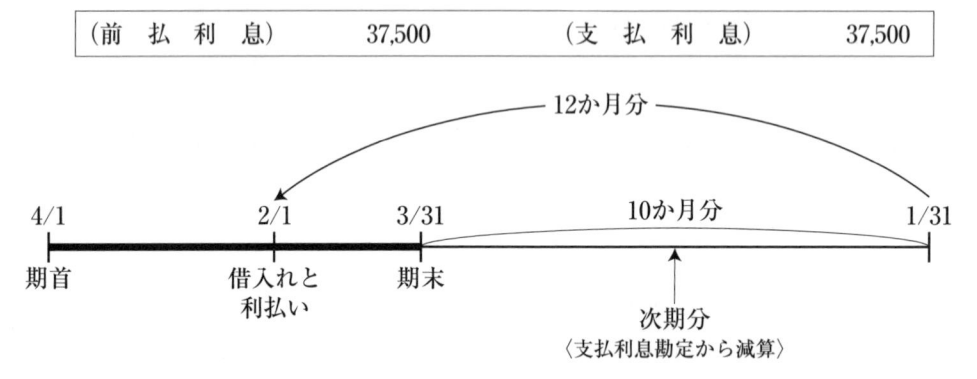

10. 当期純利益の計算

損益計算書欄の貸方合計（収益）と借方合計（費用）の差額により、当期純利益を計算します。当期純利益の金額は、損益計算書欄の借方へ記入し、貸借対照表欄の貸方へ同額を移記して、貸借合計が一致することを確認します。

6,600,000円 － 5,719,400円 ＝ 880,600円
収益合計　　　費用合計　　　当期純利益

第1問 45点

仕訳一組につき３点

	仕		訳	
	借 方 科 目	金 額	貸 方 科 目	金 額
1	オ	350,000	ウ	350,000
2	イ	850,000	エ	850,000
3	ア エ	1,030,000 3,090,000	カ	4,120,000
4	ウ カ	11,250 5,000	イ	16,250
5	エ オ	200,000 3,000	ア	203,000
6	ア	440,000	エ オ	40,000 400,000
7	イ カ	120,000 120,000	ウ	240,000
8	ウ オ	25,000 5,000	ア	30,000
9	エ	300,000	カ イ オ	35,000 50,000 215,000
10	イ オ	100,000 300,000	ウ	400,000
11	カ エ ウ	250,000 500,000 250,000	ア	1,000,000
12	イ オ ア	400,000 350,000 50,000	エ	800,000
13	カ イ	98,000 2,000	ウ	100,000
14	エ	150,000	イ	150,000
15	ウ ア	560,000 100,000	オ	660,000

問1 各1点

A	B	C	D	E
ウ	エ	イ	オ	ア

①	②	③	④	⑤
11,000	925,000	418,000	95,000	9,000

問2 ●数字…予想配点

(1)

商 品 有 高 帳

X 商 品

×3年		摘　要	受	入		払	出		残	高	
			数 量	単 価	金 額	数 量	単 価	金 額	数 量	単 価	金 額
6	1	前 月 繰 越	100	300	30,000				100	300	30,000
	5	売　　上			②	60	300	18,000	40	300	12,000
	8	売 上 戻 り	10	300	3,000 ②				50	300	15,000
	12	仕　　入	150	308	46,200				200	306	61,200
	22	売　　上				180	306	55,080	20	306	6,120 ②
	30	次 月 繰 越				20	306	6,120			
			260	—	79,200	260	—	79,200			

(2)	(3)
¥ ② 70,080	¥ ② 6,160

第3問 35点

●数字…予想配点

貸 借 対 照 表
×3年12月31日　　　　　　　　　　　　　　　（単位：円）

現　　　　　金	（　　135,000）	
普 通 預 金	（③　978,000）	
売 掛 金	（　500,000）	
貸 倒 引 当 金	（△　10,000）（　　490,000）	
商　　　　　品	（③　235,000）	
前 払 費 用	（③　12,000）	
建　　　　　物	（　3,000,000）	
減価償却累計額	（△1,300,000）（③1,700,000）	
備　　　　　品	（　600,000）	
減価償却累計額	（△　50,000）（③　550,000）	
土　　　　　地	1,800,000	
	（　5,900,000）	

買 掛 金	813,000
前 受 収 益	（③　33,000）
資 本 金	3,000,000
繰越利益剰余金	（②2,054,000）
	（　5,900,000）

損 益 計 算 書
×3年１月１日から×3年12月31日まで　　　　　（単位：円）

売 上 原 価	（③1,998,000）	
給　　　　　料	（　760,000）	
水 道 光 熱 費	（　162,000）	
保 険 料	（　36,000）	
通 信 費	（　32,000）	
貸倒引当金繰入	（③　6,000）	
減 価 償 却 費	（③　150,000）	
③　雑　（　損　）	（　1,000）	
固定資産売却損	（③　90,000）	
当期純（利　益）	（　658,000）	
	（　3,893,000）	

売 上 高	3,890,000
受 取 手 数 料	（　3,000）
	（　3,893,000）

　第2問、問1の推定問題はボリュームがあるため、そこで立ち止まってしまうと点数は伸びにくいです。優先順位を考えて、得意な論点から解き進めるようにしましょう。

　難易度は、Ａ：普、Ｂ：やや難、Ｃ：難となっています。

> 第1問　指定された勘定科目は記号で解答しなければ正解にならないので注意してください。
> Ａレベルは正解できるようにしましょう。
> 解答時間は1題につき30秒〜1分以内を目標に！

1. 売上取引（返品）　難易度 A

解答	（売　　　上）	350,000	（売　掛　金）	350,000

　販売したときの仕訳の逆仕訳を行い、販売した記録を取り消します。

2. 仕入取引　難易度 A

解答	（仕　　　入）	850,000	（買　掛　金）	850,000

　問題文に、その企業の「業種」が書いてあるときは注意してください。中古車販売業における「販売用の中古車」の購入は、商品の仕入となります。したがって、借方は仕入勘定（費用）、貸方は商品代金の支払義務を表す買掛金勘定（負債）の増加とします。

3. 有形固定資産の購入　難易度 A

解答	（建　　　物）	1,030,000	（普　通　預　金）	4,120,000
	（土　　　地）	3,090,000		

　固定資産の購入にともなって生じた付随費用（本問では売買手数料：各固定資産の代金の3％）は、固定資産の取得原価に含めます。なお、代金は普通預金口座から振り込みにより支払ったため、普通預金勘定（資産）の減少とします。

　建物の取得原価：1,000,000円 + 30,000円[*1] = 1,030,000円
　　　　　　　　　　　購入代価　　付随費用

　土地の取得原価：3,000,000円 + 90,000円[*2] = 3,090,000円
　　　　　　　　　　　購入代価　　付随費用

　＊1　1,000,000円 × 3％ = 30,000円
　＊2　3,000,000円 × 3％ = 90,000円

4. 諸経費の支払い　難易度 A

解答	（旅費交通費）	11,250	（未　払　金）	16,250
	（消耗品費）	5,000		

　当社が支払うべき業務のための諸経費を、従業員に一時的に立替払いしてもらっているときは、あとで従業員に対して返済しなければなりません。本問では、問題文の指示に従い、その金額を未払金勘定（負債）の増加とします。また、当社の業務のための諸経費は当社の費用とします。電車代とタクシー代は旅費交通費勘定、書籍代は問題文の指示に従い、消耗品費勘定で処理します。

5．資金の借入れ（返済）　難易度 **B**

解答					
（借　　入　　金）	200,000		（普　通　預　金）	203,000
（支　払　利　息）	3,000 *			

＊　$1,000,000円 \times 利率年3.65\% \times \dfrac{30日}{365日} = 3,000円$

　本問は、借入金の一部200,000円の返済と、利息を普通預金口座から支払った取引です。借入金の返済は借入金勘定（負債）の減少とし、利息の支払いについては支払利息勘定（費用）の増加とします。なお、借入れにともなう利息の計算には注意が必要です。

　問題文には「利息の引落額は**未返済の元本¥1,000,000**に**利率年3.65%**を適用し、**30日分の日割計算**（1年を365日とする）」とあります。問題文をよく読んで、指示どおりに計算を行いましょう。

6．剰余金の配当と処分　難易度 **A**

解答					
（繰越利益剰余金）	440,000		（利　益　準　備　金）	40,000
			（普　通　預　金）	400,000

　繰越利益剰余金の配当と処分を行ったときは、繰越利益剰余金勘定（資本）の減少とし、配当金については「ただちに普通預金口座から振り込んだ」という問題文の指示により、普通預金勘定（資産）の減少とします。また、利益準備金の積立ては、利益準備金勘定（資本）の増加とします。

7．社会保険料の納付　難易度 **A**

解答					
（社会保険料預り金）	120,000		（普　通　預　金）	240,000
（法　定　福　利　費）	120,000			

　従業員にかかる健康保険料を納付したときは、その金額のうち会社負担分は法定福利費勘定（費用）の増加とします。これに対し、従業員負担分は給料を支給したときに、社会保険料預り金勘定（負債）の増加として処理しているため、借方に記入して負債の減少とします。

8．売掛金の貸倒れ　難易度 **A**

解答					
（貸　倒　引　当　金）	25,000		（売　　　掛　　　金）	30,000
（貸　倒　損　失）	5,000			

　前期以前に生じた売掛金が貸し倒れた（回収不能となった）場合、売掛金勘定（資産）の減少とするとともに、貸倒引当金を取り崩して充当します。なお、貸倒引当金残高を超える金額については貸倒損失勘定（費用）の増加とします。

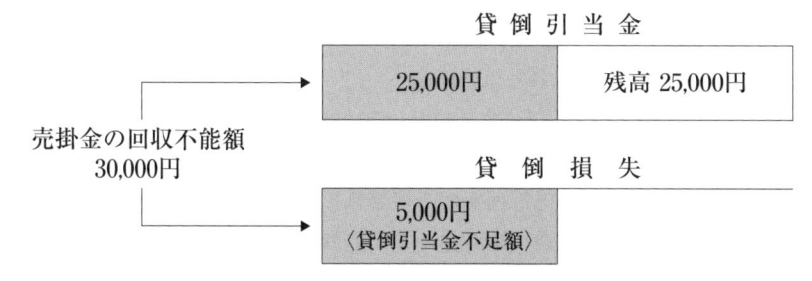

139

9. 給料の支払い 難易度 A

解答				
（給　　　料）	300,000	（所 得 税 預 り 金）	35,000
		（従 業 員 貸 付 金）	50,000
		（当 座 預 金）	215,000

　給料総額300,000円から差し引いた所得税の源泉徴収額は、所得税を納付する義務として、所得税預り金勘定（負債）の増加とし、従業員に対する貸付金の返済額については、従業員貸付金勘定（資産）の減少とします。なお、従業員の手取額については、当座預金口座より振り込んでいるので当座預金勘定（資産）の減少とします。

10. 売上取引 難易度 A

解答				
（現　　　金）	100,000	（売　　　上）	400,000
（受 取 手 形）	300,000		

　代金として受け取った同社（本問では埼玉株式会社）振り出しの小切手（＝他人振出小切手）は、通貨代用証券のため現金勘定（資産）の増加とし、同社振り出しの約束手形の受け取りは、手形金額を受け取る権利として受取手形勘定（資産）の増加とします。

11. 建物の賃借 難易度 A

解答				
（支 払 家 賃）	250,000	（当 座 預 金）	1,000,000
（差 入 保 証 金）	500,000 *		
（支 払 手 数 料）	250,000		

　＊　250,000円〈月額家賃〉× 2 か月分＝500,000円

　建物を賃借する契約を結んだ際に生じた不動産業者への仲介手数料は支払手数料勘定、家賃の支払額は支払家賃勘定で処理し、どちらも費用の増加とします。敷金については、賃借した建物に特に問題がなければ解約時に返還されるので、支払ったときは差入保証金勘定（資産）の増加とします。

12. 有形固定資産の売却 難易度 A

解答				
（備品減価償却累計額）	400,000 *1	（備　　　品）	800,000
（未 収 入 金）	350,000		
（固定資産売却損）	50,000 *2		

　＊1　$800,000円 \times \dfrac{3 年}{6 年} = 400,000円$

　＊2　800,000円 － 400,000円 ＝ 400,000円〈帳簿価額〉

　　　350,000円〈売却価額〉－ 400,000円〈帳簿価額〉＝ △50,000円〈売却損〉

　間接法で記帳している場合、備品を売却したときは、備品勘定（資産）とその備品に対する減価償却累計額勘定の減少とします。さらに、売却価額から帳簿価額（備品の取得原価と減価償却累計額の差額）を差し引き、固定資産売却損（益）を計算します。なお、商品売買以外の取引から生じた代金の未収分は、未収入金勘定（資産）の増加とします。

13. 売上取引（クレジット払い）　難易度 **A**

解答	（クレジット売掛金）	98,000	（売　　　　上）	100,000
	（支 払 手 数 料）	2,000*		

＊　100,000円×2％＝2,000円

　商品をクレジット払いの条件で販売した場合は、クレジット売掛金勘定（資産）の増加とし、「売掛金」とは区別して処理します。また、信販会社に対する手数料の支払額は支払手数料勘定（費用）の増加としますが、販売時に計上する場合は、売上高から手数料を差し引いた残額が「クレジット売掛金」となります。

14. 現金の引き出し　難易度 **A**

解答	（現　　　　金）	150,000	（普 通 預 金）	150,000

　引き出される普通預金口座の残高が減り、手許に現金が増える取引です。よって、普通預金勘定（資産）の減少とともに、現金勘定（資産）の増加となります。

15. 売掛金の回収　難易度 **A**

解答	（現　　　　金）	560,000	（売　　掛　　金）	660,000
	（受 取 手 形）	100,000		

　売掛金の回収として受け取った得意先振り出しの小切手（＝他人振出小切手）は、通貨代用証券のため現金勘定（資産）の増加とし、得意先振り出しの約束手形の受け取りは、手形金額を受け取る権利として受取手形勘定（資産）の増加とします。

第2問　難易度　問1 **B**　問2 **A**

問1　主要簿である総勘定元帳に設定された買掛金勘定と、補助簿である買掛金元帳（仕入先元帳ともいう）との関係が問われています。

　推定箇所が多いため少し解きにくいですが、帳簿組織の基礎問題なので高得点を目指しましょう。

問2　払出単価の決定方法が移動平均法による場合と、先入先出法による場合の両者について問われた問題です。

　解答時間は多めにかかりますが、どちらの問題も商品有高帳を正しく書く力があれば容易に解ける問題です。なお、返品分の書き方は、問題文に必ず指示が出ますので、そのとおりに記入するようにしてください。

問1

買掛金勘定と買掛金元帳への記入

　買掛金元帳は、買掛金の増減明細を相手先ごとに記録する補助元帳であり、買掛金勘定の内訳を示します。本問では、総勘定元帳の買掛金勘定、買掛金元帳の北海道商店勘定および沖縄商店勘定には、下記のような関連性があります。同じ日付に着目して、それぞれのつながり（下記の矢印参照）を把握しながら、解答を導き出していきます。なお、解説の便宜上、一部の空欄を（ a ）～（ d ）で示してあります。

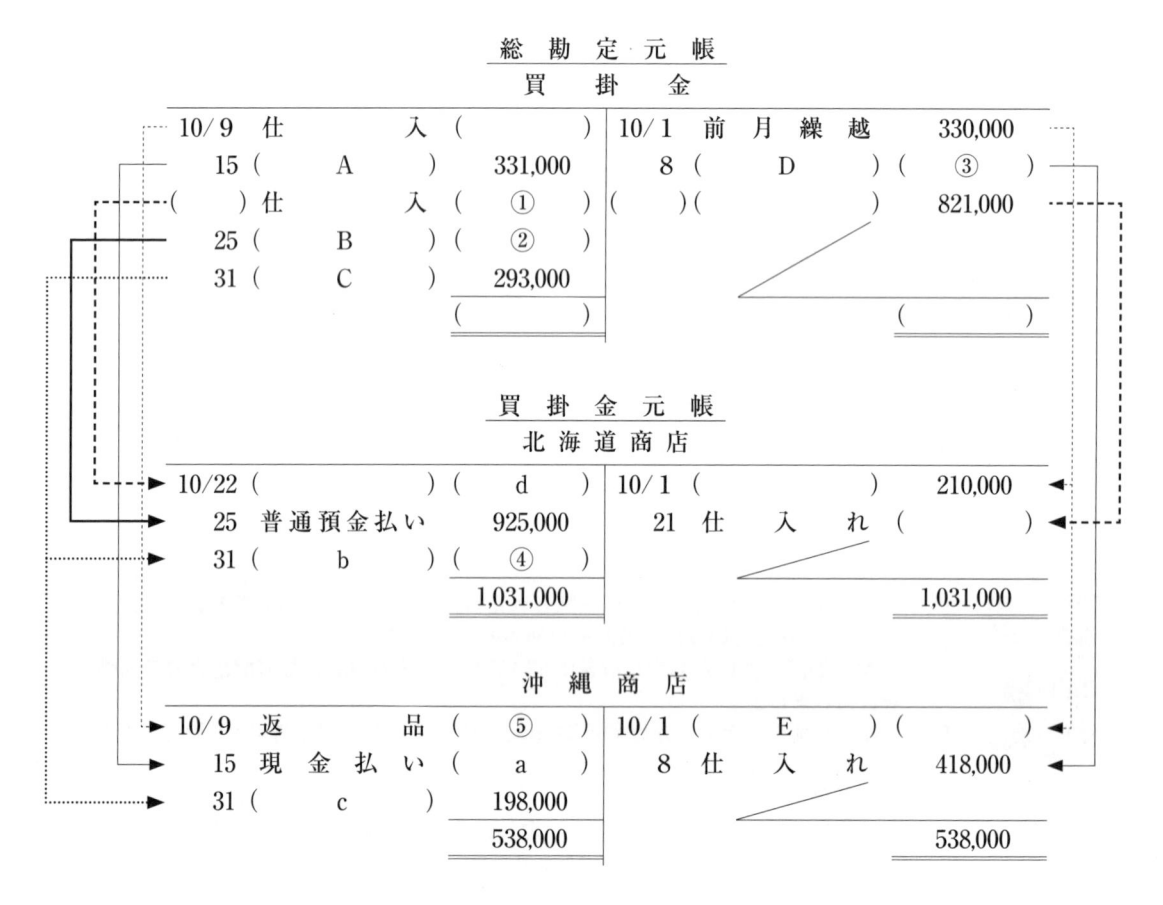

1．各勘定の関連性からの推定

(1) （ E ）の推定

　　買掛金勘定の前月繰越の内訳であることから、**[語群]** より「**ア　前月繰越**」が入ることがわかります。

(2) （ D ）および（ ③ ）の推定

　　沖縄商店勘定の同一の日付（10月8日）の行に、「仕入れ」および「418,000」と記載されていることから、（ D ）には **[語群]** より「**オ　仕入**」が入り、（ ③ ）には「418,000」が入ることがわかります。

(3) （ A ）の推定

　　沖縄商店勘定の同一の日付（10月15日）の行に、「現金払い」と記載されていることから、**[語群]** より「**ウ　現金**」が入ることがわかります。

142

(4) （　a　）の推定

　　買掛金勘定の同一の日付（10月15日）の行に、「331,000」と記載されていることから、（　a　）にも「331,000」が入ることがわかります。

(5) （　B　）および（　②　）の推定

　　北海道商店勘定の同一の日付（10月25日）の行に、「普通預金払い」および「925,000」と記載されていることから、（　B　）には**【語群】**より「**エ　普通預金**」が入り、（　②　）には「925,000」が入ることがわかります。

(6) （　C　）、（　b　）および（　c　）の推定

　　日付が月末の10月31日であることから、（　C　）、（　b　）および（　c　）には**【語群】**よりそれぞれ「**イ　次月繰越**」が入ることがわかります。

(7) （　④　）の推定

　　買掛金勘定の次月繰越の内訳であることから、買掛金勘定の次月繰越「293,000」から沖縄商店勘定の次月繰越「198,000」を差し引いた残額「95,000」が入ることがわかります。

2. 各勘定の貸借差額による推定

(1) （　⑤　）の推定

　　（　⑤　）には、沖縄商店勘定の借方合計「538,000」から、10月15日の行の「331,000」と10月31日の行の「198,000」を差し引いた残額「9,000」が入ることがわかります。

(2) （　d　）および（　①　）の推定

　　（　d　）には、北海道商店勘定の借方合計「1,031,000」から、10月25日の行の「925,000」と10月31日の行の「95,000」を差し引いた残額「11,000」が入ることがわかります。また、（　①　）の行の日付は、北海道商店勘定と沖縄商店勘定の記載内容から、消去法で考えてみると（　d　）の日付と同じ10月22日であることがわかります。したがって、（　①　）にも、（　d　）と同額の「11,000」が入ることがわかります。

問2

(1) 移動平均法による商品有高帳の記入

　　商品を仕入れたときは受入欄に、売り上げたときには払出欄に、在庫は残高欄にそれぞれ**原価を記入する**ことに注意が必要です。なお、「移動平均法」の場合は異なる単価の商品を受け入れるごとに平均単価を計算し、それを次の払出単価とします。

　6月1日：前月繰越

　　　　　受入欄と残高欄へ記入します（本問は印刷済み）。100個×@300円（**原価**）＝30,000円

　　5日：売上

　　　　　販売分の60個を払出欄へ**原価で記入**します。

　　　　　（注）問題資料の@500円は売価ですから使用しません。

　　　　　払出額および、在庫となる40個分の計算は、1日時点の単価300円を用います。

　　　　　払出欄：60個×@300円＝18,000円

　　　　　残高欄：40個×@300円＝12,000円

　　8日：売上戻り

　　　　　返品された商品は、問題文の指示に従い、受入欄へ**原価で記入**します。5日に販売した商品なので、計算に用いる単価は300円です。

　　　　　受入欄：10個×@300円＝3,000円

　　　　　残高欄：50個（5日時点の数量40個＋戻り分10個）×@300円＝15,000円

12日：仕入

仕入分を受入欄へ記入します。150個×@308円（**原価**）＝46,200円

残高欄へ記入する単価は、直前の残高（8日時点）と合算して算定した平均単価になります。

$$\frac{15,000円\langle 8日残高\rangle + 46,200円\langle 12日仕入分\rangle}{50個\langle 8日残高\rangle + 150個\langle 12日仕入分\rangle} = @306円\langle 12日時点の平均単価\rangle$$

22日：売上

販売分の180個を払出欄へ原価で記入します。

（注）問題資料の@490円は売価ですから使用しません。

払出額および、在庫となる20個分の計算は、12日時点の平均単価306円を用います。

払出欄：180個×@306円＝55,080円

残高欄：20個×@306円＝6,120円

30日：次月繰越

残高欄の最後の在庫（20個×@306円＝6,120円）を次月繰越額として払出欄へ記入し、受入欄と払出欄の「数量」と「金額」の合計が一致することを確認して締め切ります。

(2) 移動平均法にもとづいた場合のX商品の売上原価

6月5日と22日に商品を販売しているので、各日付の払出欄に記入した金額が**売り上げた商品の原価**になります。しかし、各時点で販売した数量に対する売上原価を示しているだけなので、8日の売上戻り10個分を除く必要があることに注意してください。

18,000円〈5日払出60個〉− 3,000円〈8日返品による受入10個〉＋55,080円〈22日払出〉＝**70,080円**

(3) 先入先出法にもとづいた場合のX商品の次月繰越高

先入先出法とは、先に受け入れた単価のものから順に払い出すものと仮定して払出単価を決定する方法です。したがって、つねに新しい単価（あとから仕入れた商品の単価）が残ることになるので、最後の在庫（次月繰越額となる20個分）は、6月12日に仕入れた150個のうちの20個分となります。

20個×@308円＝**6,160円**

算定にあたっては、商品有高帳を下書きするのもよいでしょう。

（先入先出法）　　　　　　　　　　　X　商　品　　　　　　　　　　　（単位：円）

×3年		摘　要	受　入			払　出			残　高		
			数量	単価	金額	数量	単価	金額	数量	単価	金額
6	1	前月繰越	100	300	30,000				100	300	30,000
	5	売　上				60	300	18,000	40	300	12,000
	8	売上戻り	10	300	3,000				50	300	15,000
	12	仕　入	150	308	46,200				50	300	15,000
									150	308	46,200
	22	売　上				50	300	15,000			
						130	308	40,040	20	308	6,160

財務諸表（貸借対照表と損益計算書）を作成する問題です。
　今回の訂正仕訳は難しいレベルといえますが、正しい仕訳さえわかれば、訂正仕訳は100％導くことができます。これを機に、固定資産の売却の仕訳もできるようにしましょう。
　訂正仕訳以外の決算整理事項等は、よく出題されているものです。必ず正解が出せるように、繰り返し練習してください。

Ⅰ　問題の流れ

　決算整理前残高試算表に集められた各勘定の金額に決算整理仕訳等の金額を加減算して、貸借対照表と損益計算書を作成する問題なので、基本的に解法手順は精算表の作成と同じです。しかし、精算表のように決算整理仕訳等を記入できる修正記入欄はないので、必要な決算整理仕訳等は、［資料１］の残高試算表に書き込んで集計する等の工夫をしましょう。

　ネット試験…問題資料への書き込みができないため、金額が増減する科目だけを計算用紙に書き出し、Ｔ字勘定等を使って集計するとよいでしょう。

　この問題の資料と解答要求事項の関係を精算表の形式で示すと、次のようになります。参考2として「解答への道」の最後に精算表を載せてあります。

精　算　表

勘　定　科　目	残 高 試 算 表		修 正 記 入		損 益 計 算 書		貸 借 対 照 表	
	借　方	貸　方	借　方	貸　方	借　方	貸　方	借　方	貸　方

　　　　　　　［資料１］　　　　［資料２］　　　損益計算書　　　　貸借対照表
　　　　　　　　　⋮　　　　　　　⋮
　　　　　　残高試算表　　決算整理事項等　　　　　答案用紙

　精算表の損益計算書欄と貸借対照表欄に記入する金額と、財務諸表に載せる金額は同じですが、財務諸表は表示方法（＝見せ方）についてルールがあるので、別途暗記する必要があります。「解答への道」の最後の参考1を参照してください。

Ⅱ　決算整理事項等

　本問における決算整理事項等の仕訳は次のとおりです。

１．普通預金口座への預け入れ〈未処理事項〉

（普　通　預　金）	50,000	（現　　　　金）	50,000

２．現金過不足の整理

　現金過不足勘定3,000円（借方残高）のうち、原因の判明した「通信費の記帳漏れ」は通信費勘定の借方に振り替え、判明しなかった借方差額1,000円は雑損勘定（費用）で処理します。

（通　　信　　費）	2,000	（現 金 過 不 足）	3,000
（雑　　　　損）	1,000		

３．売掛金の回収〈未処理事項〉

（仮　　受　　金）	68,000	（売　　掛　　金）	68,000

4．訂正仕訳

訂正仕訳は、①誤った仕訳の逆仕訳と②正しい仕訳から導くとよいでしょう。

誤 っ た 仕 訳：	（現　　　　金）	10,000	（車 両 運 搬 具）	800,000
	（固定資産売却損）	790,000		

①誤った仕訳の逆仕訳：	（車 両 運 搬 具）	800,000	（現　　　　金）	10,000
			（固定資産売却損）	790,000

②正 し い 仕 訳：	（車両運搬具減価償却累計額）	700,000	（車 両 運 搬 具）	800,000
	（現　　　　金）	10,000		
	（固定資産売却損）	90,000		

①と②、2つの仕訳で訂正仕訳となります。

なお、①と②の仕訳の同一の科目を相殺して以下のような1つの仕訳にします。

（車両運搬具減価償却累計額）	700,000	（固定資産売却損）	700,000

5．貸倒引当金の設定

「3．売掛金の回収」により、売掛金の残高が68,000円減少していることに注意して貸倒引当金を設定します。

設　　定　　額　$\underbrace{(568{,}000円 - 68{,}000円)}_{売掛金} \times 2\% = 10{,}000円$

決算整理前残高	4,000円
差引：繰入額	6,000円

（貸倒引当金繰入）	6,000	（貸 倒 引 当 金）	6,000

6．売上原価の計算　（注）仕入勘定で売上原価を算定する場合

（仕　　　　入）	198,000	（繰 越 商 品）	198,000
（繰 越 商 品）	235,000	（仕　　　　入）	235,000

7．有形固定資産の減価償却

備品については、問題文に「全額当期の8月1日に購入したもの」とあるので、5か月分（8/1〜12/31）の月割計算になります。

3,000,000円〈建物の取得原価〉÷30年＝100,000円

600,000円〈備品の取得原価〉÷5年 $\times \dfrac{5か月}{12か月} = 50{,}000円$

（減 価 償 却 費）	150,000	（建物減価償却累計額）	100,000
		（備品減価償却累計額）	50,000

8．前払保険料（前払費用）の計上

（前 払 保 険 料）	12,000	（保　　険　　料）	12,000

9．前受手数料（前受収益）の計上

　　当期の12月1日に受け取った向こう1年分の手数料のうち、11か月分は次期に係る収益の前受分であるため、受取手数料勘定（収益）から差し引き、前受手数料勘定（負債）として次期に繰り越します。

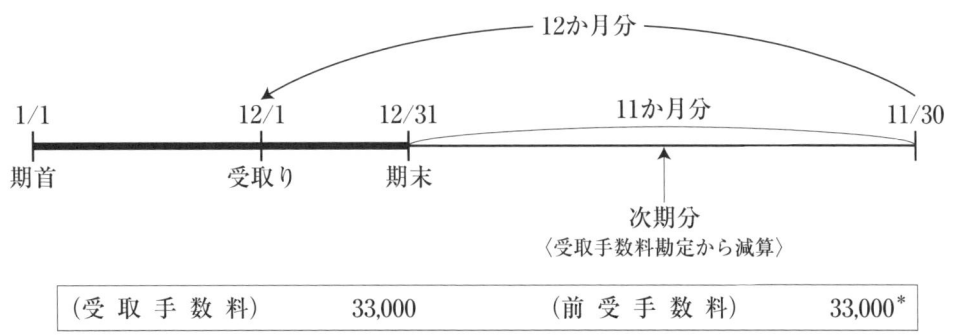

| （受 取 手 数 料） | 33,000 | （前 受 手 数 料） | 33,000* |

＊　$36,000円 \times \dfrac{11か月}{12か月} = 33,000円$

10．当期純利益の計算

　　損益計算書の貸方合計（収益）と借方合計（費用）の差額により、当期純利益を計算します。

$$3,893,000円 - 3,235,000円 = 658,000円$$
　　収益合計　　　費用合計　　　当期純利益

　　当期純利益は繰越利益剰余金（資本）の増加とすることから、繰越利益剰余金の決算整理前残高に当期純利益を加えた金額を、貸借対照表の貸方へ記入し、貸借対照表の貸借合計が一致することを確認します。

　　繰越利益剰余金：1,396,000円〈決算整理前残高〉＋658,000円〈当期純利益〉＝2,054,000円

参考1

〈貸借対照表記入上の注意〉
- 貸倒引当金勘定の残高は、原則として、資産の部において受取手形や売掛金それぞれから控除する形式で表示します。
- 繰越商品勘定の残高は、「**商品**」と表示します。
- 経過勘定項目である「未払○○」は「**未払費用**」、「前払○○」は「**前払費用**」、「未収○○」は「**未収収益**」、「前受○○」は「**前受収益**」と表示します。
- 建物減価償却累計額勘定および備品減価償却累計額勘定の残高は、原則として、資産の部において建物や備品それぞれから控除する形式で表示します。このとき、具体的な固定資産の科目名は付けずに「**減価償却累計額**」と表示します。

〈損益計算書記入上の注意〉
- 仕入勘定の残高は、「**売上原価**」と表示します。
  「売上原価」は、「期首商品棚卸高＋当期商品仕入高－期末商品棚卸高」の式で求めることもできます。
  期首商品棚卸高198,000円＋当期商品仕入高2,035,000円－期末商品棚卸高235,000円
  ＝1,998,000円
- 売上勘定の残高は、「**売上高**」と表示します。

精算表に記入すると次のようになります。

精 算 表

勘 定 科 目	残 高 試 算 表 借 方	残 高 試 算 表 貸 方	修 正 記 入 借 方	修 正 記 入 貸 方	損 益 計 算 書 借 方	損 益 計 算 書 貸 方	貸 借 対 照 表 借 方	貸 借 対 照 表 貸 方
現　　　　　金	185,000			50,000			135,000	
現 金 過 不 足	3,000			3,000				
普 通 預 金	928,000		50,000				978,000	
売 　掛 　金	568,000			68,000			500,000	
繰 越 商 品	198,000		235,000	198,000			235,000	
建　　　　　物	3,000,000						3,000,000	
備　　　　　品	600,000						600,000	
土　　　　　地	1,800,000						1,800,000	
買 　掛 　金		813,000						813,000
仮 　受 　金		68,000	68,000					
貸 倒 引 当 金		4,000		6,000				10,000
建物減価償却累計額		1,200,000		100,000				1,300,000
車両運搬具減価償却累計額		700,000	700,000					
資 　本 　金		3,000,000						3,000,000
繰越利益剰余金		1,396,000						1,396,000
売　　　　　上		3,890,000				3,890,000		
受 取 手 数 料		36,000	33,000			3,000		
仕　　　　　入	2,035,000		198,000	235,000	1,998,000			
給　　　　　料	760,000				760,000			
水 道 光 熱 費	162,000				162,000			
保 　険 　料	48,000			12,000	36,000			
通 　信 　費	30,000		2,000		32,000			
固定資産売却損	790,000			700,000	90,000			
	11,107,000	11,107,000						
雑 　　　　損			1,000		1,000			
貸倒引当金繰入			6,000		6,000			
減 価 償 却 費			150,000		150,000			
備品減価償却累計額				50,000				50,000
前 払 保 険 料			12,000				12,000	
前 受 手 数 料				33,000				33,000
当 期 純 利 益					658,000			658,000
			1,455,000	1,455,000	3,893,000	3,893,000	7,260,000	7,260,000

148

第1問 45点

仕訳一組につき3点

	仕 訳			
	借 方 科 目	金 額	貸 方 科 目	金 額
1	イ	500,000	エ	500,000
2	ア	1,000,000	カ	1,000,000
3	ウ	75,000	オ ア	50,000 25,000
4	カ	1,500,000	イ	1,500,000
5	オ ア	550,000 5,000	ウ	555,000
6	ウ	300,000	カ	300,000
7	イ	414,400	オ ア	400,000 14,400
8	カ	50,000	イ	50,000
9	オ	112,000	ウ	112,000
10	ア	82,000	エ カ オ	24,000 56,000 2,000
11	カ	300,000	イ	300,000
12	ウ	104,000	ア カ	102,500 1,500
13	イ オ	21,000 500	エ ウ	21,000 500
14	ア	20,000	オ	20,000
15	カ	8,000	イ	8,000

問1 (1)は各日付の○印がすべて正解につき2点
(1) (2)は金額と○印がどちらも正解につき2点

補助簿\日付	現金出納帳	当座預金出納帳	商品有高帳	売掛金元帳(得意先元帳)	買掛金元帳(仕入先元帳)	仕 入 帳	売 上 帳	固定資産台　帳
2日			○		○	○		
16日	○	○						○
18日	○		○	○			○	
25日				○				

(2)

金　額	￥　882,000
損	
益	○

問2 各2点

①	②	③	④	⑤
エ	50,000	ア	カ	270,000

150

第3問 35点

●数字…予想配点

貸 借 対 照 表

×2年3月31日　　　　　　　　　　　　　　　　　　（単位：円）

現　　　　金		（　179,000）	買　掛　金		（　593,000）
当 座 預 金		（❸ 609,500）	借　入　金		（　400,000）
売　掛　金	（　455,000）		（未　払）消費税		（　200,000）❸
貸倒引当金	（△　9,100）	（❸ 445,900）	未 払 費 用		（❸　8,000）
商　　　　品		（　174,000）	資　本　金		（　2,000,000）
❸（前　払）費　用		（　25,000）	繰越利益剰余金		（❷ 1,607,400）
備　　　　品	（ 1,200,000）				
減価償却累計額	（△　525,000）	（❸ 675,000）			
土　　　　地		（ 2,700,000）			
		（ 4,808,400）			（ 4,808,400）

損 益 計 算 書

×1年4月1日から×2年3月31日まで　　　　　　　（単位：円）

売 上 原 価	（❸ 3,026,000）	売　上　高		（　5,500,000）
給　　　料	（ 1,800,000）			
貸倒引当金繰入	（❸　8,800）			
減 価 償 却 費	（　150,000）			
支 払 家 賃	（　275,000）			
水 道 光 熱 費	（❸　44,500）			
通　信　費	（❸　64,100）			
保　険　料	（　24,000）			
❸ 雑（損）	（　1,900）			
支 払 利 息	（　20,000）			
当期純（利益）	（　85,700）			
	（ 5,500,000）			（　5,500,000）

難易度、問題量ともに標準的なレベルなので、高得点をねらいたい問題です。
難易度は、Ａ：普、Ｂ：やや難、Ｃ：難となっています。

第1問
指定された勘定科目は記号で解答しなければ正解にならないので注意してください。
Ａレベルは正解できるようにしましょう。
解答時間は1題につき30秒〜1分以内を目標に！

1．固定資産税の支払い　難易度 A

解答 | （租　税　公　課）| 500,000 | （当　座　預　金）| 500,000 |

　事業で使用する建物や土地に対する固定資産税の納付書を受け取ったときは、租税公課勘定（費用）の増加とします。なお、「未払金に計上することなく、ただちに当座預金口座から振り込んで納付した」とあるため、当座預金勘定（資産）の減少とします。

2．金銭の借入れ（返済）　難易度 A

解答 | （手　形　借　入　金）| 1,000,000 | （当　座　預　金）| 1,000,000 |

　金銭の借入時に手形を振り出していた場合は、借用証書による借入れと区別するため、手形借入金勘定（負債）の増加としています。その返済期日に、借入額が当座預金口座から引き落とされ、「手形の返却を受けた」ということは、手形借入金の返済義務がなくなったことを意味しています。したがって、返済時は手形借入金勘定の減少となります。

3．旅費交通費の概算払い（精算）　難易度 A

解答 | （旅　費　交　通　費）| 75,000 * | （仮　払　金）| 50,000 |
| | | （未　払　金）| 25,000 |

　　　＊　50,000円〈概算額〉＋25,000円〈不足額〉＝75,000円〈旅費の金額〉

　出張にあたり旅費の概算額を前渡ししたときは、仮払金勘定で処理しておき、その後、旅費の金額が確定したときに旅費交通費勘定に振り替える取引です。

　　前渡し時：（仮　払　金）　50,000　（現　金　な　ど）　50,000

　概算額50,000円に対して、不足額が25,000円ということは、旅費の金額が75,000円であったことがわかります。なお、問題文の指示に従い、従業員が立替払いした不足額を未払金勘定（負債）の増加とします。

4．株式の発行　難易度 A

解答 | （普　通　預　金）| 1,500,000 | （資　本　金）| 1,500,000 |

　株式を発行したときは、原則として、払込金の全額を資本金勘定（資本）の増加とします。なお、「払込金はすべて普通預金口座に預け入れられた」とあるため、普通預金勘定（資産）の増加とします。

5. 有形固定資産と消耗品の購入　難易度 **A**

解答	（備　　　　品）	550,000	（普　通　預　金）	555,000
	（消　耗　品　費）	5,000		

　事務用のオフィス機器を購入したときは備品勘定（資産）の増加とするのに対し、コピー用紙を購入したときは消耗品費勘定（費用）の増加とします。なお、「代金の合計を普通預金口座から振り込んだ」とあるため、普通預金勘定（資産）の減少とします。

6. 当座借越勘定への振り替え　難易度 **A**

解答	（当　座　預　金）	300,000	（当　座　借　越）	300,000

　当座預金勘定が貸方残高のときは、当座借越契約上の一時的な借入れを表します。決算日時点に貸方残高となった場合は、負債の科目で貸借対照表に計上するため当座借越勘定（負債）に振り替えます。

7. 資金の貸付け（返済）　難易度 **A**

解答	（現　　　　金）	414,400	（貸　　付　　金）	400,000
			（受　取　利　息）	14,400*

＊　$400,000円 × 利率年4.8\% × \dfrac{9か月}{12か月} = 14,400円$

　貸付金の返済を受けたときは、貸付金勘定（資産）の減少とし、受け取った利息については受取利息勘定（収益）の増加とします。

8. 商品券の精算　難易度 **A**

解答	（現　　　　金）	50,000	（受　取　商　品　券）	50,000

　代金として商品券を受け取ったときは、商品券の発行元から払い戻しを受ける権利として受取商品券勘定（資産）の増加とし、払い戻しが完了（＝精算）した時点で減少の仕訳を行います。

9. 訂正仕訳　難易度 **A**

解答	（仕　　　　入）	112,000	（買　　掛　　金）	112,000

　訂正仕訳は、①誤った仕訳の逆仕訳と②正しい仕訳から導くと良いでしょう。

誤　っ　た　仕　訳：	（買　掛　金）	56,000	（仕　　　　入）	56,000

①誤った仕訳の逆仕訳：	（仕　　　　入）	56,000	（買　　掛　　金）	56,000

②正　し　い　仕　訳：	（仕　　　　入）	56,000	（買　　掛　　金）	56,000

　①と②、2つの仕訳で訂正仕訳となります。

　なお、①と②の仕訳の同一科目を合算して以下のような1つの仕訳にすると、記録の誤りのみを部分的に修正する仕訳になります。

（仕　　　　入）	112,000	（買　　掛　　金）	112,000

10. 仕入取引　難易度 **B**

解答	（仕　　　　入）	82,000	（前　　払　　金）	24,000*
			（買　　掛　　金）	56,000
			（現　　　　金）	2,000

＊　$80,000円 × 30\%（3割）= 24,000円$

商品の仕入取引における内金は、商品代金の一部を前払いしたものです。

内金の支払時：（前　払　金）　　24,000　　　（当　座　預　金）　　24,000

したがって、商品が到着したとき（引き渡しを受けたとき）に商品代金と相殺し、残額は、商品代金の支払義務を表す買掛金勘定（負債）の増加とします。また、商品の引取運賃を当社が負担した場合は、その金額を含めて仕入原価とします。

11. 電子記録債権　難易度 **A**

| 解答 | （電 子 記 録 債 権） | 300,000 | （売　　掛　　金） | 300,000 |

売掛金について、電子記録債権の発生記録が行われたときは、その金額を電子記録債権勘定に振り替えます。具体的には、売掛金勘定（資産）の減少とするとともに、電子記録債権勘定（資産）の増加とします。

12. 売上取引　難易度 **A**

| 解答 | （売　　掛　　金） | 104,000 * | （売　　　　上） | 102,500 |
| | | | （現　　　　金） | 1,500 |

> ＊　102,500円＋1,500円〈配送料〉＝104,000円

商品代金の102,500円は、後日商品代金を受け取る権利として売掛金勘定（資産）の増加とします。なお、先方（本問では岩手商店）負担の配送料は、立替金勘定で処理する方法もありますが、問題文の指示どおり、売掛金に含めて処理します。

13. 買掛金の支払い　難易度 **A**

| 解答 | （買　　掛　　金） | 21,000 | （支　払　手　形） | 21,000 |
| | （通　　信　　費） | 500 | （現　　　　金） | 500 |

買掛金の支払いに約束手形を振り出したので、買掛金勘定（負債）の減少とするとともに、手形金額を支払う義務として支払手形勘定（負債）の増加とします。なお、郵便代金は通信費勘定（費用）で処理します。

14. 手付金の支払い　難易度 **A**

| 解答 | （前　　払　　金） | 20,000 | （当　座　預　金） | 20,000 |

> ＊　100,000円×20％＝20,000円

商品の引き渡しを受ける前（注文時）に手付金を支払ったときは、注文品の引き渡しを受ける権利として、前払金勘定（資産）の増加とします。

15. 売上取引（返品）　難易度 **A**

| 解答 | （売　　　　上） | 8,000 | （売　　掛　　金） | 8,000 |

販売した商品が返品されたときは、販売したときの仕訳の逆仕訳を行い、販売した記録を取り消します。

| **第2問**
難 易 度
問1 **A**
問2 **A** | 問1 | (1)取引ごとに必要な補助簿を選択する問題は、仕訳から記入する補助簿をイメージすると上手に選べるようになります。(2)土地の売却に関しては、整地費用は土地の取得原価に含める処理をしていることに、気づけたかがポイントです。 |
| | 問2 | 伝票に関する問題です。
一部現金取引について問われた基礎レベルの問題です。この処理が苦手な方はこの問題を繰り返し練習しましょう。 |

問1

(1)　補助簿の選択

　　各取引について仕訳を行い、そこで使用した勘定科目をもとにして、記入する補助簿を判断します。なお、**商品**有高帳には、仕入れや売上げ等の「**商品に関わる取引**」を記入しますので注意しましょう。

　　「×1年5月中の取引」の仕訳および記入する補助簿は次のようになります。

2日　仕入戻し

買掛金元帳◄──（買　掛　金）　20,000　（仕　　　　入）　20,000──►**仕　入**帳
　　　　　　　　　　　　　　　　　　　　　　　　　　　　　　　　　　──►**商品**有高帳
　　　　　　　　　　　　　　　　　　　　　　　　　　　　　　　　　　　〈商品の減少〉

16日　土地の取得

固定資産台帳◄──（土　　　　地）5,598,000* （当座預金）5,400,000──►**当座預金**出納帳
　　　　　　　　　　　　　　　　　　　　　　（現　　　　金）　198,000──►**現金**出納帳

　＊　180㎡×@30,000円＋198,000円〈付随費用〉＝5,598,000円

　　　土地を取得するための付随費用は、土地の取得原価に含めます。なお、取得原価とは「その資産を手に入れて、使用できるまでにかかった金額」を表すものです。したがって、整地費用は取得原価に含めます。

18日　売上

　　　　　　　　　　　　　（前　受　金）　40,000　（売　　　　上）　450,000──►**売　上**帳
売掛金元帳◄──（売　掛　金）　413,000　　　　　　　　　　　　　　　──►**商品**有高帳
　　　　　　　　　　　　　　　　　　　　　　　　　　　　　　　　　　　〈商品の減少〉
　　　　　　　　　　　　　（現　　　　金）　3,000──►**現金**出納帳

25日　貸倒れ

　　　　　　　　　　　　　（貸倒引当金）160,000　（売　掛　金）　370,000──►**売掛金**元帳
　　　　　　　　　　　　　（貸倒損失）210,000

　＊　前期販売分の売掛金が貸し倒れた（回収不能となった）場合は、売掛金勘定（資産）の減少とするとともに、貸倒引当金を取り崩して充当します。なお、貸倒引当金残高を超える金額については、貸倒損失勘定（費用）で処理します。

(2)　土地の売却

　　売却価額から帳簿価額を差し引いて、固定資産売却損益を計算します。

　　帳簿価額：5,598,000円〈16日の取引より〉

　　売却価額：180㎡×@36,000円＝6,480,000円

　　固定資産売却損益：6,480,000円－5,598,000円＝882,000円

　　帳簿価額よりも高い金額で売却しているため、差額の**882,000円**は固定資産売却**益**になります。

（現　金　な　ど）　6,480,000	（土　　　　地）　5,598,000
	（固定資産売却益）　882,000

問2

　一部現金取引の起票には、「全額を掛取引として起票する方法」と「取引を分解して起票する方法」の2つがあります。

(1)　取引を仕訳すると次のようになります。

| （売 掛 金） | 450,000 | （売 上） | 500,000 |
| （現 金） | 50,000 | | |

　商品代金のうち50,000円は現金で受け取っているため、<u>振替伝票のほかに入金伝票が必要</u>です。

①エ（入金）伝 票		振 替 伝 票			
科　目	金　額	借方科目	金　額	貸方科目	金　額
（　　）	（　②　）	（　③　）	500,000	売　上	500,000

　代金の一部は現金で受け取っているにもかかわらず、振替伝票には代金の全額を記入していることから、「全額を掛取引として起票する方法」であると判断します。

（売 掛 金）	500,000	（売 上）	500,000	… 振替伝票
③ア				
（現 金）	50,000	（売 掛 金）	50,000	… 入金伝票
	②			

> **参考**
>
> 　「取引を分解して起票する方法」では、振替伝票の金額は「450,000」となり、入金伝票に記入する相手科目は「売上」となります。取引を2つの仕訳に分けると次のようになります。
>
> | （売 掛 金） | 450,000 | （売 上） | 450,000 | … 振替伝票 |
> | （現 金） | 50,000 | （売 上） | 50,000 | … 入金伝票 |

(2)　取引を仕訳すると次のようになります。

| （仕 入） | 300,000 | （買 掛 金） | 270,000 |
| | | （現 金） | 30,000 |

　商品代金のうち30,000円は現金で支払っているため、<u>振替伝票のほかに出金伝票が必要</u>です。

（出 金）伝 票		振 替 伝 票			
科　目	金　額	借方科目	金　額	貸方科目	金　額
仕 入	（　　）	（　④　）	（　　）	（　　）	（　⑤　）

　出金伝票の相手科目を「仕入」と記入していることから、「取引を分解して起票する方法」であると判断します。

（仕 入）	270,000	（買 掛 金）	270,000	… 振替伝票
④カ			⑤	
（仕 入）	30,000	（現 金）	30,000	… 出金伝票

参考

「全額を掛取引として起票する方法」では、振替伝票の金額は「300,000」となり、出金伝票に記入する相手科目は「買掛金」となります。取引を２つの仕訳に分けると次のようになります。

| （仕　　　入） | 300,000 | （買　掛　金） | 300,000 | … | 振替伝票 |
| （買　掛　金） | 30,000 | （現　　　金） | 30,000 | … | 出金伝票 |

第3問
難易度
A

財務諸表（貸借対照表と損益計算書）を作成する問題です。

今回の訂正仕訳は少し難しいレベルといえますが、正しい仕訳さえわかれば、訂正仕訳は100％導くことができます。また、消費税（税抜方式）の決算整理は正確に行えたでしょうか。できなかった方は、消費税（税抜方式）の決算整理仕訳を覚えるだけではなく、期中処理から見直してみましょう。

Ⅰ　問題の流れ

　　決算整理前残高試算表に集められた各勘定の金額に決算整理仕訳等の金額を加減算して、貸借対照表と損益計算書を作成する問題なので、基本的に解法手順は精算表の作成と同じです。しかし、精算表のように決算整理仕訳等を記入できる修正記入欄はないので、必要な決算整理仕訳等は、資料⑴の残高試算表に書き込みして集計する等の工夫をしましょう。

　　ネット試験　…問題資料への書き込みができないため、金額が増減する科目だけを計算用紙に書き出し、Ｔ字勘定等を使って集計するとよいでしょう。

　　この問題の資料と解答要求事項の関係を精算表の形式で示すと、次のようになります。参考2として「解答への道」の最後に精算表を載せてあります。

精　算　表

勘　定　科　目	残 高 試 算 表		修 正 記 入		損 益 計 算 書		貸 借 対 照 表	
	借　方	貸　方	借　方	貸　方	借　方	貸　方	借　方	貸　方

　　　　　　　　　資料⑴　　　　　　資料⑵　　　　　　損益計算書　　　　貸借対照表
　　　　　　　　⋮　　　　　　　　⋮　　　　　　　└──────────────┘
　　　　　　　　残高試算表　　　決算整理事項等　　　　　　　答案用紙

　　精算表の損益計算書欄と貸借対照表欄に記入する金額と、財務諸表に載せる金額は同じですが、財務諸表は表示方法（＝見せ方）についてルールがあるので、別途暗記する必要があります。「解答への道」の最後の参考1を参照してください。

Ⅱ　決算整理事項等

　　本問における決算整理事項等の仕訳は次のとおりです。

１．現金の過不足

　　現金の帳簿残高183,000円（⑴残高試算表より）を実際有高179,000円に合わせるため、帳簿残高から4,000円減らす仕訳が必要です。なお、原因の判明した「通信費の記入漏れ」は通信費勘定へ振り替え、判明しなかった借方差額1,900円は雑損勘定（費用）で処理します。

| （通　信　費） | 2,100 | （現　　　金） | 4,000 |
| （雑　　　損） | 1,900 | | |

2．訂正仕訳

訂正仕訳は、①誤った仕訳の逆仕訳と②正しい仕訳から導くとよいでしょう。

誤　っ　た　仕　訳：（当　座　預　金）　26,000　（売　　掛　　金）　26,000

①誤った仕訳の逆仕訳：（売　　掛　　金）　26,000　（当　座　預　金）　26,000

②正　し　い　仕　訳：（当　座　預　金）　62,000　（売　　掛　　金）　62,000

①と②、2つの仕訳で訂正仕訳となります。

なお、①と②の仕訳の同一科目を相殺して以下のような1つの仕訳にします。

（当　座　預　金）　36,000　（売　　掛　　金）　36,000

3．水道光熱費の支払い〈未処理事項〉

（水　道　光　熱　費）　3,500　（当　座　預　金）　3,500

4．貸倒引当金の設定

「2．訂正仕訳」により、売掛金の残高が36,000円減少していることに注意して貸倒引当金を設定します。

設　定　額　（491,000円 − 36,000円）× 2 ％ ＝ 9,100円
　　　　　　　　　　売掛金

決算整理前残高　　　　　　　　　　300円

差引：繰入額　　　　　　　　　　8,800円

（貸倒引当金繰入）　8,800　（貸　倒　引　当　金）　8,800

5．売上原価の計算（注）仕入勘定で売上原価を算定する場合

（仕　　　　　入）　200,000　（繰　越　商　品）　200,000

（繰　越　商　品）　174,000　（仕　　　　　入）　174,000

6．有形固定資産の減価償却

1,200,000円〈備品の取得原価〉÷ 8 年 ＝ 150,000円

（減　価　償　却　費）　150,000　（備品減価償却累計額）　150,000

7．未払消費税の計上

決算にあたり、仮受消費税勘定の残高（期中に預かった消費税の金額）と、仮払消費税勘定の残高（期中に支払った消費税の金額）を相殺した残額（納税額）を、「未払消費税勘定（負債）」として計上します。

（仮　受　消　費　税）　440,000　（仮　払　消　費　税）　240,000

（未　払　消　費　税）　200,000

8．未払利息（未払費用）の計上

当期の12月1日から3月31日までの4か月分の利息は、当期中に支払っていないので未計上です。しかし、当期に係る費用であるため、支払利息勘定（費用）の増加とするとともに、未払利息勘定（負債）として計上します。

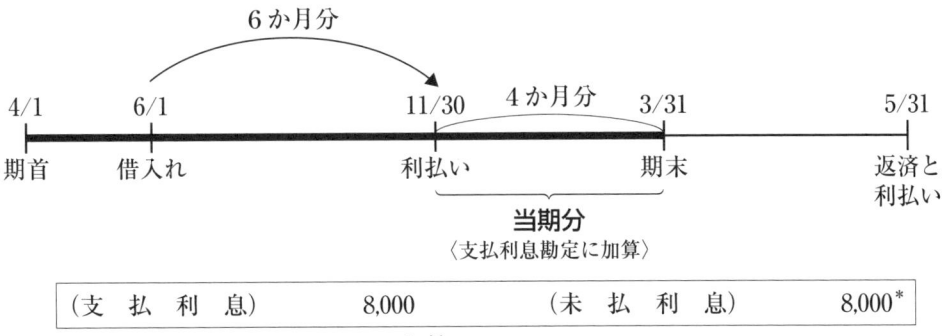

（支　払　利　息）	8,000	（未　払　利　息）	8,000*

$$*\quad 400{,}000円 \times 利率年 6\% \times \frac{4か月}{12か月} = 8{,}000円$$

9．前払家賃（前払費用）の計上

　当期の11月 1 日に支払った向こう 6 か月分の家賃150,000円のうち、 1 か月分は次期に係る費用の前払分であるため、支払家賃勘定（費用）から差し引き、前払家賃勘定（資産）として次期に繰り越します。

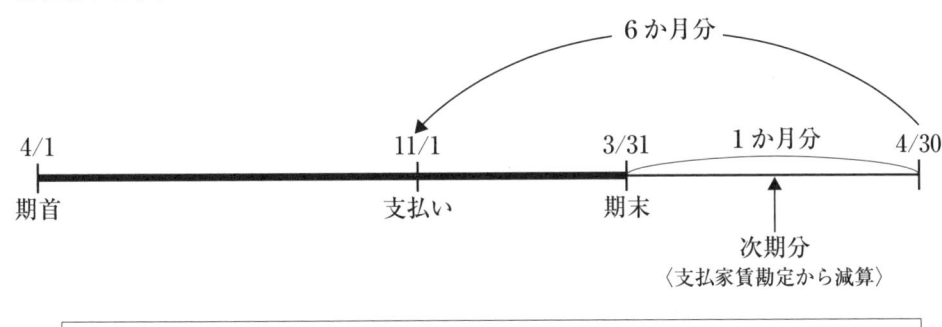

（前　払　家　賃）	25,000*	（支　払　家　賃）	25,000

$$*\quad 150{,}000円 \times \frac{1か月}{6か月} = 25{,}000円$$

10．当期純利益の計算

　損益計算書の貸方合計（収益）と借方合計（費用）の差額により、当期純利益を計算します。

$$\underset{収益合計}{5{,}500{,}000円} - \underset{費用合計}{5{,}414{,}300円} = \underset{当期純利益}{85{,}700円}$$

　当期純利益は繰越利益剰余金勘定（資本）の増加とすることから、決算整理前残高試算表の繰越利益剰余金に当期純利益を加えた金額を貸借対照表の貸方へ記入し、貸借対照表の貸借合計が一致することを確認します。

　繰越利益剰余金：1,521,700円〈決算整理前残高試算表より〉＋85,700円〈当期純利益〉＝**1,607,400円**

参考1

〈貸借対照表記入上の注意〉

- 貸倒引当金勘定の残高は、原則として、資産の部において受取手形や売掛金それぞれから控除する形式で表示します。
- 繰越商品勘定の残高は、「**商品**」と表示します。
- 経過勘定項目である「未払○○」は「**未払費用**」、「前払○○」は「**前払費用**」、「未収○○」は「**未収収益**」、「前受○○」は「**前受収益**」と表示します。
- 建物減価償却累計額勘定および備品減価償却累計額勘定の残高は、原則として、資産の部において建物や備品それぞれから控除する形式で表示します。このとき、具体的な固定資産の科目名は付けずに「**減価償却累計額**」と表示します。

〈損益計算書記入上の注意〉

- 仕入勘定の残高は、「**売上原価**」と表示します。
  「売上原価」は、期首商品棚卸高＋当期商品仕入高－期末商品棚卸高の式で求めることもできます。
  期首商品棚卸高200,000円＋当期商品仕入高3,000,000円－期末商品棚卸高174,000円
  ＝3,026,000円
- 売上勘定の残高は、「**売上高**」と表示します。

解答への道

第9回

参考 2

精算表に記入すると次のようになります。

精　算　表

勘 定 科 目	残 高 試 算 表 借 方	残 高 試 算 表 貸 方	修 正 記 入 借 方	修 正 記 入 貸 方	損 益 計 算 書 借 方	損 益 計 算 書 貸 方	貸 借 対 照 表 借 方	貸 借 対 照 表 貸 方
現　　　　　金	183,000			4,000			179,000	
当 座 預 金	577,000		36,000	3,500			609,500	
売 　 掛 　 金	491,000			36,000			455,000	
繰 越 商 品	200,000		174,000	200,000			174,000	
仮 払 消 費 税	240,000			240,000				
備　　　　　品	1,200,000						1,200,000	
土　　　　　地	2,700,000						2,700,000	
買 　 掛 　 金		593,000						593,000
借 　 入 　 金		400,000						400,000
仮 受 消 費 税		440,000	440,000					
貸 倒 引 当 金		300		8,800				9,100
備品減価償却累計額		375,000		150,000				525,000
資 　 本 　 金		2,000,000						2,000,000
繰越利益剰余金		1,521,700						1,521,700
売　　　　　上		5,500,000				5,500,000		
仕　　　　　入	3,000,000		200,000	174,000	3,026,000			
給　　　　　料	1,800,000				1,800,000			
支 払 家 賃	300,000			25,000	275,000			
水 道 光 熱 費	41,000		3,500		44,500			
通 　 信 　 費	62,000		2,100		64,100			
保 　 険 　 料	24,000				24,000			
支 払 利 息	12,000		8,000		20,000			
	10,830,000	10,830,000						
雑 　 　 　 損			1,900		1,900			
貸倒引当金繰入			8,800		8,800			
減 価 償 却 費			150,000		150,000			
未 払 消 費 税				200,000				200,000
未 払 利 息				8,000				8,000
前 払 家 賃			25,000				25,000	
当 期 純 利 益					85,700			85,700
			1,049,300	1,049,300	5,500,000	5,500,000	5,342,500	5,342,500

第1問 45点　　　　　　　　　　　　仕訳一組につき3点

	仕		訳	
	借 方 科 目	金　　額	貸 方 科 目	金　　額
1	カ	10,820	イ エ	10,000 820
2	ア オ	45,000 45,000	ウ	90,000
3	イ エ	600,000 2,420,000	カ ア	3,000,000 20,000
4	ウ ア	2,000,000 18,000	オ	2,018,000
5	オ	2,130,000	イ	2,130,000
6	イ	200	オ	200
7	カ	3,450,000	ウ ア	3,400,000 50,000
8	ア	200,000	エ カ オ	20,000 10,000 170,000
9	オ ウ	2,000,000 2,000	イ エ	2,000,000 2,000
10	エ	153,000	ア ウ カ	70,000 80,000 3,000
11	イ	400,000	オ	400,000
12	ア	92,000	エ カ	43,000 49,000
13	カ	10,000	イ	10,000
14	オ エ	1,500,000 200,000	ウ	1,700,000
15	ウ カ	180,000 100,000	ア	280,000

第2問 20点

各2点

問1

①	②	③	④	⑤
ア	400,000	1,560,000	ウ	1,090,000

問2

●数字…予想配点

(1)

商 品 有 高 帳

A 商 品

×8年		摘　　要	受	入		払	出		残	高		
			数 量	単 価	金 額	数 量	単 価	金 額	数 量	単 価	金 額	
1	1	前月繰越	60	1,000	60,000				60	1,000	60,000	
	10	仕　　入	240	990	237,600				300	992	297,600	❷
	13	売　　上				250	992	248,000	50	992	49,600	
	20	仕　　入	350	960	336,000				400	964	385,600	
	27	売　　上				310	964	298,840	90	964	86,760	❷
	29	売上返品	10	964	9,640 ❷				100	964	96,400	

(2)

純 売 上 高	売 上 原 価	売 上 総 利 益
¥　❷　975,000	¥　❷　537,200	¥　　437,800

問1

精 算 表

勘 定 科 目	残高試算表 借方	残高試算表 貸方	修正記入 借方	修正記入 貸方	損益計算書 借方	損益計算書 貸方	貸借対照表 借方	貸借対照表 貸方
現 金	135,000						135,000	
現 金 過 不 足	3,200			3,200				
普 通 預 金	1,630,000		150,000				1,780,000 ③	
当 座 預 金		468,000	468,000					
売 掛 金	880,000			150,000			730,000	
仮 払 金	420,000			420,000				
繰 越 商 品	697,000		568,000	697,000			568,000	
建 物	3,600,000						3,600,000	
備 品	500,000		420,000				920,000	
土 地	4,400,000						4,400,000	
買 掛 金		745,000						745,000
借 入 金		3,200,000						3,200,000
貸 倒 引 当 金		8,600		6,000				14,600 ③
建物減価償却累計額		1,180,000		120,000				1,300,000
備品減価償却累計額		300,000		107,000				407,000 ③
資 本 金		4,000,000						4,000,000
繰 越 利 益 剰 余 金		1,174,400						1,174,400
売 上		8,670,000				8,670,000		
仕 入	5,300,000		697,000	568,000	5,429,000 ③			
給 料	1,800,000				1,800,000			
通 信 費	26,800				26,800			
旅 費 交 通 費	94,000		2,800		96,800			
保 険 料	210,000			30,000	180,000 ③			
支 払 利 息	50,000		12,000		62,000			
	19,746,000	19,746,000						
雑 （ 損 ）			400		400 ③			
当 座 借 越				468,000				468,000 ③
貸 倒 引 当 金 繰 入			6,000		6,000 ③			
減 価 償 却 費			227,000		227,000 ③			
（未 払）利 息				12,000				12,000 ③
前 払 保 険 料			30,000				30,000	
当 期 純 （利 益）					842,000			842,000 ②
			2,581,200	2,581,200	8,670,000	8,670,000	12,163,000	12,163,000

問2 ¥ （ ③ 2,300,000 ）

別解 「雑（損）」は、「雑（損失）」としてもよい。

全体的に基礎的な理解力を問う良問です。

　基礎的な理解力とは、簡単なレベルの問題ということではなく、簿記一巡で行う会計処理を適切かつ正確に判断できるかということです。計算ミスに気をつけて高得点を目指しましょう。難易度は、Ａ：普、Ｂ：やや難、Ｃ：難となっています。

第1問　指定された勘定科目は記号で解答しなければ正解にならないので注意してください。
Ａレベルは正解できるようにしましょう。
解答時間は1題につき30秒〜1分以内を目標に！

1．貯蔵品勘定への振り替え　難易度 **A**

解答	（貯　蔵　品）	10,820	（租　税　公　課）	10,000
			（通　信　費）	820

　購入時に費用処理している収入印紙（租税公課勘定で処理）や郵便切手（通信費勘定で処理）について、決算日時点に未使用分があるときは、その金額をそれぞれの費用勘定から貯蔵品勘定（資産）へ振り替えます。

2．社会保険料の納付　難易度 **A**

解答	（社会保険料預り金）	45,000	（普　通　預　金）	90,000
	（法　定　福　利　費）	45,000		

　従業員にかかる健康保険料を納付したときは、その金額のうち会社負担分は法定福利費勘定（費用）の増加とします。これに対し、従業員負担分は給料を支給したときに、社会保険料預り金勘定（負債）の増加として処理しているため、納付したときは借方に記入して負債の減少とします。

3．売上取引　難易度 **A**

解答	（前　受　金）	600,000	（売　　　上）	3,000,000
	（売　掛　金）	2,420,000 *	（現　　　金）	20,000

　　＊　2,400,000円〈手付金を差し引いた残額〉＋20,000円〈先方負担の発送費〉＝2,420,000円

　商品の注文を受けたときに、代金の一部を手付金として受け取ったときは、その金額を前受金勘定（負債）の増加として処理し、商品を引き渡したときに売上を計上して代金に充当（相殺）するため、前受金勘定の減少となります。残額については、掛けとした旨の指示があることから、売掛金勘定（資産）の増加とします。なお、先方負担の発送費（売上諸掛り）については、立替金勘定を用いる方法もありますが、本問では、問題文の指示に従い、掛代金（売掛金勘定）に含めて処理します。

4．資金の借入れ（返済）　難易度 **A**

解答	（借　入　金）	2,000,000	（当　座　預　金）	2,018,000
	（支　払　利　息）	18,000 *		

　　＊　$2,000,000円 \times 利率年2.19\% \times \dfrac{150日}{365日} = 18,000円$

　借入金の支払期日に、その元利合計（元金と利息の合計）を返済したときは、元金の返済額を借

入金勘定（負債）の減少とし、利息の支払額を支払利息勘定（費用）の増加とします。

なお、借入れにともなう利息は、借入期間150日分の日割計算であることに気をつけてください。

5. 有形固定資産の購入　難易度 **A**

解答	（備　　　　品）	2,130,000	（未　払　金）	2,130,000

　購入したデスクセットは、オフィス用であることから、その取得原価（購入代価および付随費用の合計）を備品勘定（資産）の増加とします。本問では、請求書に記載されている配送料や据付費が備品の購入にともなう付随費用であることから、取得原価に含めて処理します。なお、有形固定資産など商品以外のものを購入した際の代金の未払額は、未払金勘定（負債）の増加とします。

6. 現金の過不足　難易度 **B**

解答	（現 金 過 不 足）	200	（現　　　　金）	200

　期中に現金の実際有高（金庫の中身）と帳簿残高が一致していないときは、その不一致額を現金過不足勘定で処理しておき、原因を調査します。このとき、帳簿残高を実際有高（金庫の中身）にあわせるため、帳簿残高を増減させることに注意してください。

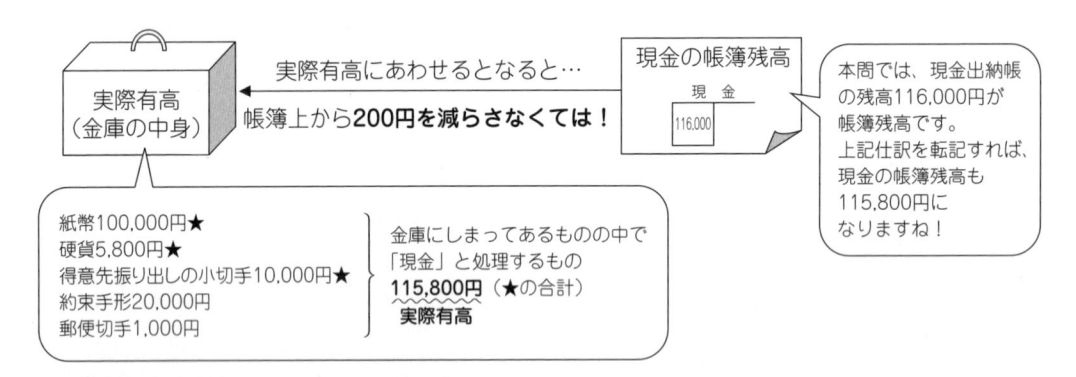

7. 有形固定資産の購入　難易度 **A**

解答	（土　　　　地）	3,450,000 *	（未　払　金）	3,400,000
			（現　　　　金）	50,000

　　＊　165㎡×@20,000円〈購入代価〉＋150,000円〈付随費用〉＝3,450,000円

　土地の購入にともなって生じた付随費用（本問では購入手数料100,000円および整地費用50,000円）は、土地の取得原価に含めます。取得原価とは、「その資産を手に入れて、利用できるまでにかかった金額」を表すものなので、整地費用も含まれます。なお、商品売買以外の取引から生じた代金の未払分は、未払金勘定（負債）の増加とします。

8. 給料の支払い　難易度 **A**

解答	（給　　　　料）	200,000	（所 得 税 預 り 金）	20,000
			（従 業 員 立 替 金）	10,000
			（当 座 預 金）	170,000

　給料総額200,000円から差し引いた所得税の源泉徴収額は、所得税を納付する義務として、所得税預り金勘定（負債）の増加とし、従業員に対する立替額の回収は、従業員立替金勘定（資産）の減少とします。なお、「当座預金口座から従業員の預金口座へ振り替えて支給した。」とは、「当社の当座預金口座から従業員の手取額を引き出し、従業員の預金口座に入金した」という意味になるので、当座預金勘定（資産）の減少とします。

9. 当座預金の預け入れ　難易度 **A**

解答					
(当 座 預 金)	2,000,000		(普 通 預 金)	2,000,000
(支 払 手 数 料)	2,000		(現　　　　金)	2,000

　普通預金口座の金額を1銀行口座間で振り替えて当座預金口座へ預け入れる取引です。したがって、引き出される普通預金勘定（資産）の減少と入金先である当座預金勘定（資産）の増加となります。なお、金融機関に支払う手数料を当社が負担したときは、支払手数料勘定（費用）の増加とします。

10. 仕入取引　難易度 **A**

解答					
(仕　　　　入)	153,000		(前　　払　　金)	70,000
			(支 払 手 形)	80,000
			(現　　　　金)	3,000

　商品の仕入取引における手付金は、商品代金の一部を前払いしたものです。

手付金の支払時：(前　　払　　金)　70,000　　(現 金 な ど)　70,000

　したがって、商品の引き渡しを受けたときに商品代金と相殺し、残額は、約束手形を振り出したため、手形金額を支払う義務として支払手形勘定（負債）の増加とします。また、商品の引取運賃を当社が負担した場合は、その金額を含めて仕入原価とします。

11. 電子記録債務　難易度 **A**

解答					
(買　　掛　　金)	400,000		(電 子 記 録 債 務)	400,000

　買掛金について、電子記録債務の発生記録を行ったときは、その金額を電子記録債務勘定に振り替えます。具体的には、買掛金勘定（負債）の減少とするとともに、電子記録債務勘定（負債）の増加とします。

12. 未払消費税の計上　難易度 **A**

解答					
(仮 受 消 費 税)	92,000		(仮 払 消 費 税)	43,000
			(未 払 消 費 税)	49,000

　期中に受け取った消費税は仮受消費税勘定（負債）、支払った消費税は仮払消費税勘定（資産）の増加として処理しています。決算においては、両勘定を相殺する仕訳を行い、納付すべき消費税額を未払消費税勘定（負債）の増加とします。

13. 電子記録債権の貸倒れ　難易度 **A**

解答					
(貸 倒 損 失)	10,000		(電 子 記 録 債 権)	10,000

　前期以前に生じた電子記録債権が貸し倒れた（回収不能となった）場合、電子記録債権勘定（資産）の減少とするとともに、貸倒引当金に残高があれば取り崩して充当しますが、問題文に「貸倒引当金の残高はゼロ」とあるため、全額を貸倒損失勘定（費用）で処理します。

14. 内容不明の入金（判明）　難易度 **A**

解答					
(仮　　受　　金)	1,500,000		(土　　　　地)	1,700,000
(固定資産売却損)	200,000 *			

　　＊　1,500,000円〈売却価額〉－1,700,000円〈帳簿価額〉＝△200,000円〈売却損〉

売却代金については、仮受金勘定で処理しています。

代金受取時：(現 金 な ど)　1,500,000　　(仮　受　金)　1,500,000

よって、売却の仕訳を行う際には仮受金勘定を借方に仕訳し、帳簿価額を差し引いて、固定資産売却損（益）を計算します。

15. 売掛金の回収　難易度 **A**

解答	（受 取 手 形）	180,000	（売 　 掛 　 金）	280,000
	（当 座 預 金）	100,000		

売掛金の回収として、得意先振り出しの約束手形180,000円の受け取りは、手形金額を受け取る権利として受取手形勘定（資産）の増加とし、残額100,000円については、当座預金口座に振り込まれたため当座預金勘定（資産）の増加とします。

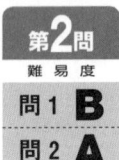 **第2問**
難易度
問1 **B**
問2 **A**

問1　期首の再振替仕訳から決算時における前受家賃の計上など、経過勘定項目に関する簿記一巡を理解しているか確認できる良問です。ただし、契約時点の異なった物件をそれぞれ考えていかなければならないのと、途中から家賃の値上がりもあることから、計算ミスが出やすい点に気をつけてください。

問2　移動平均法による商品有高帳の記入問題です。
　　　返品分の書き方は、必ず問題文の指示どおりにしてください。なお、純売上高は売価で、売上原価は原価で返品分の金額を除くことに注意しましょう。

問1

1. 物件Aの前期決算処理（×7年3/31）

（1）　決算整理仕訳：前受家賃の計上

（受 取 家 賃）	400,000	（前 受 家 賃）	400,000

＊　1か月分の家賃100,000円×4か月分（×7年4/1〜7/31）＝400,000円

（2）　負債勘定の締め切り

決算整理後の前受家賃勘定の貸方残高400,000円を、借方に「次期繰越」と記入し、借方と貸方の合計金額を一致させて締め切ります（締切記入）。次に、翌期首の日付で貸方に「前期繰越」と記入し、残高を貸方に戻します（開始記入）。問題資料右側の「（　）家賃」の貸方に「前期繰越」と印刷されていることから、右側の「（　）家賃」が前受家賃勘定になります。

（ ① ） 家 賃		（前 受） 家 賃	
		4/1 前期繰越　400,000	

これにより、問題資料左側の「（ ① ）家賃」が受取家賃勘定と判明するので、①が「**ア　受取**」になります。

2. 当期の会計処理

×7年4/1　期首の再振替仕訳

前期決算整理で行った前受家賃の計上の仕訳を、翌期首の日付で逆仕訳することで、もとの収益勘定（受取家賃）に戻すための仕訳です。

（前 受 家 賃）	400,000	（受 取 家 賃）	② **400,000**

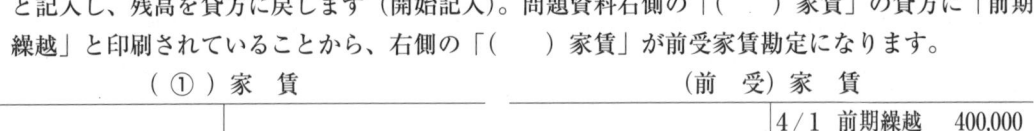

受 取 家 賃		前 受 家 賃	
	4/1 前受家賃　400,000	4/1 受取家賃　400,000	4/1 前期繰越　400,000

×7年8/1　物件Aに対する向こう半年分の家賃の受け取り

| （当　座　預　金） | 600,000 | （受　取　家　賃） | 600,000 |

＊　1か月分の家賃100,000円×6か月分（×7年8/1～×8年1/31）＝600,000円

×7年9/1　物件Bに対する向こう1年分の家賃の受け取り

| （当　座　預　金） | 1,560,000 | （受　取　家　賃） | ③1,560,000 |

＊　1か月分の家賃130,000円×12か月分（×7年9/1～×8年8/31）＝1,560,000円

×8年2/1　物件Aに対する向こう半年分の家賃の受け取り

（注）今回から、1か月分の家賃は110,000円に値上げしています。

| （当　座　預　金） | 660,000 | （受　取　家　賃） | 660,000 |

＊　1か月分の家賃110,000円×6か月分（×8年2/1～7/31）＝660,000円

×8年3/31　決算処理

(1)　**決算整理仕訳：前受家賃の計上**

　(ア)　物件A

　　当期の2月1日に受け取った向こう半年分の家賃660,000円のうち、4か月分は次期に係る収益の前受分であるため、前受家賃勘定（負債）として次期に繰り越します。

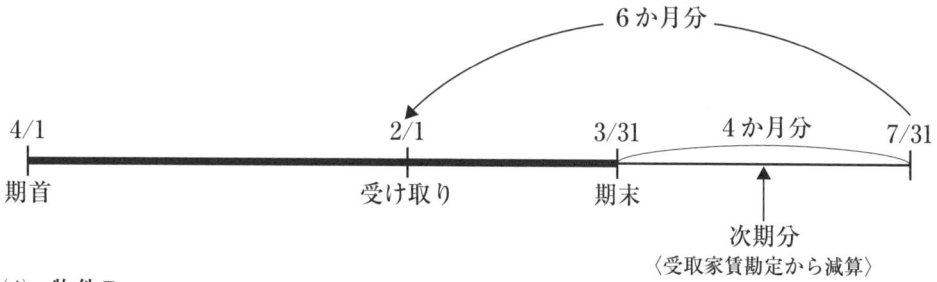

　(イ)　物件B

　　当期の9月1日に受け取った向こう1年分の家賃のうち、5か月分は次期に係る収益の前受分であるため、前受家賃勘定（負債）として次期に繰り越します。

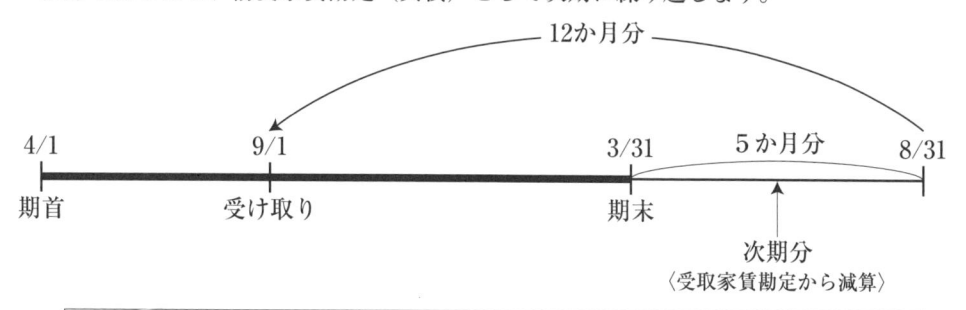

| （受　取　家　賃） | 1,090,000 | （前　受　家　賃） | ⑤1,090,000 |

＊　物件A：2/1に受け取った1か月分の家賃110,000円×4か月分＝440,000円
　　物件B：1か月分の家賃130,000円×5か月分＝650,000円
　　440,000円＋650,000円＝**1,090,000円**

(2)　**決算振替仕訳**：（注）本問の①～⑤の解答を導き出すうえでは必要ありません。
　　決算整理後の受取家賃勘定の貸方残高2,130,000円を損益勘定へ振り替えます。

| （受　取　家　賃） | 2,130,000 | （損　　　　　益） | 2,130,000 |

この振り替えにより、受取家賃勘定の残高はゼロとなるため締め切ります。

　　決算整理後の前受家賃勘定の貸方残高1,090,000円を、借方に「次期繰越」と記入し、借方と貸方の合計金額を一致させて締め切ります（締切記入）。したがって、④は「**ウ　次期繰越**」となります。

	受　取　家　賃					前　受　家　賃			
3/31	前受家賃	1,090,000	4/1	前受家賃	400,000	4/1	受取家賃	400,000	4/1	前期繰越	400,000
〃	損　　益	2,130,000	8/1	当座預金	600,000	3/31	次期繰越	1,090,000	3/31	受取家賃	1,090,000
			9/1	当座預金	1,560,000			1,490,000			1,490,000
			2/1	当座預金	660,000						
		3,220,000			3,220,000						

問2

(1) 払出単価の決定方法が移動平均法による場合の商品有高帳の記入

　　商品を仕入れたときは受入欄に、売り上げたときには払出欄に、在庫は残高欄にそれぞれ**原価を記入すること**に注意が必要です。なお、「移動平均法」の場合は異なる単価の商品を受け入れるごとに平均単価を計算して残高欄へ記入し、その単価を次の払出単価とします。

　1月1日：前月繰越

　　　　　受入欄と残高欄へ記入します。60個×@1,000円（**原価**）＝60,000円

　　10日：仕入

　　　　　仕入分を受入欄へ記入します。240個×@990円（**原価**）＝237,600円

　　　　　残高欄へ記入する単価は、直前の残高（1日時点）と合算して算定した平均単価になります。

$$\frac{60,000円〈1日残高〉+237,600円〈10日仕入分〉}{60個〈1日残高〉+240個〈10日仕入分〉}=@992円〈10日時点の平均単価〉$$

　　13日：売上

　　　　　販売分の250個を払出欄へ**原価で記入**します。

　　　　　(注) 問題資料の@1,800円は売価なので使用しません。

　　　　　払出額および、在庫となる50個分の計算は、10日時点の平均単価992円を用います。

　　　　　払出欄：250個×@992円＝248,000円

　　　　　残高欄：50個×@992円＝49,600円

　　20日：仕入

　　　　　仕入分を受入欄へ記入します。350個×@960円（**原価**）＝336,000円

　　　　　残高欄へ記入する単価は、直前の残高（13日時点）と合算して算定した平均単価になります。

$$\frac{49,600円〈13日残高〉+336,000円〈20日仕入分〉}{50個〈13日残高〉+350個〈20日仕入分〉}=@964円〈20日時点の平均単価〉$$

　　27日：売上

　　　　　販売分の310個を払出欄へ**原価で記入**します。

　　　　　(注) 問題資料の@1,750円は売価なので使用しません。

　　　　　払出額および、在庫となる90個分の計算は、20日時点の平均単価964円を用います。

　　　　　払出欄：310個×@964円＝298,840円

　　　　　残高欄：90個×@964円＝86,760円

　　29日：売上返品

　　　　　返品された商品は、問題文の指示に従い、受入欄へ**原価で記入**します。27日に販売し

た商品なので、計算に用いる平均単価は964円です。

受入欄：10個×@964円＝9,640円

残高欄：100個（27日時点の数量90個＋戻り分10個）×@964円＝96,400円

⑵　純売上高、売上原価および売上総利益の計算

純売上高：　　450,000円　（問題資料より、13日売上分250個×売価@1,800円）

　　　　　　　542,500円　（問題資料より、27日売上分310個×売価@1,750円）

　　　　　△　 17,500円　（問題資料より、27日売上戻り分△10個×売価@1,750円）

　　　　　　　975,000円

売上原価：13日に250個、27日に310個の商品を販売しているので、各日付の払出欄に記入した金
額が売り上げた商品の原価になります。しかし、各時点で販売した数量に対する売上原
価を示しているだけなので、29日の売上返品10個分を除く必要があることに注意してく
ださい。

　　　　　　　248,000円　（商品有高帳の13日払出欄より）

　　　　　　　298,840円　（商品有高帳の27日払出欄より）

　　　　　△　 9,640円　（商品有高帳の29日売上戻り分は受入欄より）

　　　　　　　537,200円

売上総利益：975,000円〈純売上高〉－537,200円〈売上原価〉＝437,800円

第3問

難易度　**A**

　　問1は、備品の購入と減価償却について正確な仕訳と計算ができれば、他の決算整理
事項等は定番のものばかりなので解きやすい問題といえます。
　　問2は、決算整理後の帳簿価額が問われています。決算手続きの流れをマスターして
いれば容易に解答できるので、得点してほしいところです。

問1　精算表の作成

　本問における決算整理事項等の仕訳は次のとおりです。

①　売掛金の回収〈未処理事項〉

（普　通　預　金）	150,000	（売　　掛　　金）	150,000

②　仮払金の判明〈未処理事項〉

（備　　　　　品）	420,000	（仮　　払　　金）	420,000

③　現金過不足の整理

　現金過不足勘定の借方残高3,200円のうち、原因の判明した「旅費交通費の記帳漏れ」は旅費
交通費勘定の借方に振り替え、判明しなかった借方差額400円は雑損勘定（費用）で処理します。

（旅 費 交 通 費）	2,800	（現 金 過 不 足）	3,200
（雑　　　　　損）	400		

④　借越残高の振り替え

（当　座　預　金）	468,000	（当　座　借　越）	468,000

⑤ 貸倒引当金の設定

「① 売掛金の回収」により、売掛金の残高が150,000円減少していることに注意して貸倒引当金を設定します。

（貸倒引当金繰入）	6,000	（貸 倒 引 当 金）	6,000

* 設　定　額　$(880,000円 - 150,000円) \times 2\% = 14,600円$
　　　　　　　　売掛金

　決算整理前残高　　　　　　　　　8,600円

　差引：繰入額　　　　　　　　　6,000円

⑥ 売上原価の計算

「仕入」の行（仕入勘定）で売上原価を算定します。

（仕　　　　　入）	697,000	（繰 越 商 品）	697,000
（繰 越 商 品）	568,000	（仕　　　　　入）	568,000

⑦ 有形固定資産の減価償却

備品の減価償却費は、既存の備品500,000円に対する分と、「② 仮払金の判明」で処理した期中取得の備品420,000円に対する分とを分けて計算します。なお、期中に取得した備品については、1か月分（3/1〜3/31）の月割計算になります。

（減 価 償 却 費）	227,000	（建物減価償却累計額）	120,000
		（備品減価償却累計額）	107,000

* 建　　物：$3,600,000円〈取得原価〉 \div 30年 = 120,000円$

　備品（既　存　分）：$500,000円〈取得原価〉 \div 5年 = 100,000円$

　備品（期中取得分）：$420,000円〈取得原価〉 \div 5年 \times \dfrac{1か月}{12か月} = 7,000円$ ⎫ 合計107,000円

⑧ 未払利息（未払費用）の計上

当期の12月1日から3月31日までの4か月分の利息は、当期中に支払っていないので未計上です。しかし、当期に係る費用であるため、支払利息勘定（費用）の増加とするとともに、未払利息勘定（負債）として計上します。

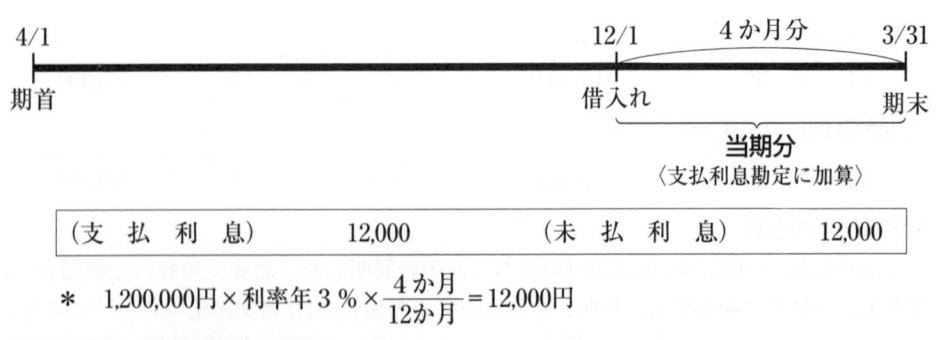

（支 払 利 息）	12,000	（未 払 利 息）	12,000

* $1,200,000円 \times 利率年3\% \times \dfrac{4か月}{12か月} = 12,000円$

⑨ 前払保険料（前払費用）の計上

（前 払 保 険 料）	30,000	（保　　険　　料）	30,000

⑩　当期純利益の計算

　　損益計算書欄の貸方合計（収益）と借方合計（費用）の差額により、当期純利益を計算します。当期純利益の金額は、損益計算書欄の借方へ記入し、同額を貸借対照表欄の貸方へ移記して、貸借合計が一致することを確認します。

$$8,670,000円 - 7,828,000円 = 842,000円$$
収益合計　　費用合計　　当期純利益

問2　決算整理後の建物の帳簿価額

　　間接法で記帳している場合の有形固定資産の帳簿価額は、取得原価から減価償却累計額を差し引いて計算します。本問は、決算整理**後**の帳簿価額が問われているので、当期末に行った決算整理**後**の減価償却累計額勘定の残高を差し引くことになります。

　　決算整理**後**の建物減価償却累計額勘定の残高：$1,180,000円 + 120,000円 = 1,300,000円$
決算整理前残高　　当期減価償却費

　　決算整理**後**の建物の帳簿価額：$3,600,000円〈建物の取得原価〉- 1,300,000円 = \mathbf{2,300,000円}$

第1問 45点 仕訳一組につき3点

	仕		訳	
	借 方 科 目	金 額	貸 方 科 目	金 額
1	エ	270,000	ア	270,000
2	オ イ	7,600 10,000	ウ カ	16,000 1,600
3	ア カ	2,600 700	エ	3,300
4	ウ エ イ	561,000 3,000 96,000	オ	660,000
5	エ	300	イ	300
6	オ	200,000	ア ウ	195,000 5,000
7	ウ	100,000	カ	100,000
8	ア	50,000	エ	50,000
9	イ	21,000	オ	21,000
10	カ	3,300,000	ア ウ	3,000,000 300,000
11	エ	1,000,000	イ オ	988,000 12,000
12	ア	12,500,000	カ	12,500,000
13	オ	800,000	ウ	800,000
14	カ イ	20,000 10,000	エ	30,000
15	ウ	40,000	ア	40,000

第2問 20点

問1　　　　　　　　　　　　　　　　　　　　　　　　　　　　　仕訳一組につき2点

×8年		仕		訳	
		借　方　科　目	金　　額	貸　方　科　目	金　　額
2	5	カ	203,000	ア	3,000
				オ	200,000
	14	ア	400,000	キ	400,000
	20	ウ	180,000	キ	180,000
	25	オ	52,000	ア	2,000
				カ	50,000
	28	ア	1,000	イ	1,000

問2　　　　　　　　　　　　　　　　　　　　　　　　　　　　　　　　　各2点

ア	イ	ウ	エ	オ
⑮	⑪	②	⑩	④

175

貸 借 対 照 表　　　　　（単位：円）

現　　　　金		310,000	買　掛　金	630,000
普 通 預 金		（　550,000）	（未　払）消費税	（　351,000）③
売　掛　金	（　700,000）		未 払 法 人 税 等	（③　200,000）
貸 倒 引 当 金	（△　7,000）	（③　693,000）	（未　払）費　用	（　10,000）
商　　　品		（③　400,000）	借　入　金	（　1,500,000）
③（前　払）費　用		（　40,000）	預　り　金	（　18,000）
建　　　物	（　2,200,000）		資　本　金	（　3,000,000）
減価償却累計額	（△　300,000）	（③ 1,900,000）	繰越利益剰余金	（②　384,001）
備　　　品	（　600,000）			
減価償却累計額	（△　399,999）	（③　200,001）		
土　　　地		2,000,000		
		（　6,093,001）		（　6,093,001）

損 益 計 算 書　　　　　（単位：円）

売 上 原 価	（③ 6,540,000）	売　上　高	（　10,010,000）
給　　料	（　2,200,000）		
法 定 福 利 費	（③　210,000）		
支 払 手 数 料	（③　60,600）		
租 税 公 課	（　150,000）		
貸倒引当金繰入	（　4,000）		
減 価 償 却 費	（　200,000）		
支 払 利 息	（③　60,000）		
その他費用	250,000		
法 人 税 等	（　200,000）		
当 期 純 利 益	（　135,400）		
	（　10,010,000）		（　10,010,000）

全体的に、ボリュームが多めで、資料の読み取りが難しいところがあります。

どの設問から解き始めるべきか、全体を見渡して戦略を立てましょう。その技術を磨くためには、いろんな問題を解いて経験することが大切です。高得点は取れなくても必ず合格点は取れるようになります。

難易度は、Ａ：普、Ｂ：やや難、Ｃ：難となっています。

第1問

指定された勘定科目は記号で解答しなければ正解にならないので注意してください。
Ａレベルは正解できるようにしましょう。
解答時間は1題につき30秒〜1分以内を目標に！

1．買掛金の支払い 難易度 **A**

解答	（買　　掛　　金）	270,000	（支　払　手　形）	270,000

買掛金の決済（支払い）として、約束手形を振り出したときは、掛代金の支払義務が消滅し、その代わりに手形金額の支払義務が発生するため、買掛金勘定（負債）の減少とするとともに、支払手形勘定（負債）の増加とします。

2．売上取引 難易度 **B**

解答	（現　　　　　金）	7,600	（売　　　　　上）	16,000
	（受 取 商 品 券）	10,000	（仮 受 消 費 税）	1,600

商品を販売し、代金として商品券を受け取ったときは、後日、取引銀行等を通じて入金されるため、受取商品券勘定（資産）の増加で処理します。また、消費税を税抜方式で記帳する場合、商品の売上時に預かった消費税額は、仮受消費税勘定（負債）の増加とします。

3．仮払金の振り替え 難易度 **A**

解答	（旅 費 交 通 費）	2,600	（仮　　払　　金）	3,300
	（消 耗 品 費）	700		

問題文に、ICカードのチャージ（入金）時に、その金額を仮払金勘定で処理している旨の指示があるため、ICカードを使用して旅費交通費や消耗品費の支払いをしたときは、仮払金勘定から該当する勘定に振り替えます。

4．有形固定資産の売却 難易度 **A**

解答	（備品減価償却累計額）	561,000	（備　　　　　品）	660,000
	（現　　　　　金）	3,000		
	（固 定 資 産 売 却 損）	96,000 *		

* 3,000円－（660,000円－561,000円）＝△96,000円〈売却損〉
　　売却価額　　　　帳簿価額

間接法で記帳している場合、備品を売却したときは、備品勘定（資産）とその備品に対する減価償却累計額勘定の減少とします。さらに、売却価額から帳簿価額（備品の取得原価と減価償却累計額の差額）を差し引き、固定資産売却損（益）を計算します。

5．利息の受け取り　難易度 **A**

解答	（普 通 預 金）	300	（受 取 利 息）	300

利息が入金された（＝利息を受け取った）ときは、受取利息勘定（収益）の増加とします。

6．仕入取引　難易度 **A**

解答	（仕 　　　入）	200,000	（買 　掛 　金）	195,000
			（現 　　　金）	5,000

　商品代金195,000円については、品物とともに受け取った納品書兼請求書に「×2年8月31日までに合計額を下記口座へお振込みください」と記載されていることから、「後払いである」と読み取ります。したがって、商品代金の支払義務を表す買掛金勘定（負債）の増加とします。また、当社負担の仕入諸掛り（本問では引取運賃5,000円）は、仕入原価に含めます。

7．訂正仕訳　難易度 **A**

解答	（貸 倒 引 当 金）	100,000	（償却債権取立益）	100,000

　問題文に「前期に貸倒れとして処理した売掛金¥300,000」とあるため、回収できた100,000円について売掛金勘定（資産）の減少とすることはできません。貸方の科目は償却債権取立益勘定（収益）で処理します。

　なお、訂正仕訳は、①誤った仕訳の逆仕訳と②正しい仕訳から導くと良いでしょう。

誤 っ た 仕 訳：	（現 　　　金）	100,000	（貸倒引当金）	100,000
①誤った仕訳の逆仕訳：	（貸倒引当金）	100,000	（現 　　　金）	100,000
②正 し い 仕 訳：	（現 　　　金）	100,000	（償却債権取立益）	100,000

　①と②、2つの仕訳で訂正仕訳となります。

　なお、①と②の仕訳の「現金」を相殺して以下のような1つの仕訳にすると、記録の誤りのみを部分的に修正する仕訳になります。

（貸倒引当金）	100,000	（償却債権取立益）	100,000

8．所得税の納付　難易度 **A**

解答	（所 得 税 預 り 金）	50,000	（現 　　　金）	50,000

　給料を支払った際に預かった所得税を納付したときの処理です。従業員の所得税（給料を得た人に課せられる税金）は、給料支払時に預かり、従業員に代わって税務署に納付します。

　したがって、納付するまでは、所得税を納める義務として所得税預り金勘定（負債）の増加で処理し、納付した時点で負債の減少とします。

9．現金の過不足　難易度 **A**

解答	（現 　　　金）	21,000	（現 金 過 不 足）	21,000

　現金の帳簿残高と実際有高（金庫の中身）が一致していないときは、その不一致額を現金過不足勘定で処理し、原因を調査します。このとき、帳簿残高が実際有高となるように修正するので、帳簿残高を増減させることに意識しましょう。

10. 剰余金の配当と処分　難易度 A

解答	（繰越利益剰余金）	3,300,000	（未 払 配 当 金）	3,000,000
			（利 益 準 備 金）	300,000

　繰越利益剰余金の配当と処分を行ったときは、繰越利益剰余金勘定（資本）の減少とし、配当金については「ただちに支払った」などの文言がなければ「後で支払われるもの」と読み取り、未払配当金勘定（負債）の増加とします。また、利益準備金の積立ては、利益準備金勘定（資本）の増加とします。

11. 資金の貸付け　難易度 A

解答	（手 形 貸 付 金）	1,000,000	（当 座 預 金）	988,000
			（受 取 利 息）	12,000

　金銭の貸付けは、一般的に借用証書を用いて行われますが、これに代えて約束手形を受け取ることがあります。この場合は、借用証書による貸付けと区別するため手形貸付金勘定（資産）の増加とします。なお、当座預金口座から振り込んでいるため当座預金勘定（資産）の減少としますが、振込額は、貸付額1,000,000円から12,000円を差し引いた残額988,000円となることに注意しましょう。差し引いた12,000円は、利息の受け取りとし、受取利息勘定（収益）の増加とします。

12. 株式の発行（増資時）　難易度 A

解答	（当 座 預 金）	12,500,000	（資 本 金）	12,500,000

　＊　250株×@50,000円＝12,500,000円

　株式を発行したときは、原則として払込金額の全額を資本金勘定（資本）の増加とし、払込金額については問題文の指示に従い、当座預金勘定（資産）の増加とします。

13. 当期純損失の計上　難易度 A

解答	（繰越利益剰余金）	800,000	（損　　　　益）	800,000

　決算振替仕訳の問題です。損益勘定で算定された当期純損失は、繰越利益剰余金勘定（資本）の減少とするため、損益勘定から繰越利益剰余金勘定の借方に振り替える仕訳を行います。

14. 租税公課と通信費の支払い　難易度 A

解答	（租 税 公 課）	20,000	（現　　　　金）	30,000
	（通 信 費）	10,000		

　事業で使用する収入印紙は租税公課勘定、郵便切手は通信費勘定を用いて費用の増加とします。

15. 仕入取引（返品）　難易度 A

解答	（買 掛 金）	40,000	（仕　　　　入）	40,000

　仕入れた商品を返品したときは、仕入れたときの仕訳の逆仕訳を行い、記録を取り消します。

　発送代金については、「着払いの先方負担」とあります。「着払い」とは、荷物の到着先で受取人が送料を支払うことをいい、「先方負担」とは、相手先（本問では三重商店）が送料を負担するということです。したがって、当社に現金等の支出はないので仕訳は必要ありません。

問1 取引と補助簿の関係を問う問題です。
同じ日付のものは同一取引と考え、与えられた補助簿の記入内容を組み合わせて仕訳を考えます。特に、25日の仕入返品に関しては、読み取りが難しいので慎重に解きましょう。

問2 文章の空所補充問題です。
日商簿記3級で出題されるものは、「文章のマル暗記」ということではなく、日商簿記3級で学習する帳簿組織や基本的な会計処理をマスターしていれば解答できます。できなかったところはテキスト等で確認するようにしましょう。

問1

参考

〈本問で出題されている3つの補助簿〉

(1) 現金出納帳

現金の増減取引の詳細を記録する補助簿です。したがって、仕訳の借方または貸方を「現金」とする取引を記入します。

(2) 売上帳

売上取引の詳細を記録する補助簿です。したがって、仕訳の借方または貸方を「売上」とする取引を記入します。

(3) 買掛金元帳

買掛金の増減取引の明細を相手先ごとに記録する補助簿です。したがって、仕訳の借方または貸方を「買掛金」とする取引を記入します。

1. 仕訳

補助簿の記入内容から仕訳を考えます。同じ日付のものは同一取引とみなしましょう。

(注)「2/1 前月繰越」は2月の開始記入であり、仕訳はありません。

【2月5日】

| (仕 入)* | 3,000 | (現 金) | 3,000 | ← 現金出納帳、支出欄より |

* 仕入諸掛りである引取運賃を支払っているため、仕入原価に含める処理をします。なお、諸掛りの支払いについて特に指示がないときは、解答上、当社負担と判断します。

| (仕 入) | 200,000 | (買 掛 金) | 200,000 | ← 買掛金元帳、貸方欄より |

↓ 上記2つの仕訳を合わせます。

| カ(仕 入) | 203,000 | ア(現 金) | 3,000 |
| | | オ(買 掛 金) | 200,000 |

【2月14日】

売 上 帳

×8年		摘 要		金 額
2	14	臨時店舗売上げ	現金		← 代金の処理
		チョコレート	40個 @ ¥10,000	400,000

ア（現 　　　金）　400,000　　キ（売 　　　上）　400,000　　← 売上帳より

この取引は、現金出納帳にも記帳しています。

　したがって「2/14　現金出納帳の収入欄（　　　　）」の金額は400,000円になり、以降の残高欄も求められます。

現 金 出 納 帳

×8年		摘　　　　要	収　　　入	支　　　出	残　　　高
2	1	前月繰越	280,000		280,000
	5	多摩商店からの仕入の引取運賃支払い		3,000	277,000
	14	臨時店舗売上げ	（　**400,000**）		（　677,000）

売上帳より判明

【2月15日】

（普 通 預 金）　350,000　　（現 　　　金）　350,000　　← 現金出納帳、支出欄より

【2月20日】

売 上 帳

×8年	摘　　　　要		金　　　額
⋮	⋮		⋮
20	インターネット売上げ	掛	
	ビスケット　　　30個　　@ ¥ 6,000		180,000

代金の処理

ウ（売 掛 金）　180,000　　キ（売 　　　上）　180,000　　← 売上帳より

【2月25日】

（買 　掛 　金）*　2,000　　（現 　　　金）　2,000　　← 現金出納帳、支出欄より

* 返品運賃について

　当社が現金で支払ったのは返品分の運賃ですが、多摩商店に対する買掛金を支払ったように同額減らすことで、「運賃は多摩商店が負担」という処理になります。

（買 　掛 　金）*　50,000　　（仕 　　　入）　50,000　　← 買掛金元帳、借方欄より

* 買掛金元帳、借方欄の金額は52,000円と記帳していますが、「返品運賃」部分の2,000円を引いた残りの「返品商品の代金」部分だけで仕訳しています。

上記2つの仕訳を合わせます。

オ（買 　掛 　金）　52,000　　ア（現 　　　金）　2,000
　　　　　　　　　　　　　　　カ（仕 　　　入）　50,000

【2月27日】

（買 　掛 　金）　290,000　　（普 通 預 金）　290,000　　← 買掛金元帳、借方欄より

2. 現金過不足の発生

現 金 出 納 帳

売上帳より判明

x8年	摘　　　　要	収　　入	支　　出	残　　高
	⋮			
14	臨時店舗売上げ	（　400,000）		（　677,000）
15	普通預金口座へ入金		350,000	（　327,000）
25	返品運賃支払い（多摩商店負担、掛代金から差し引く）		2,000	（　**325,000**）

本問では、現金出納帳に記帳した最後の残高が、現金の帳簿残高となります。

　現金の帳簿残高325,000円を問1の文章に示された実際有高326,000円に合わせるため、現金の帳簿残高を1,000円増やす仕訳を行い、相手科目は現金過不足とします。

【2月28日】

ア（現　　　　金）	1,000	イ（現 金 過 不 足）	1,000

問2

1. 償却債権取立益

　前期以前に貸倒れとして処理した売掛金は、当期の帳簿上には存在していません。したがって回収したときは、その金額を収益勘定である「**(ア) ⑮　償却債権取立益**」勘定で処理します。

2. 利益準備金

　株式会社が繰越利益剰余金を財源として配当を行ったときは、会社法の規定にもとづき債権者を保護するため、強制的に積み立て（内部留保）します。この積立額を「**(イ) ⑪　利益準備金**」といいます。

3. 主要簿

　簿記の手続きにおいては、仕訳と勘定記入が最も重要な記録です。したがって、仕訳が記録される仕訳帳と、その勘定記入が行われる「**(ウ) ②　総勘定元帳**」のことを、主要簿といいます。

4. 資本的支出

　使用中の有形固定資産に修理や改良を行うことで、使用可能期間が延長したり、価値が増加するような支出を、「**(エ) ⑩　資本的**」支出といいます。したがって、その金額は、有形固定資産の帳簿上の価額に加算することになります。

5. 転記（勘定記入）

　仕訳の内容を、借方・貸方それぞれの科目の勘定口座に書き移す手続きを「**(オ) ④　転記**」または勘定記入といいます。この転記が行われる帳簿が、**(ウ)** の解答である総勘定元帳ということになります。

第3問
難易度
B

財務諸表（貸借対照表と損益計算書）を作成する問題です。
「1. 仮受金の判明」に関する仕訳が少し難しいかもしれませんが、取引の内容は正しく理解しておきましょう。また、消費税（税抜方式）の決算整理仕訳はきちんと行えましたでしょうか？　できなかった方は、期中処理からもう一度考えてみましょう。

Ⅰ　問題の流れ

　決算整理前残高試算表に集められた各勘定の金額に決算整理仕訳等の金額を加減算して、貸借対照表と損益計算書を作成する問題なので、基本的に解法手順は精算表の作成と同じです。しかし、精算表のように決算整理仕訳等を記入できる修正記入欄はないので、必要な決算整理仕訳等は、資料(1)の残高試算表に書き込んで集計する等の工夫をしましょう。

　ネット試験…問題資料への書き込みができないため、金額が増減する科目だけを計算用紙に書き出し、T字勘定等を使って集計するとよいでしょう。

　この問題の資料と解答要求事項の関係を精算表の形式で示すと、次のようになります。**参考2**として「解答への道」の最後に精算表を載せてあります。

精　算　表

勘 定 科 目	残 高 試 算 表		修 正 記 入		損 益 計 算 書		貸 借 対 照 表	
	借 方	貸 方	借 方	貸 方	借 方	貸 方	借 方	貸 方
	資料(1) ⋮ 残高試算表		資料(2) ⋮ 決算整理事項等		損益計算書		貸借対照表	
					答案用紙			

　精算表の損益計算書欄と貸借対照表欄に記入する金額と、財務諸表に載せる金額は同じですが、財務諸表は表示方法（＝見せ方）についてルールがあるので、別途暗記する必要があります。「解答への道」の最後の**参考1**を参照してください。

Ⅱ　決算整理事項等

　本問における決算整理事項等の仕訳は次のとおりです。

1. 仮受金の判明〈未処理事項〉

(1) 振り込まれた金額を仮受金として処理したときの仕訳

（普 通 預 金）	69,400	（仮 受 金）	69,400

　本来であれば、売掛金70,000円に対する回収額は「**70,000円**」であるところ、実際の受取額はそれよりも少ない「**69,400円**」です。両者の差額600円は、問題文の指示どおり振込手数料として費用処理します。

　なお、考え方としては、「得意先から入金された金額70,000円の中から金融機関より手数料600円を差し引かれてしまったため、当社側が600円少なく受け取ることになった、つまり、手数料は当社が負担したことになる」ということです。

(2) 本問の仕訳

（仮 受 金）	69,400	（売 掛 金）	70,000
（支 払 手 数 料）	600		

2．貸倒引当金の設定

「1．仮受金の判明」により、売掛金の残高が70,000円減少していることに注意して貸倒引当金を設定します。

設　定　額　$\underbrace{(770,000円 - 70,000円)}_{売掛金} \times 1\% = 7,000円$

決算整理前残高	3,000円
差引：繰入額	4,000円

（貸倒引当金繰入）	4,000	（貸　倒　引　当　金）	4,000

3．売上原価の計算（注）仕入勘定で売上原価を算定する場合

（仕　　　　　入）	440,000	（繰　越　商　品）	440,000
（繰　越　商　品）	400,000	（仕　　　　　入）	400,000

4．有形固定資産の減価償却

建物：2,200,000円〈取得原価〉÷ 22年 ＝ 100,000円

備品：400,000円〈取得原価〉[注] ÷ 4年 ＝ 100,000円

（注）問題文の指示により、400,000円分についてのみ減価償却を行います。

（減　価　償　却　費）	200,000	（建物減価償却累計額）	100,000
		（備品減価償却累計額）	100,000

補足

〈耐用年数到来後の有形固定資産について〉

　　耐用年数到来後も固定資産を使用し続ける場合、減価償却済みの固定資産があることを帳簿に記録しておくため、帳簿価額をゼロとせずに、「備忘価額」として金額が1円だけ残るように、最後の減価償却を行います。なお、本問では昨年度の時点で減価償却を終了しているため、当期においては「仕訳なし」となります。

5．未払消費税の計上

決算にあたり、仮受消費税勘定の残高（期中に預かった消費税の金額）と、仮払消費税勘定の残高（期中に支払った消費税の金額）を相殺した残額（納税額）を、「未払消費税（負債）」として計上します。

（仮　受　消　費　税）	1,001,000	（仮　払　消　費　税）	650,000
		（未　払　消　費　税）	351,000*

＊　$\underbrace{1,001,000円}_{仮受消費税} - \underbrace{650,000円}_{仮払消費税} = 351,000円$

6．未払法定福利費（未払費用）の計上

社会保険料のうち、当社負担分はその金額を「法定福利費（費用）」で処理します。

（法　定　福　利　費）	10,000	（未払法定福利費）	10,000

7．前払利息（前払費用）の計上

問題文には「借入時にすべての利息が差し引かれた金額を受け取っている」とあります。これは、利息は借入時に全額支払済み（＝全額記帳済み）ということです。

借入時：

（現　金　な　ど）	1,440,000	（借　　入　　金）	1,500,000
（支　払　利　息）	60,000 *		

＊　1,500,000円×利率年4％＝60,000円〈1年分の利息〉

当期の12月1日に支払った向こう1年分の利息のうち、8か月分は次期に係る費用の前払なので、支払利息勘定（費用）から差し引き、前払利息勘定（資産）として次期に繰り越します。

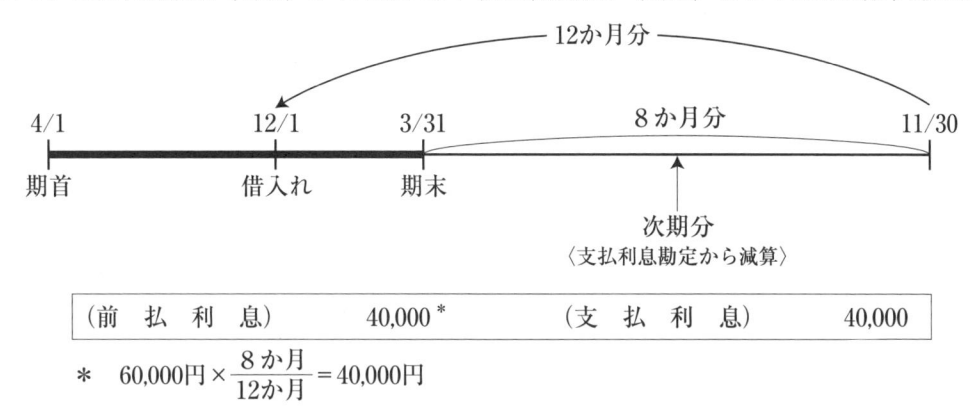

（前　払　利　息）	40,000 *	（支　払　利　息）	40,000

＊　$60,000円 \times \dfrac{8か月}{12か月} = 40,000円$

8．未払法人税等の計上

（法　人　税　等）	200,000	（未払法人税等）	200,000

9．当期純利益の計算

損益計算書の貸方合計（収益）と借方合計（費用）の差額により、当期純利益を計算します。

10,010,000円 － 9,874,600円 ＝ 135,400円
　収益合計　　　費用合計　　当期純利益

当期純利益は、繰越利益剰余金勘定（資本）の増加とすることから、決算整理前残高試算表の繰越利益剰余金に当期純利益を加えた金額を貸借対照表の貸方へ記入し、貸借対照表の貸借合計が一致することを確認します。

繰越利益剰余金：248,601円〈決算整理前残高試算表より〉＋135,400円〈当期純利益〉＝ **384,001円**

〈貸借対照表記入上の注意〉

・貸倒引当金勘定の残高は、原則として、資産の部において受取手形や売掛金それぞれから控除する形式で表示します。

・繰越商品勘定の残高は、「**商品**」と表示します。

・経過勘定項目である「未払○○」は「**未払費用**」、「前払○○」は「**前払費用**」、「未収○○」は「**未収収益**」、「前受○○」は「**前受収益**」と表示します。

・建物減価償却累計額勘定および備品減価償却累計額勘定の残高は、原則として、資産の部において建物や備品それぞれから控除する形式で表示します。このとき、具体的な固定資産の科目名は付けずに「**減価償却累計額**」と表示します。

・所得税預り金勘定の残高は、「**預り金**」と表示します。

〈損益計算書記入上の注意〉

・仕入勘定の残高は、「**売上原価**」と表示します。

「売上原価」は、「期首商品棚卸高＋当期商品仕入高−期末商品棚卸高」の式で求めることもできます。

期首商品棚卸高440,000円＋当期商品仕入高6,500,000円−期末商品棚卸高400,000円
＝6,540,000円

・売上勘定の残高は、「**売上高**」と表示します。

参考2

精算表に記入すると次のようになります。

精　算　表

勘　定　科　目	残 高 試 算 表 借　方	残 高 試 算 表 貸　方	修 正 記 入 借　方	修 正 記 入 貸　方	損 益 計 算 書 借　方	損 益 計 算 書 貸　方	貸 借 対 照 表 借　方	貸 借 対 照 表 貸　方
現　　　　　金	310,000						310,000	
普 通 預 金	550,000						550,000	
売 掛 金	770,000			70,000			700,000	
仮 払 消 費 税	650,000			650,000				
繰 越 商 品	440,000		400,000	440,000			400,000	
建　　　　　物	2,200,000						2,200,000	
備　　　　　品	600,000						600,000	
土　　　　　地	2,000,000						2,000,000	
買 掛 金		630,000						630,000
借 入 金		1,500,000						1,500,000
仮 受 金		69,400	69,400					
仮 受 消 費 税		1,001,000	1,001,000					
所 得 税 預 り 金		18,000						18,000
貸 倒 引 当 金		3,000		4,000				7,000
建物減価償却累計額		200,000		100,000				300,000
備品減価償却累計額		299,999		100,000				399,999
資 本 金		3,000,000						3,000,000
繰 越 利 益 剰 余 金		248,601						248,601
売　　　　　上		10,010,000				10,010,000		
仕　　　　　入	6,500,000		440,000	400,000	6,540,000			
給　　　　　料	2,200,000				2,200,000			
法 定 福 利 費	200,000		10,000		210,000			
支 払 手 数 料	60,000		600		60,600			
租 税 公 課	150,000				150,000			
支 払 利 息	100,000			40,000	60,000			
そ の 他 費 用	250,000				250,000			
	16,980,000	16,980,000						
貸 倒 引 当 金 繰 入			4,000		4,000			
減 価 償 却 費			200,000		200,000			
未 払 消 費 税				351,000				351,000
未 払 法 定 福 利 費				10,000				10,000
前 払 利 息			40,000				40,000	
法 人 税 等			200,000		200,000			
未 払 法 人 税 等				200,000				200,000
当 期 純 利 益					135,400			135,400
			2,365,000	2,365,000	10,010,000	10,010,000	6,800,000	6,800,000

第1問 45点

仕訳一組につき3点

	仕	訳		
	借 方 科 目	金　額	貸 方 科 目	金　額
1	ウ カ	5,500,000 2,500,000	ア	8,000,000
2	イ	50,000,000	オ	50,000,000
3	ア カ	4,920,000 80,000	ウ	5,000,000
4	オ ウ ア	200,000 400,000 200,000	エ	800,000
5	イ	11,800	カ	11,800
6	エ	1,000,000	ア	1,000,000
7	カ	325,000	ウ オ	300,000 25,000
8	ア	525,000	エ イ	225,000 300,000
9	ウ オ	196,000 4,000	カ	200,000
10	エ	550,000	ア イ	532,000 18,000
11	カ ウ オ ク	100,000 8,000 162,000 2,000	キ エ	270,000 2,000
12	ウ	3,000,000	エ ア カ	225,000 300,000 2,475,000
13	イ	7,000	オ	7,000
14	ア	7,200,000	ウ	7,200,000
15	カ ウ	18,000 200	エ イ	12,200 6,000

第2問 20点

問1

(1)仕訳一組につき2点
(2)各2点

(1)

借　方　科　目	金　　　額	貸　方　科　目	金　　　額
カ	350,000	ア	350,000

(2)

①	②	③	④
エ	イ	3,140,000	1,650,000

問2

●数字…予想配点

(1)

補助簿＼日付	現金出納帳	当座預金出納帳	商品有高帳	売掛金元帳（得意先元帳）	買掛金元帳（仕入先元帳）	仕入帳	売上帳	固定資産台帳	
1日		○						○	2
10日			○		○	○			2
16日	○		○						2

(2)

振　替　伝　票			
借　方　科　目	金　　　額	貸　方　科　目	金　　　額
（　　オ　　）	（　800,000　）	（　　ウ　　）	（　800,000　）2

(3)　¥（　　15,000　　）2

問1

決算整理後残高試算表

借　　方	勘 定 科 目	貸　　方
2,129,000	現　　　　　金	
4,615,000	普　通　預　金	
③ 6,435,000	売　　掛　　金	
1,765,000	繰　越　商　品	
③ 400,000	（前　払）家　賃	
4,500,000	備　　　　　品	
3,000,000	貸　　付　　金	
	買　　掛　　金	4,620,000
	未　　払　　金	10,000 ③
	（未　払）消　費　税	1,653,000 ③
	未　払　法　人　税　等	200,000 ③
	（前　受）利　　息	60,000 ③
	貸　倒　引　当　金	64,350
	借　　入　　金	1,000,000
	備品減価償却累計額	1,800,000 ③
	資　　本　　金	10,000,000
	繰　越　利　益　剰　余　金	2,109,000
	売　　　　　上	41,280,000
	受　取　利　息	30,000
	（償　却　債　権　取　立　益）	35,000 ③
③ 24,785,000	仕　　　　　入	
③ 145,000	発　　送　　費	
2,400,000	支　払　家　賃	
350,000	租　税　公　課	
③ 12,350	貸　倒　引　当　金　繰　入	
450,000	減　価　償　却　費	
11,025,000	そ　の　他　の　費　用	
850,000	法　人　税　等	
62,861,350		62,861,350

問2　¥（② 1,327,650　　　）

　全体的に取引量がやや多めで、第３問では文章の読み取りも難しいところがあるため、初見で解いて高得点をとることは難しいかもしれません。しかし、解けるようになれば必ず「力」になる良問なので、初めは時間を掛けながらでも丁寧に解くようにしてみましょう。

　難易度は、Ａ：普、Ｂ：やや難、Ｃ：難となっています。

第**1**問	指定された勘定科目は記号で解答しなければ正解にならないので注意してください。Ａレベルは正解できるようにしましょう。解答時間は１題につき30秒～１分以内を目標に！

1．改良と修繕　難易度 **A**

解答	（建　　　　物）	5,500,000	（当 座 預 金）	8,000,000
	（修　繕　費）	2,500,000		

　建物にかかる支出は、その名目に関係なく、資産価値を高めるためのもの（資本的支出）であれば、建物勘定（資産）の増加とし、機能を維持するためのもの（収益的支出）であれば、修繕費勘定（費用）の増加とします。なお、代金は小切手を振り出して支払っているため、当座預金勘定（資産）の減少とします。

2．決算振替仕訳　難易度 **A**

解答	（売　　　　上）	50,000,000	（損　　　　益）	50,000,000

　決算振替仕訳とは、当期純損益を計算するために、決算整理**後**の費用と収益の各勘定残高を損益勘定へ振り替えるための仕訳です。本問では、問題文の指示により、売上勘定の貸方残高50,000,000円を損益勘定の貸方に振り替えます。

3．資金の借入れ　難易度 **A**

解答	（当 座 預 金）	4,920,000	（手 形 借 入 金）	5,000,000
	（支 払 利 息）	80,000		

　金銭の借入れは、通常、借用証書で行われますが、これに代えて約束手形を振り出す場合があります。この場合、借用証書による借入れと区別するため手形借入金勘定（負債）の増加とします。なお、当座預金の増加額は、借入額5,000,000円から利息80,000円を差し引いた（＝利息の先払いをしたということ）残額の4,920,000円になりますが、借入額は5,000,000円のままであることに気をつけましょう。

4．建物の賃借　難易度 **A**

解答	（支 払 家 賃）	200,000	（現　　　　金）	800,000
	（差 入 保 証 金）	400,000 *		
	（支 払 手 数 料）	200,000		

　＊　200,000円×２＝400,000円〈家賃２か月分〉

　建物を賃借する（＝賃料を支払って借りる）契約を結んだ際に生じた不動産業者への仲介手数料は支払手数料勘定、家賃の支払額は支払家賃勘定、いずれも費用の増加とします。

敷金については、賃借した建物に問題がなければ解約時に返還されるので、支払ったときは差入保証金勘定（資産）の増加とします。

5．旅費交通費の支払い　難易度 A

| 解答 | （旅 費 交 通 費） | 11,800 | （未　　払　　金） | 11,800 |

　出張から帰社した従業員より報告書や領収書の提出を受け、報告書記載の内容にもとづき全額を旅費交通費勘定（費用）の増加とします。また、その支払いについては「全額を従業員が立て替えて支払っており、月末に従業員に支払うこととした」とあるため、会社側では負債の増加として処理しますが、最も適当な勘定科目については、商品売買以外の取引から生じた代金の未払分であることと、取引ごとに与えられた勘定科目により「未払金」となります。

6．預金口座間の振り替え　難易度 A

| 解答 | （定　期　預　金） | 1,000,000 | （当　座　預　金） | 1,000,000 |

　引き出される当座預金勘定（資産）の減少と、預入先である定期預金勘定（資産）の増加とします。

7．仕入取引　難易度 B

| 解答 | （仕　　　　　入） | 325,000 [*2] | （買　　掛　　金） | 300,000 [*1] |
| | | | （現　　　　　金） | 25,000 |

　＊1　10台×@30,000円＝300,000円

　＊2　300,000円＋25,000円〈引取運賃〉＝325,000円

　問題文に、その企業の「業種」が書いてあるときは注意してください。家具卸売業における販売用の机の購入は、商品の仕入となります。したがって、借方は仕入勘定（費用）、貸方は商品代金の支払義務を表す買掛金勘定（負債）の増加とします。なお、仕入時に支払った引取運賃は仕入諸掛りとなるので仕入原価に含めます。

8．法人税等の計上　難易度 A

| 解答 | （法　人　税　等） | 525,000 | （仮　払　法　人　税　等） | 225,000 |
| | | | （未　払　法　人　税　等） | 300,000 |

　中間納付額は仮払法人税等勘定（資産）の増加としています。

　中間申告時：（仮　払　法　人　税　等）　225,000　（現　金　な　ど）　225,000

　決算の結果、確定した法人税、住民税及び事業税の金額は、指定勘定科目により、法人税等勘定を用いて借方に仕訳し、中間納付額との差額を未払法人税等勘定（負債）の増加とします。

9．売上取引（クレジット払い）　難易度 A

| 解答 | （クレジット売掛金） | 196,000 | （売　　　　　上） | 200,000 |
| | （支　払　手　数　料） | 4,000 [*] | | |

　＊　200,000円×2％＝4,000円

　商品をクレジット払いの条件で販売した場合は、クレジット売掛金勘定（資産）の増加とし、「売掛金」とは区別して処理します。また、信販会社に対する手数料の支払額は支払手数料勘定（費用）の増加としますが、販売時に計上する場合は、売上高から手数料を差し引いた残額がクレジット売掛金となります。

10. 有形固定資産の売却　難易度 **A**

解答						
（未　収　入　金）	550,000	（土　　　　　地）	532,000*1
		（固定資産売却益）	18,000*2

＊1　520,000円＋12,000円〈付随費用〉＝532,000円〈帳簿価額〉

＊2　550,000円〈売却価額〉－532,000円〈帳簿価額〉＝18,000円〈売却益〉

　土地の売却価額から帳簿価額を差し引き、固定資産売却損（益）を計算します。なお、商品売買以外の取引から生じた代金の未収分は、未収入金勘定（資産）の増加とします。

11. 売上取引　難易度 **B**

解答						
（受　取　手　形）	100,000	（売　　　　　上）	270,000
（前　受　金）	8,000		
（売　掛　金）	162,000		
（発　送　費）	2,000	（現　　　　　金）	2,000

　商品代金のうち100,000円は約束手形で受け取ったので、手形金額を受け取る権利として受取手形勘定（資産）の増加とします。また、商品の注文時に受け取った手付金8,000円は、前受金勘定（負債）の増加として処理しています。そして、本問で売上を計上するときにその金額を代金に充当（相殺）するため、前受金勘定の減少となります。残額については、掛けとした旨の指示があることから、売掛金勘定（資産）の増加とします。

　なお、当社負担の売上諸掛り（本問では発送費の2,000円）は当社の費用として、発送費勘定で処理します。

12. 給料の支払い　難易度 **A**

解答						
（給　　　　　料）	3,000,000	（所得税預り金）	225,000
		（社会保険料預り金）	300,000
		（普　通　預　金）	2,475,000

　給料総額3,000,000円から、所得税の源泉徴収分225,000円と従業員が負担する社会保険料300,000円を差し引いて預かり、所得税の源泉徴収分は所得税預り金勘定（負債）、社会保険料は社会保険料預り金勘定（負債）の増加とします。従業員の手取額については、普通預金口座より振り込んでいるので普通預金勘定（資産）の減少とします。

13. 利息の支払い　難易度 **A**

解答						
（支　払　利　息）	7,000	（当　座　預　金）	7,000

　当座預金口座から引き落しで利払い（＝利息の支払い）が行われたときは、当座預金勘定（資産）の減少とするとともに、支払利息勘定（費用）の増加とします。

14. 訂正仕訳　難易度 **B**

解答						
（建物減価償却累計額）	7,200,000	（固定資産売却損）	7,200,000

＊　20,000,000円×0.9÷20年×8年＝7,200,000円〈期首の建物減価償却累計額〉

　間接法で記帳している場合、建物勘定（資産）とその建物に対する減価償却累計額勘定の減少とする必要があります。

　訂正仕訳は、①誤った仕訳の逆仕訳と②正しい仕訳から導くとよいでしょう。

誤 っ た 仕 訳	（現 金）	8,000,000	（建 物）	20,000,000
	（固定資産売却損）	12,000,000		

①誤った仕訳の逆仕訳：	（建 物）	20,000,000	（現 金）	8,000,000
			（固定資産売却損）	12,000,000

②正 し い 仕 訳：	（建物減価償却累計額）	7,200,000	（建 物）	20,000,000
	（現 金）	8,000,000		
	（固定資産売却損）	4,800,000		

①と②、2つの仕訳で訂正仕訳となります。

なお、①と②の仕訳の同一科目を相殺して以下のような1つの仕訳にすると、記録の誤りのみを部分的に修正する仕訳になります。

（建物減価償却累計額）	7,200,000	（固定資産売却損）	7,200,000

15. 現金の過不足（一部判明）　難易度 **A**

解答	（通 信 費）	18,000	（現 金 過 不 足）	12,200
	（雑 損）	200	（受 取 手 数 料）	6,000

問題文の「現金過不足（不足額）¥12,200」とは、現金過不足勘定の帳簿残高が12,200円の借方残高であるという意味です。決算日においては、原因の判明した「通信費支払いの記入もれ」は通信費勘定へ、「手数料受取額の記入もれ」は受取手数料勘定へ振り替え、判明しなかったものは雑損勘定（借方差額の場合）または雑益勘定（貸方差額の場合）で処理します。

第2問
難易度
問1 **B**
問2 **A**

問1 繰越利益剰余金勘定への記入問題です。
繰越利益剰余金に関わる仕訳は当期純損益の計上や剰余金の配当と処分ですが、どのようなときに利益は増加し、何を原因として利益は減少するのかをイメージすることが大事です。できるようになるまで、本問をとおして繰り返し練習しましょう。
問2 (1)の補助簿を選択する問題は、仕訳から記入する補助簿をイメージすると良いでしょう。(2)の伝票記入の問題では、一部現金取引について2つの起票方法があることを理解しているかが問われています。(3)の備品の減価償却については、問題文の指示どおりに7月に係る1か月分の減価償却費を計算します。

問1

問題資料にもとづいて仕訳と勘定記入を示すと次のようになります。

第1期 （×2年4月1日から×3年3月31日まで）

1. 決算において**当期純利益**2,000,000円を計上〈＝利益の増加〉

×3/3/31	（損 益）	2,000,000	（繰越利益剰余金）	2,000,000

2. 繰越利益剰余金勘定の締め切り

決算振替後の貸方残高2,000,000円を、借方に「次期繰越」と記入し、借方と貸方の合計金額を一致させて締め切ります。次に、翌期首の日付で貸方に「前期繰越」と記入し、残高を貸方に戻します。

繰 越 利 益 剰 余 金

| ×3/3/31 | 次 期 繰 越 | 2,000,000 | ×3/3/31 | 損　　益 | 2,000,000 |

繰 越 利 益 剰 余 金

| | | | ×3/4/1 | 前 期 繰 越 | 2,000000 |

第２期　（×3年４月１日から×4年３月31日まで）

１．決算において当期純損失350,000円を計上〈＝利益の減少〉⇒**問１の解答**

| ×4/3/31 | （繰越利益剰余金）
力 | 350,000 | （損　　益）
ア | 350,000 |

２．繰越利益剰余金勘定の締め切り

　　決算振替後の貸方残高1,650,000円（＝2,000,000円－350,000円）を、借方に「次期繰越」と記入し、借方と貸方の合計金額を一致させて締め切ります。次に、翌期首の日付で貸方に「前期繰越」と記入し、残高を貸方に戻すため④の解答は「**1,650,000**」円になります。

繰 越 利 益 剰 余 金

×4/3/31	損　　益	350,000	×3/4/1	前 期 繰 越	2,000,000
〃	次 期 繰 越	1,650,000			
		2,000,000			2,000,000

繰 越 利 益 剰 余 金

| | | | ×4/4/1 | 前 期 繰 越 | （④ 1,650,000） |

第３期　（×4年４月１日から×5年３月31日まで）

１．株主総会における剰余金の配当と処分〈＝利益の減少〉

　　繰越利益剰余金からの配当に伴う（　①　）の積立ては「**エ　利益準備金**」です。

| ×4/6/25 | （繰越利益剰余金） | 110,000 | （未 払 配 当 金） | 100,000 |
| | | | （利 益 準 備 金） | 10,000 |

繰 越 利 益 剰 余 金

| ×4/6/25 | 未 払 配 当 金 | 100,000 | ×4/4/1 | 前 期 繰 越 | （④ 1,650,000） |
| 〃 | （①**利 益 準 備 金**） | 10,000 | | | |

２．株主配当金の支払い

| ×4/6/28 | （未 払 配 当 金） | 100,000 | （普 通 預 金） | 100,000 |

３．決算において当期純利益1,600,000円を計上〈＝利益の増加〉

| ×5/3/31 | （損　　益） | 1,600,000 | （繰越利益剰余金） | 1,600,000 |

第12回

繰 越 利 益 剰 余 金

| ×4/ 6 /25 | 未 払 配 当 金 | 100,000 | ×4/ 4 / 1 | 前　期　繰　越 | (④ 1,650,000) |
| 〃 | （① 利 益 準 備 金） | 10,000 | ×5/ 3 /31 | （損　　　　　益） | (　1,600,000) |

決算振替後の貸方残高　3,140,000円

4．繰越利益剰余金勘定の締め切り

　　決算振替後の貸方残高3,140,000円を、借方に「次期繰越」と記入し、借方と貸方の合計金額を一致させて締め切ります。したがって②の**解答**は「**イ　次期繰越**」、③の**解答**は「**3,140,000**」円になります。

　　理解のために、開始記入も示しておきます。

　　翌期首の日付で貸方に「前期繰越」と記入し、残高を貸方に戻します。

繰 越 利 益 剰 余 金

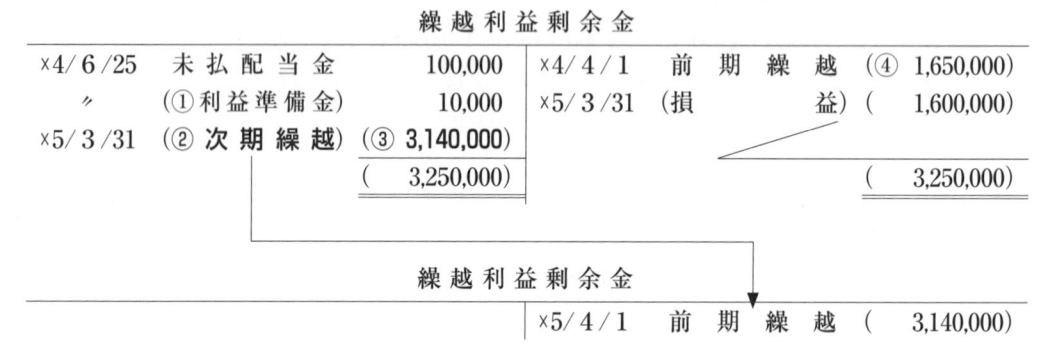

×4/ 6 /25	未 払 配 当 金	100,000	×4/ 4 / 1	前　期　繰　越	(④ 1,650,000)
〃	（① 利 益 準 備 金）	10,000	×5/ 3 /31	（損　　　　　益）	(　1,600,000)
×5/ 3 /31	（② 次 期 繰 越）	（③ 3,140,000）			
		（ 3,250,000）			（ 3,250,000）

繰 越 利 益 剰 余 金

| | | | ×5/ 4 / 1 | 前　期　繰　越 | (　3,140,000) |

問2

(1)　補助簿の選択

　　各取引について仕訳を行い、そこで使用した勘定科目をもとにして、記入する補助簿を判断します。

　　なお、**商品**有高帳には、仕入れや売上げ等の「**商品に関わる取引**」を記入するので注意しましょう。

　　「×8年7月中の取引」のうち、1日、10日、16日の仕訳および記入する補助簿は次のようになります。

1日　備品の購入

固定資産台帳◀──（備　　品）　900,000　（当座預金）　900,000──▶**当座預金**出納帳

　　＊　備品を取得するための付随費用（本間では引取運賃）は、備品の取得原価に含めます。

　　　　870,000円＋30,000円〈付随費用〉＝900,000円

10日　仕入

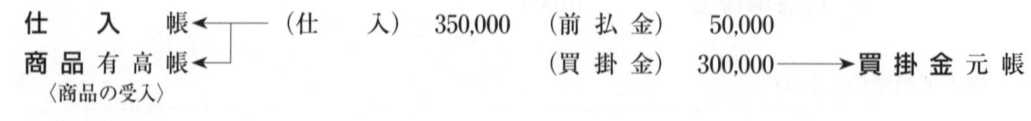

仕　入　帳◀──（仕　　入）　350,000　（前 払 金）　50,000

商 品 有 高 帳◀──　　　　　　　　　　　（買 掛 金）　300,000──▶**買 掛 金**元帳

　〈商品の受入〉

16日　売掛金の回収

現 金出納帳◀──（現　　金）　90,000　（売 掛 金）　90,000──▶**売 掛 金**元帳

196

(2)　3伝票制における一部現金取引の起票

　　一部現金取引の起票には、「いったん全額を掛取引として起票する方法」と「取引を分割して起票する方法」の2つがあります。28日の取引を仕訳すると次のようになります。

| （売　掛　金） | 750,000 | （売　　　　上） | 800,000 |
| （現　　　　金） | 50,000 | | |

　　売上代金の一部は現金で受け取っているにもかかわらず、入金伝票の相手科目を「売掛金」と記入していることから、「いったん全額を掛取引として起票する方法」であると判断します。

　　1つの取引を2つの伝票に分けて起票すると次のようになります。

（売　掛　金）	800,000	（売　　　　上）	800,000	… 振替伝票（**解答**）
オ		ウ		
（現　　　　金）	50,000	（売　掛　金）	50,000	… 入金伝票

参考

　　「取引を分割して起票する方法」では、振替伝票の金額は「750,000」となり、入金伝票に記入する相手科目は「売上」となります。

　　1つの取引を2つの伝票に分けて起票すると次のようになります。

| （売　掛　金） | 750,000 | （売　　　　上） | 750,000 | … 振替伝票 |
| （現　　　　金） | 50,000 | （売　　　　上） | 50,000 | … 入金伝票 |

---

(3)　減価償却費の月次計上

　　会社の業績を「年単位」ではなく「月単位」で把握することがあり、これを月次損益といいます。この場合、「年度末」に行う決算整理を「毎月末」に行うことになるので、これを月次決算といいます。

　　本問では、問題文の指示どおりに7月1日に購入した備品の7月分に係る減価償却費1か月分を計算します。

　　31日に計上される減価償却費の金額：900,000円〈備品の取得原価〉÷ 5 年 × $\dfrac{1 か月}{12 か月}$ ＝ **15,000円**

決算整理後残高試算表を作成する問題です。

本問の決算整理事項等の処理は難しくありませんが、「何が起きているのか」を理解してから考えようとすると、必要な仕訳が上手に導けないかもしれません。

そんなときは、「問題文の指示どおりに仕訳をすればいい」と気持ちを切り替えて取り組んでみましょう。

問1　決算整理後残高試算表の作成

「**決算整理後**残高」とは、「**決算整理仕訳を転記した後**の残高」ということです。

したがって、決算整理前残高試算表に集められた各勘定の金額に、**決算整理事項等にもとづいて行った仕訳を加減算した後**の金額を、答案用紙に記入します。

本問における決算整理事項等の仕訳は次のとおりです。

1．仮受金の判明〈未処理事項〉

（1）前期における貸倒れの処理

問題文に「前期に貸倒処理済み」とあるため、次のような処理をしています。

| （貸倒損失など） | 35,000 | （売　掛　金） | 35,000 |

（2）当期中における処理

入金時は内容不明として処理しています。

| （現　金　な　ど） | 35,000 | （仮　受　金） | 35,000 |

（3）当期決算における処理⇒**本問の解答**

売掛金にかかる入金であることが判明しましたが、「前期に貸倒処理済み（上記(1)の仕訳参照）」であるため、売掛金勘定（資産）の減少とすることはできません。貸方の科目は償却債権取立益勘定（収益）の増加とします。

| （仮　受　金） | 35,000 | （償却債権取立益） | 35,000 |

ここを売掛金と仕訳すると2回減らすことになるので注意！

2．発送費の費用計上〈未処理事項〉

問題資料の決算整理前残高試算表には未払金勘定はありませんが、答案用紙にはあり、他の決算整理事項等において未払金勘定を使用する取引がないことから、本問の貸方は未払金勘定で処理すると判断します。

| （発　送　費） | 10,000 | （未　払　金） | 10,000 |

3．貸倒引当金の設定

| （貸倒引当金繰入） | 12,350 | （貸倒引当金） | 12,350 |

＊　設　定　額　6,435,000円 × 1 ％ ＝ 64,350円
　　　　　　　　　　　売掛金

決算整理前残高　　　　　　52,000円
差引：繰入額　　　　　　　12,350円

４．売上原価の計算

仕入勘定で売上原価を算定します。

（仕 入）	1,800,000	（繰 越 商 品）	1,800,000
（繰 越 商 品）	1,765,000	（仕 入）	1,765,000

５．有形固定資産の減価償却

（減 価 償 却 費）	450,000	（備品減価償却累計額）	450,000

＊　4,500,000円〈備品の取得原価〉÷10年＝450,000円

６．未払消費税の計上

決算にあたり、仮受消費税勘定の残高（期中に預かった消費税の金額）と、仮払消費税勘定の残高（期中に支払った消費税の金額）を相殺した残額（納税額）を、未払消費税勘定（負債）として計上します。

（仮 受 消 費 税）	4,128,000	（仮 払 消 費 税）	2,475,000
		（未 払 消 費 税）	1,653,000＊

＊　4,128,000円〈仮受消費税〉－2,475,000円〈仮払消費税〉＝1,653,000円

７．前受利息（前受収益）の計上

問題文に「利息は貸付時に全額受け取っている」とあります。

当期の12月１日に受け取った向こう１年分の利息のうち、８か月分は次期に係る収益の前受分であるため、受取利息勘定（収益）から差し引き、前受利息勘定（負債）として次期に繰り越します。

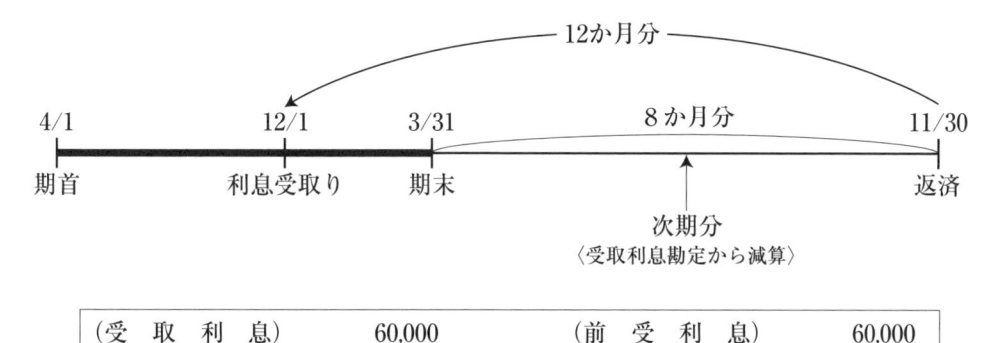

（受 取 利 息）	60,000	（前 受 利 息）	60,000

＊　$3,000,000円 \times 3\% \times \dfrac{8か月}{12か月} = 60,000円$

８．仮払金の判明〈未処理事項〉

（1）　当期中における処理

（仮 払 金）	400,000	（普 通 預 金）	400,000

（2）　当期決算における処理⇒**本問の解答**

仮払金勘定で処理された400,000円の支払額は家賃２か月分と判明しましたが、４月分と５月分の家賃は次期に係る費用の前払分なので、前払家賃勘定（資産）に振り替えて次期に繰り越します。

（前 払 家 賃）	400,000	（仮 払 金）	400,000

解答への道

第12回

上記仕訳は次のように考えることもできます。

支払家賃への振替：（支　払　家　賃）	400,000	（仮　　払　　金）	400,000
前払家賃への振替：（前　払　家　賃）	400,000	（支　払　家　賃）	400,000

「支払家賃」を相殺すると解答になります。

9．未払法人税等の計上

　決算で計算された法人税等を計上し、期中に仮払法人税等勘定で処理されている中間納付額を控除した金額を、未払法人税等勘定（負債）とします。

（法　人　税　等）	850,000	（仮　払　法　人　税　等）	650,000
		（未　払　法　人　税　等）	200,000*

＊　850,000円〈法人税等〉－650,000円〈仮払法人税等〉＝200,000円

問2　当期純利益または当期純損失の計算

　当期純利益または当期純損失は、決算整理後の収益と費用の差額により計算するので、決算整理後残高試算表（答案用紙）に記入した金額の中から、収益と費用の金額だけを抜き出します。さらに、本問では法人税等が生じているため、法人税等の金額を控除した後の金額が当期純利益または当期純損失となります。

41,345,000円〈収益合計〉－39,167,350円〈費用合計〉＝2,177,650円〈法人税等控除前の当期純利益〉

2,177,650円－850,000円〈法人税等〉＝**1,327,650円〈当期純利益〉**

解答への道

参考

　決算整理後残高試算表（答案用紙）に記入した金額をもとに損益計算書を作成すると次のようになります。

損　益　計　算　書

○○株式会社　　　　自×7年 4 月 1 日　至×8年 3 月31日　　　　（単位：円）

費　　　　　用	金　　額	収　　　　　益	金　　額
売　上　原　価	24,785,000	売　　上　　高	41,280,000
発　　送　　費	145,000	受　取　利　息	30,000
支　払　家　賃	2,400,000	償却債権取立益	35,000
租　税　公　課	350,000		
貸倒引当金繰入	12,350		
減　価　償　却　費	450,000		
その他の費用	11,025,000		
法　人　税　等	850,000		
当　期　純　利　益	**1,327,650**		
	41,345,000		41,345,000

　上記のように決算整理後残高試算表（答案用紙）に記入した金額をもとに損益計算書を作れることが理解できると、決算整理後残高試算表（答案用紙）に記入した金額を次のように利用して簡便的に計算することにも気づけるようになります。

決算整理後残高試算表

借　　　方	勘　定　科　目	貸　　　方	
2,129,000	現　　　　　金		
〰〰〰	〰〰〰	〰〰〰	
	繰越利益剰余金	2,109,000	
	売　　　　　上	41,280,000	損益計算書項目
	受　取　利　息	30,000	貸方の合計
	償却債権取立益	35,000	41,345,000円
24,785,000	仕　　　　　入		
145,000	発　　送　　費		
2,400,000	支　払　家　賃		
350,000	租　税　公　課		損益計算書項目
12,350	貸倒引当金繰入		借方の合計
450,000	減　価　償　却　費		40,017,350円
11,025,000	その他の費用		
850,000	法　人　税　等		

41,345,000円－40,017,350円＝1,327,650円〈当期純利益〉

第12回

よくわかる簿記シリーズ

合格するための本試験問題集　日商簿記3級
2021年SS対策

（'04年11月検定対策　2004年7月20日　初版　第1刷発行）

2021年4月9日　初　版　第1刷発行

編　著　者	Ｔ Ａ Ｃ 株 式 会 社	
	（簿記検定講座）	
発　行　者	多　　田　　敏　　男	
発　行　所	ＴＡＣ株式会社　出版事業部	
	（ＴＡＣ出版）	

〒101-8383
東京都千代田区神田三崎町3-2-18
電　話 03 (5276) 9492 (営業)
ＦＡＸ 03 (5276) 9674
https://shuppan.tac-school.co.jp

印　　　刷	株 式 会 社　光　　　邦	
製　　　本	東 京 美 術 紙 工 協 業 組 合	

© TAC 2021　　Printed in Japan

ISBN 978-4-8132-7991-4
N.D.C. 336

簿記検定講座のご案内

選べる学習メディアでご自身に合うスタイルでご受講ください!

通学講座

| 3級コース | 3・2級コース | 2級コース | 1級コース | 1級上級・アドバンスコース |

教室講座
通って学ぶ

定期的な日程で通学する学習スタイル。常に講師と接することができるという教室講座の最大のメリットがありますので、疑問点はその日のうちに解決できます。また、勉強仲間との情報交換も積極的に行えるのが特徴です。

ビデオブース講座
通って学ぶ
予約制

ご自身のスケジュールに合わせて、TACのビデオブースで学習するスタイル。日程を自由に設定できるため、忙しい社会人に人気の講座です。

直前期教室出席制度
直前期以降、教室受講に振り替えることができます。

無料体験入学
ご自身の目で、耳で体験し納得してご入学いただくために、無料体験入学をご用意しました。

無料講座説明会
もっとTACのことを知りたいという方は、無料講座説明会にご参加ください。

無 料
予約不要※

※ビデオブース講座の無料体験入学は要予約。
無料講座説明会は一部校舎では要予約。

通信講座

| 3級コース | 3・2級コース | 2級コース | 1級コース | 1級上級・アドバンスコース |

Web通信講座
スマホやタブレットにも対応
見て学ぶ

教室講座の生講義をブロードバンドを利用し動画で配信します。ご自身のペースに合わせて、24時間いつでも何度でも繰り返し受講することができます。また、講義動画はダウンロードして2週間視聴可能です。有効期間内は何度でもダウンロード可能です。
※Web通信講座の配信期間は、お申込コースの目標月の翌月末までです。

WEB SCHOOL ホームページ
URL https://portal.tac-school.co.jp/
※お申込み前に、左記のサイトにて必ず動作環境をご確認ください。

DVD通信講座
見て学ぶ

講義を収録したデジタル映像をご自宅にお届けします。講義の臨場感をクリアな画像でご自宅にて再現することができます。
※DVD-Rメディア対応のDVDプレーヤーでのみ受講が可能です。パソコンゲーム機での動作保証はいたしておりません。

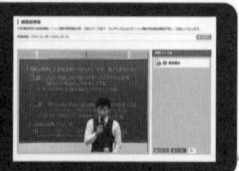
Webでも無料配信中!
スマホ タブレット パソコン
「TAC動画チャンネル」

● 講座説明会 ※収録内容の変更のため、配信されない期間が生じる場合がございます。
● 1回目の講義（前半分）が視聴できます

資料通信講座（1級のみ）

テキスト・添削問題を中心として学習します。

詳しくは、TACホームページ「TAC動画チャンネル」をクリック!

| TAC動画チャンネル 簿記 | 検索 |

https://www.tac-school.co.jp/kouza_boki/tacchannel.html

コースの詳細は、簿記検定講座パンフレット・TACホームページをご覧ください。

パンフレットのご請求・お問い合わせは、TACカスタマーセンターまで

通話無料 0120-509-117
ゴウカク イイナ
受付時間 月〜金 土・日・祝 10:00〜17:00
※携帯電話からもご利用になれます。

TAC簿記検定講座ホームページ | TAC 簿記 | 検索

https://www.tac-school.co.jp/kouza_boki/

簿記検定講座

お手持ちの教材がそのまま使用可能!
【テキストなしコース】のご案内

TAC簿記検定講座のカリキュラムは市販の教材を使用しておりますので、こちらのテキストを使ってそのまま受講することができます。独学では分かりにくかった論点や本試験対策も、TAC講師の詳しい解説で理解度も120%UP!本試験合格に必要なアウトプット力が身につきます。独学との差を体感してください。

左記の各メディアが【テキストなしコース】でお得に受講可能!

こんな人にオススメ!

● **テキストにした書き込みをそのまま活かしたい!**
● **これ以上テキストを増やしたくない!**
● **とにかく受講料を安く抑えたい!**

※お申込前に必ずお手持ちのテキストのバージョンをご確認ください。場合によっては最新のものに買い直していただくことがございます。詳細はお問い合わせください。

お手持ちの教材をフル活用!!

合格テキスト

合格トレーニング

会計業界の就職サポートは
安心の**TAC**

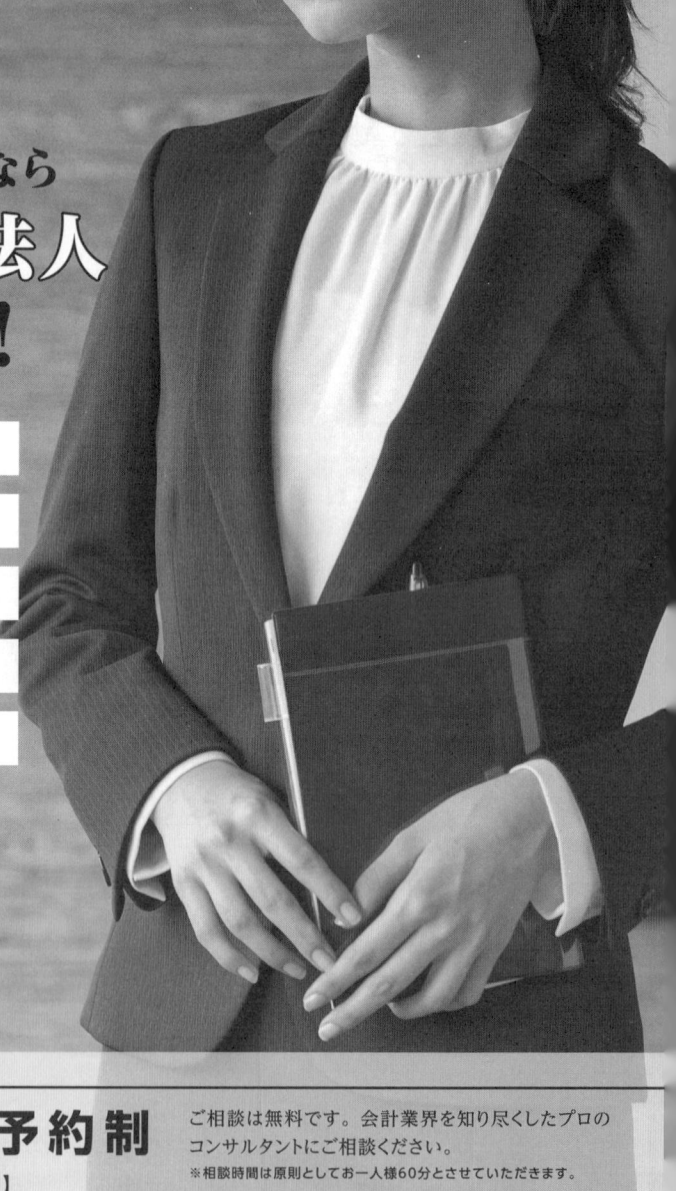

TACキャリアエージェントなら
BIG4・国内大手法人
就職支援実績多数！

> 税理士学習中の方

> 日商簿記学習中の方

> 会計士／USCPA学習中の方

> 会計業界で就業中の方で転職をお考えの方

> 会計業界でのお仕事に興味のある方

「残業なしで勉強時間を確保したい…」
「簿記3級から始められる仕事はあるの？」
といったご相談も大歓迎です！

会計業界への就職・転職支援サービス

TPB

TACの100%出資子会社であるTACプロフェッションバンク（TPB）は、会計・税務分野に特化した転職エージェントです。勉強された知識とご希望に合ったお仕事を一緒に探しませんか？相談だけでも大歓迎です！どうぞお気軽にご利用ください。

人材コンサルタントが無料でサポート

Step1 相談受付
完全予約制です。HPからご登録いただくか、各オフィスまでお電話ください。

Step2 面談
ご経験やご希望をお聞かせください。あなたの将来について一緒に考えましょう。

Step3 情報提供
ご希望に適うお仕事があれば、その場でご紹介します。強制はいたしませんのでご安心ください。

正社員で働く

- 安定した収入を得たい
- キャリアプランについて相談したい
- 面接日程や入社時期などの調整をしてほしい
- 今就職すべきか、勉強を優先すべきか迷っている
- 職場の雰囲気など、求人票でわからない情報がほしい

TACキャリアエージェント

https://tacnavi.com/

派遣で働く（関東のみ）

- 勉強を優先して働きたい
- 将来のために実務経験を積んでおきたい
- まずは色々な職場や職種を経験したい
- 家庭との両立を第一に考えたい
- 就業環境を確認してから正社員で働きたい

TACの経理・会計派遣

https://tacnavi.com/haken/

※ご経験やご希望内容によってはご支援が難しい場合がございます。予めご了承ください。　※面談時間は原則お一人様30分とさせていただきます。

自分のペースでじっくりチョイス

正社員・アルバイトで働く

- 自分の好きなタイミングで就職活動をしたい
- どんな求人案件があるのか見たい
- 企業からのスカウトを待ちたい
- WEB上で応募管理をしたい

Webで

TACキャリアナビ

https://tacnavi.com/kyujin/

就職・転職・派遣就労の強制は一切いたしません。会計業界への就職・転職を希望される方への無料支援サービスです。どうぞお気軽にお問い合わせください。

 TACプロフェッションバンク

東京オフィス	大阪オフィス	名古屋 登録会場
〒101-0051 東京都千代田区神田神保町 1-103 東京パークタワー 2F TEL.03-3518-6775	〒530-0013 大阪府大阪市北区茶屋町 6-20 吉田茶屋町ビル 5F TEL.06-6371-5851	〒450-0002 愛知県名古屋市中村区名駅 1-2-4 名鉄バスターミナルビル 10F TEL.0120-757-655

■ 有料職業紹介事業 許可番号13-ユ-010678　■ 一般労働者派遣事業 許可番号（派）13-010932

プライバシーマーク 10860572(07)

2020年2月現在

TAC出版 書籍のご案内

TAC出版では、資格の学校TAC各講座の定評ある執筆陣による資格試験の参考書をはじめ、資格取得者の開業法や仕事術、実務書、ビジネス書、一般書などを発行しています！

TAC出版の書籍

*一部書籍は、早稲田経営出版のブランドにて刊行しております。

資格・検定試験の受験対策書籍

- ◎日商簿記検定
- ◎建設業経理士
- ◎全経簿記上級
- ◎税 理 士
- ◎公認会計士
- ◎社会保険労務士
- ◎中小企業診断士
- ◎証券アナリスト
- ◎ファイナンシャルプランナー(FP)
- ◎証券外務員
- ◎貸金業務取扱主任者
- ◎不動産鑑定士
- ◎宅地建物取引士
- ◎マンション管理士

- ◎管理業務主任者
- ◎司法書士
- ◎行政書士
- ◎司法試験
- ◎弁理士
- ◎公務員試験(大卒程度・高卒者)
- ◎情報処理試験
- ◎介護福祉士
- ◎ケアマネジャー
- ◎社会福祉士　ほか

実務書・ビジネス書

- ◎会計実務、税法、税務、経理
- ◎総務、労務、人事
- ◎ビジネススキル、マナー、就職、自己啓発
- ◎資格取得者の開業法、仕事術、営業術
- ◎翻訳書 (T's BUSINESS DESIGN)

一般書・エンタメ書

- ◎エッセイ、コラム
- ◎スポーツ
- ◎旅行ガイド (おとな旅プレミアム)
- ◎翻訳小説 (BLOOM COLLECTION)

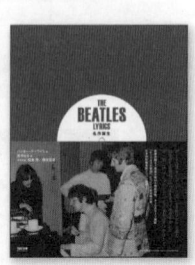

TAC出版

(2018年5月現在)

日商簿記検定試験対策書籍のご案内

TAC出版の日商簿記検定試験対策書籍は、学習の各段階に対応していますので、あなたの
ステップに応じて、合格に向けてご活用ください！

3タイプのインプット教材

①

簿記を専門的な知識に
していきたい方向け

● **満点合格を目指し
次の級への土台を築く**
「合格テキスト」＆「合格トレーニング」

- ● 大判のB5判、3級〜1級累計300万部超の、信頼の定番テキスト＆トレーニング！
  TACの教室でも使用している公式テキストです。
- ● 出題論点はすべて網羅しているので、簿記をきちんと学んでいきたい方にぴったりです！
- ◆3級 □2級 商簿、2級 工簿 ■1級 商・会 各3点、1級 工・原 各3点

②

スタンダードにメリハリ
つけて学びたい方向け

● **教室講義のような
わかりやすさでしっかり学べる**
「簿記の教科書」＆「簿記の問題集」　滝澤 ななみ 著

- ● A5判、4色オールカラーのテキスト＆模擬試験つき問題集！
- ● 豊富な図解と実例つきのわかりやすい説明で、もうモヤモヤしない!!
- ◆3級 □2級 商簿、2級 工簿 ■1級 商・会 各3点、1級 工・原 各3点

DVDの併用で、
さらに理解が
深まります！

『**簿記の教科書DVD**』

- ●「簿記の教科書」3、2級の準拠DVD。
  わかりやすい解説で、合格力が短時間
  で身につきます！
- ◆3級 □2級 商簿、2級 工簿

③

気軽に始めて、早く全体像を
つかみたい方向け

● **初学者でも楽しく続けられる！**
「スッキリわかる」
テキスト／問題集一体型
滝澤 ななみ 著（1級は商・会のみ）

- ● 小型のA5判によるテキスト／問題集一体型。これ一冊でOKの、
  圧倒的に人気の教材です。
- ● 豊富なイラストとわかりやすいレイアウト！ かわいいキャラの
  「ゴエモン」と一緒に楽しく学べます。
- ◆3級 □2級 商簿、2級 工簿 ■1級 商・会 4点、1級 工・原 4点

DVDの併用で、
さらに理解が
深まります！

『**スッキリわかる 講義DVD**』

- ●「スッキリわかる」3、2級の準拠DVD。
  超短時間でも要点はのがさず解説。
  3級10時間、2級14時間＋10時間で合
  格へひとっとび。
- ◆3級 □2級 商簿、2級 工簿

シリーズ待望の問題集が誕生！
「スッキリとける本試験予想問題集」
滝澤 ななみ 監修　TAC出版開発グループ 編著

- ● 本試験タイプの予想問題9回分を掲載
- ◆3級 □2級

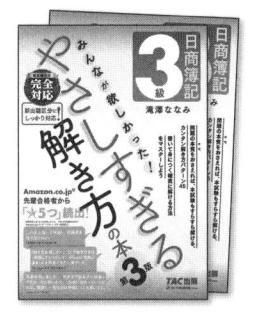

書籍の正誤についてのお問合わせ

万一誤りと疑われる箇所がございましたら、以下の方法にてご確認いただきますよう、お願いいたします。

なお、正誤のお問合わせ以外の書籍内容に関する解説・受験指導等は、**一切行っておりません。**
そのようなお問合わせにつきましては、お答えいたしかねますので、あらかじめご了承ください。

1 正誤表の確認方法

TAC出版書籍販売サイト「Cyber Book Store」の
トップページ内「正誤表」コーナーにて、正誤表をご確認ください。

CYBER TAC出版書籍販売サイト
BOOK STORE

URL:https://bookstore.tac-school.co.jp/

2 正誤のお問合わせ方法

正誤表がない場合、あるいは該当箇所が掲載されていない場合は、書名、発行年月日、お客様のお名前、ご連絡先を明記の上、下記の方法でお問合わせください。
なお、回答までに1週間前後を要する場合もございます。あらかじめご了承ください。

文書にて問合わせる

▶郵 送 先　〒101-8383 東京都千代田区神田三崎町3-2-18
TAC株式会社 出版事業部 正誤問合わせ係

FAXにて問合わせる

▶FAX番号　**03-5276-9674**

e-mailにて問合わせる

▶お問合わせ先アドレス　**syuppan-h@tac-school.co.jp**

※お電話でのお問合わせは、お受けできません。また、土日祝日はお問合わせ対応をおこなっておりません。
※正誤のお問合わせ対応は、該当書籍の改訂版刊行月末日までといたします。

乱丁・落丁による交換は、該当書籍の改訂版刊行月末日までといたします。なお、書籍の在庫状況等により、お受けできない場合もございます。
また、各種本試験の実施の延期、中止を理由とした本書の返品はお受けいたしません。返金もいたしかねますので、あらかじめご了承くださいますようお願い申し上げます。

答案用紙

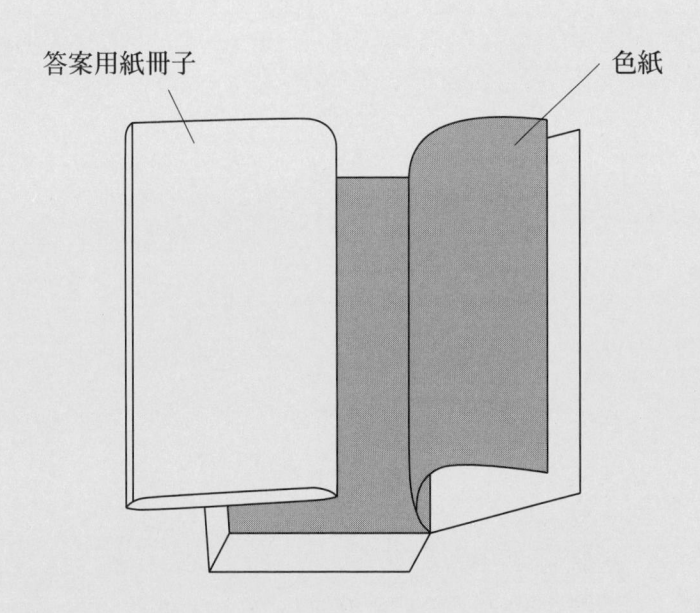

答案用紙冊子　　　　　　　　色紙

――〈答案用紙ご利用時の注意〉――

　以下の「答案用紙」は，この色紙を残したままていねいに抜き取り，ご利用ください。

　また，抜取りの際の損傷についてのお取替えはご遠慮願います。

答案用紙はダウンロードもご利用いただけます。

TAC出版書籍販売サイト・サイバーブックストアにアクセスしてください。

https://bookstore.tac-school.co.jp/

チェック・リスト

問題	回数	第1問	第2問	第3問	合　計	解答時間	出来具合
1回	1回目	点	点	点	点	分	○ △ ×
	2回目	点	点	点	点	分	○ △ ×
2回	1回目	点	点	点	点	分	○ △ ×
	2回目	点	点	点	点	分	
3回	1回目	点	点	点	点	分	○ △ ×
	2回目	点	点	点	点	分	○ △ ×
4回	1回目	点	点	点	点	分	○ △ ×
	2回目	点	点	点	点	分	○ △ ×
5回	1回目	点	点	点	点	分	○ △ ×
	2回目	点	点	点	点	分	○ △ ×
6回	1回目	点	点	点	点	分	○ △ ×
	2回目	点	点	点	点	分	○ △ ×
7回	1回目	点	点	点	点	分	○ △ ×
	2回目	点	点	点	点	分	○ △ ×
8回	1回目	点	点	点	点	分	○ △ ×
	2回目	点	点	点	点	分	○ △ ×
9回	1回目	点	点	点	点	分	○ △ ×
	2回目	点	点	点	点	分	○ △ ×
10回	1回目	点	点	点	点	分	
	2回目	点	点	点	点	分	○ △ ×
11回	1回目	点	点	点	点	分	○ △ ×
	2回目	点	点	点	点	分	○ △ ×
12回	1回目	点	点	点	点	分	○ △ ×
	2回目	点	点	点	点	分	○ △ ×

第2部　答案用紙

第1問 45点

仕		訳	
借 方 科 目	金 額	貸 方 科 目	金 額
1			
2			
3			
4			
5			
6			
7			

	仕		訳	
	借　方　科　目	金　　額	貸　方　科　目	金　　額
8				
9				
10				
11				
12				
13				
14				
15				

問1

（ア）	（イ）	（ウ）	（エ）

問2

(1)

仕 訳 日 計 表
×8年11月1日

借　方	勘定科目	貸　方
	現　　　　　金	
	受　取　手　形	
	売　　掛　　金	
	買　　掛　　金	
	売　　　　　上	
	仕　　　　　入	
	水　道　光　熱　費	

※元丁欄と仕丁欄は省略している。

現　　金

×8/11/1 前 月 繰 越	78,000	×8/11/1 仕 訳 日 計 表（　　　　　）	
〃 仕 訳 日 計 表（　　　　　）			

(2)

11月1日現在の札幌商店に対する売掛金残高

¥（　　　　　　　　　）

第3問 35点

貸 借 対 照 表
×8年３月31日　　　　　　　　　　　（単位：円）

現　　　　　金	（　　　　）	買　　掛　　金	（　　　　）
当 座 預 金	（　　　　）	（　　　　　　）	（　　　　）
売　掛　金（　　　）		未 払 費 用	（　　　　）
（　　　　）（　　　）（　　　　）		借　　入　　金	（　　　　）
商　　　　品	（　　　　）	資　　本　　金	600,000
前 払 費 用	（　　　　）	繰越利益剰余金	（　　　　）
未 収 収 益	（　　　　）		
備　　　　品（　　　）			
減価償却累計額（　　　）（　　　　）			
土　　　　地	（　　　　）		
	（　　　　）		（　　　　）

損 益 計 算 書
×7年４月１日から×8年３月31日まで　　　　（単位：円）

売 上 原 価	（　　　　）	売　　上　　高	5,400,000
給　　　　料	（　　　　）	受 取 手 数 料	（　　　　）
貸倒引当金繰入	（　　　　）		
減 価 償 却 費	（　　　　）		
支 払 家 賃	（　　　　）		
水 道 光 熱 費	（　　　　）		
通　信　費	（　　　　）		
雑　（　　　）	（　　　　）		
支 払 利 息	（　　　　）		
当期純（　　　）	（　　　　）		
	（　　　　）		（　　　　）

第1問 45点

	仕		訳	
	借　方　科　目	金　　額	貸　方　科　目	金　　額
1				
2				
3				
4				
5				
6				
7				

	仕		訳	
	借　方　科　目	金　　額	貸　方　科　目	金　　額
8				
9				
10				
11				
12				
13				
14				
15				

第2問 20点

問1

①	②	③	④	⑤

問2

①	②	③	④	⑤

第3問 35点

精　算　表

勘　定　科　目	残 高 試 算 表		修 正 記 入		損 益 計 算 書		貸 借 対 照 表	
	借　方	貸　方	借　方	貸　方	借　方	貸　方	借　方	貸　方
現　　　　　金	1,250,000							
現 金 過 不 足	35,000							
普 通 預 金	1,100,000							
売　　掛　　金	590,000							
繰 越 商 品	370,000							
貸　　付　　金	500,000							
備　　　　　品	1,200,000							
土　　　　　地	510,000							
買　　掛　　金		500,000						
仮　　受　　金		30,000						
貸 倒 引 当 金		7,000						
備品減価償却累計額		900,000						
資　　本　　金		2,700,000						
繰越利益剰余金		1,323,800						
売　　　　　上		3,700,000						
受 取 地 代		44,200						
受 取 利 息		15,000						
仕　　　　　入	2,960,000							
給　　　　　料	550,000							
保　　険　　料	30,000							
支 払 家 賃	90,000							
支 払 手 数 料	35,000							
	9,220,000	9,220,000						
雑　　　（　　　）								
減 価 償 却 費								
貸倒引当金繰入								
（　　　）利　息								
（　　　）給　料								
（　　　）地　代								
当 期 純（　　　）								

9

第1問 45点

	仕　　　　　　　　　訳			
	借　方　科　目	金　　額	貸　方　科　目	金　　額
1				
2				
3				
4				
5				
6				
7				

	仕		訳	
	借　方　科　目	金　　額	貸　方　科　目	金　　額
8				
9				
10				
11				
12				
13				
14				
15				

答案用紙

第3回

第2問 20点

問1

補助簿 日付	現金出納帳	当座預金出納帳	商品有高帳	売掛金元帳 (得意先元帳)	買掛金元帳 (仕入先元帳)	仕入帳	売上帳	該当なし
5日								
6日								
16日								
31日①								
31日②								

問2

①		②		③	
④		⑤			

第3問 35点

貸 借 対 照 表
×9年3月31日　　　　　　　　　　　　　（単位：円）

現　　　　　金	（　　　　　）	支 払 手 形	430,000
当 座 預 金	（　　　　　）	買 　 掛 　 金	335,000
受 取 手 形（　　　　）		（　　　　　　）	（　　　　　）
売 　 掛 　 金（　　　　）		資 　 本 　 金	1,000,000
（　　　　　）（　　　　）（　　　　）		繰越利益剰余金	（　　　　　）
商 　 　 　 品	（　　　　　）		
貸 　 付 　 金	（　　　　　）		
前 払 費 用	（　　　　　）		
未 収 収 益	（　　　　　）		
備 　 　 　 品（　　　　）			
（　　　　）（　　　　）（　　　　）			
	（　　　　　）		（　　　　　）

損 益 計 算 書
×8年4月1日から×9年3月31日まで　　　　　（単位：円）

（　　　　　）	（　　　　　）	売 　 上 　 高	4,160,000
給 　 　 　 料	304,000	受 取 手 数 料	（　　　　　）
貸倒引当金繰入	（　　　　　）	受 　 取 　 利 　 息	（　　　　　）
減 価 償 却 費	（　　　　　）		
支 払 家 賃	（　　　　　）		
消 耗 品 費	43,000		
水 道 光 熱 費	14,000		
雑 　 （　　　）	（　　　　　）		
当期純（　　　）	（　　　　　）		
	（　　　　　）		（　　　　　）

答案用紙

第**1**問　45点

	仕		訳	
	借　方　科　目	金　　額	貸　方　科　目	金　　額
1				
2				
3				
4				
5				
6				
7				

	仕		訳	
	借　方　科　目	金　　額	貸　方　科　目	金　　額
8				
9				
10				
11				
12				
13				
14				
15				

第2問 20点

問1

(1)

商 品 有 高 帳

A 商 品

×9年		摘　　要	受　　入			払　　出			残　　高		
			数 量	単 価	金 額	数 量	単 価	金 額	数 量	単 価	金 額
10	1	前 月 繰 越									
	8	仕　　　　入									
	15	売　　　　上									
	22	仕　　　　入									
	29	売　　　　上									
	31	次 月 繰 越									

(2)

売　上　高	売　上　原　価	売上総利益
¥	¥	¥

問2

支 払 手 数 料

（　　）（　　　　　）（　　　　　）	3/31 （　　　　　）（　　　　　）
（　　）（　　　　　）（　　　　　）	〃　（　　　　　）（　　　　　）
（　　　　　）	（　　　　　）

前 払 手 数 料

3/31 （　　　　　）（　　　　　）	3/31 （　　　　　）（　　　　　）

16

第3問 35点

精　算　表

勘 定 科 目	残 高 試 算 表		修 正 記 入		損 益 計 算 書		貸 借 対 照 表	
	借　方	貸　方	借　方	貸　方	借　方	貸　方	借　方	貸　方
現　　　　　金	89,000							
普 通 預 金	369,000							
売 　掛　 金	270,000							
仮 　払　 金	30,000							
繰 越 商 品	226,000							
建　　　　物	870,000							
備　　　　品	360,000							
土　　　　地	900,000							
買 　掛　 金		198,000						
前 　受　 金		68,000						
貸 倒 引 当 金		3,000						
建物減価償却累計額		522,000						
備品減価償却累計額		180,000						
資 　本　 金		800,000						
繰越利益剰余金		434,000						
売　　　　上		4,890,000						
受 取 家 賃		45,000						
仕　　　　入	2,560,000							
給　　　　料	1,300,000							
通 　信　 費	39,000							
旅 費 交 通 費	27,000							
保 　険　 料	100,000							
	7,140,000	7,140,000						
貸倒引当金繰入								
減 価 償 却 費								
（　　　　）保険料								
前 受 家 賃								
未 払 給 料								
当期純（　　　）								

第1問 45点

	仕		訳	
	借　方　科　目	金　　額	貸　方　科　目	金　　額
1				
2				
3				
4				
5				
6				
7				

	仕		訳	
	借　方　科　目	金　　額	貸　方　科　目	金　　額
8				
9				
10				
11				
12				
13				
14				
15				

第2問 20点

問1

売 掛 金 明 細 表

	12月31日時点の残高	1月31日時点の残高
宮城商会	￥　　　307,000	￥
岩手商会	￥　　　180,000	￥
福島商会	￥　　　　　—	￥
合　　計	￥　　　487,000	￥

問2

(1)

仕 訳 日 計 表
×9年12月1日

借　　方	勘定科目	貸　　方
	現　　　　　金	
	売　　掛　　金	
	買　　掛　　金	
	売　　　　　上	
	受　取　手　数　料	
	仕　　　　　入	

(2) 出金伝票№202および振替伝票№302で記録された取引において仕入れた商品の金額

￥（　　　　　　　　　　　）

第3問　35点

貸 借 対 照 表

×9年12月31日　　　　　　　　　　　　　　（単位：円）

現　　　　　金	315,000	買　　掛　　金	640,000
普　通　預　金	123,000	未　　払　　金	（　　　　　）
受　取　手　形（　　　　）		借　　入　　金	300,000
売　　掛　　金（　　　　）		（　　　）費　用	（　　　　　）
（　　　　）（△　　　）（　　　　）		前　受　収　益	（　　　　　）
商　　　　　品 （　　　　）		資　　本　　金	（　　　　　）
（　　　）費　用 （　　　　）		繰越利益剰余金	（　　　　　）
建　　　　　物（　　　　）			
減価償却累計額（△　　　）（　　　　）			
備　　　　　品（　　　　）			
減価償却累計額（△　　　）（　　　　）			
土　　　　　地	4,300,000		
（　　　　　）		（　　　　　）	

損 益 計 算 書

×9年1月1日から×9年12月31日まで　　　　　（単位：円）

売　上　原　価	（　　　　　）	売　　上　　高	4,782,300
給　　　　　料	（　　　　　）	受　取　地　代	（　　　　　）
支　払　手　数　料	80,000		
水　道　光　熱　費	（　　　　　）		
通　　信　　費	65,000		
旅　費　交　通　費	（　　　　　）		
減　価　償　却　費	（　　　　　）		
貸倒引当金繰入	（　　　　　）		
支　払　利　息	（　　　　　）		
固定資産（　　　）	（　　　　　）		
当期純（　　　）	（　　　　　）		
（　　　　　）		（　　　　　）	

第1問 45点

	仕		訳	
	借 方 科 目	金 額	貸 方 科 目	金 額
1				
2				
3				
4				
5				
6				
7				

	仕		訳	
	借　方　科　目	金　　額	貸　方　科　目	金　　額
8				
9				
10				
11				
12				
13				
14				
15				

 20点

問1

①	②	③

（a）	（b）

問2

①	②	③	④	⑤

答案用紙

第3問 35点

貸 借 対 照 表
×10年3月31日　　　　　　　　　　　　　　　　　　　　（単位：円）

現　　　　　金		（　　　　　）	買　掛　金		（　　　　　）
普 通 預 金		（　　　　　）	借　入　金		（　　　　　）
売　掛　金	（　　　　）		（　　　　　　）		（　　　　　）
貸 倒 引 当 金	（△　　　）	（　　　　　）	未 払 費 用		（　　　　　）
商　　　品		（　　　　　）	前 受 収 益		（　　　　　）
（　　）費 用		（　　　　　）	資　本　金		（　　　　　）
備　　　品	（　　　　）		繰越利益剰余金		（　　　　　）
減価償却累計額	（△　　　）	（　　　　　）			
土　　　地		（　　　　　）			
		（　　　　　）			（　　　　　）

損 益 計 算 書
×9年4月1日から×10年3月31日まで　　　　　　　　　　　（単位：円）

売 上 原 価	（　　　　　）	売　上　高		（　　　　　）
給　　　料	（　　　　　）	受 取 手 数 料		（　　　　　）
貸倒引当金繰入	（　　　　　）			
減 価 償 却 費	（　　　　　）			
通　信　費	（　　　　　）			
支 払 家 賃	（　　　　　）			
保　険　料	（　　　　　）			
雑 （　　　）	（　　　　　）			
支 払 利 息	（　　　　　）			
当期純（　　　）	（　　　　　）			
	（　　　　　）			（　　　　　）

25

第6回

第1問 45点

	仕 訳			
	借　方　科　目	金　　額	貸　方　科　目	金　　額
1				
2				
3				
4				
5				
6				
7				

	仕		訳	
	借　方　科　目	金　　額	貸　方　科　目	金　　額
8				
9				
10				
11				
12				
13				
14				
15				

問1

(1)

日付＼帳簿	現金出納帳	当座預金出納帳	商品有高帳	売掛金元帳（得意先元帳）	買掛金元帳（仕入先元帳）	仕 入 帳	売 上 帳
7日							
12日							
15日							

(2)	(3)
¥	¥

問2

①	②	③	④	⑤

答案用紙　第7回

第3問　35点

精算表

勘定科目	残高試算表 借方	残高試算表 貸方	修正記入 借方	修正記入 貸方	損益計算書 借方	損益計算書 貸方	貸借対照表 借方	貸借対照表 貸方
現　金	280,000							
小 口 現 金	35,000							
普 通 預 金	320,000							
受 取 手 形	420,000							
売 掛 金	300,000							
繰 越 商 品	480,000							
建　物	800,000							
備　品	750,000							
土　地	2,400,000							
買 掛 金		510,000						
手 形 借 入 金		1,000,000						
仮 受 金		1,300,000						
貸 倒 引 当 金		10,000						
建物減価償却累計額		390,000						
備品減価償却累計額		280,000						
資 本 金		900,000						
繰越利益剰余金		410,000						
売　上		6,500,000						
仕　入	4,230,000							
給　料	600,000							
旅 費 交 通 費	80,000							
支 払 家 賃	180,000							
保 険 料	300,000							
消 耗 品 費	80,000							
支 払 利 息	45,000							
	11,300,000	11,300,000						
固定資産売却（　　）								
貸倒引当金繰入								
減 価 償 却 費								
未 収 入 金								
（　　）給　料								
（　　）利　息								
当 期 純（　　）								

第1問 45点

	仕		訳	
	借　方　科　目	金　額	貸　方　科　目	金　額
1				
2				
3				
4				
5				
6				
7				

	仕		訳	
	借　方　科　目	金　　額	貸　方　科　目	金　　額
8				
9				
10				
11				
12				
13				
14				
15				

第2問 20点

問1

A	B	C	D	E

①	②	③	④	⑤

問2

(1)

商　品　有　高　帳

X　商　品

×3年		摘　要	受　入			払　出			残　高		
			数量	単価	金額	数量	単価	金額	数量	単価	金額
6	1	前月繰越	100	300	30,000				100	300	30,000
	5	売　　上									
	8	売上戻り									
	12	仕　　入									
	22	売　　上									
	30	次月繰越									
				—			—				

(2)	(3)
￥	￥

第3問 35点

貸 借 対 照 表
×3年12月31日　　　　　　　　　　　　　　　　（単位：円）

現　　　　　金	（　　　　　）	買　掛　金	813,000
普 通 預 金	（　　　　　）	前 受 収 益	（　　　　　）
売　掛　金 （　　　　）		資　本　金	3,000,000
貸 倒 引 当 金 （△　　　） （　　　　　）		繰越利益剰余金	（　　　　　）
商　　　　　品	（　　　　　）		
前 払 費 用	（　　　　　）		
建　　　　　物 （　　　　）			
減価償却累計額 （△　　　） （　　　　　）			
備　　　　　品 （　　　　）			
減価償却累計額 （△　　　） （　　　　　）			
土　　　　　地	1,800,000		
	（　　　　　）		（　　　　　）

損 益 計 算 書
×3年1月1日から×3年12月31日まで　　　　　　　（単位：円）

売 上 原 価	（　　　　　）	売　上　高	3,890,000
給　　　料	（　　　　　）	受 取 手 数 料	（　　　　　）
水 道 光 熱 費	（　　　　　）		
保　険　料	（　　　　　）		
通　信　費	（　　　　　）		
貸倒引当金繰入	（　　　　　）		
減 価 償 却 費	（　　　　　）		
雑　（　　　　）	（　　　　　）		
固定資産売却損	（　　　　　）		
当 期 純（　　　）	（　　　　　）		
	（　　　　　）		（　　　　　）

第1問 45点

	仕		訳	
	借　方　科　目	金　　額	貸　方　科　目	金　　額
1				
2				
3				
4				
5				
6				
7				

	仕		訳	
	借　方　科　目	金　　額	貸　方　科　目	金　　額
8				
9				
10				
11				
12				
13				
14				
15				

問1
(1)

補助簿＼日付	現金出納帳	当座預金出納帳	商品有高帳	売掛金元帳（得意先元帳）	買掛金元帳（仕入先元帳）	仕入帳	売上帳	固定資産台帳
2日								
16日								
18日								
25日								

(2)

金額 ￥	
損	
益	

問2

①	②	③	④	⑤

第3問 35点

貸　借　対　照　表
×2年3月31日　　　　　　　　　　　　　　　　（単位：円）

現　　　　　金	（　　　　）	買　　掛　　金	（　　　　）	
当　座　預　金	（　　　　）	借　　入　　金	（　　　　）	
売　掛　金（　　　　）		（　　　）消費税	（　　　　）	
貸倒引当金（△　　　　）（　　　　）		未　払　費　用	（　　　　）	
商　　　　　品	（　　　　）	資　　本　　金	（　　　　）	
（　　　）費用	（　　　　）	繰越利益剰余金	（　　　　）	
備　　　　　品（　　　　）				
減価償却累計額（△　　　　）（　　　　）				
土　　　　　地	（　　　　）			
	（　　　　）		（　　　　）	

損　益　計　算　書
×1年4月1日から×2年3月31日まで　　　　　　（単位：円）

売　上　原　価	（　　　　）	売　　上　　高	（　　　　）
給　　　　料	（　　　　）		
貸倒引当金繰入	（　　　　）		
減　価　償　却　費	（　　　　）		
支　払　家　賃	（　　　　）		
水　道　光　熱　費	（　　　　）		
通　　信　　費	（　　　　）		
保　　険　　料	（　　　　）		
雑　（　　　）	（　　　　）		
支　払　利　息	（　　　　）		
当期純（　　　）	（　　　　）		
	（　　　　）		（　　　　）

第**1**問 45点

	仕		訳	
	借 方 科 目	金 額	貸 方 科 目	金 額
1				
2				
3				
4				
5				
6				
7				

	仕		訳	
	借　方　科　目	金　　　額	貸　方　科　目	金　　　額
8				
9				
10				
11				
12				
13				
14				
15				

問1

①	②	③	④	⑤

問2

(1)

商 品 有 高 帳

A 商 品

×8年		摘　　要	受　　入			払　　出			残　　高		
			数　量	単　価	金　額	数　量	単　価	金　額	数　量	単　価	金　額
1	1	前月繰越									
	10	仕　　入									
	13	売　　上									
	20	仕　　入									
	27	売　　上									
	29	売上返品									

(2)

純　売　上　高	売　上　原　価	売　上　総　利　益
¥	¥	¥

第3問　35点

問1

精　算　表

勘　定　科　目	残 高 試 算 表 借　方	残 高 試 算 表 貸　方	修 正 記 入 借　方	修 正 記 入 貸　方	損 益 計 算 書 借　方	損 益 計 算 書 貸　方	貸 借 対 照 表 借　方	貸 借 対 照 表 貸　方
現　　　　　金	135,000							
現 金 過 不 足	3,200							
普 通 預 金	1,630,000							
当 座 預 金		468,000						
売 　 掛 　 金	880,000							
仮 　 払 　 金	420,000							
繰 越 商 品	697,000							
建　　　　　物	3,600,000							
備　　　　　品	500,000							
土　　　　　地	4,400,000							
買 　 掛 　 金		745,000						
借 　 入 　 金		3,200,000						3,200,000
貸 倒 引 当 金		8,600						
建物減価償却累計額		1,180,000						
備品減価償却累計額		300,000						
資 　 本 　 金		4,000,000						4,000,000
繰 越 利 益 剰 余 金		1,174,400						1,174,400
売　　　　　上		8,670,000						
仕　　　　　入	5,300,000							
給　　　　　料	1,800,000							
通 　 信 　 費	26,800							
旅 費 交 通 費	94,000							
保 　 険 　 料	210,000							
支 払 利 息	50,000							
	19,746,000	19,746,000						
雑 　 　 （ 　 　 ）								
当 座 借 越								
貸 倒 引 当 金 繰 入								
減 価 償 却 費								
（ 　 　 ） 利 息								
前 払 保 険 料								
当 期 純 （ 　 　 ）								

問2　¥（　　　　　　　　　　）

41

第1問 45点

仕		訳	
借 方 科 目	金 額	貸 方 科 目	金 額
1			
2			
3			
4			
5			
6			
7			

答案用紙

第11回

	仕		訳	
	借　方　科　目	金　　額	貸　方　科　目	金　　額
8				
9				
10				
11				
12				
13				
14				
15				

第2問 20点

問1

×8年		仕			訳	
		借 方 科 目	金 額	貸 方 科 目	金 額
2	5				
	14				
	20				
	25				
	28				

問2

ア	イ	ウ	エ	オ

第3問 35点

貸　借　対　照　表　　　　　　　（単位：円）

現　　　　　金		310,000	買　　掛　　金		630,000
普　通　預　金		（　　　　）	（　　　）消費税		（　　　　）
売　　掛　　金	（　　　）		未 払 法 人 税 等		（　　　　）
貸 倒 引 当 金	（△　　　）	（　　　　）	（　　　）費　用		（　　　　）
商　　　　　品		（　　　　）	借　　入　　金		（　　　　）
（　　　）費　用		（　　　　）	預　　り　　金		（　　　　）
建　　　　　物	（　　　）		資　　本　　金		（　　　　）
減価償却累計額	（△　　　）	（　　　　）	繰越利益剰余金		（　　　　）
備　　　　　品	（　　　）				
減価償却累計額	（△　　　）	（　　　　）			
土　　　　　地		2,000,000			
		（　　　　）			（　　　　）

損　益　計　算　書　　　　　　　（単位：円）

売　上　原　価	（　　　　）	売　　上　　高	（　　　　）
給　　　　　料	（　　　　）		
法 定 福 利 費	（　　　　）		
支 払 手 数 料	（　　　　）		
租　税　公　課	（　　　　）		
貸倒引当金繰入	（　　　　）		
減 価 償 却 費	（　　　　）		
支　払　利　息	（　　　　）		
そ の 他 費 用	250,000		
法　人　税　等	（　　　　）		
当 期 純 利 益	（　　　　）		
	（　　　　）		（　　　　）

第1問 45点

	仕		訳	
	借　方　科　目	金　　額	貸　方　科　目	金　　額
1				
2				
3				
4				
5				
6				
7				

	仕		訳	
	借　方　科　目	金　　額	貸　方　科　目	金　　額
8				
9				
10				
11				
12				
13				
14				
15				

第2問 20点

問1

(1)

借　方　科　目	金　　　額	貸　方　科　目	金　　　額

(2)

①	②	③	④

問2

(1)

日付 ＼ 補助簿	現金出納帳	当座預金出納帳	商品有高帳	売掛金元帳(得意先元帳)	買掛金元帳(仕入先元帳)	仕　入　帳	売　上　帳	固定資産台　　帳
1日								
10日								
16日								

(2)

振　替　伝　票			
借　方　科　目	金　　　額	貸　方　科　目	金　　　額
(　　　　　　　)	(　　　　　　　)	(　　　　　　　)	(　　　　　　　)

(3)　　¥ (　　　　　　　　)

48

第3問 35点

問1

決算整理後残高試算表

借　方	勘　定　科　目	貸　方
2,129,000	現　　　　　金	
	普　通　預　金	
	売　　掛　　金	
	繰　越　商　品	
	（　　　）家　賃	
4,500,000	備　　　　　品	
3,000,000	貸　　付　　金	
	買　　掛　　金	4,620,000
	未　　払　　金	
	（　　　）消　費　税	
	未　払　法　人　税　等	
	（　　　）利　　息	
	貸　倒　引　当　金	
	借　　入　　金	1,000,000
	備品減価償却累計額	
	資　　本　　金	10,000,000
	繰　越　利　益　剰　余　金	
	売　　　　　上	
	受　取　利　息	
	（　　　　　　　　）	
	仕　　　　　入	
	発　　送　　費	
	支　払　家　賃	
	租　税　公　課	
	貸　倒　引　当　金　繰　入	
	減　価　償　却　費	
11,025,000	そ　の　他　の　費　用	
	法　人　税　等	

問2　¥（　　　　　　　）

第12回